RECUEIL DES COURS

425 (2022)

L'Académie de droit international de La Haye
honorée du prix Wateler de la Paix (1936, 1950), du prix Félix Houphouët-Boigny pour la recherche de la paix (1992), de l'ordre du Rio Branco, Brésil (1999), et de la médaille de l'Institut royal d'études européennes, Espagne (2000)

The Hague Academy of International Law
awarded the Wateler Peace Prize (1936, 1950), the Félix Houphouët-Boigny Peace Prize (1992), the Order of Rio Branco, Brazil (1999), and the Medal of the Royal Institute of European Studies, Spain (2000)

© ACADÉMIE DE DROIT INTERNATIONAL DE LA HAYE, 2022
THE HAGUE ACADEMY OF INTERNATIONAL LAW, 2022

Tous droits réservés   All rights reserved

ISBN 978-90-04-51770-7

Printed by/Imprimé par Triangle Bleu, 59600 Maubeuge, France

ACADÉMIE DE DROIT INTERNATIONAL

FONDÉE EN 1923 AVEC LE CONCOURS DE LA
DOTATION CARNEGIE POUR LA PAIX INTERNATIONALE

RECUEIL DES COURS

COLLECTED COURSES OF THE HAGUE
ACADEMY OF INTERNATIONAL LAW

2022

Tome 425 de la collection

BRILL | NIJHOFF

Leiden/Boston

COMPOSITION DU CURATORIUM
DE L'ACADÉMIE DE DROIT INTERNATIONAL DE LA HAYE

PRÉSIDENT

Y. DAUDET, professeur émérite de l'Université Paris I (Panthéon-Sorbonne)

VICE-PRÉSIDENT

B. HESS, avocat, docteur en droit

MEMBRES

M. BENNOUNA, juge à la Cour internationale de Justice
K. BOELE-WOELKI, doyenne de la faculté de droit de Bucerius, Hambourg; présidente de l'Académie internationale de droit comparé
H. BUXBAUM, professeure à l'Université de l'Indiana
A. A. CANÇADO TRINDADE, juge à la Cour internationale de Justice; ancien juge et ancien président de la Cour interaméricaine des droits de l'homme
H. CHARLESWORTH, *Laureate Professor* à l'école de droit de l'Université de Melbourne; professeure à l'université nationale australienne
G. CORDERO-MOSS, professeure à l'Université d'Oslo
D. P. FERNANDEZ ARROYO, professeur à l'école de droit de Sciences Po, Paris
B. B. JIA, professeur à l'Université de Tsinghua, Pékin
M. KAMTO, professeur à l'Université de Yaoundé II
M. M. MBENGUE, professeur à l'Université de Genève
D. MOMTAZ, professeur à l'Université de Téhéran
Y. NISHITANI, professeure à l'Université de Kyoto
N. J. SCHRIJVER, professeur émérite de l'Université de Leiden; Conseiller d'Etat au Conseil d'Etat des Pays-Bas
L.-A. SICILIANOS, doyen de la faculté de droit de l'Université d'Athènes; ancien président de la Cour européennne des droits de l'homme
P. TOMKA, juge et ancien président de la Cour internationale de Justice
T. TREVES, professeur émérite de l'Université de Milan; ancien juge au Tribunal international du droit de la mer

SECRÉTAIRE GÉNÉRAL
DE L'ACADÉMIE DE DROIT INTERNATIONAL DE LA HAYE

J.-M. THOUVENIN, professeur à l'Université Paris-Nanterre

COMPOSITION OF THE CURATORIUM OF THE HAGUE ACADEMY OF INTERNATIONAL LAW

PRESIDENT

Y. DAUDET, Emeritus Professor at Paris I University (Panthéon-Sorbonne)

VICE-PRESIDENT

B. HESS, Attorney-at-Law, Ph.D.

MEMBERS

M. BENNOUNA, Judge at the International Court of Justice

K. BOELE-WOELKI, Dean of Bucerius Law School, Hamburg; President of the International Academy of Comparative Law

H. BUXBAUM, Professor at Indiana University

A. A. CANÇADO TRINDADE, Judge at the International Court of Justice; former President and former Judge at the Inter-American Court of Human Rights

H. CHARLESWORTH, Laureate Professor at Melbourne Law School; Professor at the Australian National University

G. CORDERO-MOSS, Professor at the University of Oslo

D. P. FERNANDEZ ARROYO, Professor at the Sciences Po Law School, Paris

B. B. JIA, Professor at Tsinghua University, Beijing

M. KAMTO, Professor at the University of Yaoundé II

M. M. MBENGUE, Professor at the University of Geneva

D. MOMTAZ, Professor at the University of Tehran

Y. NISHITANI, Professor at Kyoto University

N. J. SCHRIJVER, Emeritus Professor at Leiden University; State Councillor at the Netherlands Council of State

L.-A. SICILIANOS, Dean of the Law Faculty of the University of Athens; former President of the European Court of Human Rights

P. TOMKA, Judge and former President of the International Court of Justice

T. TREVES, Emeritus Professor at the University of Milan; former Judge at the International Tribunal for the Law of the Sea

SECRETARY-GENERAL OF THE HAGUE ACADEMY OF INTERNATIONAL LAW

J.-M. THOUVENIN, Professor at the University Paris-Nanterre

ACADÉMIE DE DROIT INTERNATIONAL DE LA HAYE
— FONDÉE EN 1923 AVEC LE CONCOURS DE LA DOTATION CARNEGIE —
HONORÉE DU PRIX WATELER DE LA PAIX (1936, 1950), DU PRIX FÉLIX HOUPHOUËT-BOIGNY POUR LA RECHERCHE DE LA PAIX (1992), DE L'ORDRE DU RIO BRANCO, BRÉSIL (1999), ET DE LA MÉDAILLE DE L'INSTITUT ROYAL D'ÉTUDES EUROPÉENNES, ESPAGNE (2000)

L'Académie constitue un centre d'études et d'enseignement du droit international public et privé, et des sciences connexes. Son but est de faciliter l'examen approfondi et impartial des problèmes se rattachant aux rapports juridiques internationaux.

L'enseignement de l'Académie est principalement donné au Palais de la Paix, à La Haye, par des personnalités de différents États. Il porte sur le droit international, sous ses aspects théoriques et pratiques, et sur la jurisprudence internationale. La durée de ses deux principales sessions est en été de six semaines s'étendant sur les mois de juillet et d'août, et partagée en deux périodes, consacrées l'une au droit international public, l'autre aux relations privées internationales, et, en hiver, de trois semaines, consacrée en janvier au droit international. L'enseignement est dispensé en français ou en anglais, avec traduction simultanée dans l'autre langue. Les sessions de l'Académie se déroulent sous l'autorité du Secrétaire général.

L'enseignement de l'Académie est conçu dans un esprit à la fois pratique et hautement scientifique. Nettement différencié des enseignements similaires des universités et écoles nationales, il s'adresse à tous ceux qui possèdent déjà des notions de droit international et ont, par intérêt professionnel ou curiosité d'esprit, le désir de se perfectionner dans cette science.

Il n'existe pas de cadre permanent de professeurs à l'Académie. Le Curatorium, qui est le corps chargé de la direction scientifique de l'institution, et qui se compose de dix-huit membres appartenant statutairement à des nationalités différentes, adresse chaque année, en toute liberté, ses invitations aux personnes qu'il estime qualifiées pour donner un cours ou une conférence à l'Académie. Les personnes ayant donné des cours à l'Académie ne sont donc aucunement fondées à s'intituler professeur de ou à l'Académie de droit international de La Haye.

L'Académie décerne un diplôme à ceux des auditeurs qui, réunissant les qualifications spéciales exigées par le règlement en vigueur, auront subi avec succès des épreuves d'examen devant le jury de la session à laquelle ils se sont inscrits. Elle délivre en outre aux auditeurs un certificat attestant l'assiduité aux cours de l'Académie à la fin de la session suivie.

Toute personne désirant suivre l'enseignement de l'Académie doit faire parvenir par voie électronique au secrétariat de l'Académie, au Palais de la Paix, à La Haye, un formulaire d'inscription dûment rempli. L'Académie perçoit des droits d'inscription fixés par le Conseil d'administration de l'Académie.

Un programme de bourses d'études permettant d'assister aux cours d'été ou d'hiver est institué auprès de l'Académie. Le mode d'attribution de ces bourses fait l'objet d'un règlement disponible sur le site Internet de l'Académie.

Tous les cours professés à l'Académie durant les sessions d'été et d'hiver font, en principe, l'objet d'une publication dans le *Recueil des cours de l'Académie de droit international de La Haye*, ainsi que sur une plateforme Internet, dans la langue dans laquelle ils ont été professés. Certains cours sont également publiés ou réédités dans des collections spéciales.

THE HAGUE ACADEMY OF INTERNATIONAL LAW
— FOUNDED IN 1923 WITH THE SUPPORT OF THE CARNEGIE ENDOWMENT —
AWARDED THE WATELER PEACE PRIZE (1936, 1950), THE FÉLIX HOUPHOUËT-BOIGNY PEACE PRIZE (1992), THE ORDER OF RIO BRANCO, BRAZIL (1999), AND THE MEDAL OF THE ROYAL INSTITUTE OF EUROPEAN STUDIES, SPAIN (2000)

The Academy is an institution devoted to the study and teaching of Public and Private International Law and related fields. Its mission is to further the thorough and impartial examination of issues arising from international legal relations.

The courses of the Academy are dispensed principally at the Peace Palace in The Hague by personalities from different States. They deal with the theoretical and practical aspects of international law, including international jurisprudence. The duration of its two main sessions is, in Summer, of six weeks in July and August, divided into two periods of three weeks each, one devoted to Public International Law and the other to Private International Law, and, in Winter, of three weeks, in January, devoted to international law. They are taught in either English or in French, with simultaneous interpretation into the other language. The Secretary-General is responsible for managing the sessions of the Academy.

The education offered by the Academy is designed to be both practical and highly academically advanced. Clearly distinct from the teachings provided in national universities and law schools, it is intended for those who already possess some notion of international law and who, out of professional interest or intellectual curiosity, desire to deepen their knowledge in this field.

There is no permanent teaching staff at the Academy. The Curatorium, which is the body entrusted with the scientific management of the institution, and which consists of eighteen members of different nationalities, invites each year, in its unfettered discretion, whomsoever it deems best qualified to dispense a course or give a lecture at the Academy. It follows that no one who has lectured at the Academy is entitled to style himself or herself Professor of or at The Hague Academy of International Law.

The Academy awards a Diploma to those attendees who possess special qualifications as set out in the regulations, after having successfully passed examinations before the Jury of the session in which they are registered. It also delivers a certificate of attendance to registered attendees at the end of the session.

Anyone wishing to attend the courses at the Academy must send a completed electronic registration form to the Secretariat of the Academy at the Peace Palace in The Hague. The registration fee for each session of courses is fixed by the Administrative Board of the Academy.

The Academy manages a programme of scholarships to allocate at its discretion to attendees at the Summer and Winter Courses. The regulations governing scholarships are published on the website of the Academy.

All courses taught at the Academy during the Summer and Winter Courses are, in principle, published in the *Collected Courses of The Hague Academy of International Law*, which also exist in electronic format, in the language in which they were delivered. Some courses are also published or reissued in special collections.

TABLE GÉNÉRALE DES MATIÈRES
GENERAL TABLE OF CONTENTS

Le contrôle international des dérogations aux droits de l'homme, par B. M. METOU, professeur à l'Université de Yaoundé II. 9-294

Legal Fictions in the Language of International Arbitration, by E. SILVA ROMERO, Professor at Rosario University 295-423

LE CONTRÔLE INTERNATIONAL DES DÉROGATIONS AUX DROITS DE L'HOMME

par

BRUSIL MIRANDA METOU

B. M. METOU

TABLE DES MATIÈRES

Chapitre introductif. De l'indispensable contrôle des dérogations aux droits de l'homme dans l'ordre international 21
Section I. Est-il nécessaire de déroger aux droits de l'homme? 34
   Par. 1. La notion de dérogation en droit international 41
      A. Distinction entre dérogation et notions voisines 45
         1. Dérogation et violation 45
         2. Dérogation et restriction 47
         3. Dérogation et limitation 48
         4. Dérogation et exception 53
         5. Dérogation et suspension 55
      B. Distinction entre dérogation et réserve faite sur une disposition d'une convention internationale relative à la protection des droits de l'homme 56
      C. Dérogation et déclarations interprétatives 58
   Par. 2. Les clauses de dérogation dans les textes internationaux relatifs à la protection des droits de l'homme 58
      A. Historique de l'introduction des clauses de dérogation dans les traités 59
         1. Les approches sur la disposition relative à la dérogation au plan universel 59
         2. Les débats au niveau régional 63
      B. La formulation des clauses relatives aux dérogations dans les textes internationaux 64
         1. L'article 4 du Pacte international relatif aux droits civils et politiques 65
         2. L'article 15 de la Convention européenne de sauvegarde des droits de l'homme et des libertés fondamentales 65
         3. L'article 27 de la Convention américaine relative aux droits de l'homme 66
         4. L'article 4 de la Charte arabe des droits de l'homme 67
         5. Les articles F et G de la Charte sociale européenne révisée. 68
         6. Le silence de la Charte africaine des droits de l'homme et des peuples 69
   Par. 3. Les dérogations dans le droit interne de quelques Etats 71
      A. Les dispositions constitutionnelles de certains Etats 71
      B. Les dispositions légales 75
Section II. L'importance d'un contrôle international des mesures de dérogation aux droits de l'homme 78
   Par. 1. La notion de contrôle et les difficultés de sa mise en œuvre en droit international 79
      A. Distinction entre contrôle et notions voisines 81
         1. Le contrôle et l'inspection 81
         2. Le contrôle et la surveillance 82
         3. Le contrôle et le monitoring 82
      B. L'institution du contrôle en droit international 83

C. Les difficultés du contrôle en droit international 84
   1. L'inexistence de contrôle automatique 85
   2. L'existence de nombreux contrôles informels et inorganisés 87
Par. 2. Les implications du contrôle en droit international 87
   A. La limitation de la souveraineté des Etats 87
   B. Les suspicions d'ingérence dans les affaires internes des Etats. 88
Par. 3. Le besoin de contrôler des mesures de dérogations aux droits de l'homme 88
   A. Un moyen de préservation des droits de l'homme face aux dérives de l'Etat. 89
      1. Une garantie des droits de l'homme même dans les situations d'urgence. 92
      2. Un moyen de limitation dans le temps des mesures dérogatoires 92
   B. Une limitation de l'arbitraire de l'Etat 92
      1. Les mesures prises pour maintenir et rétablir l'ordre dans un Etat. 93
      2. Les abus d'autorité observés dans le cadre des dérogations aux droits de l'homme. 94

Chapitre II. Les divers moyens de contrôle international 96

Section I. Le contrôle non juridictionnel 97
Par. 1. Le contrôle par les organes des traités sur les droits de l'homme 97
   A. Le rôle central du Comité des droits de l'homme des Nations Unies. 100
      1. La procédure devant le Comité des droits de l'homme . . . 101
         a) La recevabilité des demandes 102
      2. L'examen sur le fond 105
   B. Les autres organes des traités exerçant un contrôle 110
      1. Le Comité contre la torture 110
      2. Le Comité pour l'élimination de toutes les formes de discrimination raciale 112
Par. 2. Le contrôle informel exercé par les ONG 113
   A. Un contrôle diffus. 114
   B. Le rôle d'*amicus curiae* reconnu 115

Section II. Le contrôle juridictionnel 115
Par. 1. Le contrôle par la Cour interaméricaine des droits de l'homme 117
   A. Le rôle incontournable et préalable de la commission. 117
   B. L'intervention de la Cour. 119
Par. 2. Le contrôle par la Cour européenne des droits de l'homme. . 120
   A. La saisine de la Cour européenne des droits de l'homme. . . . 121
   B. La procédure. 123
      1. La recevabilité de la requête 123
      2. L'examen de la requête 124

Chapitre III. L'étendue du contrôle 126

Section I. Le contrôle de la notification internationale de la dérogation: avant, pendant ou après les dérogations? 127

Contrôle international des dérogations aux droits de l'homme 15

Par. 1. Le destinataire, le contenu et le moment de la notification . . 130
   A. Le destinataire de la notification 130
   B. Le contenu de la notification 132
   C. Le moment de la notification 136
Par. 2. Les voies de notification 137
Section II. La vérification des circonstances donnant lieu aux dérogations 138
Par. 1. L'existence de la guerre ou d'un danger public exceptionnel menaçant la vie de la nation 139
   A. La guerre 140
   B. Le danger public menaçant la vie de la nation. 144
   C. La menace terroriste et ses implications 147
Par. 2. L'examen du droit interne pertinent 150
   A. Les prévisions systématiques du droit interne 152
   B. La disparité des qualifications légales en droit interne 153
     1. L'état d'urgence 154
     2. L'état de guerre 156
     3. L'état de siège 156
     4. L'état d'exception 157
     5. L'état de crise 162
     6. Autres qualifications employées dans les législations internes 163
   C. Les diverses mesures prises pour assurer l'ordre public et garantir la sécurité nationale 164
   D. La durée de la dérogation. 165
Section III. Le contrôle du respect des droits indérogeables 166
Par. 1. Le concept d'indérogeabilité et les notions voisines. 170
   A. Indérogeabilité et fondamentalité. 170
   B. Indérogeabilité et intransgressibilité 171
   C. Indérogeabilité et impérativité 172
Par. 2. L'effectivité de la garantie judicaire des droits indérogeables 173
   A. Les droits explicitement considérés comme indérogeables . . . 174
     1. Le droit à la vie 175
     2. Le droit de ne pas être soumis à la torture et aux traitements cruels, inhumains ou dégradants 183
     3. Le droit à un traitement humain. 188
     4. Le droit de ne pas être soumis à l'esclavage et à la servitude 189
     5. Le droit de ne pas être soumis à des lois *ex post facto* et le principe de *non bis in idem* 191
       a) L'interdiction des lois *ex post facto*. 192
       b) Le principe *non bis in idem* 194
     6. Le droit à la reconnaissance de la personnalité juridique . . 196
     7. Le droit à la liberté de pensée, de conscience et de religion. 198
   B. Les autres droits considérés comme indérogeables 199
     1. Le droit de ne pas être emprisonné sur le motif de l'incapacité à remplir une obligation contractuelle. 199
     2. Le droit à la famille 199
     3. Le droit à un nom 200
     4. Les droits de l'enfant 201
     5. Le droit à une nationalité 202
     6. Le droit de participer au gouvernement. 203
Par. 3. La garantie judiciaire des droits non dérogeables 204

Section IV. Le contrôle des droits dérogeables et la condition de la stricte proportionnalité. 210
Par. 1. L'appréciation de la condition de proportionnalité par les organes en charge du contrôle 211
   A. L'interprétation faite par le Comité des droits de l'homme. . . 211
   B. L'interprétation faite par la Cour interaméricaine des droits de l'homme 214
   C. L'appréciation de la Cour européenne des droits de l'homme . 215
   D. La condition de cohérence avec d'autres obligations internationales. 218
   E. La condition de non-discrimination. 220
Par. 2. Le contrôle des droits dérogeables 223
   A. Le droit à des recours effectifs 223
   B. Le droit à la liberté et les pouvoirs spéciaux d'arrestation et de détention. 225
   C. Le droit à un procès équitable et la compétence des tribunaux spéciaux 229

Chapitre IV. Les conséquences du contrôle 239

Section I. Le constat de la violation par l'Etat de ses obligations en matière de dérogation 239
Par. 1. La privation arbitraire de liberté 240
Par. 2. L'imposition de la réparation du préjudice causé 243
   A. La précision du titulaire du droit à la réparation. 244
      1. La victime 244
      2. Les ayants droit à la réparation 246
   B. Le préjudice subi ou dommage 249
   C. La fixation du montant de la réparation 250
Section 2. La reconnaissance du droit de déroger aux Etats en proie à des menaces sécuritaires. 252
Par. 1. La non-violation des dispositions des conventions internationales relatives à la protection des droits de l'homme. 252
Par. 2. Le refus d'accéder aux demandes du requérant 254
Conclusion: Quand l'urgence dicte sa loi 255

Bibliographie générale 257

NOTICE BIOGRAPHIQUE

Brusil Miranda Metou, née le 29 janvier 1976 à Mbo par Bafoussam au Cameroun. Licence en droit public en 2001, diplôme d'études approfondies (DEA) en droit public en 2004. Doctorat PhD en droit public en 2009. Agrégation de droit public en 2013. Auditeur de l'Académie de droit international de La Haye (session doit public 2006 et 2012), auditeur du Centre d'études et de recherche de l'Académie de droit international sur *Les Migrations internationales* en 2010, boursière du *Programme de bourse de perfectionnement des Nations Unies en Droit international*, en 2012. Professeur de droit public à l'Université de Yaoundé II depuis 2008, chef de la division de la recherche et du développement de l'Université de Yaoundé II (2013-2014), directeur du Centre d'Etudes et de recherche en droit international et communautaire de l'Université de Yaoundé II (2014-2017), coordonnatrice du Master II en droit international public à la faculté des sciences juridiques et politiques de l'Université de Yaoundé II (2014-2017), vice-recteur chargé de la Recherche, de la coopération et des relations avec le monde des entreprises de l'Université de Dschang (2017-2020). Professeur à l'Université de Dschang (2017-2021), professeur associé à l'école nationale d'administration et de magistrature (ENAM) (2012-2020), à l'école internationale de forces et de sécurité (EIFORCES) (2016), à l'institut des relations internationales du Cameroun (IRIC) depuis 2010, à l'Académie Denis Ekani de l'OAPI depuis 2011. Professeur invitée dans plusieurs universités africaines (notamment à l'Université d'Abomey Calavi (Bénin) depuis 2015, à l'Université de Lomé (Togo) depuis 2017, à l'Université de Kara au Togo depuis 2016, à l'Institut d'études juridiques de EM-GABON Université (Gabon) depuis 2020, à l'Université Panafricaine (2014-2019), et dans les Universités françaises (Université de Paris I Panthéon Sorbonne (2018-2019) ainsi qu'à l'Institut international des droits de l'homme (IIDH) de la Fondation René Cassin de Strasbourg, depuis 2015.

Membre du conseil d'administration du réseau Francophone de droit international (RFDI) depuis 2020, de la Société française pour le droit international (SFDI); membre du Comité scientifique de la revue africaine des sciences juridiques. Ancien membre du Comité consultatif interuniversitaire du Cameroun (CCIU) (2014-2020); membre désigné du Comité technique spécialisé des sciences juridiques et politiques du CAMES depuis 2018, et membre de la 3e commission du programme de reconnaissance et d'équivalence des diplômes (PRED) du Conseil africain et malgache de l'enseignement supérieur (CAMES) depuis 2014.

Experte en assurance qualité auprès du Conseil africain et malgache de l'enseignement supérieur (CAMES), de l'Agence universitaire de la francophonie (AUF) et de la Deutscher Akademisher Austauschdienst (DAAD) depuis 2015.

PRINCIPALES PUBLICATIONS

1. Ouvrages

Le rôle du juge dans le contentieux international, Bruxelles, Bruylant, 2012.
(Co-dir.) *Regards sur le droit public en Afrique. Mélanges en l'honneur du Doyen J.-M. Bipoun Woum,* Paris, L'Harmattan, 2016.
(Dir.) *Le droit et les crises au Cameroun* (à paraître).

2. Articles publiés dans des revues à Comité scientifique

« La médiation préventive des communautés économiques régionales dans les Etats membres : le cas de la CEDEAO », dans *La lettre des médiations,* n° 10, avril 2021, p. 6-12.
« Existe-t-il une hiérarchie entre les normes constitutionnelles des Etats africains ? », *Revue RAMRes/SJP,* n° 2, 2019, p. 1-34.
« La médiation de l'Union africaine dans les crises internes de ses Etats membres », *Revue québécoise de droit international,* 31.2 (2018), p. 39-68.
« La protection de la dignité humaine dans le cadre des traitements expérimentaux dans la lutte contre l'épidémie d'Ebola » (RRJ 2017-4, p. 1487-1520).
En co-publication avec Maurice Kamto, « Les avis consultatifs de la Cour internationale de Justice : entre *juris dictio* et pragmatisme politique » (dans *L'observateur des Nations Unies : Revue de l'Association française pour les Nations Unies,* Section Aix-en-Provence, vol. 40, n° 1, 2016, p. 133-169).
« Le statut juridique des personnes détenues dans le cadre de la lutte contre Boko Haram », *Revue africaine des sciences juridiques,* n° spécial, 2015, p. 121-172.
« La création de la République du Sud Soudan », *Revue africaine de droit public (RADP),* n° 1 2014, p. 75-118.
« Le droit de l'homme à l'eau et à l'assainissement », *Revue camerounaise d'études internationales (RCEI),* 2014, p. 143-172.
« Les codes de bonne conduite en matière électorale ou l'invasion du droit constitutionnel par du *droit mou* dans les démocraties nouvelles ou rétablies d'Afrique noire francophone », *Revue française de droit constitutionnel (RFDC),* 2013-2014, p. 639-660.
« Autodétermination interne et principes d'unité et d'indivisibilité en droit constitutionnel des Etats d'Afrique noire francophone », *Revue de la recherche juridique. Droit prospectif,* 2011-3, p. 1003-1031.
« Vingt ans de contentieux des libertés publiques au Cameroun », *Revue africaine des sciences juridiques,* n° 1, 2011, p. 267-286.
« Le préambule des actes constitutifs d'organisations internationales », *Revue hellénique de droit international,* n° 63, 2010, p. 634-667.
« Le moyen de droit international devant les juridictions internes en Afrique. Quelques exemples d'Afrique noire francophone », *Revue québécoise de droit international,* vol. 22.1, 2009, p. 1030-1065.
« La validité des accords de paix infra étatiques », *Revue camerounaise d'études internationales,* 1er semestre 2009, p. 213-240.

3. Articles publiés dans des ouvrages collectifs, actes de colloques et Mélanges

« La Cour de justice de la CEDEAO et la construction d'un « état de droit sous-régional en Afrique de l'Ouest », dans A. Kpodar et D. K. Kokoroko (dir. publ.), *L'Etat inachevé – Mélanges en l'honneur du professeur Koffi Ahadzi-Nonou,* Paris, LGDJ, 2021, p. 701-726.
« La reconnaissance internationale des actions de la première dame : un atout pour la diplomatie camerounaise ? », dans *« Droits fondamentaux et politiques de*

solidarité au prisme de l'action sociale de la Première Dame du Cameroun, Actes du colloque scientifique, 2019.

«Significantly reduce all Forms of Violence and related Death Rates Everywhere», dans Sagrario Moran Blanco et E. C. Dia Galan (dir. publ.), *Peace, Justice and Strong Institutions*, Objective 16 of Agenda 2030, Thomson Reuters Arandazi, 2018, p. 69-120.

«La codification du droit international au XXIe siècle: entre dynamisme et tempérance», dans P. E. Batchom (dir. publ.), *L'Etat ailleurs, Entre logiques de case et dynamiques du village global. Hommage à Luc Sindjoun*, Paris, L'Harmattan, 2018, p. 203-222.

«Un programme de master 2 en propriété intellectuelle, pour quoi faire?», dans *Regards sur la propriété intellectuelle en Afrique*, Mélanges en l'honneur de l'action du Dr P. Edou Edou pour l'OAPI, Paris, LGDJ, 2017.

«La détermination des frontières internationales des nouveaux Etats africains», dans *Regards sur le droit public en Afrique*, Mélanges en l'honneur du Doyen J.-M. Bipoun Woum, Paris, L'Harmattan, 2016, p. 401-420.

«Le droit au refuge», dans Ph. Weckel et E. Goodwin Gill (dir. publ.), *Les Migrations internationales*, publications de l'Académie de droit international de La Haye, 2015, p. 559-591.

«De la présomption d'innocence dans le procès pénal international», dans *L'Afrique et le droit international pénal, société africaine pour le droit international*, Paris, Pedone, 2015, p. 37-51.

«Le Cameroun et la Cour internationale de Justice», dans A. Didier Olinga (dir. publ.), *Le Cameroun et le prétoire international*, Afrédit, 2015, p. 25-48.

«L'effondrement de l'Etat en tant qu'acteur interne et acteur international», Actes du 2e colloque de l'école internationale de forces et de sécurité (EIFORCES), *Quelle paix, quelle sécurité et quel développement durables pour la RCA?*, 28-29 novembre 2014.

«Le Cameroun et l'Union africaine», dans J.-L. Atangana Amougou (dir. publ.), *Le Cameroun et le droit international*, Paris, Pedone, 2014, p. 177-196.

Commentaire des articles suivants dans *La Charte africaine des droits de l'homme et des peuples et le Protocole y relatif créant la Cour africaine des droits de l'homme. Commentaire article par article*, M. Kamto (dir. publ.), Bruxelles, Bruylant, 2011: 1. Article 55 de la Charte, p. 1008-1023. 2. Article 68 de la Charte, p. 1198-1206. 3. Article 8 du Protocole, p. 1299-1303. 4. Article 24 du Protocole, p. 1434-1438. 5. Article 29 du Protocole, p. 1490-1496.

4. Articles à paraître

«L'adaptation des juridictions camerounaises», dans R. Maurel (dir.), *L'éthique des contentieux en temps de pandémie. Approches de droits international et comparé* (à paraître).

«La multi appartenance aux organisations internationales des Etats africains», dans *L'Observatoire du Multilatéralisme (OdM)* (à paraître).

5. Notes et chroniques de jurisprudence publiées dans la Revue générale de droit international public (RGDIP)

CIJ, *Ahmadou Sadio Diallo (République de Guinée c. République Démocratique du Congo)* (Indemnisation due par la République démocratique du Congo à la République de Guinée), arrêt du 19 juin 2012 (RGDIP 2012-3).

CIJ, *Application de l'accord intérimaire du 13 septembre 1995 (ex-République yougoslave de Macédoine c. Grèce)*, arrêt du 5 décembre 2011 (RGDIP 2012-1).

CIJ, *Demande en interprétation de l'arrêt du 15 juin 1962 en l'affaire du Temple de Préah Vihéar (Cambodge c. Thaïlande) (Cambodge c. Thaïlande) Demande en indication des mesures conservatoires*, ordonnance du 18 juillet 2011 (RGDIP 2011-4).

CIJ, *Certaines activités menées par le Nicaragua dans la région frontalière (Costa Rica c. Nicaragua)*, *Demande en indication de mesures conservatoires*, ordonnance du 8 mars 2011 (RGDIP 2011-3).

CIJ, *Ahmadou Sadio Diallo (République de Guinée c. République démocratique du Congo)*, arrêt du 30 novembre 2010 (RGDIP 2011-1).

De nombreuses notes sur l'actualité internationale publiées dans la revue *Sentinelle* entre 2010 et 2017 et accessibles sur www.sentinelle-droit-international.fr.

CHAPITRE INTRODUCTIF

De l'indispensable contrôle des dérogations aux droits de l'homme dans l'ordre international

Peut-on envisager des dérogations aux droits de l'homme dans une société où toutes les actions convergent vers une protection renforcée desdits droits ? Cette question inattendue pour un pareil enseignement consacré au contrôle des dérogations aux droits de l'homme, mérite d'être posée, car les droits de l'homme sont devenus pratiquement une religion dans la société internationale contemporaine. Il y a en effet un culte autour des droits humains et les conventions y relatives sont devenues des sortes d'évangiles dont s'inspirent les organismes de défense desdits droits pour fonder leur foi et organiser des séances de prédication autour de la question [1]. Plus qu'un dogme, les droits de l'homme seraient devenus la religion des temps modernes. Il en est ainsi parce que la protection des droits de l'homme a été obtenue à la suite des révolutions violentes et douloureuses ; à la suite de longs combats meurtriers qui ont causé de nombreuses pertes en vies humaines et traumatisé le reste de la population. Et après tant de sacrifices, on imagine mal qu'il puisse y avoir des dérogations aux droits de l'homme, considérés désormais comme des acquis immuables de l'humanité. Des termes absolutistes sont employés pour parler des droits fondamentaux de l'homme. La protection et la défense de l'homme et de ses droits se placent au-dessus de toutes les considérations dans les sociétés

---

1. Il n'y a qu'à voir le nombre d'organisations non gouvernementales (ONG) de défense des droits de l'homme pour comprendre que s'il y a quelque chose qui rassemble la communauté humaine actuellement, c'est bien la défense et la protection des droits de l'homme. La Fédération internationale pour les droits humains (FIDH) dénombrait environ 184 ONG de défense des droits de l'homme dans le monde en 2017 (consultable à l'adresse : https://www.fidh.org/fr/qui-sommes-nous/la-federation-internationale-pour-les-droits-humains/la-federation/178-organisations-de-defense-des-droits-humains-a-travers-le-monde). Il est d'ailleurs né une expression qui accompagne cet engouement : les défenseurs des droits de l'homme. L'expression « défenseur des droits de l'homme » s'utilise de plus en plus fréquemment depuis l'adoption de la Déclaration sur les défenseurs des droits de l'homme en 1998. Jusque-là, les termes les plus couramment utilisés étaient notamment « militant », « professionnel », « travailleur » ou « surveillant » des droits de l'homme. L'expression « défenseur des droits de l'homme » apparaît plus pertinente et plus utile. Voir la publication intitulée « Qui sont les défenseurs des droits de l'homme » sur le site internet du Haut-Commissariat des Nations Unies pour les droits de l'homme, https://www.ohchr.org/FR/Issues/SRHRDefenders/Pages/Defender.aspx, consulté le 11 janvier 2021.

modernes. Les intérêts de l'humanité surpassent ceux de l'Etat et de toute autre institution, qui doivent désormais être au service de l'homme et non l'inverse. Cependant, lorsqu'on passe de la sphère de la croyance, de la foi et du dogme vers la sphère juridique, on tente de rationnaliser un certain nombre de conceptions. On a en fait procédé à la règlementation des droits de l'homme à travers des conventions et autres textes juridiques. Qui dit règlementer, dit «assujettir à un règlement; organiser selon un règlement», voir régler, administrer, légiférer, édicter, déterminer, prescrire, fixer, codifier [2]. Aucun droit ne peut s'exercer sans bornes, la théorie des droits «limités» est considérée comme étant «jusqu'à présent la meilleure voie à suivre pour une plus grande compréhension de la structure des droits fondamentaux» [3]. En règlementant les droits de l'homme, on les a rationnalisés. On est ainsi sorti de la croyance pour la réalité et l'Etat contre lequel on se battait pour faire reconnaître ses droits en est devenu paradoxalement le garant. Le bourreau d'hier est donc devenu le protecteur d'aujourd'hui. A la fois attributaire et protecteur, l'Etat se doit de veiller au plein exercice des droits de l'homme dans une société humaine qui fait de plus en plus face à des circonstances changeantes et dans laquelle l'homme est devenu plus que jamais «un loup pour l'homme» [4]. Dans ce cas, se pose cette question «l'Etat est-il le garant des droits de l'homme ou les droits de l'homme sont-ils un cran d'arrêt contre l'expansionnisme étatique?» [5].

De nombreuses obligations pèsent sur l'Etat en matière des droits de l'homme. On peut évoquer entre autres l'obligation de reconnaître et d'attribuer aux individus des droits fondamentaux à travers des textes juridiques, l'obligation de garantir un exercice paisible des droits de l'homme à travers un aménagement adéquat du cadre institutionnel, mais aussi l'obligation d'assurer la sécurité des personnes et des biens se trouvant sur son territoire. Les droits de l'homme ne trouvent leur plein épanouissement que lorsque règne l'ordre et par conséquent lorsque l'Etat parvient à assurer et ou à maintenir l'ordre public sur son

---

2. *Reverso Dictionnaire*, au mot «règlementer».
3. M. Borowski, «La restricción de los derechos fundamentales», *Revista español de derecho constitucional*, n° 59, 2000, p. 56. C'est ainsi que la doctrine allemande a considéré qu'il existait des «limitations immanentes» *(immanente Schranken)* à tous les droits fondamentaux.
4. Th. Hobbes, *Le Léviathan*, 1651.
5. J. Chevallier, «Propos introductifs», dans D. Loschak (dir. publ.), *Mutations de l'Etat et protection des droits de l'homme*, Presses universitaires de Paris Nanterre, p. 15-30.

territoire. Pour assurer cette sécurité, l'Etat doit prendre des mesures qui, parfois, dérogent ou suspendent les droits de l'homme. L'exercice des droits de l'homme ne peut être possible que dans un cadre sécurisé. C'est ainsi que la sécurité est progressivement devenue à son tour un droit fondamental, à la fois pour l'Etat et pour sa population [6]. L'Etat a donc pris le soin de mettre sur pied un dispositif juridique et institutionnel déployable en période normale et un autre dispositif plus renforcé et plus exigeant, opérationnel en période de crise. A l'évidence, le droit s'accommode mal aux crises. Il est admis que face à une menace de type sécuritaire, sanitaire ou écologique, un Etat peut mettre entre parenthèses certaines de ses obligations juridiques afin de préserver l'ordre public. Permettre à un Etat de déroger aux principes du respect permanent des droits de l'homme et des libertés publiques pour des raisons sécuritaires semble acquis à la fois en droit public interne et en droit international public. Perçue sous cet angle, la dérogation apparaît inéluctablement comme un droit de l'Etat, mais elle peut également être perçue comme un devoir, tant il est admis que l'Etat a l'obligation de veiller sur la sécurité des biens et des personnes sur son territoire.

La seconde moitié du XXe siècle peut aisément être déclarée le cinquantenaire de la promotion des droits de l'homme. C'est au cours de cette période qu'ont été adoptés divers textes consacrant les droits auxquels peut prétendre l'ensemble de la communauté humaine, quel que soit l'endroit et en tout temps. Dans ces textes, figure un certain nombre de mesures que l'Etat doit prendre pour permettre l'exercice effectif des droits reconnus et attribués aux individus. Il lui revient donc de veiller aux conditions propices à la bonne exécution des prérogatives conférées aux individus par les textes relatifs à la protection des droits de l'homme. De ce fait, l'Etat doit contextualiser l'exercice des droits de l'homme sur son territoire, c'est-à-dire qu'il doit procéder à la modulation de ces droits en fonction de la situation dans laquelle ils sont appelés à être exercés. Cette contextualisation de l'exercice des droits de l'homme oblige l'Etat à s'assurer que les conditions du plein exercice de ces droits sont remplies sur son territoire. C'est la raison pour laquelle les Etats ont de tous temps été amenés à conjuguer les

---

6. A cet égard par exemple, l'article 1er de la loi n° 2011-267 du 14 mars 2011 pour la sécurité intérieure en France dispose que :

« La sécurité est un droit fondamental et l'une des conditions de l'exercice des libertés individuelles et collectives. L'Etat a le devoir d'assurer la sécurité en veillant, sur l'ensemble du territoire de la République, à la défense des Institutions et des intérêts nationaux, au respect des lois, au maintien de la paix et de l'ordre public, à la protection des personnes et des biens.»

droits de l'homme au gré des circonstances qui prévalent sur leurs territoires respectifs. A l'homogénéisation des droits de l'homme dans les conventions internationales succède ainsi un réajustement circonstanciel de leur exercice dans l'espace. Il y a ainsi un exercice différencié des droits de l'homme en fonction du contexte et en fonction du lieu. En outre, le principe de la réalisation progressive des droits signifie que les conditions particulières qui règnent dans chaque Etat, et les moyens dont dispose ce dernier pour en faciliter l'exercice doivent être pris en compte pour évaluer si cet Etat a manqué ou non à ses obligations en matière de droits de l'homme. Autrement dit, si le contenu essentiel des droits de l'homme est universel et si certaines obligations ont un effet immédiat, les Etats bénéficient d'une certaine marge d'appréciation quant à l'exécution de leurs obligations de respect, de protection et d'accompagnement de la mise en œuvre des droits de l'homme. L'exercice paisible et harmonieux de ces droits ne peut se faire que si l'Etat assure la sécurité sur son territoire.

Depuis les sociétés primitives jusqu'aux civilisations modernes, la question de la sécurité a toujours été au cœur des préoccupations des hommes [7]. Les philosophes du siècle des Lumières relevaient déjà que le besoin d'assurer collectivement la sécurité des individus constituait la première légitimité pour la formation d'un Etat [8]. Les Etats ont été confrontés à plusieurs menaces sécuritaires et ont toujours su prendre des mesures – parfois discutables et contestables – pour les surmonter. Mais la menace la plus dangereuse de nos jours est sans doute le terrorisme. C'est un phénomène qui s'attaque aux fondations de l'Etat pour le dépecer, et qui porte irrémédiablement atteinte aux droits de l'homme. Depuis plusieurs années, la menace terroriste contribue à modifier les politiques publiques de sécurité, et révèle au grand jour la vulnérabilité de l'Etat, pourtant détenteur du monopole de la contrainte légitime [9].

---

7. Selon le psychologue américain Abraham Maslow, le besoin de sécurité doit être satisfait juste après les besoins fondamentaux, cf. A. Maslow, «A Theory of Human Motivation», dans *Psychological Review*, vol. 50, n° 4, Washington, 2002, p. 370-396. Il a en effet remarqué que certains besoins étaient plus importants que d'autres, que certains besoins devaient être comblés en priorité par rapport à d'autres. Maslow a donc obtenu une pyramide en classant les besoins humains en cinq catégories, et en les hiérarchisant. Les besoins fondamentaux sont à la base de la pyramide, les besoins d'accomplissement sont au sommet. Pour les détails voir le dossier «Pyramide de Maslow» sur www.chez.com/deuns/ps/maslow/maslow.html.

8. D. David, *Sécurité: l'après-New York*, Paris, Presses de Sciences Po, 2002, p. 9-21.

9. En fait,

«L'assertion que l'Etat exerce la contrainte physique est donc une simple métaphore pour exprimer l'idée que les organes de l'Etat ont le pouvoir de prescrire

Cette menace terroriste étale également au grand jour l'impuissance de la communauté internationale face à un phénomène à la fois ancien et sans cesse renouvelé [10]. Certains événements, notamment ceux du 11 septembre 2001 aux Etats-Unis, du 11 mars 2004 en Espagne, du 7 juillet 2005 au Royaume-Uni, voire du 13 novembre 2015 en France ont marqué les esprits, et attiré l'attention sur la nécessité de prendre des mesures globales appropriées pour lutter contre ce phénomène qui n'a cessé de prendre de l'ampleur au fil des ans. Si ces attentats ont été sporadiques dans certains Etats, ils sont devenus quasi permanents dans d'autres, considérés comme fragiles, en particulier les Etats africains. Le terrorisme est ainsi devenu le premier problème de sécurité des Etats au XXIe siècle [11]. Au niveau national, ce type de menace a amené les autorités à revoir leur conception de politiques de sécurité et leurs stratégies de maintien de l'ordre. Au niveau international, la menace a

---

ou d'autoriser des actes de contrainte. C'est ce pouvoir de prescrire qu'on appelle en définitive «pouvoir de contrainte», bien qu'il ne soit lui-même en rien un acte de contrainte physique.»

M. Troper «Le monopole de la contrainte légitime (légitimité et légalité dans l'Etat moderne)», *Lignes*, 1995/2, n° 25, p. 34 à 47, disponible sur https://www.cairn.info/revue-lignes0-1995-2-page-34.htm.

10. Le terrorisme est à l'ordre du jour de la communauté internationale depuis 1934, date à laquelle la Société des Nations a fait, pour la première fois, un grand pas sur la voie de l'éradication de ce fléau en établissant un projet de convention pour la prévention et la répression du terrorisme. Bien que cette convention ait finalement été adoptée en 1937, elle n'est jamais entrée en vigueur. Dix-huit instruments universels (c'est-à-dire quatorze conventions et quatre amendements) ont été élaborés au sein du système des Nations Unies, et visent des activités terroristes particulières; voir http://www.un.org/french/terrorism/instruments.shtml. De nombreuses résolutions du Conseil de sécurité et de l'Assemblée générale des Nations Unies ont été adoptées sur la question. Par ailleurs, il y a eu la *Création du Comité des Nations Unies contre le terrorisme par la résolution 1373 (2001) du Conseil de sécurité du 28 septembre 2001*. Le Comité contrôle la mise en œuvre de la résolution 1373 par le biais d'un dialogue direct avec chaque Etat membre. Il analyse la régularité des Rapports que lui fournissent les Etats, et poursuit cette analyse en formulant des réponses permettant d'identifier les secteurs pour lesquels ces derniers doivent encore faire des progrès afin d'achever la mise en œuvre totale de la résolution. La Direction exécutive du Comité anti-terroriste a été mise en place en 2004 afin de soutenir le travail mené par le Comité. Le Comité a insisté sur le fait que les Etats restent responsables de la mise en œuvre de leurs obligations. Toutefois, le Comité leur fournit des directives en cas de besoin, et promeut certains codes, normes, et meilleures pratiques internationales, dans l'application de la Résolution 1373. Les organisations internationales, régionales et subrégionales ont un rôle crucial à jouer, et doivent coopérer avec le Comité pour assister les Etats. Les informations concernant le Comité anti-terroriste du Conseil de sécurité des Nations Unies sont disponibles sur www.un.org/fr/sc/ctc/.

11. La menace terroriste a profondément changé de nature, notamment avec l'évolution des formes d'actes terroristes. Près de deux mille personnes sont, de près ou de loin, impliquées dans des phénomènes de radicalisation religieuse violente ou dans des filières de recrutements djihadistes. «Etre intransigeant sur la sécurité de tous. L'action contre le terrorisme», mis à jour le 9 décembre 2021, disponible sur https://www.gouvernement.fr/action/l-action-contre-le-terrorisme.

eu pour effet de pousser les organisations internationales, mais aussi les Etats dits puissants à redessiner les axes de leur coopération avec les autres Etats. Face à la menace qui prend diverses formes, le besoin de sécurité devient plus vital et davantage préoccupant. Il en est ainsi parce que le terrorisme est devenu un terme familier [12]. Il a envahi le langage quotidien et chacun semble y mettre un contenu sans pour autant le cerner dans sa substance, ni savoir comment l'éviter. C'est dire que le terrorisme est tributaire de nombreuses conceptions et se manifeste à travers divers actes [13]. Les divisions autour de sa signification constituent le seul ciment qui unit les uns et les autres autour de cette notion. Cette absence de définition entraîne une guerre de qualification de situations et des actes posés sur le territoire des Etats en proie aux attaques et menaces terroristes. L'acte terroriste est considéré dans presque tous les Etats comme un acte pénalement répréhensible et une législation spécifique y est consacrée, à défaut de faire l'objet de dispositions spécifiques dans le Code pénal. Chez les victimes – réelles ou potentielles – d'attaques terroristes, le sentiment de peur et de panique peut provoquer des réactions instinctives d'autodéfense, neutraliser la volonté et même priver totalement de discernement et/ou de sens critique [14]. Jusqu'ici, les tentatives pour élaborer une définition juridique

---

12. Le terme «terreur» a été employé pour la première fois afin de décrire la volonté de Robespierre de terroriser les royalistes pendant la Révolution française. Depuis lors, le terme a été utilisé pour décrire toute une série d'actes ou de situations qui varient selon le contexte et l'auteur de la qualification. Le terrorisme est à l'ordre du jour de la communauté internationale depuis 1934, date à laquelle la Société des Nations a fait, pour la première fois, un grand pas sur la voie de l'éradication de ce fléau en établissant un projet de convention pour la prévention et la répression du terrorisme. Bien que cette convention ait finalement été adoptée en 1937, elle n'est jamais entrée en vigueur. Comme le note le Rapporteur spécial des Nations Unies sur le terrorisme, Kalliopi K. Koufa :

«... certains auteurs ont souligné, à juste titre, la tendance qui existe chez les spécialistes à confondre définition et jugement de valeur, de sorte qu'ils qualifient de terrorisme les actes ou les comportements violents qu'ils rejettent et, à l'inverse, refusent d'employer ce terme lorsqu'il s'agit d'activités ou de situations qu'ils approuvent. D'où la formule bien connue : «Terroriste pour l'un, combattant de la liberté pour l'autre».

13. L'Assemblée générale des Nations Unies reconnaît que les actes terroristes sont des

«activités qui visent à l'anéantissement des droits de l'homme, des libertés fondamentales et de la démocratie, menacent l'intégrité territoriale et la sécurité des Etats, déstabilisent des gouvernements légitimement constitués, sapent la société civile pluraliste et ont des conséquences préjudiciables pour le développement économique et social des Etats»,

résolution 54/164, Droits de l'homme et terrorisme, adoptée par l'Assemblée générale le 17 décembre 1999.

14. Cependant, comme le dit un auteur, «Le risque n'est pas le danger, et il ne faut pas confondre s'engager et s'exposer», B. Vergely, *Petit précis de morale*, Milan, 2005, p. 136.

précise du terrorisme se sont avérées infructueuses et il semble qu'il soit encore plus difficile de définir pénalement le terrorisme comme une infraction autonome [15]. Le problème d'identification du terroriste dans la société entraîne une certaine constance de la menace terroriste et rend la lutte contre ce phénomène davantage complexe [16]. Cette lutte prend plusieurs formes et s'effectue suivant des modalités diverses sur le plan interne en fonction des moyens matériels, logistiques, technologiques et humains dont dispose chaque Etat. Toutes les mesures prises par les Etats sur leur territoire en la matière, et qui ont des répercussions sur les droits et libertés fondamentales sont scrutées avec minutie sur le plan international. Au niveau international, il est juste recommandé de renforcer la coopération internationale pour lutter contre le phénomène. La protection des personnes et la garantie juridictionnelle de leurs droits s'effritent au profit des restrictions dites sécuritaires, en particulier dans un contexte de prévention et/ou de lutte contre le terrorisme. Il est difficile, face à cette menace d'adopter des mesures globales de lutte car chaque attaque terroriste s'inscrit dans un contexte bien particulier en prenant des formes diverses et variées. Il faut en effet souligner que «l'accord juridico-politique sur la qualification s'effrite au fur et à mesure que l'on s'éloigne du cercle de la souveraineté étatique. ... En ce domaine, le droit international est en carence» [17]. Les moyens dont se servent les auteurs d'actes terroristes sont nombreux et divers. Au-delà des mesures de sécurité prises par l'Etat, l'instinct de survie pousse chaque personne à prendre des mesures adéquates pour se mettre à l'abri d'une éventuelle attaque terroriste et même pour éviter la répression de l'Etat. Cela suscite au sein de la société un climat de crainte généralisée et d'autocensure au sein de la population [18]. Aux mesures individuelles dites d'autodéfense, s'ajoutent des mesures

---

15. «Au final, la notion de «terrorisme», par sa flexibilité, offre aux Etats un outil privilégié permettant la justification et la légitimation de politiques sécuritaires.» Cf. F. Dubuisson, «La définition du «terrorisme»: débats, enjeux et fonctions dans le discours juridique», *Confluences Méditerranée*, 2017/3, n° 102, p. 29-45. DOI 10.3917/come.102.0029.
16. Le terroriste se retrouve ainsi à tous les niveaux de la société. Dans les lieux de service, les salles de classe, dans les rues, dans les stades, dans les salles de spectacle, dans les supermarchés, bref, partout.
17. I. Sommier, *Le terrorisme*, Paris, Flammarion, coll. Dominos, 2000, p. 100-101.
18. Par exemple, en Espagne, de plus en plus de personnes sont poursuivies en justice au titre d'une loi draconienne relative à la «glorification du terrorisme» ou l'«humiliation des victimes du terrorisme». Depuis 2014, plusieurs dizaines de personnes ont été arrêtées lors de quatre opérations policières coordonnées – baptisées opérations Araignée –, pour avoir posté des messages sur les plateformes de réseaux sociaux, notamment sur Twitter et Facebook, voir «Espagne, une loi terroriste qui vise les créatifs», publié le 13 mars 2018, disponible sur https://www.amnesty.fr/liberte-d-expression/actualites/espagne-une-loi-antiterroriste-qui-vise-les-creatifs.

collectives et générales décidées par l'Etat pour parer à la menace [19]. La doctrine considère ainsi que

> « le terrorisme devient le contexte dans lequel s'élabore le système juridique et non plus une situation d'exception gérée par un droit d'exception ... La lutte contre le terrorisme irrigue désormais l'ensemble de la vie sociale » [20].

Face à ce phénomène insaisissable et protéiforme, le droit se trouve dans une impasse qui rappelle aux juristes les zones de non-droit ou des situations dans lesquelles le droit s'avère impuissant, incapable de trouver des règles applicables adéquates. Le terrorisme tend ainsi à « ébranler les bases de l'Etat, pour hâter la décomposition de la société, pour décourager tout le monde et introduire le désordre dans les esprits » afin de s'emparer « de cette société chaotique, malade, désemparée, cynique et sceptique, mais aspirant à se soumettre à une idée directrice quelconque » [21]. Face à un tel phénomène, le maintien de la sécurité intérieure et la préservation de l'ordre public sur son territoire deviennent incontournables pour l'Etat.

La question de la sécurité intérieure est devenue l'un des enjeux les plus importants pour les Etats et leurs institutions, ce d'autant plus que la sécurité est à la fois un droit fondamental de l'individu et une obligation pour l'Etat [22]. Elle désigne, selon Maurice Cusson, « l'ensemble des méthodes, dont l'usage éventuel de la force, et des

---

19. Lors du discours prononcé à la préfecture de police de Paris en hommage aux victimes de l'attentat du 3 octobre 2019, le Président de la République française, Emmanuel Macron, a notamment déclaré :

> « L'administration seule et tous les services de l'Etat ne sauraient venir à bout de l'hydre islamiste. Non, c'est la Nation tout entière qui doit s'unir, se mobiliser, agir. Nous ne l'emporterons que si notre pays qui est venu à bout de tant et tant d'épreuves dans l'histoire se lève pour lutter contre cet islamisme souterrain qui corrompt les enfants de France. Une société de vigilance, voilà ce qu'il nous revient de bâtir. La vigilance, et non le soupçon qui corrompt. La vigilance : l'écoute attentive de l'autre, l'éveil raisonnable des consciences. C'est tout simplement savoir repérer à l'école, au travail, dans les lieux de culte, près de chez soi les relâchements, les déviations, ces petits gestes qui signalent un éloignement avec les lois et les valeurs de la République. »

Discours du Président de la République en hommage aux victimes de l'attaque à la préfecture de police, elysee.fr, 8 octobre 2019.

20. R. Letteron, « L'Etat de droit face au terrorisme », *Annuaire français de relations internationales*, 2008, p. 247 et 254.

21. F. Dostoïevski, *Les Démons (Les Possédés)*, 1871, p. 698-699, version disponible sur http://books.google.com.

22. « La sécurité est un droit fondamental. Elle est une condition de l'exercice des libertés et de la réduction des inégalités. A ce titre, elle est un devoir pour l'Etat qui veille sur l'ensemble du territoire de la République, à la protection des personnes, de leurs biens et des prérogatives de leur citoyenneté, à la défense de leurs institutions et des intérêts nationaux, au respect des lois, au maintien de la paix et de l'ordre public. »

moyens déployés pour assurer la protection des personnes, des biens et des institutions contre les menaces issues de la société elle-même »[23]. Cette définition est logique mais semble insuffisante, car il faudrait prendre en compte le caractère transnational de la menace terroriste. Une politique publique[24] de sécurité contre le terrorisme peut se définir alors comme l'ensemble des mesures prises par les instances politiques, des dispositions législatives et réglementaires en intéressant les acteurs politiques, juridiques et opérationnels, destinées à gérer le champ de la lutte antiterroriste. Ce type de politique publique contient des mesures politiques, juridiques et opérationnelles en ayant des conséquences au niveau national et international et des incidences sur les droits et libertés publiques. Depuis les attentats du 11 septembre 2001 aux Etats-Unis, le monde vit constamment sur ses gardes et les politiques publiques de sécurité des Etats ont connu une réorientation tant sur le plan stratégique, juridique que militaire. Les mesures antiterroristes contribuent à un effritement considérable du régime de protection des droits de l'homme et désacralisent considérablement ceux-ci. Au mois de mars 2002, Mary Robinson, alors Haut-Commissaire des Nations Unies pour les droits de l'homme, disait devant la Commission des droits de l'homme des Nations Unies que :

> « Certains ont suggéré qu'il n'est pas possible d'éradiquer efficacement le terrorisme tout en respectant les droits de l'homme. Or, cette suggestion est fondamentalement erronée. A long terme, la seule garantie de sécurité réside dans le respect des droits de l'homme et du droit international. »[25]

Aux menaces et attaques terroristes, se sont greffées les menaces sanitaires, exacerbées en 2020 par la pandémie causée par le coronavirus[26]. La mort n'avait jamais rôdé aussi près de l'humanité

Article 1ᵉʳ de la loi française n° 1067 DU 15/11/01 sur la Sécurité quotidienne encadrant l'inspection visuelle des bagages à main et les palpations du public.
23. M. Cusson, « Qu'est-ce que la sécurité intérieure ? », *Revue internationale de criminologie et de police technique et scientifique*, vol. LIII, octobre-décembre 2000. L'article est accessible sur http://www.crim.umontreal.ca/cours/cri1600/prepress/cahier32.pdf.
24. Selon Y. Mény et J.-C. Thoenig, une politique publique « se présente sous la forme d'un programme d'action gouvernementale dans un secteur de la société ou un espace géographique », Y. Meny et J.-C. Thoening, *Politiques publiques*, 1989. Egalement P. Muller et Y. Surel, *L'Analyse des politiques publiques*, Paris, Montchrestien, 1998.
25. M. Robinson, déclaration lors de la 59ᵉ séance de la Commission des droits de l'homme des Nations Unies, 20 mars 2002 ; disponible sur http://www.unhchr.ch/huricane/huricane.nsf/0/10786193EAB4C20DC1256B83002EF137?opendocument.
26. Dans une tribune publiée le 20 mars 2020, A. Guterres, le Secrétaire général de l'Organisation des Nations Unies (ONU), déclarait à propos de la contagion du nouveau coronavirus (SARS-CoV-2) :

toute entière. La panique généralisée s'est emparée des dirigeants des pays et diverses mesures (confinement, mise en quarantaine, couvre-feu, état d'urgence sanitaire, fermetures des frontières, etc.) ont été décidées sans en mesurer les conséquences sur leurs économies [27] et sur les droits de l'homme. La mesure la plus droit-de-l'hommicide reste le confinement décidé par les autorités publiques dans divers Etats [28] pour lutter contre cette pandémie sans aucune certitude sur son efficacité [29].

En effet, dans le cadre de la lutte contre la pandémie du coronavirus, il a été constaté que le confinement, qui a entraîné la fermeture des écoles et autres structures d'enseignement et de formation, a privé de milliers de jeunes de leur droit à l'éducation [30]. Dans les pays qui ont

---

« Nous sommes confrontés à une crise sanitaire planétaire comme l'Organisation des Nations unies n'en a jamais connue en 75 ans d'histoire – une crise qui propage la souffrance dans toute l'humanité, met en péril l'économie mondiale et bouleverse la vie de tout un chacun ... ; les mesures prises au niveau national ne permettront pas de remédier à la crise, dont l'ampleur et la complexité ont un caractère international. »

Si la dimension mondiale de cette crise ne fait aucun doute, qualifiée à ce titre de pandémie par l'Organisation mondiale de la santé (OMS) le 11 mars 2020, il apparaît en conséquence indispensable de rechercher des solutions qui s'inscrivent précisément à l'échelle transnationale, cité par *Regards de l'IEIM/ Mai 2020*, « Les instruments du droit international dans la lutte contre les pandémies, disponible sur https://www.ieim.uqam.ca/IMG/pdf/droit_international-lutte_contre_pande_mies_regards-ieim.pdf.

27. Les prévisions alarmistes du Fonds monétaire international (FMI) témoignent de cette situation. Le Fonds estime que « l'Afrique subsaharienne est confrontée à une crise sanitaire et économique sans précédent », avec des conséquences graves comme une récession de 1,6 % en 2020, soit le « pire résultat jamais enregistré », cf. FMI, Rapport *Perspectives économiques régionales. Afrique subsaharienne, Covid-19 : une menace sans précédent pour le développement*, avril 2020, P. V.

28. En France, un décret n° 2020-293 du 23 mars 2020 « prescrivant les mesures générales nécessaires pour faire face à l'épidémie de Covid-19 dans le cadre de l'état d'urgence sanitaire » (précisé par le décret n° 2020-314 du 25 mars 2020) fixe les modalités dudit confinement. Conformément à ce texte, les sorties sont naturellement très limitées.

29. Selon une auteure,

« Le plus incroyable est qu'en dépit de la gravité des restrictions de liberté instaurées il n'existe pas de certitudes, ni sur la nature juridique du « confinement » sanitaire, ni sur la conformité d'une telle mesure à l'article 66 de la Constitution. Les informations que délivre la décision du Conseil constitutionnel du 11 mai 2020, à propos des mesures de quarantaine et d'isolement prises à nos frontières, permettent cependant de lever en grande partie le voile et interrogent, par-delà, sur l'incidence de l'acceptation de la contrainte dans la mise en cause de la liberté individuelle. »

Cf. A. Pena, « La liberté individuelle face au Covid-19 : l'adaptation des garanties de l'article 66 de la Constitution aux circonstances d'urgence sanitaire (1re partie) », disponible sur https://www.actu-juridique.fr/constitutionnel/la-liberte-individuelle-face-au-covid-19-ladaptation-des-garanties-de-larticle-66-de-la-constitution-aux-circonstances-durgence-sanitaire-1re-partie/, consulté le 20 janvier 2021.

30. Selon une publication de la Banque mondiale, près de 1,5 milliard d'élèves dans plus de cent soixante-dix pays ne vont plus à l'école, leurs établissements ayant été fermés par les gouvernements en réaction à la pandémie de Covid-19 (coronavirus),

opté pour une continuité pédagogique à travers les enseignements à distance, en particulier dans les pays en développement qui accusent un retard technologique, il y a eu rupture d'égalité avec des germes de discrimination, puisque seuls les plus nantis possèdent du matériel informatique et une connexion Internet susceptible de leur permettre de suivre les enseignements à distance [31]. Par ailleurs, la restriction des mouvements des personnes à travers la fermeture des frontières, n'a pas réussi à stopper la progression du virus [32]. Bien au contraire, l'augmentation du nombre de contaminations journalières dans les pays ayant décrété le confinement contraste drastiquement avec cette mesure. A l'évidence, le virus a déjà intégré le biotope de l'humanité et il ne reste plus qu'à adopter de nouveaux comportements permettant de vivre avec le risque d'une éventuelle contamination.

Face aux menaces sécuritaires de toutes sortes, l'humanité ne devrait-elle pas apprendre à vivre avec l'angoisse [33] tout en continuant d'exercer ses droits fondamentaux ? Il incombe aussi aux Etats de renforcer les capacités de résistance de leurs populations face à certaines circonstances. Si de nos jours, on vit avec la menace quotidienne d'un attentat terroriste, il est également possible de vivre avec la menace d'un virus et de relever collectivement les nouveaux défis sécuritaires et sanitaires. La multiplication des risques sécuritaires devrait entraîner l'adoption de nouveaux comportements et de nouvelles façons d'exercer

---

accessible à l'adresse https://blogs.worldbank.org/fr/education/schools-readiness-digital-learning-eyes-principals-analysis-pisa-2018-and-its. Un pays comme l'Ouganda a annoncé, le 10 janvier 2022, la réouverture des écoles, après près de deux ans de fermeture, soit la plus longue fermeture d'établissements scolaires jamais observée dans le monde pour lutter contre la propagation de la pandémie de coronavirus. Pendant deux années, quelques quinze millions de jeunes Ougandais ont ainsi été privés de leur droit à l'éducation.

31. Comme le souligne la Banque mondiale, si le recours aux EdTech semble pouvoir minimiser les énormes pertes d'apprentissage, surtout chez les élèves vulnérables, il risque dans le même temps de creuser encore davantage les inégalités parmi les élèves. Pendant la fermeture des écoles, les inégalités dans les acquis scolaires et la pauvreté des apprentissages vont s'aggraver à mesure que la fracture numérique se creusera. Certains élèves bénéficieront donc d'une continuité de leur apprentissage quand d'autres en seront privés, accessible à l'adresse https://blogs.worldbank.org/fr/education/schools-readiness-digital-learning-eyes-principals-analysis-pisa-2018-and-its.

32. M. Dupont-Besnard, « Le confinement face au coronavirus est-il une stratégie efficace ? », publié le 29 octobre 2020 et disponible sur https://www.numerama.com/sciences/661818-le-confinement-face-au-coronavirus-est-il-une-strategie-efficace.html.

33. « Apprenons à vivre avec l'angoisse », écrit Miller, comme l'a rapporté P.-M. Martin, cité par Ph. Le Tourneau, « Propos conclusifs », dans *Qu'en est-il de la sécurité des personnes et des biens ?*, actes du colloque des 19 et 20 octobre 2006 par M. Nicod, Paris, LGDJ, 2008, p. 289-298.

les droits de l'homme à travers un renforcement de la solidarité entre les peuples et de la coopération entre les Etats. Se recroqueviller sur soi suppose un enfermement nocif pour les libertés publiques. A cet égard, le comité des droits de l'homme a eu à préciser que :

> « les Etats parties ne devraient pas déroger aux droits reconnus dans le Pacte ni invoquer une dérogation accordée lorsqu'ils peuvent atteindre leur objectif de santé publique ou d'autres objectifs de politique publique en invoquant la possibilité de restreindre certains droits, tels que l'article 12 (liberté de circulation), l'article 19 (liberté d'expression) ou l'article 21 (droit de réunion pacifique), conformément aux dispositions relatives à ces restrictions énoncées dans le Pacte, ou en invoquant la possibilité d'introduire des limitations raisonnables à certains droits, tels que l'article 9 (droit à la liberté individuelle) et l'article 17 (droit à la vie privée), conformément à leurs dispositions »[34].

Certes, aucune liberté ou aucun droit ne peut s'exercer de manière absolue. L'idée de l'exercice d'un droit ou d'une liberté correspond nécessairement à l'idée de sa limitation. Toute liberté doit cependant être restreinte de manière licite, c'est-à-dire conformément à la réglementation dans l'Etat en question et au droit international. Mais il y a un fossé entre la licéité des mesures de restrictions prises pour parer un phénomène comme l'insécurité causée par la guerre, le terrorisme ou une pandémie et l'efficacité desdites mesures.

Par ailleurs, il appartient à l'Etat de prendre des mesures préventives pour protéger les intérêts de la société en cas de guerre ou en cas d'autre danger public menaçant la vie de la nation, comme le remarquait l'Assemblée parlementaire du conseil de l'Europe dans sa résolution 1659 (2009) sur la protection des droits de l'homme en cas d'état d'urgence. De telles situations peuvent même exiger la prise de mesures restrictives qui vont au-delà de ce qu'autorisent normalement les Conventions sur les droits de l'homme. Ces mesures sont qualifiées de diverses façons sur le plan interne et vont de l'état d'urgence à l'état de siège en passant par l'état d'exception. En particulier, une sorte de tension naît et existe entre la lutte antiterroriste, la lutte contre une pandémie et le besoin de garantir les droits de l'homme.

La liste des états d'urgence déclarés dans le monde depuis l'an 2000, offre une vue d'ensemble de ces lieux où les mesures sécuritaires ont

---

34. Comité des droits de l'homme, *Déclaration sur les dérogations au Pacte dans le contexte de la pandémie de Covid-19*, accessible à l'adresse https://www.ohchr.org/Documents/HRBodies/CCPR/COVIDstatementFR.pdf.

supplanté les droits et libertés de l'homme. Au-delà des causes diverses, des dénominations et des statuts juridiques propres à chaque pays, il existe un texte commun à plus de cent soixante-treize pays du monde : c'est le Pacte international relatif aux droits civils et politiques (PIDCP) dont l'article 4 pose le principe d'une possible dérogation en cas de danger exceptionnel qui menace l'existence de la nation. Une telle situation permet de déroger aux obligations du pacte pour autant que cela ne soit pas incompatible avec le droit international et n'implique «aucune discrimination de race, couleur, sexe, langue, religion ou origine sociale». De nombreux Etats confrontés à de graves crises sécuritaires, telles que les guerres, les flambées épidémiologiques, les catastrophes naturelles ou d'autres types de crises, recourent à des mesures de restrictions des droits et libertés sur leur territoire, afin de rétablir l'ordre public. Le résultat peut être désastreux non seulement pour les populations de ces Etats, dont les mouvements se trouvent restreints, mais aussi pour la paix et la justice en général, et surtout sur l'économie. Les Etats peuvent employer divers termes dans leur ordre juridique respectif pour qualifier les mesures prises face à une situation de crise. On parle tour à tour d'«état d'exception», «état d'urgence», «état d'alarme», «état de siège», «loi martiale», etc. Ces situations exceptionnelles impliquent souvent l'attribution de pouvoirs spéciaux d'arrestation et de détention, l'interdiction des manifestations, la limitation du droit à la liberté d'expression, d'association et de réunion, ainsi que la compétence attribuée aux tribunaux militaires pour connaître des infractions commises par les civils, pire, dans de nombreuses situations de bouleversement, les agents de l'Etat ont recours à la torture et à d'autres formes de mauvais traitements pour extorquer des confessions et des aveux, avec ou sans l'aide de groupes privés ou semi-privés. Ils peuvent aussi recourir à des enlèvements et à des exécutions extrajudiciaires. Ce recours excessif aux pouvoirs exorbitants n'est pas licite au sens des traités relatifs aux droits de l'homme qui offrent aux Etats parties une marge de manœuvre limitée mais flexible. Il y a donc à la fois un impératif à préserver (dans le cadre du maintien de l'ordre et de la sécurité) et une primauté à consolider (primauté des droits de l'homme)[35]. A la suite d'un auteur, on peut se demander :

---

35. La primauté des droits de l'homme est en soi un principe directeur qui s'applique à toutes les interventions de l'Etat, quels qu'en soient le lieu et le temps. C'est un principe qui doit guider le comportement de tous ceux qui sont impliqués dans la lutte contre le terrorisme, les forces armées, y compris les agents des Etats, tels que

«que deviennent la parcimonie des restrictions et privations de liberté et la prudence de leur mobilisation qu'impose pourtant le droit à la sûreté? Comment assurer que ces entraves resteront l'exception? Quid de leur prévisibilité – quel est le critère exact de décision du recours à ces mesures? – et de leur proportionnalité – quel est le critère exact de comparaison de la gravité de ces mesures?»[36].

Comme l'a observé Mary Robinson,

«Actuellement il n'y a aucun organe international doté d'un mandat clair pour évaluer si les mesures prises et justifiées par un Etat, comme étant nécessaires afin de combattre le terrorisme, sont en violation de leurs obligations en matière de droits de l'homme, ou requièrent une dérogation. Malheureusement, le Comité contre le terrorisme, établi par le Conseil de Sécurité, ne considère pas que cela relève de ses fonctions.»[37]

De ce fait, s'il est nécessaire d'opérer un contrôle des mesures de dérogations aux droits de l'homme (section II), c'est parce que dans certaines circonstances, il peut s'avérer important de déroger auxdits droits (section I).

Section I. Est-il nécessaire de déroger aux droits de l'homme?

Quand se pose la question de la nécessité en droit, la réponse a tendance à revenir sur un fait longtemps établi. C'est que «nécessité fait loi»[38]. Cet adage signifie qu'un besoin extrême peut justifier le fait qu'on passe outre les obligations conventionnelles ou légales. Dans cette situation, certains actes sont justifiés par leur caractère

---

le personnel rattaché à la justice, au parquet, aux forces de l'ordre ainsi qu'à ceux qui fournissent des services gouvernementaux et non gouvernementaux.

36. G. Beaussonie, «Le crépuscule de la sûreté individuelle (à propos du projet de loi renforçant la sécurité intérieure et la lutte contre le terrorisme)», *D.*, 2017, p. 1786.

37. M. Robinson, United Nations Commissioner for Human Rights, Human Rights in the Shadow of 11 September, Fifth Commonwealth Lecture, Londres, 6 juin 2002, (le texte original se lit comme suit:

«there is currently no international institution with a clear mandate to assess whether measures taken and justified by a State as necessary to combat terrorism are in violations of human rights standards which it has accepted, or which would require that a derogation be made. And it is, indeed, unfortunate that the Counter-terrorism Committee established by the Security Council does not believe this to be part of its mandate»,

disponible en anglais sur http://www.thecommonwealth.org/Templates/Internal.asp?NodeID=37475.

38. Expression proverbiale française fort ancienne et qui remonte au XVe siècle.

inévitable et pratiquement instinctif, éloignés du droit positif. L'entrée de ce proverbe dans la sphère juridique provient d'une affaire de vol qui défraya la chronique au XIXe siècle avec la fameuse affaire *Louise Ménard*. Il s'agissait d'une mère de famille accusée d'avoir volé un pain et qui avait finalement été acquittée parce que son vol avait été dans un état de nécessité. En effet, le 4 mars 1898, Louise Ménard, une mère de famille comparait à Château-Thierry pour avoir volé un pain, après avoir passé trente-six heures sans manger. Le juge Magnaud acquitta la prévenue au regard de sa situation. Unique en son genre, cette étonnante affaire donna naissance à une nouvelle notion dans le droit français, «l'état de nécessité», suscitant au passage de vifs débats au sein de la société [39]. Dans ce cas, l'état de nécessité permet-il de passer outre les obligations relatives à la protection des droits de l'homme ? Qui est le juge de la nécessité ? La nécessité suscite ainsi une certaine obligation de déroger dans le but de protéger, voire de mieux assumer ses responsabilités, que ce soit de la part d'un parent ou d'un gouvernement. De ce fait, nécessité et droit n'entretiennent pas des relations d'inclusion, car l'un implique la dérogation, voire l'exclusion au profit de l'autre. En droit public, l'état de nécessité a trait à des situations où les pouvoirs publics doivent momentanément s'affranchir de la légalité ordinaire. Cette théorie en droit public est ancienne, et a constitué une source de justifications de certaines actions posées par les autorités publiques. Deux conditions sont nécessaires pour que l'état de nécessité soit admis: l'existence d'un danger et l'existence d'un acte justifié. Le danger ne doit pas seulement être probable, il doit être réel. L'acte de sauvegarde doit à son tour non seulement être nécessaire, mais il doit aussi être proportionné au danger. Il ne doit pas y avoir de meilleure solution, pour éviter le danger, que de commettre l'infraction. Ce qui est sacrifié doit donc être inférieur ou égal à ce qui est sauvegardé, sinon l'acte n'est pas justifié.

Si très tôt en Occident l'état de nécessité a justifié le principe d'une suspension temporaire de la légalité ordinaire, dans le but de résoudre par des voies exceptionnelles les situations de crise, il a fallu attendre la période comprise entre la fin du XIXe et le début XXe siècle, pour voir

---

39. La notion d'état de nécessité est assez présente dans le droit jusqu'à l'Ancien Régime. Le XIXe siècle va plutôt inverser cette logique. C'est un moment d'affirmation du libéralisme et du droit de propriété. Une définition claire en a été donnée par la Cour d'appel de Colmar en 1957 comme suit: l'état de nécessité est «la situation dans laquelle se trouve une personne qui, pour sauvegarder un intérêt supérieur n'a d'autre ressource que d'accomplir un acte défendu par la loi pénale», *Colmar*, 6 décembre 1957, *D*., 1958, 357.

émerger une réflexion systématique sur le sujet [40]. A cette époque, la posture théorique dominante était celle du positivisme juridique hérité du droit public de l'Empire allemand [41]. Hans Kelsen a procédé à la systématisation des traits dominants de ce courant qui repose sur le postulat suivant lequel la norme n'est juridique qu'à partir du moment où elle appartient à un ordre duquel elle tire sa validité [42]. La « théorie pure » qu'il secrète, conçoit ainsi le droit comme un système de normes [43]. Coulé dans le moule d'une hiérarchie au-dessus de laquelle se trouve la *« Grundnorm »* [44], cet ordre juridique serait dépourvu de lacunes [45]. C'est la raison pour laquelle on prétend qu'il peut sans difficulté particulière, « prévoir et réglementer sa propre suspension, par exemple en définissant constitutionnellement un régime d'exception » [46]. Cette analyse a justifié d'abord sous l'Empire, puis sous la République de Weimar [47], l'élaboration de clauses constitutionnelles consacrant les pouvoirs d'exception et les habilitations législatives (notamment les art. 48 et 76 de la Constitution de la république de Weimar), ou comme sous la IIIe République française, l'adoption des législations d'exception à l'instar des lois sur l'état de siège et sur l'état de guerre [48]. L'état d'exception résultant de l'application de ce droit dérogatoire n'aurait donc, selon la formule du professeur Michel Troper, « rien d'exceptionnel » [49]. Toutefois, la limite de cette approche réside dans le fait qu'elle soustrait la norme juridique de son contexte de production. Or, il est difficile de passer du fait à la norme en faisant abstraction des choix politiques qui le conditionnent et l'ajustent au gré des circonstances de son application. Il apparaît alors l'idée selon laquelle le droit serait inapte à expliquer et à réguler l'action de l'Etat pendant

---

40. Voir M. Goupy, *L'essor de la théorie juridico-politique sur l'état d'exception dans l'entre-deux-guerres en France et en Allemagne : une genèse de l'état d'exception comme enjeu pour la démocratie*, thèse de philosophie, Ecole normale supérieure de Lyon, 2011.
41. *Ibid.,* p. 32 ss.
42. H. Kelsen, *Théorie pure du droit*, Paris, Dalloz, 1962, p. 258.
43. *Ibid.*, p. 261.
44. *Ibid.*, p. 257.
45. J. F. Kergevan, « La critique Schmittienne du normativisme Kelsénien », dans C. M. Herrera, *Le droit, le politique. Autour de Max Weber, Hans Kelsen et Carl Schmitt*, Paris, l'Harmattan, 1995, p. 239.
46. *Idem.*
47. La république de Weimar a été instituée après la défaite allemande lors de la Première Guerre mondiale. Elle reste en place jusqu'à l'avènement du régime nazi au milieu des années trente.
48. Voir J. Barthelemy, « Notes sur le droit public en période de guerre », dans *RDP*, 1915, p. 134-162.
49. M. Troper, « L'état d'exception n'a rien d'exceptionnel », dans S. Theodorou, *L'exception dans tous ses états*, Paris, Parenthèses, 2007, p. 163-175.

des circonstances exceptionnelles. Dès lors, on se résout à admettre qu'il s'agit d'un domaine qui ne ressort pas du juridique, mais bien du politique, et que le premier doit s'effacer, provisoirement, au profit du second. C'est ce qu'estime en substance Raymond Carré de Malberg lorsqu'il affirme que, si

> «personne ne peut denier à l'Etat, en cas de péril grave, la ressource d'user, pour sa conservation, de moyens qui soient à la hauteur des circonstances ..., il convient de reconnaitre que l'emploi de ces moyens se développe sur un terrain, qui n'est pas celui du droit proprement dit ... »[50],

mais du «fait ou de [la] nécessité»[51].

Carl Schmitt est aussi de ceux qui ont partagé ce point de vue. Il l'affirme d'ailleurs sans ambages, à l'occasion des querelles doctrinales qui l'opposent à Hans Kelsen au sujet de l'interprétation de l'activation abusive des articles 48 et 76 de la Constitution de la république de Weimar[52]. Pour cet auteur, si «tout ordre repose sur une décision ... »[53], alors «même l'ordre juridique repose, à l'instar de tout ordre, sur une décision et non sur une norme»[54]. Par ce syllogisme inscrit dans le marbre de sa «Théologie politique», cet auteur allemand oppose à la *Grundnorm* du maître de Vienne, «la décision». C'est par elle que le souverain qualifie le danger, adopte la bonne mesure, et fonde la situation de normalité qui permet l'établissement de la norme. Dans ces conditions, il paraît évident que «l'exception est plus intéressante que le cas normal. Le cas normal ne prouve rien, l'exception prouve tout; elle ne fait pas que confirmer la règle: en réalité, la règle ne vit que par l'exception»[55]. En fait, comment concevoir un ordre juridique sans harmonie sociale, sans cette situation de stabilité à partir de laquelle les rapports de droits peuvent être construits? Ainsi, ce n'est pas l'idée d'un droit abstrait qui constituerait la charpente du système juridique,

---

50. R. Carré de Malberg cité par V. Souty, *La constitutionnalisation des pouvoirs de crise. Essai de droit comparé*, thèse de droit public, Université Sorbonne-Nouvelle, Paris 3, 2015, p. 58.
51. *Ibid.*, p. 58, également G. Vedel, «Le hasard et la nécessité», dans *Pouvoirs*, n° 50, 1989, p. 15-30.
52. Sous la république de Weimar, l'article 48 est utilisé effectivement à plus de 250 occasions et, à partir des années 30, le fonctionnement des institutions repose principalement sur son application. Et l'on connaît en particulier les conséquences désastreuses de la loi d'habilitation du 24 mars 1933 dans le basculement définitif du régime vers la dictature nazie, M. Goupy, *op. cit.*, p. 117.
53. C. Schmidt, *Théologie politique*, Paris, Gallimard, 1988, p. 20.
54. *Idem.*
55. *Ibid.*, p. 24.

mais bel et bien l'instance humaine apte à proclamer la situation d'exception et à décider de son contenu. Carl Schmitt considère à ce titre qu'«est souverain celui qui décide de la situation exceptionnelle»[56]. Seul le prince est apte à distinguer dans le cadre d'un conflit, l'ami de l'ennemi, seul critère à même de déterminer pour un peuple, «l'essence de son existence politique»[57]. De toutes les façons, précise l'auteur, pendant la situation exceptionnelle, «l'Etat subsiste tandis que le droit recule»[58]. Les travaux de Carl Schmitt ont eu un grand écho auprès des générations intellectuelles suivantes, comme l'illustrent de façon poignante, les réflexions du philosophe italien Giorgio Agamben[59]. Pour ce dernier, l'état d'exception est un dispositif général qui, ayant «atteint son plus large déploiement planétaire»[60], permet d'articuler le droit au fait au moyen de la création d'un espace anomique qui soumet les individus à une violence illimitée – la violence souveraine – dans l'objectif de permettre l'application ultérieure du droit; de sorte que, «ce sont toujours l'exception et la situation extrême qui définissent l'aspect le plus caractéristique d'une institution juridique»[61]. Pis, ce dispositif se serait intégré au sein de la structure de l'Etat moderne à tel point que «la déclaration de l'état d'exception est progressivement remplacée par une généralisation sans précédent du paradigme de la sécurité comme technique normale de gouvernement»[62]. Selon lui, «de l'état d'exception effectif où nous vivons, le retour à l'Etat de droit n'est pas possible, puisque ce qui est en question ce sont les concepts mêmes d'«Etat» et de «droit»»[63]. La protection de l'état de droit et des droits de l'homme par le droit seul est insuffisante, car il semble impensable d'institutionnaliser l'état d'exception. En effet, pour de nombreux penseurs de l'époque, l'état d'exception ne pouvait être envisagé dans un système juridique rationnel qui a pour but de garantir les droits de l'homme et les libertés fondamentales.

En droit international, il a fallu du temps pour admettre la nécessité comme circonstance exonératoire de la responsabilité[64]. L'expression

---

56. C. Schmidt, *Théologie politique ...*, *op. cit.*, p. 16.
57. D. Cumin, «La théorie du partisan de Carl Schmitt», dans *Stratégique*, 2009, p. 31-71.
58. C. Schmidt, *op. cit.*, p. 22.
59. G. Agamben, *L'état d'exception. Homo Sacer*, Paris, Seuil, 2003.
60. *Ibid.*, p. 146.
61. *Ibid.*, p. 133.
62. *Ibid.*, p. 29.
63. *Ibid.*, p. 146.
64. Selon l'article 25 du Projet de code sur la responsabilité des Etats pour fait internationalement illicite:

« état de nécessité » est employée dans ce domaine pour désigner les cas exceptionnels où le seul moyen qu'a un Etat de sauvegarder un intérêt essentiel menacé par un péril grave et imminent est, momentanément, l'inexécution d'une obligation internationale dont le poids ou l'urgence est moindre [65]. Il a comme fonction la limitation des obligations substantielles des Etats lors de la survenance d'un fait-condition – la situation de nécessité – afin d'éviter que l'application du droit ne génère un coût social excessif. Sa réalisation requiert toujours une pondération des intérêts en conflit [66]. L'état de nécessité correspond à une situation de « danger pour l'existence de l'Etat, pour sa survie politique ou sa survie économique » [67]. Pour la Commission du droit international de l'ONU, cet argument peut être invoqué lorsque « ce fait aura été l'unique moyen de sauvegarder l'intérêt essentiel de l'Etat à l'encontre d'un danger grave et imminent » [68]. La Commission a indiqué que par l'expression « état de nécessité », elle

« désigne la situation où se trouve un Etat n'ayant absolument pas d'autre moyen de sauvegarder un intérêt essentiel menacé par un péril grave et imminent que celui d'adopter un comportement non conforme à ce qui est requis – de lui par – une obligation internationale envers un autre Etat » [69].

« 1. L'Etat ne peut invoquer l'état de nécessité comme cause d'exclusion de l'illicéité d'un fait non conforme à l'une de ses obligations internationales que si ce fait :
  a) Constitue pour l'Etat le seul moyen de protéger un intérêt essentiel contre un péril grave et imminent ; et
  b) Ne porte pas gravement atteinte à un intérêt essentiel de l'Etat ou des Etats à l'égard desquels l'obligation existe ou de la communauté internationale dans son ensemble.
2. En tout cas, l'état de nécessité ne peut être invoqué par l'Etat comme cause d'exclusion de l'illicéité :
  a) Si l'obligation internationale en question exclut la possibilité d'invoquer l'état de nécessité ; ou
  b) Si l'Etat a contribué à la survenance de cette situation. »

65. *Projet d'articles sur la responsabilité des Etats pour fait internationalement illicite et commentaires y relatifs,* adopté par la Commission à sa cinquante-troisième session, en 2001, et soumis à l'Assemblée générale dans le cadre de son rapport sur les travaux de ladite session, Nations Unies, 2005, p. 149.
66. S. Cassella, *La nécessité en droit international. De l'état de nécessité aux situations de nécessité,* Leiden, Martinus Nijhoff Publishers, 2011.
67. Ch. De Visscher, *Théorie et réalités en droit international public,* 3ᵉ éd., Pedone, 1970, p. 339.
68. ACDI, vol. II, 1ʳᵉ partie, « Responsabilité internationale de l'Etat », 1981, p. 58 ss.
69. CDI, Commentaire de l'article 33, paragraphe 1 du *Projet d'articles sur la responsabilité des Etats pour fait internationalement illicite et commentaires y relatifs,* adopté par la Commission à sa cinquante-troisième session (A/CN 4/L 320/ Add. 1).

Dans le domaine des relations économico-financières, en tant qu'élément du droit coutumier, l'état de nécessité est un argument qui peut par exemple être invoqué pour suspendre ou répudier (si l'état de nécessité se prolonge) le paiement de dettes contractées auprès d'autres Etats, d'organisations internationales ou d'entités privées.

A la différence de la force majeure, l'état de nécessité ne met pas l'Etat en situation matérielle d'empêchement absolu de remplir ses obligations internationales, mais le fait de les exécuter impliquerait pour la population des sacrifices qui vont au-delà de ce qui est raisonnable. Comme le souligne la Commission du droit international :

> « On ne peut attendre d'un Etat qu'il ferme ses écoles et ses universités et ses tribunaux, qu'il abandonne les services publics de telle sorte qu'il livre sa communauté au chaos et à l'anarchie simplement pour ainsi disposer de l'argent pour rembourser ses créanciers étrangers ou nationaux. Il y a des limites à ce qu'on peut raisonnablement attendre d'un Etat, de la même façon que pour un individu... »[70]

Pour la Commission, en effet, l'état de nécessité, suppose que soit mis en péril moins la vie de personnes physiques en détresse que l'Etat luimême (du point de vue politique, économique, etc.). Selon la CIJ,

> «l'état de nécessité constitue une cause, reconnue par le droit international coutumier, d'exclusion de l'illicéité d'un fait non conforme à une obligation internationale. Elle observe en outre que cette cause d'exclusion de l'illicéité ne saurait être admise qu'à titre exceptionnel. ... Ainsi, d'après la Commission, l'état de nécessité ne peut être invoqué qu'à certaines conditions, strictement définies, qui doivent être cumulativement réunies ; et l'Etat concerné n'est pas seul juge de la réunion de ces conditions. Dans la présente affaire, les conditions de base suivantes ... sont pertinentes : un « intérêt essentiel » de l'Etat auteur du fait contraire à l'une de ses obligations internationales doit avoir été

---

70. ACDI, 1980, p. 164-167. Dans l'affaire des *Forêts du Rhodope central*, la Bulgarie, qui devait payer à la Grèce des réparations, a évoqué l'état de nécessité devant le Conseil de la Société des Nations, fondé sur les graves conséquences financières que ce paiement aurait occasionnées à l'Etat et à l'économie du pays. Les deux gouvernements ont notamment reconnu que l'état de nécessité pouvait servir de base juridique pour répudier une dette publique. Lorsqu'on parle d'état de nécessité dans le contexte de paiement d'une dette, c'est donc la fonction publique même de l'Etat qui est menacée, *Grèce c. Bulgarie*, rapport Ago, A/CN.4/318/Add. 5 et 6, section 5, paragraphe 23.

en cause; cet intérêt doit avoir été menacé par un «péril grave et imminent»; le fait incriminé doit avoir été «le seul moyen» de sauvegarder ledit intérêt; ce fait ne doit pas avoir «gravement porté atteinte à un intérêt essentiel» de l'Etat à l'égard duquel l'obligation existait; et l'Etat auteur dudit fait ne doit pas avoir «contribué à la survenance de l'état de nécessité». Ces conditions reflètent le droit international coutumier»[71].

Contrairement à la détresse, la nécessité réside non pas dans un péril pour la vie de personnes qu'un agent de l'Etat a la charge de protéger, mais dans un péril grave menaçant soit les intérêts essentiels de l'Etat, soit ceux de la communauté internationale dans son ensemble. Elle naît de l'existence d'un conflit insoluble, entre un intérêt essentiel, d'une part, et une obligation, d'autre part, de l'Etat invoquant l'état de nécessité[72]. C'est la raison pour laquelle le droit international reconnaît la plénitude et l'exclusivité des compétences de l'Etat sur son territoire. C'est ainsi que l'Etat détient sur son territoire, la légitimité de la force publique, ou encore la puissance publique. C'est cette puissance publique qui lui permet de prendre les mesures nécessaires au maintien de l'ordre, en particulier lorsque celui-ci est menacé. La possibilité de déroger aux droits de l'homme en cas de danger public menaçant la vie de la nation est ainsi offerte à l'Etat dans une situation de nécessité. Ainsi, confronté à une situation de danger imminent, la dérogation aux droits de l'homme devient presque un droit pour un Etat, le droit qu'il a d'assurer la continuité de son existence et de sa survie. Seulement, les situations dans lesquelles les Etats invoquent les menaces à leur sécurité se sont multipliées ces dernières années en se diversifiant. De nombreux recours aux dérogations ont ainsi eu lieu, parfois, sans les éléments justificatifs de la nécessité. L'excuse de la nécessité permet donc de déroger à certaines obligations internationales. Encore faut-il bien cerner la notion de dérogation.

Par. 1. La notion de dérogation en droit international

Dans son sens littéral, la dérogation correspond à l'action de déroger. Déroger signifie à son tour s'écarter de ce qui est établi par une loi, une

---

71. *Projet Gabčíkovo-Nagymaros (Hongrie/Slovaquie), CIJ Recueil 1997*, p. 40 et 41, paragraphes 51 et 52.
72. CDI, *Projet d'articles sur la responsabilité de l'Etat pour fait internationalement illicite et commentaires y relatifs*, 2001, Nations Unies, 2005, p. 149, disponible sur http://legal.un.org/ilc/texts/instruments/french/commentaries/9_6_2001.pdf.

convention, un principe; manquer à [73]... Sur un autre plan, toujours dans son sens littéral,

« Déroger (est un) Terme de jurisprudence (qui signifie) Prendre des dispositions qui sont différentes de dispositions antérieures ou qui y sont contraires. Déroger à une transaction par une autre. Il se dit aussi de lois ou de dispositions qui en modifient ou révoquent une autre, s'écarter de quelque manière que ce soit de ce qui est établi par la loi, un acte d'autorité publique, une convention, un usage.

2) Ne pas se conformer à, porter atteinte à. Déroger aux droits de quelqu'un.

3) Déroger à noblesse, ou, absolument, déroger, faire une chose qui entraînait la perte des droits et des privilèges de la noblesse.

4) Faire une chose indigne de, s'écarter par sa conduite de ce à quoi l'oblige l'honneur, la morale ou un autre code de conduite. » [74]

En droit, une dérogation constitue une

« Exclusion du droit commun dans un cas particulier. Le terme est surtout utilisé en matière conventionnelle, pour désigner la stipulation par laquelle les parties écartent l'application d'une loi qui n'est ni impérative ni d'ordre public. » [75]

Le *Dictionnaire de droit international public* donne cinq acceptions du mot dérogation :

« A. Non-application partielle d'un texte (un ou plusieurs articles) par la suite de la mise en vigueur entre les parties d'un nouveau texte portant sur le même objet ;

B. Non-application d'une norme supplétive par la volonté des sujets de droit ;

C. Se dit d'une situation où licence est laissée aux parties contractantes d'exclure l'application d'une norme conventionnelle dans certaines hypothèses prévues à l'avance ;

D. Non-application d'une règle par une autorité à titre de faveur ou pour toute autre raison, dispense accordée par une autorité à un sujet ;

---

73. *Dictionnaire Larousse*, aux mots « dérogation » et « déroger ».
74. *Dictionnaire de français Littré*, http://littre.reverso.net/dictionnaire-francais.
75. S. Guinchard et T. Debard (dir. publ.), *Lexique des termes juridiques*, Paris, Dalloz, 25ᵉ éd., 2018, au mot « dérogation ».

E. Violation d'une règle.»[76]

Il ressort de ces définitions que la notion de dérogation est bien une notion juridique qui comporte une dimension à la fois morale et éthique. La liberté d'action des sujets est déterminée par des considérations légales et évaluée en fonction du droit, mais est aussi circonscrite par des motifs extrajuridiques. Du fait de son caractère consensuel, le droit international public est considéré comme un droit généralement dérogeable car, comme l'a dit la Cour internationale de Justice (CIJ),

«... on doit admettre qu'en pratique, il est possible de déroger par voie d'accord aux règles de droit international dans des cas particuliers ou entre certaines parties, mais cela ne fait pas normalement l'objet d'une disposition expresse»[77].

Déroger signifie donc remplacer un régime juridique (dit de droit commun) par un autre régime, généralement plus restrictif : la dérogation prend la forme, dans la plupart des cas, d'un accord entre des sujets ou des parties à une convention, mais peut aussi être un acte juridique unilatéral, issu de la volonté d'un seul sujet[78]. La possibilité de déroger aux obligations prévues dans un texte conventionnel est très souvent contenue dans une disposition spécifique de cette convention. Certains instruments relatifs aux droits de l'homme permettent aux Etats de prendre des mesures dérogeant temporairement à certaines de leurs obligations en entourant lesdites dérogations des conditions strictes, notamment le Pacte international sur les droits civils et politiques, la Convention européenne des droits de l'homme, la Convention américaine des droits de l'homme (CADH), la Charte arabe des droits de l'homme, etc. D'autres textes, par contre, ne contiennent pas de clause de dérogation. Il en est ainsi du Pacte international relatif aux droits économiques, sociaux et culturels (PIDESC) et de la Charte africaine

---

76. J. Salmon (dir. publ.), *Dictionnaire de droit international public*, Bruxelles, Bruylant, 2001, p. 325-326.
77. Affaire du *Plateau Continental de la Mer du Nord, (République fédérale d'Allemagne v. Danemark, République fédérale d'Allemagne vs. Pays-Bas)*, arrêt du 20 février 1969, *CIJ Recueil 1969*, p. 42, paragraphe 72.
78. A. Orakhelashvili associe, dans le cadre plus spécifique du *jus cogens*, la dérogation à une abrogation partielle ou à une neutralisation de la règle concernée entre certaines parties du régime juridique. Tout comme R. Kolb, il définit le concept de dérogation comme « la fragmentation *ratione personae* d'un régime juridique objectif ou intégral en relations juridiques particulières ». Contrairement à notre opinion, ils excluent la dérogation par l'entremise d'un acte unilatéral. A. Orakhelashvili, *Peremptory Norms in International Law*, Oxford, Oxford University Press, 2006, p. 73. Voir également, R. Kolb, *Le jus cogens international : essai de relecture du concept*, Paris, Presses Universitaires de France, 2001.

des droits de l'homme et des peuples, de la Convention relative aux droits de l'enfant, etc.

Les dispositions relatives aux dérogations visent à aménager un équilibre entre le droit souverain d'un gouvernement de maintenir la paix et l'ordre public en cas de péril grave et la protection des droits de l'individu contre les abus de la part des autorités publiques. Ainsi, l'Etat est autorisé à suspendre l'exercice de certains droits lorsque cela est nécessaire pour faire face à une situation d'urgence, à condition qu'il respecte les conditions fixées par la clause de dérogation. Lorsque des mesures dérogatoires sont autorisées, ces dérogations doivent répondre à plusieurs critères :
- Il doit y avoir une guerre ou un état d'urgence général menaçant la vie de la nation ;
- L'état d'urgence doit être officiellement proclamé ;
- Les mesures ne peuvent aller au-delà de ce qui est strictement requis par la situation ;
- Les mesures ne peuvent pas être incompatibles avec d'autres obligations en vertu du droit international ;
- Les mesures ne peuvent pas être discriminatoires uniquement pour des motifs de race, de couleur, de sexe, de langue, de religion ou d'origine sociale.

Un Etat qui fait usage du droit de dérogation doit immédiatement justifier sa décision de proclamer l'état d'urgence et toute mesure spécifique fondée sur une telle proclamation.

En ce qui concerne les dérogations et les limitations, le document final de la réunion de la Conférence sur la sécurité et la coopération en Europe (CSCE) à Moscou en 1991 prévoit que :

> « Les Etats participants réaffirment que l'état d'exception n'est justifié que par les circonstances les plus exceptionnelles et les plus graves conformément aux obligations internationales de l'Etat ... L'état d'exception ne peut être utilisé pour renverser l'ordre constitutionnel démocratique, ni viser à la destruction des droits de l'homme internationalement reconnus. »[79]

Les limites, sous la forme des critères à respecter, ont donc été définies pour déterminer dans quelle mesure les Etats peuvent déroger à leurs obligations en matière de droits de l'homme. En outre, comme stipulé

---

79. *Document final de la réunion de la Conférence sur la sécurité et la coopération en Europe* (CSCE) à Moscou en 1991, paragraphe 28.1, accessible à l'adresse https://www.osce.org/files/f/documents/b/f/14311.pdf.

dans des conventions internationales (par exemple, l'article 4 2) PIDCP, l'article 15 2) CEDH et l'article 27 2) CADH), un certain nombre de droits ne peuvent en aucun cas faire l'objet de dérogation. Dans son observation générale n° 29, le Comité des droits de l'homme énumère les conditions à remplir pour déroger aux droits dérogeables consacrés dans le PIDCP. Le Comité constate également que les droits énoncés à l'article 4 2) du PIDCP ne sont pas les seuls droits auxquels on ne peut déroger; il existe des éléments d'autres droits non énumérés à l'article 4, paragraphe 2, qui ne peuvent faire l'objet d'une dérogation légale. Pour bien cerner la notion de dérogation, il est utile de la distinguer des notions voisines.

A. Distinction entre dérogation et notions voisines

La notion de dérogation se rapproche sans se confondre de certains concepts voisins. En effet, ce qui est similaire ou semblable n'est pas identique. Aussi, certaines notions sont semblables à la dérogation car elles ont des points en commun et s'en apparentent, ayant à peu près la même nature ou étant du même ordre. Certaines autres notions sont quasi identiques à celle de dérogation parce qu'elles sont toutes pareilles, d'autres lui sont semblables parce qu'elles sont presque pareilles, avec quelques différences et d'autres lui sont similaires parce qu'elles lui sont à peu près pareilles, voir comparables. On rapproche parfois la dérogation de la limitation et de la restriction voire de la suspension, en l'éloignant de la violation. En outre, une distinction doit être opérée entre les dérogations et les réserves et déclarations faites sur les conventions internationales par les Etats. Il est important d'appréhender chacune de ces notions pour percevoir la différence avec celle de dérogation en particulier dans le domaine des droits de l'homme.

1. Dérogation et violation

La violation est un «fait» matériel de non-respect d'une norme et de son contenu, tandis que la dérogation suppose un acte juridique. La violation d'une norme est synonyme de sa transgression et suppose une action entreprise en toute illégalité[80]. Une norme est violée quand

---

80. «La violation de la loi, l'un des quatre cas d'ouverture du *recours* pour excès de pouvoir, consiste soit en une contradiction entre l'acte attaqué et un acte de valeur juridique supérieure, soit en une illégalité tenant aux motifs pour lesquels l'Administration l'a adopté»,

R. Guillien et J. Vincent (dir. publ.), *Lexique des termes juridiques*, Paris, Dalloz, 2017, terme «violation de la loi».

la conduite d'un ou plusieurs sujets de droit contraire à cette norme est dirigée à l'encontre d'un autre sujet sans son consentement. Par contre, une norme est dérogée lorsque la conduite d'un ou plusieurs sujets contraires à cette norme engendre la production de conséquences affectant uniquement les sujets qui dérogent, sans affecter les droits des autres. La dérogation a pour objectif premier de produire des «inside effects», au sein même du cercle des parties dérogeantes [81]. Dans le cas de la dérogation, le régime général reste applicable entre les parties qui n'ont pas souscrit au régime particulier, situation qui n'équivaut pas non plus à une abrogation ou une modification, qui mette fin au régime envers tous les sujets. Dans certains cas, dérogation et violation sont sujettes à une certaine confusion, en particulier lorsque la dérogation est faite sans respect des procédures régulières. Une dérogation irrégulière est ainsi considérée comme une violation flagrante de la norme. La modification d'une norme par les moyens ordinaires de création juridique se base sur l'action de l'ensemble des parties contractantes à un traité ou de la majorité des sujets dans le cadre du droit coutumier, alors que la dérogation suppose l'action de quelques parties, ou d'une seule [82]. La dérogation vise la modification de la norme ou son remplacement: «Derogation is the partial abrogation of a law. To derogate from a law is to enact something which is contrary to it, while to abrogate law is to abolish it entirely.» [83]

---

[81]. J. Sztucki, «*Jus Cogens* and the Vienna Convention on the Law of Treaties: A Critical Appraisal», *Österreichische Zeitschrift für öffentliches Recht*, Supplementum 3, 1974, p. 68.
[82]. Idem.
[83]. Voir http://legal-dictionary.thefreedictionary.com/derogation, consulté le 18 avril 2011. Et:

> «Abrogation: the destruction or annulling of a former law by an act of the legislative power, by constitutional authority, or by usage. It stands opposed to rogation; and is distinguished from derogation, which implies the taking away of only some part of a law.
> Abrogation: the destruction or annulling of a former law, by an act of the legislative power, or by usage. A law may be abrogated or only derogated from; it is abrogated when it is totally annulled; it is derogated from when only a part is abrogated...
> 2. Abrogation is express or implied; it is express when it is literally pronounced by the new law, either in general terms, as when a final clause abrogates or repeals all laws contrary to the provisions of the new one, or in particular terms, as when it abrogates certain preceding laws which are named.
> 3. Abrogation is implied when the new law contains provisions which are positively, contrary to the former laws, without expressly abrogating such laws. It is also implied when the order of things for which the law had been made no longer exists, and hence the motives which had caused its enactment have ceased to operate.»

La dérogation est aussi liée à l'inclusion dans un traité d'une clause permettant aux parties de ne pas respecter leurs engagements, ceci de manière temporaire et exclusivement dans des circonstances prévues par le traité [84]. Une légalité exceptionnelle remplace la légalité normale pendant une période déterminée en matière de dérogation. Le but de ces clauses n'est pas de remettre en cause la validité de la norme, mais d'assurer la primauté du droit et de faire en sorte que les mesures prises par les Etats aient un minimum d'incidence sur les garanties offertes par le traité dans son entièreté. Le pouvoir de déroger ne découle pas ici de la nature supplétive ou impérative de la norme, mais de la volonté des Etats parties, exprimée sous la forme d'une clause dérogatoire. La dérogation n'est pas un élément extérieur à la norme, elle en fait partie intégrante et y est prévue par une clause qui en précise les modalités. Il s'agit d'une technique d'accommodation du droit aux réalités et aux exigences concrètes d'une situation qui n'est pas semblable à la violation des droits. Cette technique n'est pas unique, le droit international comptant de nombreux instruments comparables. Dans ces cas, l'adoption du comportement dérogatoire ne signifie nullement violation des obligations prescrites par le droit.

2. Dérogation et restriction

La dérogation doit être distinguée de la restriction, même si elle s'en rapproche. Certes, on a tendance à définir l'une des notions par l'autre. En effet, tout comme la dérogation, la restriction doit être fondée sur la loi. Mais restreindre ne signifie pas déroger. Restreindre s'apparente à une réduction, un rétrécissement, voire un ajustement. Par restriction, on entend le régime de limites qui trouve application en tout temps, et non seulement en temps de crise, ce qui le distingue des dérogations. Dans le domaine des droits et libertés, les restrictions sont fréquentes, mais elles doivent être nécessaires [85]. De ce fait, «Malgré leur proximité, régime de dérogation et régime de restriction aux droits de l'homme ne sont pas équivalents» [86]. Il doit exister un besoin social urgent, évalué

---

84. Par exemple, l'article 15 CEDH, l'article 4 PIDCP et l'article 27 de la Convention américaine des droits de l'homme (CADH); l'article 103 de la Charte des Nations Unies.

85. Voir B. Duarte, *Les restrictions aux droits de l'homme garantis par le Pacte international relatif aux droits civils et politiques et les Conventions américaine et européenne des droits de l'homme*, thèse de doctorat en droit public, soutenue en 2005 à l'Université de Lille II.

86. L. Sermet, «De la carence dans la Charte africaine des droits de l'homme et des peuples de la clause de dérogation aux droits de l'homme», *RGDIP*, 2005, p. 399; R. Ergec, *Les droits de l'homme à l'épreuve des circonstances exceptionnelles. Etude sur l'article 15 de la Convention européenne des droits de l'homme*, Bruylant, p. 34.

au cas par cas. Dans certains traités, la condition de «nécessité» (dans une société démocratique) est ajoutée; et la restriction doit être justifiée par la protection d'un ensemble strictement limité d'intérêts publics bien définis, qui comprend généralement un ou plusieurs des motifs suivants: la sécurité nationale, la sécurité publique, l'ordre public, la protection de la santé ou de la morale et la protection des droits et libertés d'autrui. Selon l'avis de la Commission de Venise sur *La protection des droits de l'homme dans les situations d'urgence*:

> «La loi doit préciser dans quels cas des restrictions peuvent être justifiées et, de préférence, définir l'état d'urgence pouvant justifier des mesures dérogatoires, pour créer des garanties contre tout abus du pouvoir de prendre des mesures restrictives ou dérogatoires et pour éviter que ce pouvoir ne soit utilisé à d'autres fins ou dans une plus large mesure que ne le permettent le droit interne et la CEDH. L'article 15 CEDH autorise les dérogations uniquement «en cas de guerre ou en cas d'autre danger public menaçant la vie de la nation», ce qui implique l'existence d'une situation de nature exceptionnelle ... D'ailleurs, même dans une situation exceptionnelle, il y a des droits, figurant alors parmi les plus menacés, qui ne souffrent d'aucune dérogation. Ce sont les droits dits «absolus»: le droit à la vie, l'interdiction de la torture et des peines ou traitements inhumains ou dégradants, l'interdiction de l'esclavage et le principe «pas de peine sans loi.»[87]

Les dérogations ne sont donc autorisées que dans des circonstances exceptionnelles, lorsque «la vie de la nation est en jeu», alors que des restrictions aux droits peuvent être apportées pour servir certains objectifs légitimes. Restriction et dérogation ont par conséquent des fonctions et des finalités distinctes et le contrôle exercé sur les mesures prises pendant la période de restriction et celle de dérogation sera variable.

3. Dérogation et limitation

La dérogation doit également être distinguée de la limitation, même si les deux notions s'interprètent mutuellement comme des synonymes.

---

87. Commission de Venise, *Avis sur la protection des droits de l'homme dans les situations d'urgence*, soixante-sixième session plénière, 17-18 mars 2006, CDLAD (2006)015-f, aux paragraphes 35-38, en ligne sur http://www.venice.coe.int/webforms/documents/CDLAD(2006)015.aspx.

Les limitations sont inhérentes aux droits de l'homme; il ne s'agit pas d'opposer les premières aux seconds: «La préservation de l'intérêt général et des intérêts d'autrui n'est pas l'«Autre» des droits et libertés, mais, dans une très large mesure, une condition de leur effectivité»[88]. A cet égard, la référence aux principes de Syracuse sur la disposition en matière de limitation et de dérogation dans le PIDCP s'avère importante. Les Principes, adoptés par un groupe d'éminents experts en droit international, fournissent des indications utiles sur l'interprétation des dispositions en matière de limitation et de dérogation des traités relatifs aux droits de l'homme. De même, la jurisprudence distingue entre dérogation et limitation. A cet égard, la Cour interaméricaine des droits de l'homme (CourIADH) a traité de la limitation et de la dérogation dans l'avis consultatif n° 5 sur l'adhésion obligatoire à une association désignée par la loi pour la pratique du journalisme. Elle y a analysé dans quelles conditions les limitations de la liberté d'expression sont compatibles avec la garantie de ce droit tel qu'il est reconnu par la Convention américaine relative aux droits de l'homme (CADH). Cette Cour a déclaré que:

> «les limitations doivent répondre à certaines exigences de forme, qui dépendent de la manière dont elles sont exprimées. Elles doivent également remplir certaines conditions de fond, qui dépendent de la légitimité des objectifs visés par de telles restrictions»[89].

En matière de droits de l'homme, de nombreuses obligations donnent lieu à des clauses dites de limitation. Par exemple, l'exercice des libertés politiques, telles que la liberté d'expression, de réunion et d'association, ne va pas sans devoirs et responsabilités et peut donc être soumis à certaines formalités, conditions, restrictions et sanctions au nom de la sûreté nationale, de l'intégrité territoriale ou de la sécurité publique, du maintien de l'ordre ou de la prévention de la criminalité, de la protection de la santé ou de la moralité publique, de la réputation

---

88. C. Le Bris, «Du juste équilibre: les limitations aux droits de l'homme en période de crise sanitaire (Première partie)», *La Revue des droits de l'homme* (en ligne), Actualités droits-libertés, mis en ligne le 31 octobre 2020, consulté le 30 décembre 2020. URL: http://journals.openedition.org/revdh/10551; DOI: https://doi.org/10.4000/revdh.10551.
89. Inter-American Court of Human Rights, Compulsory Membership in an Association prescribed by Law for the Practice of Journalism (Arts. 13 and 29 American Convention on Human Rights), Advisory Opinion OC-5/85, 13 novembre 1985, *séries A, n° 5*.

ou des droits et libertés d'autrui. Si des individus abusent de leur liberté d'expression et de leur droit de participer à une manifestation pour inciter à la haine raciale ou religieuse, se livrer à de la propagande en faveur de la guerre ou inciter d'autres à commettre des délits, les gouvernements sont tenus de limiter l'exercice de ces libertés afin de protéger les droits de l'homme d'autrui. Cependant, toute ingérence, limitation ou sanction doit être conforme au droit national et doit être nécessaire, dans une société démocratique, à la réalisation des objectifs de celle-ci et à la défense des intérêts nationaux. Dans tous les cas, les Etats doivent démontrer le caractère nécessaire des limitations et ne prendre que des mesures proportionnées à la poursuite d'intérêts légitimes [90].

Les dérogations sont conçues pour les situations de crise particulièrement graves nécessitant la prise des mesures extraordinaires pour le retour à la normale. Les dérogations peuvent également être qualifiées de «limitations extraordinaires» de l'exercice des droits de l'homme. En effet, à y regarder de plus près, on s'aperçoit que les restrictions ordinaires à l'exercice des droits de l'homme et des limitations extraordinaires sous forme de dérogations «sont étroitement liées et ... plutôt que d'être deux catégories distinctes de limites juridiques, ils forment un *continuum* juridique»[91]. Ce lien entre l'ordinaire et l'extraordinaire en matière de limitations des droits de l'homme est encore plus évident par le fait que, alors que certains droits peuvent être soumis à de nouvelles limitations strictes dans des situations d'urgence, de telles limitations ne doivent pas anéantir la substance des droits inhérents à la personne humaine. En d'autres termes, il doit y avoir en tout temps un *continuum* en ce qui concerne la substance juridiquement protégée d'un droit en matière de dérogation.

Il incombe aux organismes internationaux compétents en matière de droits de l'homme d'apprécier au cas par cas si la limitation d'un droit sert *un but légitime*, repose sur une *loi nationale* prévisible et en vigueur, et est *proportionnée* à *ce but légitime*. La Cour européenne des droits de l'homme (CourEDH) a interprété les clauses de limitation contenues dans la CEDH de manière à accorder, d'une part, une marge

---

90. Voir par exemple l'article 19 PIDCP.
91. A.-L. Svensson-McCarthy, *International Law of Human Rights and States of Exception – With Special Reference to the* Travaux Préparatoires *and Case-Law of the International Monitoring Organs*, La Haye, Boston, Londres, Martinus Nijhoff Publishers, 1998, International Studies in Human Rights, vol. 54, p. 49 et 721.

d'appréciation assez large aux gouvernements et à exiger, d'autre part, qu'ils justifient les limitations par un *besoin social impérieux*[92]. Elle a précisé que

> « la nécessité d'une quelconque restriction à l'exercice de la liberté d'expression doit se trouver établie de manière convaincante. Certes il revient, en premier lieu, aux autorités nationales d'évaluer s'il existe un besoin social impérieux susceptible de justifier cette restriction. Lorsqu'il y va de la presse ... le pouvoir national se heurte à l'intérêt de la société démocratique à assurer et à maintenir la liberté de la presse ... »[93].

Sous certaines conditions spécifiques énoncées dans les traités internationaux pertinents relatifs aux droits de l'homme, les Etats peuvent imposer des limitations à l'exercice de certains droits de l'homme. Il devrait cependant être clair que de telles limitations constituent des exceptions et ne doivent jamais devenir ou remplacer la règle. Les limitations des droits, lorsqu'elles sont autorisées, sont spécifiées dans les divers traités sur les droits de l'homme. En règle générale, ces limitations sont définies par la loi et nécessaires dans une société démocratique pour :

– assurer le respect des droits et des libertés d'autrui ; et
– respecter les justes exigences d'ordre public, de santé ou de moralité publiques, de sécurité nationale ou de sécurité publique.

Les conventions et autres textes contiennent des dispositions spécifiques sur les limitations et autres restrictions à l'exercice des droits de l'homme. Ces clauses de limitation et de restrictions sont distinctes des clauses de dérogation, ce qui implique une distinction entre la

---

92. L'article 10 (2) de la Convention stipule en effet que :

« 2. L'exercice de ces libertés comportant des devoirs et des responsabilités peut être soumis à certaines formalités, conditions, restrictions ou sanctions prévues par la loi, qui constituent des mesures nécessaires, dans une société démocratique, à la sécurité nationale, à l'intégrité territoriale ou à la sûreté publique, à la défense de l'ordre et à la prévention du crime, à la protection de la santé ou de la morale, à la protection de la réputation ou des droits d'autrui, pour empêcher la divulgation d'informations confidentielles ou pour garantir l'autorité et l'impartialité du pouvoir judiciaire. »

93. CourEDH, arrêt *Fressoz et Roire c. France* du 21 janvier 1999, paragraphe 45, iii, également arrêts *Goodwin c. Royaume-Uni* du 27 mars 1996, *Recueil 1996*, p. 500-501, paragraphe 40, et *Worm c. Autriche* du 29 août 1997, *Recueil 1997*, p. 1551, paragraphe 47.

dérogation et la limitation. En même temps, ces limitations ne doivent être utilisées que pour établir les limites appropriées du droit protégé et non comme une excuse pour porter atteinte au droit lui-même ou le détruire complètement. En général, il doit exister un rapport de proportionnalité entre la limitation d'un droit en tant que tel et le motif de la limitation. Ces dispositions peuvent prendre la forme de limitations générales. L'article 4 PIDCP, par exemple, se lit comme suit :

> « Les Etats parties au présent Pacte reconnaissent que, dans la jouissance des droits assurés par l'Etat conformément au présent Pacte, l'Etat ne peut soumettre ces droits qu'aux limitations établies par la loi, dans la seule mesure compatible avec la nature de ces droits et exclusivement en vue de favoriser le bien-être général dans une société démocratique. »

Dans le même sens, l'article 32 (2) CADH contient un autre exemple de limitation intrinsèque : « Les droits de chaque personne sont limités par les droits d'autrui, par la sécurité de tous et par les justes exigences du bien commun, dans une société démocratique. »

L'article 18 CEDH porte explicitement sur la limitation de l'usage des restrictions aux droits et dispose clairement que : « Les restrictions qui, aux termes de la présente Convention, sont apportées auxdits droits et libertés ne peuvent être appliquées que dans le but pour lequel elles ont été prévues ». La Charte africaine des droits de l'homme et des peuples ne contient pas de disposition spécifique sur les limitations, mais l'article 27 (2) qui porte sur les « devoirs » joue le rôle d'une clause générale de limitation en prévoyant que : « Les droits et libertés de chaque individu sont exercés dans le respect des droits d'autrui, de la sécurité collective, de la moralité et de l'intérêt commun. »

Afin d'empêcher les abus, les conventions contiennent souvent un paragraphe interdisant l'utilisation abusive d'un instrument international pour détruire un autre droit consacré. L'article 5 PIDCP, par exemple, stipule que :

> « Aucune disposition du présent Pacte ne peut être interprétée comme impliquant pour un Etat, un groupement ou un individu un droit quelconque de se livrer à une activité ou d'accomplir un acte visant à la destruction des droits ou libertés reconnus dans le présent Pacte ou à des limitations plus amples que celles prévues dans ledit Pacte. »

Cependant, mis à part ces dispositions générales, la plupart des traités relatifs aux droits de l'homme contiennent des dispositions spécifiques

dans divers articles, qui spécifient les limitations et restrictions autorisées dans l'exercice d'un droit particulier. Ces clauses de limitation spécifiques incluent des expressions telles: «dans une société démocratique», «ordre public», «santé publique», «moralité publique», «sécurité nationale», «sécurité publique» et «droits et libertés d'autrui». Pour une poignée de droits, tels que le droit de ne pas être soumis à la torture ou à l'esclavage, aucune limitation n'est formulée. Lorsqu'un droit est soumis à une limitation, aucune autre limitation n'est autorisée et toute limitation doit respecter les exigences minimales suivantes:
– La limitation ne doit pas être interprétée de manière à mettre en péril l'essence du droit concerné;
– La limitation doit être interprétée strictement à la lumière et dans le contexte du droit particulier;
– La limitation doit être prescrite par la loi et être compatible avec l'objet et le but de l'instrument.

La Charte africaine des droits de l'homme et des peuples contient un ensemble particulier de limitations. Plusieurs dispositions confèrent des droits aux individus et aux peuples, mais les limitent ensuite conformément au droit interne, en l'occurrence la loi. A titre d'exemple, l'article 6 dispose que: «Nul ne peut être privé de sa liberté si ce n'est pour des raisons et des conditions préalablement fixées par la loi» et l'article 9 (2) va dans le même sens en prévoyant que: «Toute personne a le droit d'exprimer et de diffuser ses opinions dans les limites de la loi.» Ces dispositions, communément appelées «clauses de récupération», limitent effectivement la mise en œuvre des droits conférés, ceux-ci étant simplement liés à la législation nationale en vigueur à un moment donné. Il en découle que, toute limitation à la jouissance des droits inscrits dans les instruments relatifs aux droits de l'homme doit être légalement établie, non discriminatoire, proportionnelle, compatible avec la nature des droits et conçue pour améliorer le bien-être général. Enfin, il est également important de souligner qu'il incombe aux Etats parties de prouver qu'une limitation imposée à la jouissance des droits est légitime. C'est évidemment un lourd fardeau de la preuve, mais il est conforme à l'objet et au but des traités relatifs aux droits de l'homme.

4. Dérogation et exception

Déroger n'est pas synonyme de faire exception. Bien que la dérogation se définisse par une exception [94], les deux termes n'ont pas

---
94. G. Agamben, *Etat d'exception, op. cit.*, 23.

strictement le même sens. Même si les mesures de dérogation sont prises dans le cadre des circonstances exceptionnelles, la dérogation elle-même ne saurait se confondre à l'exception. Un adage dit qu'il n'y a pas de règle sans exception. Mais la dérogation ne signifie pas nécessairement une exception, bien qu'une dérogation constitue une exception dans l'application d'une règle d'origine contractuelle, légale, ou administrative. En droit interne, c'est d'abord dans la jurisprudence de nombreux Etats que la question de l'exception s'est posée et s'est renouvelée. Mis à part la jurisprudence, plus ancienne, de la Cour suprême des Etats-Unis, cette jurisprudence s'est particulièrement développée depuis la fin de la Seconde Guerre mondiale. En France, ce renouveau est toutefois relativement récent, eu égard à la lente transformation du Conseil constitutionnel en véritable juridiction. Si l'exception est, en tant que sous-ensemble, extraite du champ d'application de la règle de droit, elle demeure étroitement subordonnée à cette dernière, qui conditionne tant son existence que ses contours. La dérogation n'entretient pas de lien de dépendance avec la règle initiale, comme l'exception et on pourrait soutenir qu'elle est indépendante du principe posé pour un groupe. A la différence de l'exception, qui s'entend comme l'extraction d'une partie d'un groupe initial, extraction qui, même si elle est temporaire ou facultative, est pensée et conçue par rapport au groupe initial, la dérogation n'ôte pas, n'enlève pas un sous-ensemble du groupe initial. Elle résulte simplement d'un conflit de règles applicables à un sous ensemble donné, sous-ensemble qui est inclus dans le champ d'application d'une règle mais qui, pour des raisons de conflit de normes, est également régi par une autre règle [95]. Les exceptions peuvent être générales ou individuelles, encore que généralement, elles confirment la règle à laquelle elles sont consubstantielles. Ainsi, il n'y a pas d'exception sans règles, bien qu'il existe des règles sans exception. A plusieurs égards, l'exception renforce la règle selon l'adage latin, *Exceptio probat regulam incasibus non exceptisi*: «l'exception confirme la règle quant aux cas non exceptés». En revanche, la dérogation ne confirme, ni ne renforce la règle. Au contraire, la dérogation permet la mise entre parenthèse de la règle. Bref, l'exception est une modulation de la règle principale dans certains cas, c'est une disposition contenue dans la loi qui particularise les cas dans lesquels la loi ne s'applique pas. En ce sens, l'exception

---

95. A. Vidal-Naquet, «Propos introductifs: de l'exception à la règle ou quand l'exception devient la règle», disponible sur https://hal.archives-ouvertes.fr/hal-01735368/document.

est permanente, alors que la dérogation est temporaire et est applicable dans certaines circonstances dans lesquelles l'application de la règle est impossible.

5. Dérogation et suspension

Si la dérogation à un droit correspond à sa suspension temporaire, toutes les suspensions ne sont pas des dérogations [96]. En droit civil, la suspension est considérée comme un

> «incident qui, en matière de *prescription civile*, arrête le cours du délai sans anéantir rétroactivement le temps déjà accompli, de telle sorte que si, après cet incident, la prescription recommence à courir, il sera possible de tenir compte du temps déjà écoulé. Les causes de suspension sont multiples» [97].

En droit administratif, le pouvoir de suspension correspond au pouvoir accordé à des autorités administratives soit de différer temporairement l'exécution d'un acte juridique pris par une autre autorité, soit de priver provisoirement de leurs fonctions certains agents ou autorités [98]. La suspension est caractérisée par un arrêt provisoire, une mise entre parenthèses, lorsque survient un évènement qui rend impossible la suite du déroulement normal d'un évènement. L'expression «dérogation» est un processus qui est analogue à la suspension des droits de la personne par le biais des clauses incluses dans les instruments qui les reconnaissent. Cette possibilité de suspension de leur application, au moins en partie, est prévue lors d'une situation exceptionnelle ou d'urgence. Mais cette dérogation ne doit pas être systématique et permanente sous peine de supprimer purement et simplement le droit dont il s'agit. Aussi, suspension et dérogation obéissent à des modalités différentes. La suspension neutralise temporairement, mais simplement, l'application de la règle. La dérogation quant à elle, suspend l'application de la règle, mais en faveur de l'application d'une autre règle. La dérogation est donc faite en considération de l'existence d'une autre règle devant s'appliquer spécifiquement. Ce qui n'est pas

---

96. On retrouve dans le droit du travail ou en droit pénal, voire dans la procédure civile, de nombreux cas de suspension (suspension pour des congés ou des vacances payés) qui ne correspondent pas à une dérogation. De même, en droit international, l'inexécution correspond à un motif de suspension ou de terminaison d'un traité tiré de la violation substantielle de celui-ci par une autre partie.
97. S. Guinchard et T. Debard (dir. publ.), *Lexique des termes juridiques*, op. cit., mot «suspension».
98. *Ibid.*, mot suspension (pouvoir de).

le cas de la suspension qui se limite à faire momentanément obstacle à l'application de la règle, sans considération de l'existence d'une autre règle applicable.

B. Distinction entre dérogation et réserve faite sur une disposition d'une convention internationale relative à la protection des droits de l'homme

Les Etats qui prennent des mesures de dérogation aux droits de l'homme n'ont pas nécessairement émis des réserves au moment où ils signaient, adhéraient, ratifiaient ou approuvaient les conventions relatives aux droits de l'homme. Un Etat réservataire d'une convention internationale peut très bien y déroger, car les réserves ne portent que sur certaines dispositions spécifiques alors même que la dérogation peut concerner d'autres dispositions. Il est en effet admis que les Etats peuvent faire des déclarations unilatérales au moment de signer, de ratifier, d'accepter ou d'approuver un traité ou d'y adhérer. L'article 19 de la Convention de Vienne de 1969 sur le droit des traités précise qu'un Etat peut, au moment de signer, de ratifier, d'accepter ou d'approuver un traité ou d'y adhérer, formuler une réserve, à moins :

- que la réserve ne soit interdite par le traité ;
- que le traité ne dispose que seules des réserves déterminées, parmi lesquelles ne figure pas la réserve en question, peuvent être faites ; ou
- que, dans les cas autres que ceux visés ci-dessus, la réserve ne soit incompatible avec l'objet et le but du traité.

Lorsqu'un traité est silencieux sur les réserves et qu'une réserve est formulée et communiquée par la suite aux autres Etats, ceux-ci ont douze mois pour formuler une objection à la réserve, à compter soit de la date à laquelle ils en ont reçu notification, soit de la date à laquelle ils ont exprimé leur consentement à être liés par le traité, si celle-ci est postérieure[99]. A moins que le traité n'en dispose autrement, l'Etat peut, à tout moment, retirer complètement ou partiellement sa réserve ou son objection à une réserve. Une réserve qui est estimée par un organe de suivi des traités comme étant incompatible avec l'objet et le but du traité concerné est invalide. En conséquence, le traité doit être appliqué par l'Etat concerné sans cette réserve[100]. Un Etat peut

---

99. Voir article 20.5 de la Convention de Vienne de 1969 sur le droit des traités.
100. Voir Comité des droits de l'homme, observation générale n° 24, CCPR/C/21/Rev. 1/Add.6, paragraphe 18.

prendre des mesures dérogatoires à la jouissance de certains droits de l'homme sur son territoire conformément à une clause de réserve émise lors de l'expression de son engagement à être lié par une convention y relative, même sur la clause de dérogation [101]. Il peut également prendre des mesures dérogatoires aux dispositions ne faisant pas l'objet de sa réserve. Relativement aux réserves formulées sur la compétence du Comité des droits de l'homme en matière de contrôle des dérogations, le Comité a envisagé la situation dans son observation générale n° 24 touchant les réserves en déclarant que :

> «… une réserve touchant l'obligation d'un Etat de respecter et de garantir un droit énoncé dans le Pacte, formulée au titre du premier Protocole facultatif, alors qu'elle n'a pas été émise auparavant au titre du Pacte, ne porte pas atteinte au devoir de l'Etat de respecter ses obligations de fond. Une réserve ne peut être émise au Pacte par le biais du Protocole facultatif ; ce type de réserve aurait pour effet d'obtenir que le Comité ne contrôlerait pas, en vertu du premier Protocole facultatif, la façon dont l'Etat remplit l'obligation considérée. Et comme l'objet et le but du premier Protocole facultatif sont de permettre au Comité de vérifier que les dispositions ayant force obligatoire pour les Etats soient bien appliquées, une réserve tendant à l'en empêcher serait contraire à l'objet et au but du premier Protocole si ce n'est au Pacte. Une réserve portant sur une obligation émise pour la première fois au titre du premier Protocole facultatif semblerait refléter l'intention de l'Etat concerné d'empêcher le Comité de donner son avis sur un article donné du Pacte, dans le cadre d'un recours individuel» [102].

---

101. La France a ainsi émis la réserve suivante à l'article 4 PIDCP, Etat au 6 décembre 2021 :

«Le Gouvernement de la République émet une réserve concernant le paragraphe 1 de l'article 4 en ce sens, d'une part, que les circonstances énumérées par l'article 16 de la Constitution pour sa mise en œuvre, par l'article 1er de la loi du 3 avril 1978 et par la loi du 9 août 1849 pour la déclaration de l'état de siège, par l'article 1er de la loi n° 55-385 du 3 avril 1955 pour la déclaration de l'état d'urgence et qui permettent la mise en application de ces textes, doivent être comprises comme correspondant à l'objet de l'article 4 du Pacte, et, d'autre part, que pour l'interprétation et l'application de l'article 16 de la Constitution de la République française, les termes «dans la stricte mesure où la situation l'exige» ne sauraient limiter le pouvoir du Président de la République de prendre les mesures exigées par les circonstances.»

(disponible sur https://treaties.un.org/pages/ViewDetails.aspx?src=IND&mtdsg_no=IV-4&chapter=4&clang=_fr).

102. Observation générale n° 24 (52), sur les questions touchant les réserves formulées au moment de la ratification du Pacte ou des Protocoles facultatifs y relatifs

Une réserve à un droit indérogeable, fût-ce par le biais du Protocole, est donc contraire à l'objet et au but du Protocole. Ainsi, les dispositions relatives aux droits non dérogeables en toute circonstance ne peuvent faire l'objet de réserves.

C. Dérogation et déclarations interprétatives

Les conditions d'adoption des mesures de dérogation à certaines conventions peuvent être précisées dans les déclarations relatives à la mise en œuvre desdites conventions sur le territoire d'un Etat. Cependant, contrairement auxdites déclarations, la dérogation a quelque chose de ponctuel et non de permanent. Alors que la dérogation est une mesure suspensive des obligations contenues dans les conventions relatives aux droits de l'homme, la déclaration interprétative vise plutôt à aménager la mise en œuvre de ladite convention sur le territoire de l'Etat. Il est vrai que si la déclaration se veut plus précise, elle peut prévoir des cas de dérogation en situation d'urgence ou de danger public menaçant la vie de la nation. En effet, en précisant les conditions de mise en œuvre de la convention sur son territoire, l'Etat peut en même temps prévoir les conditions de mise entre parenthèses de ladite convention dans certaines situations.

Mais quels sont les textes relatifs aux droits de l'homme qui contiennent des clauses de dérogation?

Par. 2. Les clauses de dérogation dans les textes internationaux relatifs à la protection des droits de l'homme

L'insertion des dispositions relatives aux dérogations dans les conventions sur la protection des droits de l'homme a fait l'objet de nombreux débats au sein du Comité de rédaction du PIDCP. Au cours de ces débats, se sont profilés les rapports entre l'universalisme et le régionalisme, à propos de la perception des droits de l'homme par les experts (A). C'est à l'issue de débats houleux que l'on retrouve de nos jours des clauses de dérogation dans divers traités sur les droits de l'homme (B).

---

ou de l'adhésion à ces instruments, ou en rapport avec des déclarations formulées au titre de l'article 41 du Pacte, paragraphe 13 (adoptée par le Comité à sa 1382[e] séance (cinquante-deuxième session), le 2 novembre 1994, disponible sur http://hrlibrary.umn.edu/gencomm/french/GEN24FRE.htm.

A. Historique de l'introduction des clauses de dérogation dans les traités

L'introduction de clauses de dérogation dans les traités relatifs aux droits de l'homme a été précédée de l'identification du sens, de la portée et de l'effet des obligations de l'Etat en vertu desdits traités. Les Etats pouvant recourir aux pouvoirs spéciaux décidés dans le cadre des mesures de dérogation, il a fallu prévenir les abus de ces pouvoirs spéciaux. Des garanties et des lignes directrices ont donc été élaborées. L'article 4 (1) du PIDCP est très similaire à celui de l'article 15 CEDH. Cette ressemblance est due au fait que la rédaction des deux traités a d'abord été réalisée simultanément, dans le cadre de deux organisations différentes, notamment l'Organisation des Nations Unies (ONU) et le Conseil de l'Europe. Cependant, bien que la CEDH ait été adoptée le 4 novembre 1950, le travail sur le Pacte s'est poursuivi. L'article 4 a donc subi des modifications jusqu'à l'adoption de sa version finale – sur le fond – par la Commission des Nations Unies pour le développement des Droits de l'homme en 1952.

1. Les approches sur la disposition relative à la dérogation au plan universel

L'introduction d'une disposition de dérogation dans le Pacte a été proposée d'abord par le Royaume-Uni au Comité de rédaction de la résolution des Nations Unies sur la Commission des droits de l'homme en juin 1947. Cette disposition figurait à l'article 4 du document préparé et proposé par le Royaume-Uni, qui envisageait des possibles dérogations à toutes les obligations énumérées à l'article 2 du projet, «dans la stricte limite exigée par la situation»[103]. Cela impliquait que les Etats aient également été en mesure de déroger à l'obligation de prévoir des recours effectifs pour les violations des droits de l'homme, des recours qui devraient «être opposables à un pouvoir judiciaire dont l'indépendance [était] garantie»[104]. Cette proposition a fait l'objet d'âpres discussions et de débats lors des sessions futures de la Commission. Une version légèrement modifiée de la clause de dérogation a été proposée. Cette disposition a ensuite été rejetée par un groupe de travail, bien qu'approuvée de manière étroite par la

---

103. UN doc. E/CN.4/AC.1/4, annexe 1, p. 7 (art. 4), accessible à l'adresse https://undocs.org/en/E/CN.4/AC.1/4https://undocs.org/en/E/CN.4/AC.1/4.
104. Idem.

Commission elle-même. Avant le vote, le Royaume-Uni était d'avis que «si une telle disposition n'était pas incluse, elle pourrait laisser la voie libre à un Etat de suspendre les dispositions de la Convention en temps de guerre». Il était «important que des mesures soient prises pour se prémunir contre une telle éventualité».

Les arguments pour et contre l'opportunité d'une disposition sur la dérogation se sont poursuivis lors des sessions ultérieures de la Commission des droits de l'homme. Les Etats-Unis, par exemple, s'opposaient à une telle disposition et étaient favorables à une approche générale de la clause de limitation [105], alors que les Pays-Bas craignaient qu'elle ne «compromette le succès des travaux de la Commission», soulignant que «les circonstances dans lesquelles une partie devait être en mesure de se soustraire à ses obligations devraient être définies aussi précisément que possible» [106]. L'URSS était «en faveur de la moindre limitation possible» et a donc proposé de limiter le champ d'application de l'article sur la dérogation en ajoutant les mots «dirigé contre les intérêts du peuple» après «en temps de guerre ou autre période d'urgence» [107]. Même si elle s'était précédemment opposée à l'article de dérogation «craignant la répression arbitraire des droits de l'homme au nom d'une urgence nationale», la France lors de la cinquième session de la Commission en 1949, a exprimé l'avis selon lequel l'article 4 «[n]e devrait être ni supprimé ni limité en temps de guerre». Elle a considéré qu'il y avait des cas où des Etats pourraient être en péril extraordinaire ou en état de crise, et non en temps de guerre, alors que de telles dérogations étaient essentielles. Pour la France, les principes qui suivent devaient être reconnus :

> «– Que des restrictions aux droits de l'homme soient permises en temps de guerre ou d'autres urgences ;
> – Que certains droits ne soient soumis à aucune limitation sous aucune condition ; et

---

105. « The United States has in mind a limitation provision, applicable to the entire Covenant, somewhat along the following lines: The High Contracting Parties agree that a State party to this Covenant may take action reasonably necessary for the preservation of peace, order, or security, or the promotion of the general welfare. Such action by any State party to this Covenant must be imposed by or pursuant to law »,

UN doc. E/CN.4/82/Rev.1, Comments from Governments on the Draft International Declaration on Human Rights, Draft International Covenant on Human Rights and the question of implementation, Memorandum by the Secretary general, 23 avril 1948, p. 22 (United States of America), accessible à l'adresse https://undocs.org/E/CN.4/82/REV.1.
106. *Ibid*, p. 5 (Netherlands).
107. UN doc. E/CN.4/SR.126, p. 7.

– Cette dérogation au Pacte doit être soumise à une procédure spécifiée et prise dans des circonstances exceptionnelles, la dérogation doit donc recevoir une publicité exceptionnelle [108].»

Ce pays estimait que le principe de non-dérogeabilité de certains droits «était une sauvegarde saine et permanente «et qu'il existait en outre» une distinction essentielle entre la restriction de certains droits et la suspension de la liberté dans l'application du pacte» [109].

Au cours de la même session, l'Inde, l'Egypte et le Chili ont accepté le principe de dérogation dans le projet de texte, mais les Etats-Unis, les Philippines et le Liban demeuraient opposés à la disposition de dérogation, craignant que si le terme «guerre» était supprimé – comme le souhaitaient de nombreux délégués – il serait «difficile pour déterminer les cas dans lesquels des dérogations étaient admissibles sur la base d'une élasticité du terme «urgence publique», notion qui, selon le Liban, par rapport au terme «guerre», était «très floue [et] pourrait donner lieu à des interprétations plus profondes que ... l'intention» [110]. Au cours de la sixième session de la Commission en 1950, l'Uruguay a déclaré que la dérogation

«malgré les graves problèmes qu'elle soulevait, fixait un nouveau principe en droit international - celui de la responsabilité des Etats à l'égard des membres de la communauté des nations pour toute mesure dérogeant aux droits de l'homme et libertés fondamentales».

Ce principe a d'ailleurs été «établi dans la plupart des législations nationales en vertu desquelles le pouvoir exécutif était responsable des mesures de suspension des garanties constitutionnelles» [111]. Le Chili a retiré sa déclaration précédemment faite en soutien à l'article 4 et a proposé sa suppression étant donné qu'il était «rédigé de manière indéfinie et qu'il permettrait toutes sortes d'abus». De l'avis du Chili, des concepts comme «sécurité nationale» et «ordre public» tels qu'ils sont énoncés dans certains articles couvrent «suffisamment tous les cas susceptibles de se présenter en temps de guerre ou de calamité» [112]. La France a désapprouvé, plaidant pour le maintien de la disposition de dérogation car il était «essentiel pour l'engagement d'inclure une

---

108. UN doc. E/CN.4/SR.126, p. 8.
109. UN doc. E/CN.4/SR.127, p. 7.
110. UN doc. E/CN.4/SR.126, p. 8 (India), E/CN.4/SR.127, p. 6 (Egypte), p. 3 (Chili), p. 3 (Etats-Unis) et p. 5 (Philippines).
111. UN doc. E/CN.4/SR.195, p. 11, paragraphe 52.
112. *Ibid.*, p. 13, paragraphes 63-64.

liste d'articles à partir de laquelle il ne pourrait jamais y avoir de dérogation». Une telle liste était nécessaire «pour prévenir les abus des régimes dictatoriaux»[113]. La France a également proposé d'insérer «la clause relative à la publicité officielle de proclamation «de l'urgence publique visant à empêcher les Etats» de déroger arbitrairement à leurs obligations en vertu du pacte lorsqu'une telle action n'était pas justifiée par les événements»[114].

Le dernier débat de fond de la Commission sur la disposition de dérogation eut lieu à sa huitième session en 1952, lorsque, comme l'avait suggéré le Royaume-Uni, il a été décidé de modifier les termes du premier paragraphe qui devait désormais se lire: «en période d'urgence publique menaçant la vie de la nation». A la suggestion de la France, il a également été décidé d'ajouter l'exigence de la proclamation officielle afin d'éviter toute «action arbitraire et abus». Cette clause avait été absente de la proposition du Royaume-Uni. Le Chili a également souligné qu'il était «difficile de donner une définition juridique de la vie de la nation [mais il était] significatif que le texte ne se rapporte pas à la vie du gouvernement ou de l'Etat».

Ces aperçus de l'historique de l'introduction de la notion d'urgence contenue dans l'article 4 1) du Pacte donnent une idée du dilemme auquel étaient confrontés les rédacteurs, qui devaient se montrer à la hauteur des attentes d'un monde avide de paix, de justice et de respect des droits fondamentaux de la personne humaine. Dans le même temps, ils ne pouvaient pas laisser de côté les réalités complexes auxquelles de nombreux pays étaient confrontés en temps de crise. La peur d'une utilisation abusive du droit à la dérogation était réelle et évidente et a abouti à la rédaction d'un article qui impose des conditions strictes à l'exercice de ce droit. Les discussions ont donc eu un effet bénéfique sur la protection des droits fondamentaux en cas de survenance d'une situation d'urgence, en ce sens que la liberté d'action des Etats dans le domaine des droits de l'homme était limitée par:

– le principe de menace exceptionnelle;
– le principe de la proclamation officielle;
– le principe de non-dérogeabilité de certains droits;
– le principe de stricte nécessité;
– le principe de compatibilité avec d'autres obligations juridiques internationales;

---

113. *Ibid.*, p. 14, paragraphe 69.
114. *Ibid.*, p. 16, paragraphe 82.

- le principe de non-discrimination; et
- le principe de la notification internationale.

2. Les débats au niveau régional

Au niveau régional, les discussions ont été moins âpres et les divisions plus faciles à surmonter. Le concept d'urgence énoncé à l'article 27 1) de la Convention américaine sur les droits de l'homme est libellé différemment des conventions universelle et européenne. Plutôt que de faire référence à une menace pour «la vie de la nation», il autorise des dérogations «en temps de guerre, en danger public ou dans toute autre situation d'urgence menaçant l'indépendance ou la sécurité d'un Etat partie». Le projet d'article portant sur la dérogation soumis à la Conférence interaméricaine spécialisée sur les droits de l'homme tenue à San José, au Costa Rica en 1969 ne contenait aucune référence au «danger public»[115]. Au cours de ladite Conférence, cependant, El Salvador a proposé de modifier le texte afin que les termes ou autres calamités *(u otra calamidad pública)* insérés dans le projet soit supprimés, car, à son avis, c'était une situation qui ne constituait pas nécessairement une menace pour la sécurité intérieure ou extérieure. L'amendement a été adopté, bien que le texte ait ensuite été modifié en «danger public» *(de peligro público)*. Au cours de la même conférence, le Mexique a proposé de supprimer la référence au principe de cohérence avec les obligations découlant d'autres instruments internationaux, le principe de non-discrimination et le principe de non-dérogeabilité de certains droits. La proposition mexicaine a été rejetée.

Les seules différences entre le concept d'urgence contenu dans l'article 15 1) CEDH et à l'article 4 1) PIDCP sont que le premier se réfère également à la «guerre» et que le verbe est dans le gérondif «menaçant» plutôt que le présent simple «qui menace». Il découle des travaux préparatoires que l'élaboration et l'adoption définitive de l'article 15 CEDH ont été relativement paisibles. Comme pour le Pacte, le Royaume-Uni a proposé qu'une dérogation soit insérée dans le projet de la CEDH[116]. Le premier projet rédigé par l'Assemblée consultative du Conseil de l'Europe ne contenait aucune disposition sur la dérogation,

---

115. OAS doc. OEA/Ser.K/XVI/1.2, *Conferencia Especializada Interamericana sobre Derechos Humanos*, San José, Costa Rica, 7-22 novembre 1969, *Actas y Documentos*, OAS, Washington DC, p. 22.
116. Conseil de l'Europe, éditions collectées des *«Travaux Préparatoires»* de la *Convention européenne des droits de l'homme*, vol. III, comité des experts, 2 février-10 mars 1950, p. 190, 280 et 282.

mais seulement une disposition générale en matière de limitation[117]. La Commission d'experts qui était chargée d'élaborer une convention a par la suite soumis deux avis alternatifs au Comité des ministres du Conseil de l'Europe. La première alternative contenait une simple énumération des droits à protéger, tandis que la seconde définissait les droits de manière assez détaillée, en annexant des dispositions de limitations spécifiques à chaque droit pertinent. Une disposition de dérogation a toutefois été insérée dans les deux variantes[118]. Pour éviter les critiques, il y a eu l'inclusion d'une disposition sur la dérogation dans la version adoptée.

Comme au niveau universel, il a été accepté en Amérique et en Europe que les Etats pourraient avoir besoin de pouvoirs plus étendus pour gérer les situations de crise particulièrement graves, mais à condition que l'exercice des pouvoirs d'urgence soit accompagné de limites strictes. Il a fallu faire preuve d'un dosage subtil entre, d'une part, les besoins de l'Etat et, d'autre part, le droit des individus de jouir de la plupart de leurs droits et libertés protégés efficacement en cas d'urgence publique, et d'avoir la garantie que l'exercice d'autres droits ne sera pas soumis à des limitations arbitraires.

La marge de manœuvre ainsi offerte par une clause de dérogation est un facteur important lorsqu'un Etat détermine les risques liés à l'exercice des droits. Ces clauses offrent des solutions aux crises et rendent l'accord plus flexible, plus adaptable aux circonstances de son application. Parce que le droit de déroger autorise la suspension de certaines clauses, il réduit l'incertitude, ce qui peut à son tour augmenter la possibilité que les Etats se conforment.

B. La formulation des clauses relatives aux dérogations dans les textes internationaux

Tous les textes internationaux relatifs à la protection des droits de l'homme ne contiennent pas les dispositions consacrant la possibilité de déroger à ces droits.

---

117. Conseil de l'Europe, *Assemblée constitutive, session ordinaire*, 10 août-8 septembre 1949, textes adoptés, Strasbourg, 1949, recommandation 38 (doc. 108), p. 50 (art. 6).
118. Council of Europe, *Collected Edition of the « Travaux Préparatoires » of the European Convention on Human Rights*, vol. IV, Committee of Experts – Committee of Ministers Conference of Senior Officials, 30 mars-juin 1950; voir par exemple, p. 56 (alternatives A et A/2) et p. 56 and 58 (alternatives B et B/2).

1. L'article 4 du Pacte international relatif aux droits civils et politiques

L'article 4 PIDCP relatif aux droits civils et politiques prévoit des cas de dérogations aux droits de l'homme et renvoie aux dispositions insusceptibles de faire l'objet de dérogations. Cet article stipule explicitement que :

> « 1. Dans le cas où un danger public exceptionnel menace l'existence de la nation et est proclamé par un acte officiel, les Etats parties au présent Pacte peuvent prendre, dans la stricte mesure où la situation l'exige, des mesures dérogeant aux obligations prévues dans le présent Pacte, sous réserve que ces mesures ne soient pas incompatibles avec les autres obligations que leur impose le droit international et qu'elles n'entraînent pas une discrimination fondée uniquement sur la race, la couleur, le sexe, la langue, la religion ou l'origine sociale.
> 2. La disposition précédente n'autorise aucune dérogation aux articles 6, 7, 8 (par. 1 et 2), 11, 15, 16 et 18.
> 3. Les Etats parties au présent Pacte qui usent du droit de dérogation doivent, par l'entremise du Secrétaire général de l'Organisation des Nations Unies, signaler aussitôt aux autres Etats parties les dispositions auxquelles ils ont dérogé ainsi que les motifs qui ont provoqué cette dérogation. Une nouvelle communication sera faite par la même entremise, à la date à laquelle ils ont mis fin à ces dérogations. »

2. L'article 15 de la Convention européenne de sauvegarde des droits de l'homme et des libertés fondamentales

L'article 15 CEDH porte sur la dérogation en cas d'urgence et énonce que :

> « En cas de guerre ou en cas d'autre danger public menaçant la vie de la nation, toute Haute Partie contractante peut prendre des mesures dérogeant aux obligations prévues par la présente Convention, dans la stricte mesure où la situation l'exige et à la condition que ces mesures ne soient pas en contradiction avec les autres obligations découlant du droit international.
> 2. La disposition précédente n'autorise aucune dérogation à l'article 2, sauf pour le cas de décès résultant d'actes licites de guerre, et aux articles 3, 4 (par. 1) et 7.

> 3. Toute Haute Partie contractante qui exerce ce droit de dérogation tient le Secrétaire Général du Conseil de l'Europe pleinement informé des mesures prises et des motifs qui les ont inspirées. Elle doit également informer le Secrétaire Général du Conseil de l'Europe de la date à laquelle ces mesures ont cessé d'être en vigueur et les dispositions de la Convention reçoivent de nouveau pleine application. »

A la demande du Royaume-Uni, dans l'esprit des rédacteurs de la Convention, l'inscription de cette clause dérogatoire visait à permettre à l'Etat partie de défendre la société démocratique et la prééminence du droit dans tout contexte de très grave crise provoqué par des conflits armés ou par d'autres dangers qui menacent la vie de la nation. Ces circonstances exceptionnelles permettent à l'Etat, à travers un régime de crise comme l'état d'urgence, de restreindre de façon licite les droits de l'homme et les libertés fondamentales dans le but de les préserver. La frontière entre la restriction exceptionnelle des droits et des libertés, exigée par des circonstances très particulières et la neutralisation définitive de ceux-ci est tenue. En tant que régime de légalité exceptionnelle, l'état d'urgence fait marcher l'Etat sur une corde raide. Les restrictions des libertés pendant cette période peuvent faire basculer la société démocratique dans l'abîme des régimes anti-démocratiques. Afin d'éviter un tel basculement, son déclenchement, sa mise en œuvre et son extinction impliquent une surveillance attentive de la part des autorités nationales et des autorités supranationales.

3. L'article 27 de la Convention américaine relative aux droits de l'homme

Contrairement aux autres textes internationaux relatifs à la protection des droits de l'homme, la Convention américaine des droits de l'homme (CADH) est très explicite en matière de dérogations. L'article 27 qui porte sur la suspension des garanties, interprétation et application précise explicitement les conditions de suspension et énumère les droits non susceptibles de faire l'objet de suspension. Même si lesdits droits sont contenus dans des articles spécifiques, l'article 27 les énumère et cite les différentes dispositions les consacrant. En ce sens, cet article spécifie que :

> « En cas de guerre, de danger public ou dans toute autre situation de crise qui menace l'indépendance ou la sécurité d'un Etat partie, celui-ci pourra, strictement en fonction des exigences du moment, prendre des mesures qui suspendent les obligations contractées

en vertu de la présente Convention, pourvu que ces mesures ne soient pas incompatibles avec les autres obligations imposées par le Droit international et n'entraînent aucune discrimination fondée uniquement sur des considérations de race, de couleur, de sexe, de langue, de religion ou d'origine sociale.

La disposition précédente n'autorise pas la suspension des droits déterminés dans les articles suivants: 3 (Droit à la reconnaissance de la personnalité juridique); 4 (Droit à la vie); 5 (Droit à l'intégrité de la personne); 6 (Interdiction de l'esclavage et de la servitude); 9 (Principe de légalité et de rétroactivité); 12 (Liberté de conscience et de religion); 17 (Protection de la famille); 18 (Droit à un nom); 19 (Droit de l'enfant); 20 (Droit à une nationalité); 23 (Droits politiques). Elle n'autorise pas non plus la suspension des garanties indispensables à la protection des droits susvisés.

Tout Etat partie, qui a recours au droit de suspension, devra immédiatement informer les autres Etats parties à la présente Convention, par le truchement du Secrétaire général de l'Organisation des Etats américains, des dispositions dont l'application a été suspendue, des motifs de la suspension et de la date fixée pour la fin de celle-ci.»

4. L'article 4 de la Charte arabe des droits de l'homme

D'après l'article 4 de la Charte arabe des droits de l'homme:

«*a)* Il ne peut être admis aucune restriction aux droits et libertés reconnus par cette Charte sauf si une telle restriction est prescrite par la loi et est considérée comme nécessaire pour la protection de la sécurité et de l'économie nationale, de l'ordre public, de la santé publique, de la morale ou des droits et libertés d'autrui.

b) dans le cas d'une situation d'urgence menaçant la vie de la nation, tout Etat contractant peut prendre des mesures dérogeant aux obligations prévues par la présente Charte dans la stricte mesure où la situation l'exige.

c) ces mesures ne doivent porter aucune dérogation aux droits et garanties prévues contre la torture, les traitements inhumains, le droit d'entrer dans son propre pays, l'asile politique, le droit à un procès équitable, le droit de ne pas être jugé deux fois pour la même infraction, et au principe de la légalité des délits et des peines.»

5. *Les articles F et G de la Charte sociale européenne révisée*

La Charte sociale européenne est une convention du Conseil de l'Europe, signée le 18 octobre 1961 à Turin et révisée le 3 mai 1996 à Strasbourg, qui énonce des droits et libertés et établit un système de contrôle qui garantit leur respect par les Etats parties. Cette Charte est établie de manière à améliorer la CEDH qui s'occupe principalement des droits civiques. La Charte sociale européenne ne se réfère pas seulement aux dérogations, elle mentionne également les cas de restrictions.

« 1. En cas de guerre ou en cas d'autre danger public menaçant la vie de la nation, toute Partie peut prendre des mesures dérogeant aux obligations prévues par la présente Charte, dans la stricte mesure où la situation l'exige et à la condition que ces mesures ne soient pas en contradiction avec les autres obligations découlant du droit international.

2. Toute Partie ayant exercé ce droit de dérogation tient, dans un délai raisonnable, le Secrétaire Général du Conseil de l'Europe pleinement informé des mesures prises et des motifs qui les ont inspirées. Elle doit également informer le Secrétaire Général de la date à laquelle ces mesures ont cessé d'être en vigueur et à laquelle les dispositions de la Charte qu'elle a acceptées reçoivent de nouveau pleine application.

Article G – Restrictions

1. Les droits et principes énoncés dans la partie I, lorsqu'ils seront effectivement mis en œuvre, et l'exercice effectif de ces droits et principes, tel qu'il est prévu dans la partie II, ne pourront faire l'objet de restrictions ou limitations non spécifiées dans les parties I et II, à l'exception de celles prescrites par la loi et qui sont nécessaires, dans une société démocratique, pour garantir le respect des droits et des libertés d'autrui ou pour protéger l'ordre public, la sécurité nationale, la santé publique ou les bonnes mœurs.

2. Les restrictions apportées en vertu de la présente Charte aux droits et obligations reconnus dans celle-ci ne peuvent être appliquées que dans le but pour lequel elles ont été prévues. »

6. Le silence de la Charte africaine des droits de l'homme et des peuples

La Charte africaine des droits de l'homme et des peuples (CADHP) ne contient aucune disposition sur les dérogations en cas de circonstances exceptionnelles. Il s'agit certainement d'un oubli de la part des rédacteurs de cette Charte, oubli qui a du mal à être rattrapé de nos jours. Il est en effet difficile que l'on puisse imaginer que ces rédacteurs aient voulu ôter toute possibilité de dérogation aux Etats parties, ce d'autant plus que c'est en Afrique que les Etats sont habituellement confrontés aux circonstances donnant lieu aux dérogations aux droits de l'homme. Cette omission peut avoir deux conséquences fâcheuses sur la protection des droits de l'homme. Tout d'abord, tandis que les diverses Constitutions étatiques prévoient les circonstances exceptionnelles en ayant conscience qu'au cours de son histoire, chaque Etat peut faire face à un moment donné à une situation de crise, il peut paraître curieux qu'un texte régional relatif aux droits de l'homme n'ait pas envisagé ces situations. Ensuite, l'absence de précision sur les modalités de dérogations ouvre la porte à un laisser-faire de la part des Etats. Ce silence de la Charte conduit à interpréter toute dérogation temporaire et exceptionnelle d'un droit par un Etat partie comme une violation claire de la CADHP. Si la Charte africaine prévoit des clauses de restriction particulières aux droits qu'elle garantit, aucune dérogation due à des circonstances exceptionnelles n'est prévue. L'interprétation la plus vraisemblable de cette absence est d'en déduire la volonté des Etats de ne pas régler conventionnellement la possibilité de déroger aux droits garantis par la Charte africaine. Les Etats recourant aux mesures exceptionnelles doivent alors se conformer au droit international général, sorte de « droit commun » de la dérogation [119]. Ils peuvent ainsi se référer à la Convention de Vienne de 1969 sur le droit des traités ou directement à l'article 4 du pacte international sur les droits civils et politiques, puisqu'ils sont également parties audit traité. C'est l'épineuse question des rapports entre le système universel et le système régional des droits de l'homme.

Si les Etats ont la possibilité de se référer au droit international général pour justifier de dérogations à la CADHP, la Commission africaine des droits de l'homme interprète strictement l'absence de la

---

119. F. Ouguergouz, *The African Charter on Human and Peoples'Rights, A Comprehensive Agenda for Human Dignity and Sustainable Democracy in Africa*, Martinus Nijhoff Publishers, 2003.

clause générale de dérogation au sein de la Charte africaine. Pour la Commission, toute dérogation est inadmissible du fait du silence de la CADHP. Ainsi dans l'affaire des *Violations massives au Tchad*, la Commission affirme que même une situation de guerre civile ne peut constituer un prétexte à la violation de droits garantis par la Charte: « la Charte africaine ... ne permet pas aux Etats parties de déroger à leurs obligations aux termes du traité en situation d'urgence »[120]. Toute dérogation semble donc bien impossible. La Commission a d'ailleurs conforté sa position dans plusieurs autres communications[121]. L'unique clause générale de dérogation pourrait alors découler de l'article 27, paragraphe 2 CADHP. Cet article est cependant sujet à controverses de par sa rédaction. Il vise en effet à prévenir l'abus de l'individu et non celui de l'Etat. La Commission l'interprète d'ailleurs très strictement, notamment dans l'affaire *Soudan*[122] où elle refuse une telle dérogation comme solution pour résoudre les problèmes auxquels sont confrontés les Etats parties. L'interprétation faite par la Commission de l'absence de clause dérogatoire dans la CADHP aboutit donc à une interdiction stricte de toute suspension par un Etat d'un droit garanti par la Charte au motif de circonstances exceptionnelles. Le système africain, s'il paraît moins contraignant de prime abord du fait notamment de l'inexistence de droits intangibles, semble en théorie plus strict que les autres systèmes régionaux. Les Etats parties, face à la position catégorique de la Commission africaine, ont donc, en théorie, l'interdiction de recourir à une dérogation des droits consacrés par la CADHP en toutes circonstances. Cette rigueur reste cependant lacunaire en pratique du fait de l'absence d'un système de contrôle efficace du respect par les Etats de cette obligation. Parallèlement, le mécanisme de dérogation existant tant sur le plan européen qu'américain permet d'encadrer l'action des Etats parties. Il permet également de contrôler directement au niveau régional ces actions et d'éviter d'éventuelles violations des conventions sans passer par le droit international général. Malgré ces différences observées au niveau régional, les Etats parties aux

---

120. Commission ADHP, Communication 74/92, *CNDHL c. Tchad*, 9ᵉ rapport d'activités (2000).
121. Commission ADHL, communications 48/90, 50/91, 52/91, 89/93 *Amnesty International et autres c. Soudan*, 13ᵉ rapport d'activités, (2000) AHLRL 297 (CADHP 1999) – Commission ADHL, communications 54/91, 61/91, 98/93, 164-169/97, 210/98, *Malawi african association, Amnesty International et autres c. Mauritanie*, 13ᵉ rapport d'activités (2000) AHLRL 149 (CADHP 2000).
122. Communications 48/90-50/91-52/91-89/93 *Amnesty International, Comité Loosli Bachelard, Lawyers' Committee for Human Rights, Association of Members of the Episcopal Conference of East Africa/Soudan*.

Conventions européenne, américaine ou africaine restent soumis à leurs engagements internationaux découlant des Conventions universelles.

Par. 3. Les dérogations dans le droit interne de quelques Etats

Dans le droit interne des Etats, il existe différentes formes de dérogations, que celles-ci soient implicites ou explicites. Parmi les dérogations implicites, on note la prise des mesures de restriction des droits de l'homme et des libertés publiques de façon spontanée, sans un communiqué explicite. Ces mesures sont prises parfois lorsque l'Etat fait face à une remontée subite et grave de l'insécurité sur son territoire, la situation de fait évoluant plus rapidement que le droit. Quant aux dérogations explicites, elles sont relatives aux mesures prises conformément à un texte sur la base duquel un gouvernement se réfère pour restreindre le mouvement des personnes et la jouissance de certains droits sur son territoire et ce à travers un communiqué y relatif.

A. Les dispositions constitutionnelles de certains Etats

Les Constitutions étatiques contiennent, dans leur quasi-totalité, des dispositions relatives aux circonstances exceptionnelles au cours desquelles s'applique une législation tout aussi exceptionnelle. La définition des circonstances exceptionnelles n'est pas claire : il s'agit de situations créées par des événements d'origine naturelle ou non, affectant ou l'ordre public et la sécurité, ou la continuité des services publics et conduisant l'administration à agir en marge des règles normales de la légalité. En effet, les constituants des divers Etats ont pris conscience du fait que certaines circonstances entraînent l'impossibilité pour les pouvoirs publics de continuer de mettre en application les dispositions constitutionnelles en ce sens que cela pourrait compromettre le bon ordre dans l'Etat[123]. On parle habituellement de l'état d'exception pour désigner ces situations où le droit commun est suspendu. Pour ce faire, les constitutions renvoient très souvent aux lois qui à leur tour fixent de façon précise les mesures à prendre en cas de survenance de circonstances considérées comme exceptionnelles. Ces circonstances

---

123. Sur le continent africain, voir la Constitution du Nigeria (1999), sec 45(2); Constitution de l'Ethiopie (1995), article 93 (4); Constitution de l'Angola (1992), article 52; Constitution du Cap-Vert (1992), article 26; Constitution du Mozambique (2004), article 72; article 27 (5) *(a)*; Constitution de la Namibie (1990), article 24 (3); Constitution du Rwanda (2003, révisée en 2015), article 137; Constitution de l'Ouganda (1995), article 44, Constitution du Cameroun (1996 révisée en 2008), article 9, Constitution du Sénégal (2001 révisée en 2016), article 69, etc.

exceptionnelles prennent des dénominations diverses et variées en fonction des Etats.

Les Constitutions des Etats membres du Conseil de l'Europe et ceux de l'Union africaine contiennent des dispositions visant spécifiquement les circonstances extraordinaires. Dans une situation exceptionnelle, qu'il s'agisse d'une catastrophe naturelle, d'une guerre ou d'une menace voire d'une attaque terroriste et qualifiée comme telle par le Pouvoir, l'Etat est prêt à tout pour protéger sa population. D'ailleurs, il interviendra avec tous les moyens nécessaires pour assurer le bon ordre sur son territoire. Avec des conditions d'application vagues, et des notions sujettes à controverses, comme «nécessités», «urgence», «besoins impérieux», «périls graves» … l'état d'exception se situe dans un dépassement du droit. La porte ouverte à ce dépassement est la notion de «nécessité», avancée par les autorités pour prendre des mesures allant au-delà de ce qui est prévu par le droit. Toutes ces formules d'application de l'état d'exception ne caractérisent pas des phénomènes précis et circonscrits à des contextes; elles sont plutôt là pour signifier que l'on quitte le cadre du droit pour une zone d'indétermination qui se situe entre le droit et le non-droit. En ce sens, l'état d'exception est considéré comme un paradoxe de la démocratie, puisqu'il suppose de suspendre les libertés pour permettre de les préserver. Ce paradoxe exprime l'idée d'un droit, qui contienne pour certaines situations sa propre négation, ou son contraire et qui continuerait de fonctionner parfaitement. En suspendant l'ordre juridique, l'état d'exception excipe plutôt la limite du droit. La suspension du droit qu'il induit ne signifie pas l'abolition de ce droit ou l'application d'un droit spécial. Le droit est tout simplement mis entre parenthèses. Dans cette situation exceptionnelle, le droit existe toujours mais il est impuissant, voir inopérant.

Décider de la mise en place de l'état d'exception, c'est avant tout procéder à la qualification d'une situation qui règne dans le pays à travers certains critères. Cette qualification n'est pas aisée car les critères en question sont toujours très vagues pour laisser la place aux interprétations divergentes. Si les critères de mise en application de tout état d'exception sont volontairement vagues et imprécis, c'est parce que le choix de le mettre en application est toujours un choix politique[124]. Penser une situation comme normale en droit, se fait très

---

124. En France par exemple, l'état d'urgence décrété en 2005 par J. Chirac (ancien Président de la République) a servi, principalement, à prononcer des couvre-feux dans les agglomérations touchées par les émeutes, alors que les maires possèdent déjà ce

souvent avec un grand angle mort: c'est fixer, à un moment précis, un point d'équilibre de la société et des institutions, des rapports de forces et de leurs acteurs. Même dans cette situation, il y a toujours des risques, des menaces. Comment définir une situation comme normale quand on vit sous la menace permanente de crises ou de catastrophes?

Par exemple, la Constitution fédérale suisse ne contient aucune disposition explicite relative à l'état d'exception au sens que l'on donne généralement à ce terme. On peut cependant distinguer plusieurs possibilités. La première réside dans le régime des pleins pouvoirs. La doctrine suisse reconnaît que, lorsque l'Assemblée fédérale n'est pas en mesure de se réunir ou lorsqu'il n'est plus possible de suivre la procédure législative normale, le Conseil fédéral est implicitement habilité par la Constitution à prendre toutes les mesures nécessaires, même si elles sont inconstitutionnelles, pour protéger la sécurité, l'indépendance et la neutralité du pays, ses intérêts économiques nationaux, etc. [125] Lorsque l'Assemblée fédérale est en mesure de se réunir, elle a le pouvoir de confirmer cet «état de nécessité» et d'accorder les pleins pouvoirs au Conseil fédéral. Ce régime a été mis en œuvre seulement pendant les deux guerres mondiales. La deuxième consiste dans le «régime de stricte nécessité», lorsque le Parlement ne peut plus fonctionner et que le Conseil fédéral assume le pouvoir de légiférer par décrets de nécessité même en dérogeant à la Constitution. Il n'y a aucun exemple d'un tel régime dans l'histoire constitutionnelle de la Suisse. La troisième réside dans les possibilités offertes par l'article 102 de la Constitution, qui donne au Conseil fédéral le devoir de veiller à la sécurité intérieure et extérieure du pays et de maintenir son indépendance et sa neutralité [126].

---

pouvoir. Il faut comprendre cet exemple comme l'illustration d'un choix politique: Le Président, en ayant recours à l'état d'urgence, imprime dans les esprits une certaine image de la situation nationale. Les banlieues acquièrent une réputation de zone de non-droit, les grands-mères des campagnes sursautent à la vue d'une casquette ou d'un teint trop basané et les politiques instrumentalisent la détresse sociale en mettant en scène la haine de la France. Caractériser l'exception revient à définir une situation normale. Puis à l'aide de critères, établir la liste des phénomènes faisant exception.

125. M. Ergun Özbudun et M. Mehmet Turhan, «Les pouvoirs d'exception», *European Commission for Democracy through Law (Venice Commission)*, Strasbourg, 1995, accessible à l'adresse https://www.venice.coe.int/webforms/documents/default.aspx?pdffile=CDL-STD(1995)012-f.

126. Depuis 1914, le gouvernement suisse a invoqué cet article pour édicter des ordonnances, en cas de danger immédiat, dans des domaines qui n'étaient pas auparavant régis par des lois. Ainsi, en un sens, le Conseil fédéral fonctionne comme un législateur ordinaire. De telles ordonnances ne peuvent cependant pas contenir de dispositions contraires à la Constitution, aux lois et aux arrêtés de l'Assemblée fédérale. Par conséquent, elles n'impliquent pas un état d'exception au sens que l'on donne généralement à ce terme.

Aux Etats-Unis, il n'existe pas de régime juridique spécialement applicable aux situations d'exception [127]. Cependant, au niveau fédéral, la Constitution américaine autorise le Président, à faire intervenir les troupes fédérales, dans certaines circonstances limitées et clairement définies, pour maîtriser des violences sur le territoire national, réprimer une insurrection et assurer le respect de la législation fédérale. Toutefois, ces dispositions constitutionnelles ou législatives n'autorisent pas l'exécutif à suspendre ou entraver le fonctionnement normal des autres composantes du Gouvernement fédéral (le Congrès et l'ordre judiciaire), ni à déroger aux droits fondamentaux [128]. En fait, à une exception près (le droit d'*« habeas corpus »* que le Congrès peut suspendre temporairement lorsque la sécurité publique l'exige), les droits constitutionnels demeurent effectifs en permanence. Au niveau des Etats et au niveau local, l'exécutif (gouverneur de l'Etat, maire, conseil de comté) détient des pouvoirs pour prendre des mesures d'exception diverses. Ces pouvoirs se fondent sur la compétence générale en matière de police que la Constitution fédérale reconnaît à chacun des Etats. De ce fait, tout Etat peut, à condition de ne pas agir de manière déraisonnable ou arbitraire, porter atteinte à des droits qui, normalement, sont protégés par la Constitution, si cela apparaît nécessaire pour sauvegarder la santé et la sécurité publiques, ainsi que le bien-être général, dans une situation exceptionnelle.

La Constitution italienne mentionne uniquement l'état de guerre en son article 78 [129]. En cas de guerre, la législature peut être prolongée par une loi jusqu'à la fin du conflit; l'interdiction d'infliger la peine capitale est suspendue dans les cas prévus par la législation militaire; le législateur peut élargir les compétences des juges militaires; il peut être dérogé aux règles qui régissent les pourvois introduits devant la Cour de cassation contre les décisions des tribunaux militaires; les Chambres du parlement sont habilitées à conférer à l'exécutif les pouvoirs qu'exige la situation. Toutefois, ce transfert de compétences ne peut aller jusqu'à une suspension totale des pouvoirs du parlement ou des autres organes

---

127. Cf. M. Ergun Özbudun et M. Mehmet Turhan, «Les pouvoirs d'exception», *op. cit.*, p. 4.
128. Cependant, le *USA PATRIOT Act*, acronyme signifiant «Uniting and Strengthening America by Providing Appropriate Tools Required to Intercept and Obstruct Terrorism», adopté en urgence au lendemain des attentats du 11 septembre 2001, met entre parenthèses de nombreuses libertés et droits fondamentaux dans une logique de supériorité de la lutte contre le terrorisme.
129. L'article 78 de la Constitution italienne dispose que: «Les chambres décident l'état de guerre et accordent au gouvernement les pouvoirs nécessaires.»

constitutionnels. En outre, dans des situations particulières d'urgence survenant en temps de paix, l'exécutif est habilité à adopter, par décret ayant force de loi, des mesures provisoires, qui doivent être soumises au parlement pour être converties en lois.

En Allemagne, les amendements apportés en 1968, à la loi fondamentale prévoient trois types d'état d'exception : « état de défense » lorsque la République est attaquée ou est sur le point d'être attaquée par une force armée, « l'état de tension » qui est la situation qui précède l'état de défense, et « l'état d'exception interne », qui correspond aux catastrophes naturelles, aux accidents graves, aux menaces visant l'ordre public et démocratique fondamental au niveau de la Fédération ou des Länder, ou encore aux dangers qui existent pour la sécurité publique ou l'ordre public.

La Constitution japonaise demeure muette au sujet de l'état d'exception. Au Japon, bien que la loi sur la police autorise le Premier ministre à déclarer l'existence d'un danger public, cela ne constitue pas un état d'exception au sens courant du terme, étant donné que la loi en question n'accorde pas de pouvoirs extraordinaires.

D'autres Constitutions se réfèrent plutôt à la notion d'état de siège [130]. Dans l'état de siège, le maintien de l'ordre et la police sont transférés à l'autorité militaire, la justice militaire devient compétente pour certaines infractions (incendies, pillages, meurtres, destructions d'édifices, etc.), l'autorité militaire peut perquisitionner chez les gens de jour comme de nuit, interdire les publications et les réunions qu'elle juge menaçantes pour l'ordre public. Il s'agit d'un régime juridique spécifique qui, par définition, est un état de suspension des droits et libertés.

B. *Les dispositions légales*

Dans certains Etats, ce sont les lois qui prévoient les dérogations lors des circonstances exceptionnelles. Il en est ainsi tout d'abord de

---

130. Cf. Par exemple l'article 36 de la Constitution française; en RDC, l'état de siège est encadré par la Constitution du 18 février 2006 telle que modifiée et complétée spécialement en son article 85 en ces termes :

« Lorsque des circonstances graves menacent, d'une manière immédiate, l'indépendance ou l'intégrité du territoire national ou qu'elles provoquent l'interruption du fonctionnement régulier des institutions, le Président de la République proclame l'état d'urgence ou l'état de siège après concertation avec le Premier ministre et les Présidents des deux Chambres conformément aux articles 144 et 145 de la présente Constitution. Il en informe la nation par un message. Les modalités d'application de l'état d'urgence et de l'état de siège sont déterminées par la loi. »

l'état d'exception, qui entraîne à la fois des dérogations aux règles normales en matière de droits de l'homme et des modifications de la répartition des fonctions et des prérogatives entre les divers organes de l'Etat. Dans certains pays – les moins nombreux – il n'y a pas d'état d'exception à proprement parler, mais il existe des dispositions à appliquer en cas de guerre, de risque de guerre, ou dans d'autres situations de crise. En Norvège, au Danemark, au Luxembourg, en Suède et en Autriche, il n'y a pas d'état d'exception au sens courant du terme, mais il est prévu un transfert étendu du pouvoir législatif, si le Parlement est empêché de siéger et de s'acquitter de ses fonctions [131].

---

131. En Norvège, en 1950, le Parlement a adopté une loi qui accroît les pouvoirs de l'exécutif en temps de guerre ou dans des situations de quasi-belligérance. Toutefois, ces pouvoirs supplémentaires sont exercés au nom du Parlement, et uniquement si celui-ci est dans l'incapacité d'exercer ses fonctions. De même, en Suède, en cas de guerre ou de danger de guerre imminent, lorsqu'il est impossible de réunir le *Riksdag* (Parlement) en séance plénière, le *Riksdag* peut être remplacé, si les circonstances l'exigent, par une Délégation à la guerre, dont les membres sont nommés parmi les parlementaires. La Délégation à la guerre comprend cinquante et un membres, dont le président du *Riksdag* ; elle est donc un Parlement en miniature. Elle jouit de toutes les prérogatives normalement exercées par le *Riksdag*. Dans le cas où, en temps de guerre, la Délégation à la guerre serait elle-même dans l'incapacité d'exercer ses fonctions, celles-ci incombent alors au Gouvernement, dans la mesure où il s'avère nécessaire de défendre le pays et de mettre un terme aux hostilités. Toutefois, le Gouvernement n'a pas la faculté de promulguer, de modifier ou d'abroger une loi fondamentale, quelle qu'elle soit, la loi sur le *Riksdag* ou la loi sur les élections législatives. Au Danemark, le Gouvernement peut édicter des lois temporaires lorsqu'il n'est pas possible de réunir les membres du Parlement et que les circonstances sont extrêmement urgentes. Cependant, de telles lois ne doivent pas être en conflit avec la Constitution et elles doivent être soumises au Parlement pour approbation ou désapprobation au début de la première session possible de celui-ci. Au Luxembourg, bien qu'il n'existe pas d'état d'exception en tant que tel, le législateur a adopté, en des temps de crises économiques et sociales, des habilitations législatives permettant à l'exécutif de réglementer certains domaines qui ne sont pas considérés comme relevant du domaine exclusif de la loi. Dans de telles situations, l'exécutif lui-même peut adopter des décrets-lois en invoquant l'état de nécessité pour justifier leur validité. En Autriche, si le Parlement n'est pas réuni, s'il ne peut se réunir à temps ou s'il est empêché d'agir par des circonstances indépendantes de sa volonté, le Président de la République peut, sur recommandation du Gouvernement fédéral, sous sa responsabilité et celle du Gouvernement, prendre, par voie d'ordonnance provisoire modifiant la législation, toute mesure nécessaire pour prévenir un dommage qui s'annonce de toute évidence et qui serait irréparable pour la collectivité. Le Gouvernement fédéral doit soumettre sa recommandation avec l'agrément de la sous-commission permanente nommée par la commission principale du *Nationalrat* (Parlement). Ces ordonnances doivent être contresignées par le Gouvernement fédéral. Celui-ci doit les soumettre sans délai au Parlement. Le Parlement dispose alors de quatre semaines pour voter une loi fédérale en remplacement de l'ordonnance ou pour adopter une résolution exigeant que l'ordonnance soit immédiatement abrogée. En outre, certaines lois ordinaires, en Autriche, habilitent l'exécutif, en période de crise économique ou de pénurie, à prendre les mesures nécessaires pour assurer les approvisionnements de base.

En France par exemple, c'est une loi qui instaura l'état d'urgence [132]. L'état d'urgence est une mesure spéciale qui peut être prise dans le cadre de la loi n° 55-385 du 3 avril 1955. Elle suppose des circonstances exceptionnelles, à savoir « un péril imminent résultant d'atteintes graves à l'ordre public » ou « des événements présentant, par leur nature et leur gravité, le caractère de calamité publique ». C'est par décret en Conseil des ministres qu'il est déclaré. Initialement prévu pour une période de douze jours, sa prorogation doit être impérativement autorisée par une loi. Dans ces circonstances, le Parlement doit être informé des mesures prises par le gouvernement. Ce sont les militaires et fonctionnaires de police judiciaire qui exercent les missions liées à l'exécution des mesures permises en cas d'état d'urgence. Les libertés publiques et individuelles vont pouvoir être restreintes pour des personnes qui constituent une « menace pour la sécurité et l'ordre publics ». Le préfet ou le ministre de l'Intérieur peuvent alors fermer des lieux publics comme des lieux de culte, autoriser des perquisitions administratives, prononcer des assignations à résidence, interdire de séjour certaines personnes et contrôler les frontières, limiter ou interdire la circulation dans certains lieux, réquisitionner des personnes ou des moyens privés. Lors des procédures mises en place pendant l'état d'urgence, les conditions sont largement assouplies quant à la preuve à apporter ou aux délais maximums comme par exemple avec le pouvoir d'ordonner des perquisitions en tout lieu même au domicile d'un individu de jour comme de nuit, lorsqu'il existe « des raisons sérieuses de penser que son comportement constitue une menace pour la sécurité et l'ordre publics ». Des garanties entourent la mise en œuvre de ces procédures. Cependant, alors que les préfets ont eu recours, tout au long de cette période, à la possibilité de mettre en place de nombreux contrôles d'identité et fouilles des bagages et de véhicules dans des lieux publics, symboles de cet état d'urgence, ceux-ci viennent d'être déclarés contraires à la Constitution. Saisi par une question prioritaire de constitutionnalité, c'est dans une décision n° 2017-677 du 1er décembre 2017 que le Conseil constitutionnel a

---

132. L'état d'urgence en France est né dans un contexte particulier, celui de la guerre d'Algérie. La loi du 3 avril 1955 créa ce régime d'exception, alors que l'insurrection algérienne avait commencé lors de la « Toussaint rouge » du 1er novembre 1954. Ce régime est alors pensé comme une réponse contre-insurrectionnelle, en complément de l'action purement militaire déjà déployée : empêcher la constitution de réseaux du FLN, ou démanteler ceux existant déjà. Par la suite, l'état d'urgence a été appliqué notamment durant les années 1980, en Nouvelle-Calédonie, puis en novembre 2005, lors des révoltes populaires dans les banlieues françaises.

censuré l'article 8-1 de la loi de 1955 dans sa rédaction issue de la loi n° 2016-987 du 21 juillet 2016 relative à la prorogation de l'état d'urgence. Il a déclaré que

> « le législateur n'a pas assuré une conciliation équilibrée entre, d'une part, l'objectif de valeur constitutionnelle de sauvegarde de l'ordre public, et, d'autre part, la liberté d'aller et de venir et le droit au respect de la vie privée ».

Compte tenu des pouvoirs étendus octroyés aux autorités administratives, de nombreuses exactions commises lors de la mise en œuvre desdits pouvoirs et de leur contrôle limité sur le plan interne, il est indispensable d'assurer un contrôle international des mesures prises par les Etats pour déroger aux droits de l'homme.

Section II. L'importance d'un contrôle international des mesures de dérogation aux droits de l'homme

L'absence de contrôle est synonyme d'anarchie dans toute société. Les membres d'une communauté ne s'autodisciplinent que très rarement et c'est souvent la crainte des représailles qui les amène à respecter les règles en vigueur. L'étude des droits de l'homme reste dominée par une ambiguïté et un paradoxe. Le paradoxe, c'est d'abord celui de l'horreur que, dans un siècle où le discours sur les droits de l'homme est omniprésent, et qu'ils font l'objet d'une médiatisation toujours plus accrue, leur cause ne progresse qu'en raison de l'ampleur des atteintes qu'ils subissent. Des atrocités sont de plus en plus commises, en dépit de ce discours dominant sur le respect des droits de l'homme. C'est ainsi que l'on parle de violations massives, de crimes contre l'humanité, de génocide, de trafic d'êtres humains, de torture, d'esclavage, de viols, etc. Paradoxe encore, car ce sont dans les sociétés où les droits de l'homme sont le mieux protégés qu'ils sont le moins menacés, ce qui coïncide d'ailleurs avec des zones de haut niveau de développement économique. Paradoxe toujours, le fait que la multiplication des garanties de protection aboutisse à une banalisation des violations et à l'utilisation des moyens de garantie des droits de l'homme par des individus en mal d'existence. Il s'y ajoute parallèlement, les effets de l'ambiguïté. Ambiguïté des Etats, qui instrumentalisent largement les droits de l'homme, au profit de leurs intérêts et de leur domination politique sur la scène internationale. Ce qui amène à penser que les droits de l'homme fonctionnent moins pour les hommes que pour les Etats. Certains Etats invoquent des intérêts supérieurs ou la sécurité nationale lorsqu'ils violent les droits de l'homme et accusent d'autres de les soumettre à un chantage au nom des droits de l'homme. Ils le font sur la base d'un contrôle diffus au travers des médias et des rapports des organisations non gouvernementales (ONG) œuvrant dans le domaine des droits de l'homme.

Le contrôle vise la conciliation entre les mesures adoptées par l'Etat pour faire face à une situation exceptionnelle et le respect des droits et libertés fondamentaux. Il permet de vérifier s'il y a une atteinte manifestement grave et illégale à une liberté fondamentale, tout en gardant à l'esprit que l'Etat dérogeant se trouve dans un état d'urgence permettant un certain nombre de mesures de dérogations au droit international. Comme a eu à le rappeler la CEDH,

> «Les Etats ne jouissent pas pour autant d'un pouvoir illimité en ce domaine. La Cour a compétence pour décider, notamment, s'ils ont excédé la «stricte mesure» des exigences de la crise. La marge nationale d'appréciation s'accompagne donc d'un contrôle européen» [133].

Il n'y a qu'à travers un contrôle minutieux que l'on peut limiter les effets des mesures prises pour déroger aux droits de l'homme dans les ordres juridiques internes des divers Etats. Mais le contrôle est une notion qu'il faut cerner et préciser ses modalités en droit international public. Le contrôle sert à éviter qu'on ne se serve du prétexte des crises pour bafouer les droits et libertés au nom de la nécessité.

Par. 1. La notion de contrôle et les difficultés de sa mise en œuvre en droit international

Selon le *Dictionnaire de l'Académie française*, le mot contrôle est issu de «contre rôle», «c'est-à-dire un registre que l'on tenait en double». Il s'agit de l'action de soumettre à un contrôle ou d'examiner attentivement et donc de vérifier pour rechercher et relever les inexactitudes, les irrégularités et les insuffisances. Ainsi, le contrôle peut être entendu comme une activité tendant à vérifier la conformité ou la compatibilité des actes ou des opérations aux prescriptions légales ou réglementaires, aux instructions et aux procédures de gestion en vigueur dans une entité. Le contrôle est un élément indispensable d'un système de régulation qui a pour but de signaler, en temps utile, les écarts par

---

133. CourEDH, arrêt *Brannigan et McBride c. Royaume-Uni* du 26 mai 1993, *série A nº 258-B*, p. 49-50, paragraphe 43.

rapport à la norme ou les atteintes aux principes de la conformité aux lois, de l'efficience, de l'efficacité et de l'économie de manière à ce que l'on puisse, dans chaque cas, prendre des mesures correctives, préciser la responsabilité des parties en cause, obtenir réparation ou prendre des mesures pour empêcher, ou du moins rendre plus difficile, la perpétration d'actes de cette nature.

De façon très générale, le contrôle est l'opération à travers laquelle une autorité exerce un droit de regard plus ou moins étendu sur les activités d'autres autorités inférieures ou d'agents juridiques subordonnés [134]. Quelles que soient ses modalités de mise en œuvre, le contrôle est une procédure destinée à assurer l'ordre public et la hiérarchie des organes à l'intérieur d'une société donnée. Les diverses manifestations du contrôle relèvent de l'activité «gouvernementale», entendue au sens le plus large du terme; elles sont le signe évident de l'apparition, dans les relations sociales, d'un pouvoir organisé. A l'intérieur des Etats, le contrôle épouse des contours très divers. Il peut ainsi être exercé indirectement par le juge dont la mission est entre autres de veiller au respect de l'ordre juridique établi [135]. Le contrôle peut aussi être assuré directement par les autorités administratives et politiques, en particulier dans le cadre d'une intervention active qui tend, par un jeu très complexe d'autorisations et de vérifications, à orienter dans un sens déterminé l'activité des collectivités locales ou les initiatives privées [136]. L'importance respective de ces deux formes de contrôle varie selon les Etats.

Dans la société internationale, la fonction de contrôle s'exerce dans un contexte différent qui contribue simultanément à entraver son exercice et à étendre son champ d'application. Avec l'institutionnalisation des rapports internationaux, on assiste à une intensification des opérations de contrôle des organisations internationales sur les activités des Etats-membres, même si ceux-ci continuent de défendre âprement leur souveraineté. Il ne peut donc être question de soumettre les Etats, même ceux qui sont membres d'une organisation internationale, à des procédures de contrôle aussi rigoureuses que celles qui s'appliquent à l'intérieur de l'ordre juridique étatique. C'est pourquoi la forme la

---

134. M. Merle, «Le contrôle exercé par les organisations internationales sur les activités des Etats membres», dans *Annuaire français de droit international*, vol. 5, 1959. p. 411-431, p. 411.

135. Telle est par exemple, la fonction du contrôle juridictionnel de l'administration exercé, soit par les tribunaux administratifs, soit dans d'autres pays, par le juge ordinaire.

136. Ainsi parle-t-on du contrôle parlementaire de l'action gouvernementale.

plus parfaite, mais aussi la plus agressive, du contrôle – le contrôle de légalité exercé par le juge – ne tient qu'une place très réduite dans les mécanismes internationaux. Dans l'ordre international, le contrôle est très souvent exercé par des organes politiques des organisations internationales, avec l'assentiment de l'Etat. Ici, le contrôle joue un rôle plus important que dans l'ordre interne. Contrairement à l'ordre interne au sein duquel les autorités ont le pouvoir d'imposer unilatéralement des décisions et d'infliger des sanctions après une opération de contrôle, les organismes internationaux ne disposent pas des mêmes ressources. Ils n'agissent pas, sauf cas d'exception, par voie d'autorité. Les organisations internationales sont donc obligées de se contenter d'émettre des directives générales et de s'en remettre, pour leur exécution, au bon vouloir des Etats qui conservent l'essentiel des moyens d'action, tant juridiques que matériels. Dans ces conditions, le contrôle constitue un procédé dont la souplesse permet de concilier l'indépendance des Etats avec les exigences de la coordination des activités nationales par l'organisation. Il vise plus une mise en œuvre harmonieuse des obligations internationales de l'Etat avec ses obligations sur le plan interne et non pas à imposer des sanctions aux Etats. Mais il y a des exceptions à cette règle générale, car il y a en plus du contrôle opéré par les organisations internationales, celui qui est fait par les juridictions. Même si ce contrôle est soumis à de nombreuses exigences et autres conditions relatives à la saisine, à la compétence et aux preuves, il tend à imposer aux Etats un certain nombre d'obligations auxquelles ils se soumettent habituellement.

A. Distinction entre contrôle et notions voisines

Il est important de distinguer le contrôle de l'inspection, de la surveillance et du monitoring.

1. Le contrôle et l'inspection

Le contrôle est différent de l'inspection, bien que les deux notions se définissent par référence mutuelle. L'inspection est un examen attentif dans le but de contrôle, de surveillance et renvoie à l'action d'inspecter ce dont on a sous sa tutelle ou sa surveillance à des fins d'enquête, de vérification. C'est également l'action d'examiner ce qu'on a mission de contrôler, de surveiller et d'évaluer. L'inspection est considérée comme un examen a posteriori, effectué de façon inopinée, des pratiques, des procédures et des processus de gestion administrative, financière et comptable d'une entité ou d'une activité, en vue d'apprécier leur conformité aux lois, règlements, politiques et directives. Dans l'action d'inspecter, il y a l'idée d'un déplacement sur les lieux pour vérifier la conformité aux prescriptions. De ce fait, la différence fondamentale entre l'inspection et le contrôle réside dans le cadre opérationnel des deux notions. Tandis que l'inspection implique de se rendre sur le terrain, le contrôle ne l'implique pas nécessairement. Il peut se faire à travers des informations reçues ou communiquées à l'organe en charge du contrôle.

2. Le contrôle et la surveillance

Même si elles sont synonymes, il existe une différence subtile entre les notions de contrôle et de surveillance. La surveillance c'est l'action de surveiller une personne dont on a la responsabilité ou à laquelle on s'intéresse. Dans l'enseignement, c'est l'action de veiller à la discipline des élèves dans un établissement scolaire en dehors des heures de cours. C'est également une activité policière consistant à surveiller des personnes suspectes ou des milieux à risques, pour prévenir des actions délictueuses ou criminelles, pour garantir la sécurité publique. En matière de surveillance il faut un dispositif spécifique [137] pour assurer la mise en œuvre alors qu'en matière de contrôle, il y a parfois juste besoin de certaines informations nécessaires.

3. Le contrôle et le monitoring

Le « monitoring » est un terme de sens large, décrivant la collecte active, la vérification et l'usage immédiat d'informations en vue de résoudre des problèmes de droits humains. Le monitoring des droits de l'homme peut revenir à réunir des informations sur des incidents, à observer des événements (élections, procès, manifestations, etc.), à visiter des sites tels que des lieux de détention ou des camps de réfugiés, à s'entretenir avec les autorités gouvernementales afin d'obtenir des renseignements, de parvenir à des remèdes et d'assurer tout autre suivi immédiat. Ce terme recouvre les activités d'évaluation conduites au siège de l'ONU ou auprès du Bureau central des opérations, aussi bien que les activités de première main consistant à collecter des données ou autres travaux de terrain. Le monitoring revêt de plus une qualité

---

137. En droit pénal par exemple, on parle de la surveillance de sûreté et de la surveillance judiciaire des personnes dangereuses. Dans les deux cas, un dispositif spécifique est nécessaire pour assurer la surveillance.

temporelle, dans la mesure où il s'exerce le plus souvent sur une période prolongée.

B. L'institution du contrôle en droit international

Pendant longtemps dans la société internationale, la souveraineté des Etats a constitué un frein pour l'institution des mécanismes généralisés de contrôle de la mise en œuvre des engagements des Etats sur leur territoire. C'est ainsi que dans divers domaines du droit international, il n'existe pas de mécanismes spécifiques de contrôle. Mais en matière des droits de l'homme, des organes de contrôle du respect de la mise en œuvre des traités y relatifs ont été institués [138]. Il s'agit d'une particularité, car les Etats souverains sont d'ordinaire réfractaires à tout contrôle institutionnalisé. Aussi bien sur le plan interne que sur le plan international, on distingue le contrôle administratif du contrôle juridictionnel. L'opération de contrôle suppose deux acteurs: un sujet astreint à un certain comportement et une autorité chargée d'en vérifier la rectitude [139]. Devant le Conseil des droits de l'homme, Mme Ní Aoláin, Rapporteure spéciale sur la promotion et la protection des droits de l'homme et des libertés fondamentales dans la lutte antiterroriste, lors de la présentation de son premier rapport devant le Conseil le 1er mars 2018, a souligné la nécessité d'une surveillance soutenue et d'un examen approfondi des pouvoirs d'urgence. L'objectif de ce suivi est de

> « s'assurer que les états d'urgence ne sont pas fallacieusement utilisés par les Etats pour contrecarrer les droits fondamentaux, la liberté de réunion et d'expression, la vie privée et les violations des droits non susceptibles de dérogation, y compris le droit d'être à l'abri de la torture et des privations arbitraires de la vie » [140].

---

138. Sur la diversité des mécanismes internationaux de contrôle des conventions de protection des droits de l'Homme, voir J. Charpentier, « Le contrôle par les organisations internationales de l'exécution des obligations des Etats », dans *Recueil des cours*, tome 182 (1983), p. 143-246 ; J. Salmon, « Essai de typologie des systèmes de protection des droits de l'homme », dans *La protection internationale des droits de l'homme*, Univ. Libre de Bruxelles, 1977, p. 173-206 ; F. Sudre, *Droit international et européen des droits de l'homme*, Paris, PUF, Coll. Droit fondamental, 4e éd. mise à jour, 1999, p. 339-460.
139. J. Charpentier, « Le contrôle par les organisations internationales de l'exécution de leurs obligations par les Etats », *op. cit.*, p. 152.
140. « Les pouvoirs d'urgence devraient être limités et proportionnés – Experte de l'ONU », accessible à l'adresse https://news.un.org/fr/story/2018/04/1010171.

Elle a ainsi rappelé que la législation relative aux droits de l'homme permet aux Etats de limiter les droits dérogeables dans des circonstances exceptionnelles, mais a toutefois ajouté que les pouvoirs arrogés pendant les situations d'urgence devraient être limités et constituer une base positive pour rétablir pleinement la protection des droits de l'homme dans un délai raisonnable.

> «Cette autorisation n'est pas une carte blanche pour des restrictions permanentes, pas plus qu'elle ne doit permettre d'abuser des droits simplement pour consolider un pouvoir, étouffer la dissidence légitime et réprimer les opposants politiques»,

déclarait alors l'experte [141]. «De façon plus importante, toute restriction doit fonctionner de manière à faire revenir le système juridique vers un fonctionnement normal de protection des droits.» Mme Ní Aoláin a souligné également qu'à la suite des attentats du 11 septembre, les législations nationales ont permis la prolifération des états d'urgence en raison de définitions trop larges du terrorisme.

> «Une telle législation est utilisée pour cibler toute une série d'acteurs de la société civile, défenseurs des droits de l'homme, blogueurs, activistes politiques de diverses clameurs, et ceux qui sont simplement en désaccord avec le gouvernement au pouvoir»,

a-t-elle dit.

> «Ces déploiements de lois antiterroristes constituent un abus de droit et sont contraires aux obligations contractées par les Etats lorsqu'ils signent et ratifient les traités relatifs aux droits de l'homme.» [142]

Il est donc important de contrôler les mesures antiterroristes pour protéger les droits de l'homme. Cependant, l'opération de contrôle est confrontée à diverses difficultés en droit international.

C. *Les difficultés du contrôle en droit international*

L'opérationnalisation du contrôle international n'est pas aisée. En effet, c'est un moyen qui fait face à de nombreuses difficultés. La première est liée à la structure même de la société internationale, qui est une société anarchique avec une juxtaposition des souverainetés. La souveraineté des Etats en proie à des situations d'urgence est donc l'une

---
141. *Idem.*
142. *Idem.*

des premières difficultés que pose le contrôle, car un contrôle organisé ne pourrait s'opérer qu'avec le consentement de l'Etat concerné. Mais loin d'être un obstacle permanent, la souveraineté de l'Etat devint le facilitateur du contrôle, une fois qu'il a consenti à se soumettre au contrôle, par quelque moyen que ce soit. Il en découle que le contrôle qu'exerce les organismes internationaux sur les dérogations aux droits de l'homme n'est pas un contrôle automatique. La deuxième remarque est qu'il y a une absence de coordination entre les divers organismes de contrôle sur le plan international. Les opérations de contrôle ne sont pas synchronisées et sont même parfois désarticulées.

1. L'inexistence de contrôle automatique

Pour exercer un contrôle sur les mesures de dérogations aux droits de l'homme et leur mise en œuvre, il faut déclencher la procédure. En effet, le contrôle ne saurait être automatique en droit international, car ce serait aliéner la souveraineté de l'Etat concerné. Tous les Etats ayant ratifié les conventions relatives à la protection des droits de l'homme ne consentent pas nécessairement au contrôle. Le Professeur Paul Tavernier nous précise que la signature des Pactes ne signifie pas pour autant une adhésion aux mécanismes de contrôle révélant une

> «certaine méfiance de la part des Etats arabes, à l'égard des procédures de mise en œuvre des deux Pactes, et notamment du Pacte relatif aux droits civils et politiques qui a le mérite d'avoir prévu la création d'un Comité des droits de l'homme»,

constatant toutefois que cette méfiance «est moins systématique que celle d'autres groupes d'Etats»[143]. Les réticences des Etats à l'égard des conventions portant sur la protection des droits de l'homme se manifestent le plus souvent par l'adoption des réserves de fond refusant ou minimisant ainsi leurs obligations et la marginalisation du contrôle universel des droits de l'homme[144]. Fruit d'une certaine méfiance à l'égard de l'originalité de l'instrument universel, les réserves illustrent une réelle hostilité qui, globalement, limite l'universalité des droits de l'homme. Ces réserves sont de différentes natures. Certaines

---

143. P. Tavernier, «Les Etats arabes, l'ONU et les droits de l'homme», dans *Les Cahiers de l'Orient*, n° 19, 3ᵉ trimestre 1992, p. 183-197, http://www.credho.org/biblio/islam/cultur.htm.
144. J. Dhommeaux, «Les Etats parties à la Convention européenne des droits de l'homme et le Comité des droits de l'homme de l'ONU: de la cohabitation du système universel de protection des droits de l'homme avec le système européen», dans *Liber Amicorum Marc-André Eissen*, Bruxelles, Paris, Bruylant, LGDJ, 1995, p. 120.

concernent les modes de règlement des différends pouvant naître de l'application ou de l'interprétation des conventions. D'autres, les plus importantes et les plus nombreuses, portent sur certains droits qui ont été consacrés par les conventions. Toutes les réserves ou déclarations interprétatives sont normalement, et du point de vue du droit international, utilisées pour garantir le plus d'adhésion aux instruments internationaux et s'assurer de la jouissance par les personnes de l'intégralité des droits qu'ils consacrent. Elles représentent donc des exceptions admises, acceptées à l'encontre du principe général des ratifications totales et sans réserves. Mais, en vertu de l'article 2 1) *d)* de la Convention de Vienne sur le droit des traités de 1969, la définition et la délimitation des conditions de leur utilisation sont déterminées. Pourtant, malgré ces restrictions, la majorité des Etats a formulé des réserves au moment de la ratification ou de l'adhésion aux conventions sur les droits de l'homme en entravant, de ce fait, non seulement l'application universelle ou intégrale mais aussi en refusant toute soumission à un contrôle non consenti [145]. Si cent soixante-treize Etats ont ratifié le Pacte international sur les droits civils et politiques, seuls cent seize Etats ont ratifié le Protocole facultatif se rapportant au PIDCP [146] qui crée le Comité des droits de l'homme en émettant des réserves qui restreignent la compétence de cet organe [147].

---

145. Les réserves formulées sont tellement nombreuses que leur légalité a été mise en doute, du moins pour certaines d'entre elles. A titre illustratif, en effet, les Etats-Unis ont formulé des réserves à propos de la peine de mort ; la Norvège, le Royaume-Uni, la Suisse, la Suède, le Danemark, la Finlande, l'Irlande, l'Islande, le Luxembourg et Malte sont hostiles à l'article 20 (1) du PIDCP de 1966 qui interdit toute propagande en faveur de la guerre et ont émis des réserves à ce sujet. Tous les Etats arabes ont formulé des réserves au moment de la ratification ou de l'adhésion à ces conventions en matière de reconnaissance des droits universels des femmes en raison de la prédominance d'un ordre social inégalitaire conformément à l'interprétation de l'Islam. La Conférence de Vienne de 1993 a attiré l'attention à juste titre sur ce point en demandant aux Etats d'examiner la portée des réserves qu'ils formulent de façon à ce que chacune d'«elle ne soit incompatible avec l'objet et le but du traité en cause» et d'envisager, le cas échéant, leur retrait. Quelques Etats ont effectivement retiré certaines réserves à l'exemple de la France (1988), de l'Australie (1984), de la Finlande (1984), de l'Irlande (1994, 1998), de l'Islande (1993), du Royaume-Uni (1993), de la Suisse (1995 et janvier 2004 pour le second Protocole), etc., même si le nombre de celles qui sont encore en application demeure beaucoup trop élevé. Ces questions ont fait l'objet de travaux de la Commission du droit international des Nations Unies. En 2011, ces travaux ont abouti à l'adoption, par la sixième commission de l'AG des Nations Unies, d'un *Guide sur les réserves aux conventions multilatérales*.
146. Protocole facultatif se rapportant au Pacte international relatif aux droits civils et politiques, état au 13 octobre 2021 09:15:38EDT.
147. La plupart de ces réserves portent sur l'article 5 du Protocole. La réserve ougandaise prévoit explicitement que :

2. L'existence de nombreux contrôles informels et inorganisés

Le développement des moyens de contrôle et surtout la naissance « d'une société civile internationale » a entraîné l'éclatement des moyens de contrôle dans la société internationale. C'est ainsi que de nos jours, à côté des systèmes formels de contrôle, se sont développés de nombreux contrôles informels et inorganisés en particulier dans le domaine des droits de l'homme. Ce contrôle aboutit aux dénonciations que l'on trouve dans les publications des réseaux sociaux et considérées revoir la plupart du temps comme dénué de toutes preuves et fondements par les Etats en cause. Le contrôle international revêt de nombreuses implications en droit international.

Par. 2. Les implications du contrôle en droit international

La première implication du contrôle en droit international est la limitation de la souveraineté des Etats. C'est un processus qui entraîne très souvent une suspicion de l'ingérence dans les affaires internes des Etats.

A. La limitation de la souveraineté des Etats

Le contrôle international, quelle qu'en soit la forme, induit implicitement une limitation de la souveraineté de l'Etat. En effet, à la seule idée que les mesures prises pour assurer le maintien de l'ordre

---

« La République d'Ouganda n'accepte pas la compétence du Comité des droits de l'homme pour examiner une communication d'un particulier, en vertu du deuxième paragraphe de l'article 5, si la même question a déjà été examinée dans le cadre d'une autre procédure d'enquête internationale ou de règlement ».

De son côté,

« La République turque formule, en ce qui concerne l'alinéa *a* du paragraphe 2 de l'article 5 du Protocole, une réserve aux termes de laquelle le comité :

a) ne sera pas compétent pour examiner les communications émanant de particuliers si la même question est en cours d'examen ou a déjà été examinée par une autre instance internationale d'enquête ou de règlement.

b) sera limité à l'examen des communications concernant des violations provenant soit d'actes, d'omissions, de développements ou d'évènements survenus dans les limites nationales du territoire de la République turque après la date d'entrée en vigueur du Protocole pour la République turque ou d'une décision émanant d'actes, d'omissions, de développements ou d'évènements survenus dans les limites nationales du territoire de la République turque après la date d'entrée en vigueur du Protocole pour la République turque.

c) ne sera pas compétent pour examiner les communications par lesquelles une violation de l'article 26 du Pacte international relatif aux droits civils et politiques est dénoncée, si et dans la mesure où la violation dénoncée se réfère à des droits autres que ceux garantis dans le Pacte susmentionné. »

public sur son territoire fassent l'objet d'un contrôle et qu'il puisse être appelé à réparer les dommages causés aux personnes physiques dans le cadre de ces mesures, peut pousser un Etat à estimer qu'il ne peut plus tout se permettre même sur son propre territoire. Son pouvoir, qui était supposé illimité sur toute l'étendue de son territoire est obligé de s'autolimiter. Dans ce cadre, les mesures prises doivent être conformes aux lois et autres textes juridiques en vigueur, mais aussi aux obligations internationales librement souscrites par l'Etat. Dans les faits, la menace d'un contrôle entraîne l'obligation pour l'Etat de respecter les engagements contractés en particulier sur le plan international et pousse les Etats à fournir des efforts considérables pour se conformer à la légalité. Cela veut dire concrètement que l'idée d'un contrôle a posteriori des mesures prises pour rétablir l'ordre sur son territoire peut limiter l'arbitraire dans les actions des agents de sécurité. Mais tel n'est pas toujours le cas.

B. Les suspicions d'ingérence dans les affaires internes des Etats

L'opération de contrôle, exercée par un organisme international sur un Etat entraîne toujours une suspicion d'ingérence dans les affaires internes de cet Etat. En effet, dans le domaine du maintien de l'ordre et de la sécurité sur leur territoire, les Etats considèrent qu'ils peuvent et sont libres d'adopter toutes les mesures possibles pour rétablir l'ordre sur leur territoire et de ce fait, qu'ils n'ont de compte à rendre à personne. En conditionnant les dérogations aux droits de l'homme, les textes internationaux ont non seulement limité les pouvoirs des Etats, mais ils ont subtilement soumis un peu plus ces Etats à l'ordre juridique international, en autorisant des ingérences implicites dans les affaires internes des Etats. En effet, les organismes qui exercent le contrôle des dérogations aux droits de l'homme procèdent, qu'on le veuille ou non, à une ingérence indirecte dans les affaires internes des Etats en matière des droits de l'homme. Ils vont même parfois au-delà de ce qui leur est demandé, pour s'intéresser à d'autres mesures n'entrant pas directement dans le cadre des mesures prises par les Etats pour déroger aux droits de l'homme.

Par. 3. Le besoin de contrôler des mesures de dérogations aux droits de l'homme

Le problème des dérogations aux droits fondamentaux de la personne est particulièrement délicat. En effet, l'expérience a montré que c'est dans le contexte de l'état d'exception qu'ont tendance à se produire les violations les plus graves des droits de l'homme. Il est par conséquent indispensable qu'un contrôle soit opéré pour limiter le pouvoir arbitraire de l'Etat et le canaliser dans le cadre du respect de la légalité. Les clauses de dérogation insérées dans les conventions internationales offrent à l'Etat l'option de suspendre provisoirement l'application de certains droits et libertés (sauf un noyau dur qui ne saurait être suspendu) quand l'existence de la nation est menacée par un danger public exceptionnel. Les mesures prises pour faire face à une telle situation grave doivent cependant être proportionnées aux exigences de la situation, compatibles avec les autres obligations imposées par le droit international et notifiées aux autres Etats contractants par l'intermédiaire du Secrétaire général de l'ONU, du Conseil de l'Europe ou de l'Organisation des Etats américains respectivement. Comme souligné par le Comité onusien des droits de l'homme, les dérogations au droit international des droits humains associées à la proclamation d'un état d'urgence doivent être exceptionnelles et temporaires. L'objectif principal devrait être la restauration d'une situation de normalité. Le droit international est clair en matière d'état d'urgence: les gouvernements peuvent le déclarer lorsqu'il existe une menace à «la vie de la nation», mais les mesures qui en découlent doivent respecter des conditions strictes de nécessité et de proportionnalité. Le contrôle a pour but de vérifier le respect des exigences contenues dans les textes internationaux. Il s'agit d'un moyen de préservation des droits de l'homme face aux dérives des Etats, mais aussi un moyen de limitation de l'arbitraire de l'Etat.

A. Un moyen de préservation des droits de l'homme face aux dérives de l'Etat

Seul le contrôle international permet de préserver les droits de l'homme face aux dérives des Etats dans le cadre de l'état d'urgence. En effet, de nombreuses violations des droits humains sont toujours commises dans les situations d'exception. Il s'agit en effet des situations dans lesquelles le brouillage est rapidement fait entre la légalité et l'arbitraire et où des mesures disproportionnées et discriminatoires sont rapidement prises. L'état d'urgence permet des mesures impliquant des atteintes graves aux libertés individuelles sans contrôle, en amont, du juge judiciaire [148]. L'état d'urgence est un état de crise qui permet aux

---

148. Ainsi par exemple en France, lors de l'état d'urgence décidé en 2016, les chiffres révélés sont accablants: quatre mille deux cent soixante-dix-neuf perquisitions,

autorités administratives de prendre des mesures exceptionnelles en matière de sécurité qui sont susceptibles de porter atteinte aux droits et libertés des personnes. Les services de renseignement, le ministère de l'Intérieur bénéficient de larges pouvoirs pour désigner des suspects. Ces derniers en revanche, ne disposent pas de moyens équitables pour se défendre. Contrairement au droit commun, il leur revient de prouver qu'ils ne sont pas radicalisés, ou en contact avec des personnes liées aux activités de terrorisme... Cette situation crée une inégalité entre les citoyens devant la loi, selon qu'ils sont sous le coup de mesures de l'état d'urgence ou de mesures liées à la législation de droit commun. D'autant qu'ils ne disposent pas forcément, en pratique, de recours effectifs pour faire appel. Les mesures sont souvent justifiées sur la base de notes blanches des services de renseignement ou autres documents non datés, non signés... Le juge a aussi à prendre sa décision sur la base d'un comportement considéré comme suspect, plutôt que sur des activités ou des faits vérifiables. Ces atteintes aux libertés peuvent éventuellement être justifiées sur une période très courte, pour répondre à une menace précise et particulièrement grave qui pèse sur le pays, mais lorsqu'elles tendent à devenir la règle, cela gangrène l'Etat de droit. Or, la plupart des conventions internationales autorisant les dérogations aux droits de l'homme posent les conditions suivantes :

– Un danger public exceptionnel doit être identifié. Ce danger public peut notamment concerner la sécurité nationale, l'ordre public, la sécurité publique, la santé ou les bonnes mœurs. Il doit être tel qu'il menace la vie de la nation. En cas de conflit armé (international ou non), le droit international humanitaire s'applique et contient des clauses plus spécifiques restreignant le pouvoir de l'Etat quant aux restrictions de droits de l'homme qu'il envisage. D'autres situations exceptionnelles sont, par exemple, des catastrophes naturelles, des manifestations massives et violentes, un accident industriel majeur, etc.

---

sept cent douze mesures d'assignations à résidence, trois mille cent quatre-vingt-six contrôles d'identité et de véhicule... Les milliers de personnes visées n'avaient, dans plus de 99 % des cas, aucun lien avec des intentions ou actions terroristes. Seules vingt enquêtes pour terrorisme ont été ouvertes suite à des perquisitions administratives prévues dans le cadre de l'état d'urgence. Entre le 21 juillet et le 10 novembre 2016, cinq cent quarante-trois perquisitions administratives ont été réalisées. Ces perquisitions ont donné lieu à quatre-vingt-onze interpellations et soixante-quatre gardes à vue. Elles ont permis la saisie de trente-cinq armes, dont deux armes de guerre et vingt et une armes longues. Cent quarante copies et saisies de données contenues dans un système informatique ont été réalisées. Dans la très grande majorité des cas, l'exploitation de ces données a été autorisée par le juge et a révélé des éléments inquiétants caractérisant des risques de passage à l'acte.

- Un acte officiel provenant du gouvernement de l'Etat concerné doit ensuite proclamer le danger public «exceptionnel» et expliquer les raisons l'ayant causé.
- Certains droits sont indérogeables, c'est-à-dire qu'ils ne pourront en aucun cas être entravés, même dans les situations les plus extrêmes. En général, les articles mentionnant l'état d'urgence contiennent une clause listant les droits de l'homme indérogeables. Par exemple, l'article 4, alinéa 2 du Pacte ONU II énonce que le droit à la vie, l'interdiction de la torture et de l'esclavage et la liberté de penser – entre autres – ne peuvent en aucun cas être soumis à une dérogation.
- Le principe de la stricte nécessité. Lorsque le danger exceptionnel est identifié, l'Etat doit en outre prouver que les mesures prises dérogeant à certains droits de l'homme sont impératives au vu des particularités de la situation. Cette condition, aussi nommée «proportionnalité», doit être appliquée tant dans l'étendue géographique et la portée matérielle des mesures prises, que dans leurs durées.
- La compatibilité avec les autres obligations du droit international.
- La non-discrimination (fondée sur le sexe, la langue, la religion, la couleur, etc.) dans les mesures prises.
- L'Etat de droit et la légalité des mesures doivent être respectés. En effet, chaque Etat doit avoir, dans son système légal à l'échelle nationale (en général dans la constitution), des clauses expliquant dans quelle mesure le gouvernement serait légitimé à restreindre certains droits fondamentaux.
- L'arrêt des mesures exceptionnelles mises en place dès lors que le danger exceptionnel s'est suffisamment atténué pour permettre le retour à une garantie effective des libertés.
- Le droit aux victimes de violations de droits de l'homme à des remèdes et/ou recours, afin de réparer les dommages résultant des mesures prises durant l'état d'urgence.

Des exemples de mesures illégales et disproportionnées répertoriés pendant un état d'urgence sont les suivants: détentions arbitraires provisoires, limites des libertés d'expression et de manifestations, adoptions de lois pénales applicables rétroactivement et tortures dans le but d'extraire des confessions importantes, et exécutions arbitraires.

Les organes en charge du contrôle international des mesures de dérogation examinent les principes susvisés et en particulier la nécessité et la proportionnalité de la dérogation décidée ainsi que des mesures temporaires adoptées.

1. Une garantie des droits de l'homme même dans les situations d'urgence

Le contrôle est un moyen de garantie du respect des droits de l'homme dans les situations d'urgence. En effet, les clauses de contournement peuvent induire des comportements déviants et affaiblir l'objectif visé par les conventions relatives à la protection des droits de l'homme, ce qui est particulièrement évident compte tenu de la nature des droits de l'homme. C'est précisément dans des situations d'urgence – des menaces pour les droits individuels – que la clause de sauvegarde est déclenchée. La logique de dérogation n'est en effet pertinente que dans la mesure où l'Etat peut être tenu pour responsable. Cependant, certains gouvernements pourraient vouloir déroger formellement à leurs obligations en matière de droits de l'homme, afin de conserver un air de légitimité et de se conformer au droit international. Dans la mesure où il est peu probable que ces gouvernements soient tenus pour responsables de leurs transgressions, ils agissent néanmoins souvent en violation des dispositions des traités sur les droits de l'homme. Alternativement, ils peuvent choisir de déroger, uniquement pour s'abstenir ou limiter les informations relatives aux mesures invoquées, ainsi que maintenir les dérogations en place pendant de longues périodes…

Bien que l'état d'urgence offre en principe à l'Etat un large éventail de possibilités, il est important de reconnaître que même dans des circonstances exceptionnelles, les mesures prises sont soumises à un contrôle.

2. Un moyen de limitation dans le temps des mesures dérogatoires

Le contrôle constitue un moyen de limitation temporelle des mesures dérogatoires. En effet, les dérogations ne sont pas et ne doivent pas être permanentes. Elles doivent être circonscrites dans le temps. C'est la raison pour laquelle la décision de dérogation s'accompagne toujours de l'indication de la période au cours de laquelle seront mises en œuvre certaines mesures et cela est contenu dans l'obligation de notification à laquelle est assujetti tout Etat dérogeant.

B. Une limitation de l'arbitraire de l'Etat

Le contrôle sert à limiter l'arbitraire de l'Etat en matière de mesures prises pour rétablir l'ordre public. En effet, tout n'est pas permis dans une situation de dérogation.

1. Les mesures prises pour maintenir et rétablir l'ordre dans un Etat

De nombreuses mesures sont prises par les Etats pour le rétablissement de l'ordre public sur leur territoire lorsque celui-ci a été rompu ou lorsqu'il est menacé. La notion même de maintien de l'ordre est complexe en ce que sa définition couvre un champ très vaste et qu'elle est encadrée par des textes disparates dans chaque Etat : Code de la sécurité intérieure, Code de procédure pénale, arrêtés préfectoraux, instructions internes, circulaires... « Il s'agit de mettre en place des mesures adaptées pour permettre l'exercice de la liberté de manifester tout en assurant la sécurité des personnes et des biens. »[149] Il peut s'agir aussi d'opérations de rétablissement de l'ordre public par les forces de sécurité quand les manifestations présentent un risque de violences ou de débordements. En règle générale, il appartient au ministre de l'Intérieur de définir les missions de maintien de l'ordre, ce qu'il fait de façon très large en y intégrant entre autres : le maintien de l'ordre public et son rétablissement si nécessaire, la surveillance et la protection des personnes et des biens, la lutte contre les violences urbaines, la lutte contre le terrorisme, l'aide et l'assistance aux populations en cas de sinistres graves. En la matière, le Conseil d'Etat français affirme qu'en matière de police, « la liberté est la règle et la restriction de police, l'exception »[150]. Si une mesure de police est prise, elle doit toujours être proportionnée et mise en balance avec la protection de l'individu et le respect de ses droits. Mais dans le cadre des mesures de dérogations, certaines ont une vocation uniquement répressive et ignorent le côté libertés et droits fondamentaux. Dans cette situation, les autorités ont tendance à majorer les droits de l'Etat, contrairement à la protection des citoyens. Le volet sécuritaire a ainsi tendance à prendre le dessus, ce qui fait que le droit à la sécurité « absorbe » le droit à la sûreté[151]. En matière de maintien de l'ordre, il est difficile de bien placer le curseur entre la sécurité et les droits fondamentaux des individus. A cet égard, la police est au cœur de cette problématique lorsqu'elle exerce ses prérogatives de maintien de l'ordre. Mais il arrive dans certains Etats

---

149. « Maintien de l'ordre : une doctrine en débat », publié le 14 septembre 2021, à l'adresse https://www.vie-publique.fr/eclairage/279024-maintien-de-lordre-une-doctrine-en-debat.
150. Voir, Commissaire du gouvernement Corneille, conclusions sous CE, 10 août 1917, *Baldy*, n° 59855, *Recueil 638*.
151. Comme le relève C. Lazerges dans l'article « Le Code de la sécurité intérieure ; artisan d'un nouvel ordre ou semeur de désordre ? » dans l'ouvrage de M. Touillier, auquel elle a participé.

que les autorités fassent intervenir les forces de défense et de sécurité. En effet, les politiques de lutte contre le terrorisme focalisées sur le soupçon contribuent à déliter le lien de confiance entre la police et les populations. C'est précisément le contrôle international qui facilitera le rétablissement de la légitimité et de la confiance que le public accorde aux forces de police et qui va constituer une condition centrale de leur action et permettre des opérations de maintien de l'ordre respectueuses des droits fondamentaux. Dans une étude menée à l'échelle de plusieurs pays, Léandro Despouy observe que : « dans bien des cas, les états d'exception s'étaient ainsi transformés en un instrument juridique au moyen duquel on cherchait à « légaliser » les pires abus et les arbitraires les plus pernicieux » [152]. En réalité, la permanence de l'état d'exception dans certains Etats prend corps dorénavant au travers d'une mécanique silencieuse d'altération de l'Etat de droit. La professeure Mireille Delmas-Marty identifie trois outils au moyen desquels les Etats contemporains participent à cette dynamique : la suspension par la mise en œuvre du droit d'exception, le contournement par l'insertion subtile dans le droit courant de pratiques juridiques dérogatoires, et enfin, le détournement par l'habilitation en temps normal des juridictions d'exception, à l'instar des tribunaux militaires [153].

2. Les abus d'autorité observés dans le cadre des dérogations aux droits de l'homme

De nombreux abus sont commis par les Etats dans le cadre des dérogations aux droits de l'homme. Dans le cadre de la lutte contre le terrorisme en particulier, certains Etats ont eu recours à des actes de torture et à d'autres mauvais traitements, ignorant fréquemment les garanties juridiques et pratiques prévues pour empêcher la torture, comme le contrôle régulier et indépendant des centres de détention. D'autres ont expulsé des personnes soupçonnées de se livrer à des activités terroristes vers des pays où elles risquent réellement de faire l'objet de torture ou d'autres violations graves des droits de l'homme, enfreignant ce faisant l'obligation juridique internationale de non-

---

152. Commission des droits de l'homme, *L'administration de la justice et les droits de l'homme des détenus : droits de l'homme et états d'exception*, dixième rapport annuel et liste d'Etats qui, depuis le 1er janvier 1985, ont proclamé, prorogé ou abrogé un état d'exception, L. Despouy, rapporteur spécial, E/CN.4/Sub.2/1997/19, 23 juin 1997, paragraphe 3.
153. M. Delmas-Marty, « Libertés et sûreté, les mutations de l'Etat de droit », dans *Revue de Synthèse*, Springer Verlag, Lavoisier, 2009, p. 465-431.

refoulement. L'indépendance de la magistrature s'est parfois trouvée compromise tandis que le recours à des tribunaux d'exception pour juger des civils a eu des répercussions sur l'efficacité des systèmes judiciaires ordinaires. Des mesures de répression ont été utilisées pour faire taire des défenseurs des droits de l'homme, des journalistes, des minorités, des groupes autochtones et des représentants de la société civile. Le recours aux dérogations rend plus que puissants les Etats sur leur territoire, car de nombreux dirigeants prennent le prétexte des circonstances et de l'impératif du rétablissement de l'ordre public pour commettre des abus. L'action de l'Etat en situation de crise se transforme rapidement en arbitraire. De manière plus concrète, il est nécessaire d'opérer un contrôle sur toutes les

> «interventions étatiques exceptionnelles, c'est-à-dire des interventions qui s'effectuent par un contournement public [et mis en scène] du droit, lequel doit être d'abord compris comme un contournement de la généralité de la loi au nom de la singularité des situations»[154].

C'est dire dans ces conditions que «l'exercice des pouvoirs exceptionnels ne répondrait [plus], dans les Etats libéraux, à une logique de l'état d'exception entendue comme suspension générale du droit...»[155].

C'est le contrôle international qui permet de limiter lesdits abus dans le cadre d'un examen minutieux des mesures de dérogations prises pour rétablir la sécurité dans un Etat.

---

154. M. Goupy, «L'état d'exception, une catégorie d'analyse utile...», *op. cit.*, p. 105.
155. *Idem.*

CHAPITRE II

LES DIVERS MOYENS DE CONTRÔLE INTERNATIONAL

Si par le passé, les actions des Etats sur leur territoire échappaient à tout contrôle de la part des autres entités de la société internationale, il en va autrement de nos jours. Il existe en effet dans la société internationale contemporaine, divers moyens de contrôle des actions et des activités menées par les Etats sur leurs territoires respectifs. Ce sont les répercussions de l'interdépendance et surtout des développements des nouvelles technologies de l'information et de la communication. Dans le domaine des droits de l'homme en particulier, on assiste à une disparité et à une diversité des moyens de contrôle des actions des Etats. Ce contrôle peut être exercé de façon formelle ou de façon informelle. Mais les deux formes de contrôle s'influencent mutuellement et sont complémentaires, puisque très souvent, les organes de contrôle formellement institués se servent des rapports issus du contrôle informel exercé par les ONG et autres organismes dénonciateurs. Dans la plupart des pays appliquant les dérogations, les organisations de défense des droits de l'homme protestent contre l'usage de la torture et la soumission des individus aux traitements cruels, inhumains et dégradants, la détention arbitraire et secrète, le recours à des juridictions d'exception, le caractère partial de la justice... Pourtant, l'état d'urgence, comme moyen le plus usuel de la dérogation est censé être un «moindre mal» et ne devrait, en aucun cas, déboucher sur l'arbitraire. La notion d'exception, qui le sous-tend, suppose notamment un retour rapide à la normalité constitutionnelle et légale. D'un côté, l'urgence élargit les pouvoirs des autorités de police et réduit les garanties dont disposent les citoyens [156]. C'est dire que, quand il y a péril, on ne va pas demander aux organismes de défense des droits de l'homme l'autorisation de recourir aux dérogations pour préserver l'ordre public. Mais, de l'autre côté, des procédures de contrôle des pouvoirs de l'administration dans

---

156. Le Conseil d'Etat français déclarait déjà, par la bouche du commissaire de gouvernement Romieu que: «Quand la maison brûle, on ne va pas demander au juge l'autorisation d'y envoyer les pompiers», conclusions sur la décision du Tribunal des conflits du 2 décembre 1902, *Société immobilière de Saint-Just*. Durant la Première Guerre mondiale, la jurisprudence sur les circonstances exceptionnelles, illustrée par les décisions du Conseil d'Etat français du 28 juin 1918, *Heyriès* et du 28 février 1919, *Dames Dol et Laurent*, traduit les exigences particulières imposées par l'urgence.

les situations d'urgence sont venues offrir aux justiciables des voies de recours possibles pour leur assurer une garantie efficace de leurs droits même dans ces circonstances. Ces procédures se sont imposées notamment pour protéger les droits fondamentaux. Au-delà des formes de contrôle, on distingue entre le contrôle non juridictionnel et le contrôle juridictionnel.

Section I. Le contrôle non juridictionnel

Le contrôle non juridictionnel des dérogations aux droits de l'homme est opéré essentiellement par les organes des traités sur les droits de l'homme des Nations Unies. Mais à côté de ces mécanismes formels, il existe de nombreux contrôles informels opérés par les ONG. Pour protéger les droits de l'homme, les Nations Unies ont institué un ensemble de mécanismes qui peut être divisé en deux grands groupes dont ceux liés au Conseil des droits de l'homme et ceux qui sont créés par des traités internationaux ou des conventions (appelés organes de traités ou mécanismes conventionnels). Pour mémoire, en 2006, l'Assemblée générale des Nations Unies a créé le Conseil des droits de l'homme pour remplacer la Commission des droits de l'homme. Le Conseil des droits de l'homme est une entité distincte du Haut-Commissariat aux droits de l'homme (HCDH). L'Assemblée générale a confié des mandats différents à ces deux organismes. Toutefois, le HCDH apporte son soutien à l'organisation des réunions du Conseil des droits de l'homme et au suivi de ses délibérations. On distingue donc le contrôle opéré par les organes des traités des droits de l'homme et le contrôle informel des ONG.

Par. 1. Le contrôle par les organes des traités sur les droits de l'homme

Le contrôle du respect des droits de l'homme est naturellement attribué aux Nations Unies, considérées comme instigatrices des traités relatifs aux droits de l'homme et de la promotion desdits droits à travers le monde. C'est dans le préambule de la Charte des Nations Unies que l'on trouve le socle de ce qui deviendra plus tard le Code du droit international des droits de l'homme. C'est ainsi que les peuples des Nations Unies se sont résolus

> « à proclamer à nouveau [leur] foi dans les droits fondamentaux de l'homme, dans la dignité et la valeur de la personne humaine, dans l'égalité de droits des hommes et des femmes, ainsi que des nations, grandes et petites… ».

Ce faisant, les Nations Unies se sont érigées en instance principale vers laquelle l'on se tourne en cas de violation grave de ses droits. L'une des transformations fulgurantes de la société internationale au cours de la seconde moitié du XXe siècle est la croyance en les Nations Unies. En effet, l'organisation universelle est devenue le centre de gravité des aspirations des peuples et autres individus victimes des exactions de leurs Etats. C'est d'ailleurs, conscientes de cette responsabilité que les Nations Unies ont accompagné l'adoption des traités relatifs aux droits de l'homme et la création des organes de surveillance. Depuis l'adoption de la Déclaration universelle des droits de l'homme en 1948, les Etats sont devenus parties à neuf traités principaux, interdépendants, intimement liés et réciproquement complémentaires pour appliquer les droits de l'homme. Il y a un autre traité sur les disparitions forcées. Comme il y a neuf traités sur les droits de l'homme, il existe neuf organes de traités. Les organes de traités sur les droits de l'homme sont des comités d'experts indépendants, qui veillent à l'application des principaux traités internationaux des droits de l'homme. Ils ont été créés en fonction des dispositions du traité, qu'ils sont chargés de superviser [157].

---

157. Il y a ainsi :
– Le Comité des droits de l'homme, qui encadre la mise en œuvre du Pacte international relatif aux droits civils et politiques (PIDCP).
– Le Comité des droits économiques, sociaux et culturels (CESCR), qui encadre la mise en œuvre du Pacte international relatif aux droits économiques, sociaux et culturels.
– Le Comité des droits de l'enfant (CRC), qui encadre la mise en œuvre de la Convention relative aux droits de l'enfant (CDE) et de ses Protocoles facultatifs (un sur les enfants dans les conflits armés, un sur le trafic d'enfants et la pornographie pédophile et un autre établissant un dispositif de plainte).
– Le Comité pour l'élimination des discriminations raciales (CEDR), qui encadre la mise en œuvre de la Convention internationale sur l'élimination de toute forme de discrimination raciale.
– Le Comité pour l'élimination de la discrimination à l'égard des femmes (CEDAW) qui encadre la mise en œuvre de la Convention pour l'élimination de toute forme de discrimination à l'égard des femmes.
– Le Comité contre la torture, qui encadre la mise en œuvre de la Convention contre la Torture et autres peines ou traitements cruels, inhumains et dégradants et son Protocole facultatif axé sur les personnes privées de leur liberté.
– Le Comité pour la protection des droits des travailleurs migrants, qui encadre la mise en œuvre de la Convention internationale sur la protection des droits de tous les travailleurs migrants et membres de leurs familles.
– Le Comité des droits des personnes handicapées, qui encadre la mise en œuvre de la Convention relative aux droits des personnes handicapées.
– Le Comité des disparitions forcées, qui encadre la mise en œuvre de la Convention internationale pour la protection de toutes les personnes contre les disparitions forcées.

Il y a un comité de contrôle pour chacun de ces traités qui surveille la façon dont les Etats parties respectent leurs obligations en matière de droits de l'homme comme énoncé dans ledit traité.

Les Comités (connus aussi comme organes créés par traité) sont de tailles différentes comprenant de dix à vingt-trois membres et sont composés d'experts internationaux des droits de l'homme. Les membres du Comité ont un mandat de quatre ans. Bien qu'ils soient élus par les Etats parties, ils servent à titre personnel et non pas en tant que représentants de leurs gouvernements. En général, les membres du Comité ne participent pas aux délibérations concernant leur propre pays. Les Comités se réunissent pendant plusieurs semaines et la plupart des réunions ont lieu à Genève. Cependant, le Comité sur l'élimination de toutes les formes de discrimination à l'égard des femmes se réunit à New York et le Comité des droits de l'homme se réunit chaque année une fois à New York et deux fois à Genève.

Les Comités de contrôle surveillent la performance de mise en œuvre des obligations d'un Etat partie au titre du traité relatif aux droits de l'homme de deux façons. La première consiste à examiner les plaintes provenant d'individus qui estiment que leurs droits ont été violés au titre d'un traité particulier en période normale ou en période d'exception. Ce mécanisme de plaintes est prévu pour le PIDCP, la Convention internationale sur l'élimination de toutes les formes de discrimination raciale, la Convention contre la torture, et la Convention sur l'élimination de toutes les formes de discrimination à l'égard des femmes. Le Pacte international relatif aux droits économiques, sociaux et culturels (PIDESC) et la Convention relative aux droits de l'enfant n'ont pas de mécanismes de plaintes, bien que la Commission des droits de l'homme étudie un projet relatif à une procédure de plaintes pour le PIDESC.

La deuxième façon dont les Comités contrôlent les activités des Etats parties consiste à examiner des rapports régulièrement soumis par les gouvernements, sur la manière dont ces derniers mettent en œuvre les traités, qui comprennent une procédure de rapport. Les Etats sont donc juridiquement dans l'obligation de s'y plier. Dans ses rapports, le gouvernement doit informer l'organe de contrôle concerné des mesures prises concernant les droits de l'homme. Alors que généralement, les observations portent sur un de deux problèmes particuliers, un comité peut aussi traiter de l'ensemble des droits énoncés dans les traités, sous la forme d'un examen complet permettant de savoir si un pays protège les droits de l'homme et comment il le fait.

Le mécanisme des plaintes du PIDCP est celui qui est le mieux établi au sein du système des droits de l'homme de l'ONU. Depuis 1976, le Comité des droits de l'homme a reçu plus d'un millier de plaintes justifiées, déposées par des personnes contre de nombreux pays, concernant des violations de ce Pacte en période normale comme en période exceptionnelle. Un plus petit nombre de plaintes a été déposé au titre de la Convention internationale sur l'élimination de toutes les formes de discrimination raciale et de la Convention contre la torture et autres peines ou traitements cruels, inhumains ou dégradants.

A. Le rôle central du Comité des droits de l'homme des Nations Unies

Le Comité des droits de l'homme est établi en vertu de l'article 28 PIDCP. Il est composé de dix-huit membres, qui sont tous des ressortissants des Etats parties au Pacte. Les membres du Comité, comme ceux d'autres organes conventionnels, sont souvent appelés des «experts». Selon l'article 28 du Pacte, les membres du Comité doivent être « des personnalités de haute moralité et possédant une compétence reconnue dans le domaine des droits de l'homme », étant entendu qu'« il sera tenu compte de l'intérêt que présente la participation aux travaux du Comité de quelques personnes ayant une expérience juridique ». La plupart des membres du Comité ont une expérience juridique, qu'ils ont acquise en tant que magistrats, juristes ou universitaires.

Le Comité des droits de l'homme contrôle la mise en œuvre du PIDCP, qui consacre des droits civils et politiques spécifiques. Cet organe a ainsi pour tâche de surveiller et de contrôler l'application, sur leur territoire, des obligations incombant aux Etats parties en vertu du Pacte. L'une de ses forces réside dans l'autorité morale dont il jouit et qui découle du fait que ses membres représentent toutes les régions du monde [158].

En matière de suivi et de contrôle, le Comité s'acquitte de quatre grandes fonctions. Tout d'abord il reçoit et examine les rapports des Etats parties sur les mesures qu'ils ont prises pour donner effet aux droits

---

158. Au 26 octobre 2021, cent seize Etats sont parties au Protocole facultatif se rapportant au Pacte international relatif aux droits civils et politiques et considèrent que

«pour mieux assurer l'accomplissement des fins du Pacte international relatif aux droits civils et politiques et l'application de ses dispositions, il conviendrait d'habiliter le Comité des droits de l'homme, constitué aux termes de la quatrième partie du Pacte, à recevoir et à examiner, ainsi qu'il est prévu dans le présent Protocole, des communications émanant de particuliers qui prétendent être victimes d'une violation d'un des droits énoncés dans le Pacte» (préambule).

énoncés dans le Pacte. Deuxièmement, le Comité émet des observations dites générales où sont analysées dans le détail les obligations de fond et de procédure qui incombent aux Etats parties, pour les aider à donner effet aux dispositions du Pacte. Troisièmement, le Comité reçoit et examine des plaintes, également appelées «communications», émanant de particuliers qui estiment être victimes d'une violation par un Etat partie des droits qui leur sont reconnus dans le Pacte [159]. Quatrièmement, le Comité a compétence pour examiner certaines plaintes émanant d'un Etat partie qui prétend qu'un autre Etat partie ne s'acquitte pas des obligations qu'il a contractées en vertu du Pacte.

Pour que le Comité puisse procéder à un tel contrôle, deux conditions doivent être remplies: l'Etat demandeur et l'Etat défendeur doivent avoir accepté la clause de compétence du Comité, prévue par l'article 41 et la victime des violations doit avoir épuisé tous les recours internes.

1. La procédure devant le Comité des droits de l'homme

La procédure devant le Comité des droits de l'homme est entièrement écrite. Les règles de procédure auxquelles doit obéir le Comité sont fixées par le Pacte, par le Protocole facultatif et par le Règlement intérieur élaboré par le Comité lui-même [160].

> «Toute communication présentée en vertu de l'article 41 du Pacte peut être soumise au Comité par l'un ou l'autre des Etats parties intéressés par voie de notification adressée conformément au paragraphe 1 b) dudit article.» [161]

Toute personne peut porter un problème de droits de l'homme à l'attention du Comité. En effet, c'est par le biais de communications individuelles que les droits de l'homme ont une signification concrète. Il est à noter tout d'abord que les séances d'examen du Comité sont privées et que les documents se rapportant aux travaux du Comité sont

---

159. La plupart des Etats qui ont ratifié le Protocole facultatif ont accompagné leur ratification d'une réserve limitant la compétence du comité à l'égard des communications individuelles. La réserve de la France est ainsi formulée:

«La France fait une réserve à l'alinéa a) du paragraphe 2 de l'article 5 en précisant que le Comité des droits de l'homme ne sera pas compétent pour examiner une communication émanant d'un particulier si la même question est en cours d'examen ou a déjà été examinée par une autre instance internationale d'enquête ou de règlement».

160. Article 39 (2) du Pacte. Les articles 78 à 94 du Règlement intérieur ont trait aux communications reçues conformément au Protocole facultatif.

161. Article 74 du Règlement intérieur du Comité des droits de l'homme.

confidentiels. Toutefois, le texte des décisions définitives concernant une communication est rendu public dans un rapport annuel que publie le Comité. De façon générale, on parle de « plainte » lorsqu'un Etat prétend qu'un autre ne respecte pas ses obligations, et de « communication », quand l'allégation émane d'un particulier ou d'un groupe d'individus. Mais les plaintes entre Etats sont très rares dans le système de contrôle des dérogations aux droits de l'homme, même si l'on assiste à des condamnations de part et d'autre en cas de violations flagrantes et massives des droits de l'homme dans le cadre des dérogations [162]. Il en est ainsi du fait des relations diplomatiques qu'entretiennent les Etats et des risques qui pèsent sur lesdites relations en cas de plaintes.

Dans les faits, les questions terminologiques n'ont pas d'importance car les instruments prévoyant les différents mécanismes de contrôle n'opèrent pas de distinction de vocabulaire. Ainsi, le Pacte relatif aux droits civils et politiques applique le terme de communication en ce qui concerne les Etats parties (art. 41, par. 1) comme son Protocole facultatif le fait dans le cas des particuliers (art. 1); la Convention pour l'élimination de toutes les formes de discrimination raciale emploie indifféremment ce même terme de communication pour les Etats (art. 11) ou pour les individus (art. 14); et la Convention contre la torture fait de même (art. 21 et 22). Mais la terminologie anglaise est plus précise lorsqu'elle distingue entre *internate complaint* et *individual communication*. Qu'il s'agisse d'une communication ou d'une plainte, on parle généralement de la demande.

Dans le règlement de cas individuels, des normes internationales qui peuvent paraître autrement générales et abstraites sont appliquées dans la pratique. Appliquées à la situation réelle d'une personne, les normes énoncées dans les traités internationaux relatifs aux droits de l'homme trouvent leur application la plus directe. Les décisions qui en résultent peuvent guider les Etats, les organisations non gouvernementales et les particuliers dans l'interprétation du sens contemporain des traités en question.

a) *La recevabilité des demandes*

Le Secrétaire général, après avoir rassemblé les renseignements nécessaires, transmet au Comité la communication qui lui est parvenue.

---

162. Les condamnations des actions des Etats par d'autres Etats se font généralement par la publication de communiqués émanant des gouvernements.

Un premier examen en est fait par un groupe de travail qui émet certaines recommandations au Comité relativement à la recevabilité de la communication [163]. A ce stade de la procédure, il est possible que le Comité demande des renseignements supplémentaires à l'auteur de la communication. Conformément à l'article 91 de son Règlement intérieur, le Comité transmet la communication à l'Etat concerné et l'invite à lui fournir des informations ou des observations sur la communication dans un délai imparti. Aucune communication ne peut être déclarée recevable avant que l'Etat partie n'ait eu l'occasion de se prononcer.

Le Comité procède ensuite à un second examen au cours duquel il statue définitivement sur la recevabilité (une nouvelle demande de renseignements est encore possible, assortie d'un délai que fixe le Comité). Les conditions de recevabilité d'une communication se retrouvent aux articles 1, 2, 3, 5 2) *a)* et 5 2) *b)* du Protocole facultatif.

1) La communication ne doit pas être anonyme [164].
2) La communication est irrecevable si le Comité considère qu'elle constitue un abus du droit de présenter de telles communications [165].
3) La communication est irrecevable si le Comité la considère incompatible avec les dispositions du Pacte [166].

Le terme « incompatible » intègre la compétence du Comité *ratione temporis, ratione loci et ratione personae.*

Sur le plan *ratione temporis*, les communications sont irrecevables si les faits faisant l'objet de la plainte se sont produits avant l'entrée en vigueur du Pacte, et du Protocole facultatif pour les Etats parties intéressés, c'est-à-dire avant le 23 mars 1976, à moins que les faits persistent. Cependant, le Comité accepte d'examiner une communication si les violations présumées n'ont pas cessé depuis l'entrée en vigueur du Pacte et du Protocole ou si les faits ont produit des effets constituant en eux-mêmes une violation. Sur le plan *ratione loci*, la violation présumée doit avoir eu lieu à l'intérieur du territoire de l'Etat partie. Sur le plan *ratione personae*, la plainte doit être dirigée à l'encontre d'un Etat partie au Protocole [167]. De plus, la communication doit émaner d'un particulier qui s'estime personnellement victime

---
163. Article 89 du Règlement intérieur.
164. Article 3 du Protocole facultatif.
165. Articles 3 du Protocole facultatif et 91 1) *c)* du Règlement intérieur.
166. Articles 3 du Protocole facultatif et 91 1) *d)* du Règlement intérieur.
167. Article 1er du Protocole.

d'une violation et qui allègue bien un intérêt à agir. Le particulier doit signer lui-même la communication ou agir par l'intermédiaire d'un représentant légal dûment mandaté. Si l'auteur est un tiers, il peut être reconnu compétent pour agir au nom de la victime présumée lorsqu'il semble que celle-ci n'est pas en mesure de le faire. Dans ce cas cependant, l'auteur doit pouvoir justifier d'un lien étroit avec la victime. Enfin, si l'auteur agit au nom d'un groupe, il doit pouvoir identifier de façon claire tous les membres de ce groupe ou apporter des éléments de preuve précis établissant son mandat. Dans les faits, il a été procédé à une simplification de la saisine du Comité par le biais de l'établissement des formulaires types et des directives.

La communication est irrecevable si l'auteur n'a pas préalablement épuisé les recours internes [168]. Mais il appartient à l'Etat partie intéressé de soulever cette exception et de fournir des précisions sur les recours effectifs existant et le respect des délais, puisque la règle ne s'applique pas si les procédures de recours excèdent des délais raisonnables.

Pour éviter les cas de litispendance, la communication ne peut être recevable si elle fait l'objet d'un examen par une autre instance internationale d'enquête ou de règlement [169]. Lorsque le Comité a admis la recevabilité d'une communication, il procède alors à son examen au fond. Cependant, conformément à l'article 4 2) du Protocole facultatif, il doit d'abord faire parvenir sa décision concernant la recevabilité de la plainte à l'Etat partie intéressé qui dispose d'un délai de six mois pour « soumettre par écrit des explications ou déclarations éclaircissant la question et indiquant, le cas échéant, les mesures qu'il pourrait avoir prises pour remédier à la situation ». Le Comité permet ensuite à l'auteur de la communication de répondre dans un délai qu'il fixe habituellement à six semaines. La procédure est contradictoire et se déroule dans des conditions qui respectent les exigences du procès équitable. Au-delà de l'aspect procédural, le Comité tranche bien un différend entre un Etat et un particulier, sur le fondement du droit, et

---

168. L'auteur doit décrire en détail les mesures qu'il a prises pour épuiser les recours qui lui étaient ouverts dans l'Etat partie visé par la communication, c'est-à-dire les démarches faites auprès des tribunaux et des autorités du pays. L'obligation d'épuisement des recours internes disponibles signifie que les griefs avancés doivent d'abord avoir été portés à l'attention des autorités compétentes au niveau national, jusqu'aux plus élevées. L'auteur doit également indiquer si certains recours sont pendants ou n'ont pas encore été épuisés, en expliquant pour quelles raisons.

169. Articles 2, 5 2) b) du Protocole facultatif prévoit que : « Le Comité n'examinera aucune communication d'un particulier sans s'être assuré que : La même question n'est pas déjà en cours d'examen devant une autre instance internationale d'enquête ou de règlement. »

ses décisions sont motivées comme toute décision juridictionnelle. Ce n'est qu'après cela que le Comité prononce ses constatations définitives et émet des recommandations s'il considère qu'il y a eu violation des dispositions contenues dans le Pacte [170]. Les constatations du Comité

> « sont le résultat d'un examen qui se déroule dans un esprit judiciaire, marqué notamment par l'impartialité et l'indépendance des membres du Comité, l'interprétation réfléchie du libellé du Pacte et le caractère déterminant de ses décisions » [171].

Même si le Comité applique les dispositions du Pacte et du Protocole facultatif dans un esprit judiciaire, il a tenu lui-même à rappeler que : « le Comité n'est ni un tribunal ni un organe doté d'un mandat quasi judiciaire, comme les organes créés en vertu d'un autre instrument international relatif aux droits de l'homme » [172].

2. L'examen sur le fond

Une fois que le Comité a déclaré une communication recevable, il passe à l'examen de la requête au fond, en indiquant quelles sont ses raisons de conclure qu'il y a eu ou non violation des dispositions applicables. Certains Etats ont aussi émis des réserves de fond qui peuvent limiter la portée des obligations qu'ils assument en matière de droits de l'homme en vertu des instruments internationaux. Dans la plupart des cas, le Comité décline sa compétence pour examiner des requêtes relevant de domaines qui ont fait l'objet d'une réserve même si, dans des cas exceptionnels, il peut juger que la réserve est inadmissible et examiner malgré tout l'affaire.

Dans le cadre des dérogations aux droits de l'homme, le Comité vérifie que l'Etat partie a satisfait aux conditions énoncées à l'article 4 et insiste en particulier pour qu'il soit rapidement mis fin à la dérogation. Dans les cas où des Etats parties au Pacte doivent faire face à des situations de conflit tant interne qu'externe, le Comité vérifie si ces Etats parties s'acquittent de toutes leurs obligations en vertu du Pacte. Pour ce qui est de l'interprétation de l'article 4 du Pacte, l'attention est appelée sur la pratique du Comité au titre de la procédure de présentation de rapports et de la procédure prévue par le

---

170. Article 5 4) du Protocole facultatif.
171. UN doc. *GAOR*, A/56/40 (vol. I), p. 202, paragraphe 1.
172. Pacte international relatif aux droits civils et politiques, *Sélection des décisions du comité des droits de l'homme prises en vertu du Protocole facultatif*, vol. II, de la dix-septième à la trente-deuxième session (octobre 1982-avril 1988), p. 1, disponible sur https://www.ohchr.org/Documents/Publications/SelDec_2_fr.pdf.

Protocole facultatif. L'observation générale n° 29 du Comité, adoptée à la soixante-douzième session, fixe les principes directeurs que les Etats parties doivent suivre en cas de dérogation.

1. Pour les Etats parties au Pacte, le maintien des dérogations a été souvent examiné dans le cadre du dialogue à l'occasion de l'examen des rapports qu'ils présentent conformément à l'article 40 du Pacte et a souvent été relevé comme un sujet de préoccupation dans les observations finales, y compris pendant la période sur laquelle porte le rapport. Sans contester le droit des Etats parties de déroger à certaines de leurs obligations en période d'état d'exception conformément à l'article 4 du Pacte, le Comité les invite toujours instamment à mettre fin dès que possible à ces dérogations.

2. Pour les Etats parties au Protocole facultatif, le Comité a examiné la question des dérogations à l'occasion de l'examen de communications individuelles. Il a toujours eu une interprétation restrictive des dérogations et dans certains cas a conclu que malgré la dérogation, l'Etat était responsable de violations du Pacte.

Dans l'observation générale n° 29, cet organe confirme que, «l'article 4 soumet à la fois cette mesure de dérogation et ses conséquences matérielles à un régime spécifique de garanties »[173]. En ce qui concerne l'objet de la dérogation, le Comité déclare que : « Le rétablissement d'un état de normalité dans lequel le plein respect du Pacte peut à nouveau être sécurisé doit être l'objectif prédominant d'un Etat partie dérogeant au pacte »[174]. Cela signifie que, chaque fois que l'objet de la dérogation est étranger au rétablissement d'un ordre constitutionnel respectueux des droits de l'homme, il est illégal. Le paragraphe 1 de l'article 4 du pacte et les actions de l'Etat concerné doivent être interprétés à la lumière de ses obligations conventionnelles ordinaires. Comme le Comité l'a noté, un Etat partie doit se conformer à «deux conditions fondamentales», avant d'invoquer le paragraphe 1 de l'article 4 du Pacte, à savoir: 1) «la situation doit constituer une urgence publique menaçant la vie de la nation » et 2) «L'Etat partie doit avoir officiellement proclamé l'état d'urgence »[175]. Cette dernière exigence, selon le Comité,

> «est essentiel au maintien des principes de légalité et de la règle de droit au moment où ils sont le plus nécessaires. Lors de la

---

173. Observation générale n° 29, observation générale sur l'article 4 (adoptée le 24 juillet 2001 à sa 1950e session), CCPR/C/21/Rev.1/Add.11 (2001).
174. *Idem.*
175. UN doc. *GAOR*, A/56/40 (vol. I), p. 202, paragraphe 2.

proclamation d'un état d'urgence avec des conséquences pouvant entraîner une dérogation au pacte, les Etats doivent agir dans le cadre de leurs droits constitutionnels et d'autres dispositions de la loi qui régissent cette proclamation et l'exercice des pouvoirs d'urgence; il appartient au Comité de vérifier que les lois en vigueur en question permettent et assurent le respect de l'article 4».

En ce qui concerne la condition de menace exceptionnelle, il est évident que «toute perturbation ou catastrophe est considérée comme une urgence publique menaçant la vie de la nation au sens de l'article 4, paragraphe 1 du pacte». A cet égard, le Comité a considéré que:

«Pendant un conflit armé, qu'il soit international ou non, des règles du droit international humanitaire deviennent applicables et aident, en plus conformément aux dispositions de l'article 4, paragraphe 1 et de l'article 5 du Pacte, à empêcher l'utilisation abusive des pouvoirs d'urgence d'un Etat. Le Pacte exige que même pendant un conflit armé, des mesures dérogeant à la Convention ne sont autorisées que si, et dans la mesure où la situation constitue une menace pour la vie de la nation. Si les Etats parties envisagent d'invoquer l'article 4 dans des situations autres qu'un conflit armé, ils devraient examiner attentivement la raison pour laquelle une telle mesure est nécessaire et légitime dans les circonstances.»

Comme l'a encore souligné le Comité, «la question de savoir quand les droits peuvent être dérogés, et dans quelle mesure, ne peut être séparée de la disposition de l'article 4, paragraphe 1 du Pacte selon lequel toute mesure dérogatoire doit être limitée «dans la mesure strictement requise par les exigences de la situation»[176]. Cette condition nécessite donc de la part des Etats parties qu'ils justifient soigneusement non seulement leur décision de proclamer l'état d'urgence mais aussi toute mesure spécifique fondée sur une telle proclamation. Si les Etats prétendent invoquer le droit de déroger au Pacte pendant, par exemple, une catastrophe naturelle, une manifestation de masse incluant des cas de violence ou un accident industriel majeur, ils doivent pouvoir justifier non seulement qu'une telle situation constitue une menace pour la vie de la nation, mais aussi que toutes les mesures dérogeant

---

176. Observation générale n° 29, observation générale sur l'article 4 (adoptée le 24 juillet 2001 à sa 1950ᵉ session), CCPR/C/21/Rev.1/Add.11 (2001).

au Pacte sont strictement requises par les exigences de la situation. De l'avis du Comité, la possibilité de restreindre certains droits énoncés dans la Convention, par exemple en matière de libre circulation (art. 12) ou de liberté de réunion (art. 21) est généralement suffisante dans de telles situations et aucune dérogation aux dispositions en question ne serait justifiée. En d'autres termes, il existe une présomption interdisant les dérogations aux articles 12 et 21 en réponse à des catastrophes naturelles, manifestations de masse et accidents industriels majeurs, et les Etats parties devraient soumettre des preuves solides pour réfuter cette présomption.

Lorsqu'il examine les rapports des Etats parties, le Comité a l'occasion d'exprimer sa préoccupation sur la situation dans certains Etats parties, en particulier au sujet de leur législation sur les situations exceptionnelles. Le Comité s'est ainsi inquiété entre autres du cas de la République-Unie de Tanzanie, estimant «que les motifs pour déclarer l'état d'urgence sont trop généraux et que les pouvoirs extraordinaires du président en cas d'urgence sont trop étendus»[177]. Il a donc été suggéré «de procéder à un profond remaniement complet des dispositions portant sur l'état d'urgence pour les rendre entièrement compatibles avec les divers aspects de l'article 4 du Pacte»[178]. Le Comité a fait état d'une préoccupation similaire à l'égard de la République dominicaine, où «les motifs de déclarer l'état d'urgence sont trop vastes et l'éventail des droits auxquels il peut être dérogé est trop important pour être conforme à l'article 4 du Pacte»[179]. Il a recommandé en général «que l'Etat partie devrait entreprendre un grand effort pour harmoniser sa législation nationale avec les dispositions du Pacte»[180].

Le Comité s'est en outre déclaré préoccupé par les dispositions constitutionnelles «relatives à la déclaration de l'état d'urgence», en relevant que les bases pour déclarer l'état d'urgence sont trop larges et que des droits protégés par l'article 4 du Pacte pourraient être violés[181]. Il a recommandé «à l'Etat partie de limiter ses dispositions concernant

---

177. Observations finales du Comité des droits de l'homme, United Republic of Tanzania, UN Doc. CCPR/C/79/Add.12 (1992), disponible sur http://hrlibrary.umn.edu/hrcommittee/French/f-tanzania1992.html.
178. *Idem.*
179. Observations finales du Comité des droits de l'homme, Dominican Republic, UN doc. CCPR/C/79/Add.18 (1993), accessible sur http://hrlibrary.umn.edu/hrcommittee/French/f-dominican1993.html.
180. *Idem.*
181. Comité des droits de l'homme, soixante-deuxième session, *Examen des rapports présentés par les Etats parties en vertu de l'article 40 du Pacte, Quatrième Rapport périodique de l'Uruguay*, p. 2.

les possibilités d'établir l'état d'urgence » [182]. Pour le cas de la Bolivie, le Comité s'est préoccupé du fait que la législation de cet Etat partie en ce qui concerne l'état de siège ne respecte pas les dispositions du Pacte. Il a noté qu'il n'existe aucune disposition constitutionnelle interdisant de déroger aux droits pertinents du Pacte et l'expression *conmoción interior* (troubles intérieurs) est beaucoup trop vague pour que l'article 4 du Pacte lui soit applicable. Qui plus est, le Comité est préoccupé par le fait que les garanties minimales n'ont pas été respectées pendant l'état de siège déclaré en 1995 [183].

Les observations du Comité sont revêtues d'une autorité telle que la CourEDH n'hésite pas à y faire référence dans ses arrêts. C'est donc tout à fait logique que l'observation générale n° 33 d'octobre 2008 indique que :

> « Même si la fonction conférée au Comité des droits de l'homme pour examiner des communications émanant de particuliers n'est pas en soi celle d'un organe judiciaire, les constatations qu'il adopte en vertu du Protocole facultatif présentent certaines caractéristiques principales d'une décision judiciaire. » [184]

Le fait que les constatations du Comité ne soient pas revêtues de force obligatoire n'enlève en rien leur caractère obligatoire à l'égard des Etats parties au Pacte. En effet, le Comité n'hésite pas à rappeler aux Etats leurs obligations en vertu du Pacte et à regretter dans certains de ses rapports le fait que certains Etats n'aient pas mis en œuvre ses recommandations. C'est pourquoi, il retient finalement que les Etats sont

> « tenus de prendre des mesures appropriées pour donner un effet juridique aux constatations du Comité concernant l'interprétation et l'application du pacte dans les cas particuliers soumis au titre du Protocole facultatif » [185].

Il convient de noter que le fait qu'un Etat partie ne donne pas suite aux constatations du Comité dans une affaire donnée est connu de tous par

---

182. *Idem.*
183. Comité des droits de l'homme, deuxième rapport périodique de la Bolivie (CCPR/C/63/Add.4 et HRI/CORE/1/Add.54) à ses 1562ᵉ et 1563ᵉ séances, le 25 mars 1997 (CCPR/C/SR.1562 et SR.1563), p. 3.
184. Observations générales n° 33 : Les obligations des Etats parties en vertu du Protocole facultatif se rapportant au Pacte international relatif aux droits civils et politiques, CCPR/C/GC/33, paragraphe 11.
185. Cf. *Denzil Roberts c. Barbade*, 19 juillet 1994, n° 504/1992.

la publication des décisions du Comité, notamment dans les rapports annuels qu'il présente à l'Assemblée générale [186].

B. Les autres organes des traités exerçant un contrôle

En dehors du comité des droits de l'homme, d'autres organes exercent un contrôle sur la mise en œuvre en général des conventions relatives à la protection des droits de l'homme, sans se pencher spécifiquement sur les mesures de dérogations prises par les Etats dans le cadre des situations d'urgence. Ainsi en est-il par exemple du Comité contre la torture. La torture est l'une des récriminations récurrentes soumises au contrôle en matière de dérogation des droits de l'homme.

1. Le Comité contre la torture

De nombreux actes de torture sont commis par les forces de maintien de l'ordre en période exceptionnelle dans un Etat. Institué par l'article 17 de la Convention contre la torture et autres peines ou traitements cruels, inhumains ou dégradants, adoptée le 10 décembre 1984, le Comité contre la torture, composé de dix experts indépendants, veille à son application. Cette Convention interdit la torture et les peines ou traitements cruels, inhumains ou dégradants et, entre autres obligations, elle impose aux Etats parties de ne pas renvoyer une personne vers un Etat où il y a des motifs sérieux de croire qu'elle serait soumise à la torture. De plus, la Convention de 1984 prescrit une série de mesures visant à garantir que les actes de torture, où qu'ils soient commis, fassent dûment l'objet d'enquêtes et de poursuites. Les obligations de fond sont énoncées dans la première partie de la Convention (art. 1 à 16) et le mécanisme de plainte est prévu par l'article 22. En vertu de cet article, les Etats parties qui le souhaitent peuvent faire une déclaration reconnaissant la compétence du Comité contre la torture – qui se réunit deux fois. Il n'y a pas d'exception à l'interdiction de la torture et des traitements ou peines cruels, inhumains ou dégradants. L'article 7 du Pacte ne prévoit aucune dérogation au titre de l'article 4 2) [187]. Le Comité des droits de l'homme a eu à réaffirmer que,

> « même dans le cas d'un danger public exceptionnel tel qu'envisagé à l'article 4 du Pacte, aucune dérogation aux dispositions

---

186. Observations générales n° 33, paragraphe 17.
187. Selon l'article 7 du pacte, « Nul ne sera soumis à la torture ni à des peines ou traitements cruels, inhumains ou dégradants. En particulier, il est interdit de soumettre une personne sans son libre consentement à une expérience médicale ou scientifique ».

de l'article 7 n'est autorisée et ses dispositions doivent rester en vigueur. Le Comité fait observer également qu'aucune raison, y compris l'ordre d'un supérieur hiérarchique ou d'une autorité publique, ne saurait être invoquée en tant que justification ou circonstance atténuante pour excuser une violation de l'article 7 » [188].

Le Comité contre la torture dispose de plusieurs mécanismes de contrôle : les rapports, les communications émanant d'Etats, les communications provenant de particuliers, l'inspection et l'enquête. Les communications émanant d'Etats permettent aux Etats de déposer une plainte auprès du Comité contre la torture concernant la violation de la Convention contre la torture ainsi que son Protocole par un autre Etat, à condition que les deux soient parties à la Convention et au Protocole. L'utilisation de ce mécanisme est très rare car, comme on peut l'imaginer, elle n'est pas sans conséquence sur le plan diplomatique. Les communications émanant de particuliers permettent à celui qui a déjà épuisé les voies de recours internes d'introduire une plainte auprès du Comité s'il estime qu'il a fait l'objet d'une violation d'un droit protégé par la Convention contre la torture et/ou le Protocole. L'examen d'une plainte par le Comité ne peut avoir lieu que si l'Etat contre lequel la plainte est formulée a reconnu la compétence du Comité en la matière. Ces plaintes peuvent aussi entraîner des modifications législatives si la loi du pays est contraire à la Convention contre la torture ou à son Protocole, que le particulier invoque devant le Comité. Le Comité peut aussi réaliser une inspection. Pour ce faire, c'est le Sous-Comité pour la prévention de la torture, créé le 18 décembre 2002 par le Protocole facultatif à la Convention contre la torture et autres peines ou traitements cruels, inhumains ou dégradants, qui est chargé de l'inspection des lieux de détention. Il peut, pour ce faire, avoir accès à tous les lieux de détention, à tous les renseignements concernant le traitement des personnes détenues ainsi que leurs conditions de détention, mais également interroger sans témoin les personnes privées de liberté ainsi que tout individu disposant de renseignements utiles. Il rend souvent ses conclusions publiques.

Enfin concernant l'enquête, le Comité peut en ouvrir une lorsqu'il possède des informations fiables indiquant qu'un Etat partie viole le traité, et ce de manière grave, sérieuse ou systématique. Cette

---

188. Observation générale n° 20, article 7 (interdiction de la torture et des peines ou traitements cruels, inhumains ou dégradants).

procédure reste confidentielle. De plus, le Comité cherche à coopérer avec l'Etat concerné dans le cadre de la procédure. Cette dernière ne peut être mise en œuvre que si l'Etat a reconnu cette compétence au Comité contre la torture. Les ONG peuvent transmettre au Comité des informations importantes au sujet des violations systématiques des droits de l'homme, afin de lui permettre de lancer une procédure d'enquête. A la fin de la procédure, les constatations et les recommandations du Comité sont soumises à l'Etat concerné. Un délai de six mois est laissé audit Etat pour répondre et informer le Comité de toute mesure prise suite à la procédure d'enquête.

2. *Le Comité pour l'élimination de toutes les formes de discrimination raciale*

Le Comité pour l'élimination de toutes les formes de discrimination raciale (CERD) est un organe composé de dix-huit experts indépendants [189]. C'est l'organe de surveillance le plus ancien, puisqu'il a commencé son travail en 1969. Il a pour fonction de contrôler les rapports des Etats, qui d'après l'article 9 de la Convention pour l'élimination de toutes les formes de discrimination raciale, doivent être présentés tous les deux ans (le premier rapport devra être présenté un an après l'entrée en vigueur de la Convention).

Le Comité effectue son contrôle à partir des rapports présentés par les Etats portant sur la mise en œuvre des droits consacrés par le traité. Ils doivent présenter un premier rapport un an après avoir adhéré au Pacte, puis à chaque fois que le Comité le leur demande (généralement tous les quatre ans). Le Comité examine chaque rapport et fait part de ses préoccupations et de ses recommandations à l'Etat partie sous la forme d'« observations finales ». Le Comité fait des observations générales concernant en particulier les discriminations raciales envers des groupes spécifiques [190], les réfugiés et les personnes déplacées [191], les populations autochtones [192], la dimension sexiste de la discrimination [193]

---

189. Selon l'article 8 de la Convention :

« Il est constitué un Comité pour l'élimination de la discrimination raciale (ci-après dénommé le Comité) composé de dix-huit experts connus pour leur haute moralité et leur impartialité, qui sont élus par les Etats parties parmi leurs ressortissants et qui siègent à titre individuel, compte tenu d'une répartition géographique équitable et de la représentation des différentes formes de civilisation ainsi que des principaux systèmes juridiques. »

190. A l'instar des personnes étrangères, observation générale n° 11/1993.
191. Observation générale n° 22/1996.
192. Observation générale n° 23/1997.
193. Observation générale n° 25/2000.

et les Roms[194]. Au regard de la recrudescence des actes de discrimination, le Comité a émis d'autres observations concernant le racisme contre les non-ressortissants[195] et les obligations pour la prévention de la discrimination raciale dans l'administration[196]. De même a-t-il émis une autre observation relative aux mesures temporelles spéciales (telles que les quotas, etc.)[197], sur le suivi de la Conférence d'examen de Durban tenue à Genève en 2009[198], la discrimination à l'égard des personnes d'ascendance africaine[199] et la lutte contre les discours de haine raciale[200].

L'article 14 de la Convention prévoit une procédure de plainte individuelle, et donne compétence au Comité pour recevoir et juger les communications de personnes ou de groupes de personnes qui sont victimes d'une violation d'un droit prévu par la Convention. Les Etats sont hésitants à accepter ce droit de plainte (seulement cinquante-cinq des cent soixante-dix-sept Etats parties le reconnaissent), ce qui réduit considérablement le volume des communications soumises au Comité. La Convention prévoit trois autres mécanismes qui permettent au Comité de s'acquitter de ses fonctions de surveillance: la procédure d'alerte rapide, l'examen de communications adressées par des Etats et l'examen de communications émanant de particuliers.

Les autres organes de traité opérant un contrôle relativement à la mise en œuvre d'une convention internationale sont le Comité des droits économiques, sociaux et culturels (CESCR) et le Comité pour l'élimination de la discrimination à l'égard des femmes (CEDAW). Ces deux organes n'opèrent que très rarement un contrôle mettant en cause les mesures dérogatoires aux droits de l'homme.

Par. 2. Le contrôle informel exercé par les ONG

Dans la société internationale, la défense des droits de l'homme est sans doute, avec la protection de l'environnement et depuis peu la contestation de la mondialisation, le domaine où le rôle des ONG est le plus important et le plus visible. Les ONG de défense des droits de l'homme disposent d'une forte crédibilité auprès du public et des

---

194. Observation générale n° 27/2000.
195. Observation générale n° 30/2004.
196. Observation générale n° 31/2005.
197. Observation générale n° 32/2009.
198. Observation générale n° 33/2009.
199. Observation générale n° 34/2011.
200. Observation générale n° 35/2014.

médias, qui accordent souvent plus d'attention à leurs positions qu'à celles des gouvernements et autres institutions. C'est dans ce domaine que l'association des ONG aux travaux des Nations Unies est la plus ancienne et la plus développée, ce qui confronte celles-ci à des problèmes délicats, dont la Conférence de Durban a souligné l'acuité [201]. Elles évoluent dans un cadre très informel, car leurs activités ne sont pas règlementées sur le plan international. Toute l'impulsion donnée aux mouvements de promotion et d'universalisation des droits de l'homme l'a été à travers les ONG.

A. *Un contrôle diffus*

Progressivement, les ONG sont devenues de véritables contrôleuses, voire des surveillantes de la mise en œuvre des diverses conventions internationales, dans de nombreux domaines en général et dans le domaine des droits de l'homme en particulier [202]. Le contrôle qu'elles font sur les mesures de dérogations aux droits de l'homme figure dans leurs divers rapports rendus publics chaque année. Cela passe habituellement par la dénonciation. La fonction première des ONG de défense des droits de l'homme est de recenser et de faire connaître les violations des droits et libertés où qu'elles soient dans le monde. Elles jouent en ce domaine un rôle irremplaçable grâce à la confiance qu'elles inspirent à ceux qui ne peuvent user de recours officiels ou publics. Par la collecte, l'analyse et la transmission de ces informations, elles contribuent à l'évaluation d'une situation. La transmission d'éléments factuels aux gouvernements se double fréquemment de suggestions ou d'« exigences » de réaction. La pression sur les gouvernements est alors d'autant plus forte que la démarche est relayée par les médias et par un réseau de militants, qui souvent sollicitent les élus. Les méthodes de travail de ces ONG sont contestées par les Etats qui remettent très souvent en cause lesdits rapports.

---

201. A l'occasion du 50ᵉ anniversaire de la Déclaration universelle des droits de l'homme, l'Assemblée générale des Nations Unies a adopté, le 10 décembre 1998, la Déclaration « sur les défenseurs des droits de l'homme ». Sa négociation a nécessité quatorze années tant le sujet était sensible pour nombre de pays, soucieux de limiter la capacité d'action et de critique des ONG considérées comme des menaces. La Déclaration reconnaît que « chacun a le droit, individuellement ou en association avec d'autres, de promouvoir la protection et la réalisation des droits de l'homme et des libertés fondamentales aux niveaux national et international ».

202. Le nombre d'ONG dotées du statut consultatif a triplé de 1992 à nos jours, où elles sont plus de 2000, tous domaines d'intérêt confondus, notamment avec l'arrivée de nombreuses ONG du Sud.

B. Le rôle d'amicus curiae reconnu

Les ONG se sont vues reconnaître le rôle d'*amicus curiae* dans les procédures judiciaires relatives aux affaires relevant de leurs domaines de compétence. Elles contribuent ainsi parfois à porter la cause des victimes des violations des droits de l'homme devant les juridictions en se transformant en véritables requérants. En ce sens, elles deviennent « la voix des sans voix », ce d'autant plus qu'elles disposent des moyens qui font habituellement défaut aux victimes des exactions commises par les autorités dans un Etat. C'est ainsi que la plupart des affaires portées devant les juridictions en charge de la protection des droits de l'homme en matière de contrôle des mesures de dérogation l'ont été par l'entremise des ONG. Elles utilisent également cette procédure, pour porter à la lumière d'un tribunal des faits et des arguments différents, reposant sur d'autres ensembles ou domaines de droit que ceux tranchés conventionnellement par le tribunal [203].

Au-delà du fait de porter la cause des personnes victimes des violations de leurs droits, les ONG fournissent des informations nécessaires au travail des organes des organisations internationales relativement à leur domaine d'activité [204] et facilitent également le contrôle juridictionnel.

Section II. Le contrôle juridictionnel

Les organes juridictionnels peuvent contrôler les dérogations aux droits de l'homme lorsqu'ils sont saisis par les victimes des abus commis par les Etats au cours des situations d'urgence. Il s'agit pour l'essentiel des juridictions en charge de la protection des droits de l'homme, qui peuvent être saisis soit par les victimes ou leurs représentants, soit par les organes de défense des droits de l'homme, voire certains organismes en charge de protection des droits de l'homme. Le contrôle juridictionnel des mesures de dérogation aux droits de l'homme n'est possible que si certaines conditions sont réunies. L'Etat contre lequel est dirigé le recours doit être partie au Statut qui crée ladite juridiction

---

203. H. Ascensio, « L'*amicus curiae* devant les juridictions internationales », *Revue générale de droit international*, Paris, 2001, p. 924.
204. Selon l'article 71 de la Charte des Nations Unies :

> « Le Conseil économique et social peut prendre toutes dispositions utiles pour consulter les organisations non gouvernementales qui s'occupent de questions relevant de sa compétence. Ces dispositions peuvent s'appliquer à des organisations internationales et, s'il y a lieu, à des organisations nationales après consultation du Membre intéressé de l'Organisation. »

et la requête n'est recevable que si certains préalables sont satisfaits, en particulier si les conditions relatives à sa saisine doivent avoir été remplies par le requérant. A cet égard, le respect de la condition de l'épuisement des voies de recours internes est posé parfois comme un préalable à la saisine de la juridiction internationale. La CEDH a eu à dire à ce sujet que :

> « La Cour rappelle que la règle de l'épuisement des voies de recours internes énoncée à l'article 26 de la Convention (art. 26) impose aux personnes désireuses d'intenter contre l'Etat une action devant un organe judiciaire ou arbitral international l'obligation d'utiliser auparavant les recours qu'offre le système juridique de leur pays. Les Etats n'ont donc pas à répondre de leurs actes devant un organisme international avant d'avoir eu la possibilité de redresser la situation dans leur ordre juridique interne. »[205]

Cependant, la même juridiction précise plus loin que :

> « Dans le cadre de l'article 26 (art. 26), un requérant doit se prévaloir des recours normalement disponibles et suffisants pour lui permettre d'obtenir réparation des violations qu'il allègue. Ces recours doivent exister à un degré suffisant de certitude, en pratique comme en théorie, sans quoi leur manquent l'effectivité et l'accessibilité voulues. »

Rien n'impose donc d'user de recours qui ne sont ni adéquats ni effectifs. De plus, selon les « principes de droit international généralement reconnus », certaines circonstances particulières peuvent dispenser le requérant de l'obligation d'épuiser les voies de recours internes qui s'offrent à lui. Cette règle ne s'applique pas non plus lorsqu'est prouvée une pratique administrative consistant dans la répétition d'actes interdits par la Convention et la tolérance officielle de l'Etat, de sorte que toute procédure serait vaine ou ineffective[206].

Le contrôle juridictionnel des dérogations aux droits de l'homme commence donc sur le plan interne avec nécessairement la saisine des juridictions internes dans le cadre du respect de la condition de l'épuisement des recours internes, avant de gagner la sphère internationale par la suite. A date, l'on dénombre sur le plan international trois cours

---

205. CourEDH, affaire *Askoy c. Turquie*, paragraphe 51.
206. *Ibid.*, paragraphe 52.

permanentes agissant en tant qu'instances de surveillance spécifiques relativement à la mise en œuvre des conventions relatives aux droits de l'homme dont la Cour européenne des droits de l'homme (CourEDH), la Cour interaméricaine des droits de l'homme (CourIADH) et la Cour africaine des droits de l'homme et des peuples (Cour africaine). La CourEDH qui siège à Strasbourg est une juridiction permanente qui effectue le contrôle supranational de l'application de la CEDH, signée à Rome le 4 novembre 1950. La CourIADH a été établie par l'Organisation des Etats américains en 1979 pour interpréter et appliquer la Convention américaine relative aux droits de l'homme. La Cour africaine est la cour régionale la plus récente, créée par le Protocole additionnel à la Charte africaine des droits de l'homme et des peuples en 1998 et entré en vigueur en 2004. Elle statue sur les affaires conformément à la Charte africaine des droits de l'homme et des peuples et concernant les Etats membres de l'Union africaine (UA). Cependant, puisque la Charte africaine ne contient pas de dispositions relatives aux dérogations des droits de l'homme, il ne sera fait état que du contrôle exercé en la matière par la Cour interaméricaine et la Cour européenne des droits de l'homme.

Par. 1. Le contrôle par la Cour interaméricaine des droits de l'homme

La compétence de la CourIADH en matière de contrôle des dérogations aux droits de l'homme dépend très étroitement de la Commission. En effet, la Convention américaine des droits de l'homme a créé un système de protection des droits de l'homme qui repose sur la Commission et la CourIADH, prévues à l'article 33. Ce mécanisme se déroule en deux étapes : les affaires portées devant la Cour doivent d'abord avoir été examinées par la Commission. La Cour n'a compétence que pour les Etats ayant expressément accepté cette compétence.

A. Le rôle incontournable et préalable de la commission

La Commission interaméricaine des droits de l'homme est l'une des deux instances du système interaméricain de promotion et de protection des droits de l'homme. La fonction principale de la Commission est de veiller au respect et à la défense des droits de l'homme dans les Etats du continent américain. Les pouvoirs de la Commission sont issus de la Charte, mais elle s'appuie sur d'autres Conventions et Protocoles interaméricains relatifs aux droits de l'homme, pour s'assurer que les Etats respectent leurs obligations, en ce qui concerne ces conventions.

La compétence de la Commission pour examiner les pétitions individuelles est obligatoire à l'égard de tous les Etats qui ont signé la Convention. Ceci est une originalité au regard des autres organes de protection des droits de l'homme qui en font le plus souvent une disposition facultative. En revanche, la compétence de la Commission en matière de communications étatiques est facultative. Les pétitions et communications sont soumises à des conditions de recevabilité communes fixées par l'article 46 de la Convention: absence d'anonymat, épuisement des recours internes et introduction dans un délai de six mois suivant l'épuisement des recours internes. L'affaire ne doit pas non plus avoir été déjà examinée ou être en cours d'examen devant la Commission ou toute autre instance internationale, pour éviter les cas de litispendance. Les deux dernières conditions ne s'appliquent pas dans les cas où: «il n'existe pas, dans la législation interne de l'Etat considéré, une procédure judiciaire pour la protection du droit ou des droits dont la violation est alléguée»;

> «si l'individu qui est présumé lésé dans ses droits s'est vu refuser l'accès des voies de recours internes ou s'il a été mis dans l'impossibilité de les épuiser; voir s'il y a un retard injustifié dans la décision des instances saisies» [207].

Tout individu, groupe de personnes ou ONG peut déposer une plainte ou une pétition devant la Commission interaméricaine des droits de l'homme. Les Etats ne peuvent le faire que si eux-mêmes et les Etats accusés ont expressément accepté la compétence de la Cour pour recevoir de telles communications [208].

La procédure d'examen sur le fond devant la Commission n'a pas pour but de prononcer une condamnation, puisque celle-ci n'est pas un organe judiciaire. Cette procédure vise tout simplement à trouver un règlement à l'amiable, à la lumière des informations écrites et orales transmises par les Etats intéressés. Dans les cas graves et urgents, l'examen proprement dit peut être précédé d'une enquête dans le pays en cause, avec son consentement. Dans les autres cas, l'enquête reste un moyen au service de la Commission, mais elle est déclenchée au cours de l'examen [209]. Si un règlement à l'amiable est trouvé, la Commission remet aux Etats intéressés, au pétitionnaire et au Secrétaire général de l'OEA un rapport exposant les faits et la solution obtenue. Ce rapport

---

207. CADH, article 46, paragraphe 2.
208. *Ibid.*, article 45.
209. *Ibid.*, article 48.

a vocation à être publié conformément à l'article 49. Si un règlement n'est pas trouvé, la Commission remet aux Etats intéressés un rapport exposant les faits et ses conclusions, accompagné éventuellement de propositions et recommandations. Ce rapport n'est pas rendu public. Si dans les trois mois l'affaire n'a pas été portée devant la Cour, la Commission en poursuit l'examen. Elle émet un avis et des conclusions, formule des recommandations et fixe un délai à l'Etat mis en cause pour qu'il adopte des mesures appropriées. A l'expiration de ce délai, la Commission décide si l'Etat a pris lesdites mesures et si elle rend son rapport public.

Au lieu de préparer un second rapport, la Commission peut aussi, dans les trois mois à partir de la date à laquelle elle a remis son rapport initial à l'Etat intéressé, décider de renvoyer l'affaire devant la CourIADH.

B. L'intervention de la Cour

La Cour est compétente pour interpréter la CADH, tout autre texte américain relatif aux droits de l'homme et toutes questions relevant de la compétence des organes de l'OEA, à la demande des Etats membres de l'OEA. En particulier, elle peut donner son avis sur la compatibilité des lois nationales avec les instruments de droits de l'homme aux Etats en faisant la demande. La compétence de la Cour pour juger des violations est facultative [210]. Les Etats ont la possibilité de l'accepter une fois pour toutes [211], ou de la faire au cas par cas [212].

La saisine de la Cour est donc réservée à la Commission et aux Etats parties [213]. Les particuliers ne peuvent pas accéder directement à la Cour mais peuvent soumettre des pétitions à la Commission. Les plaintes éventuellement portées devant la CourIADH concernent donc des affaires pour lesquelles la Commission n'a pu trouver une solution à l'amiable et pour lesquelles les Etats concernés ont accepté la compétence de cette Cour. Le filtrage de la Commission est même une condition de recevabilité devant la Cour [214].

Pour interpréter l'article 27 de la Convention qui porte sur la suspension des garanties, la CourIADH a d'abord déterminé ce que l'on entend par «suspension des garanties», qui est le titre de l'article et qui se retrouve dans ses avis et jugements. Pour cette Cour, «L'article 27

---

210. *Ibid.*, article 62.
211. *Ibid.*, article 62, paragraphe 1.
212. *Ibid.*, article 62, paragraphe 2.
213. *Ibid.*, article 61.
214. *Ibid.*, article 61, paragraphe 2.

contient certaines phrases qui doivent être soulignées... Ainsi, le titre de cet article est «Suspension des garanties»; son premier paragraphe parle de «déroger aux ... obligations découlant de la présente Convention»; le deuxième paragraphe traite de la «suspension de ... articles (droits)» garantissant certains droits; et le troisième paragraphe fait référence au «droit de suspension». Lorsque le mot «garanties» est utilisé dans le deuxième paragraphe, c'est précisément pour interdire la suspension des garanties judiciaires essentielles. Une analyse des termes de la Convention dans leur contexte conduit à la conclusion qu'il ne s'agit pas ici d'une «suspension des garanties» au sens absolu, ni de la «suspension de ... (droits)», pour les droits protégés par ces dispositions, qui sont inhérents à l'homme. Il s'ensuit que leur exercice plein et effectif ne peut être que suspendu ou limité. Il est utile de noter ces différences dans la terminologie utilisée afin de clarifier la base conceptuelle du présent avis consultatif. Néanmoins, la Cour utilisera l'expression «suspension des garanties» qui se trouve dans la Convention»[215]. Tout le contrôle opéré sur les dérogations aux droits de l'homme par cet organe s'aligne sur cette interprétation, qui, bien que faite dans le cadre de l'article 27 de la Convention américaine des droits de l'homme, est pertinente pour le droit international des droits de l'homme en général.

Par. 2. Le contrôle par la Cour européenne des droits de l'homme

La CourEDH a substantiellement contribué à donner vie et sens à la CEDH. L'un de ses principaux atouts est son système de juridiction obligatoire – qui signifie que dès qu'un Etat ratifie ou accède à la Convention, il se place automatiquement sous la juridiction de la Cour. De cette façon, en cas de violation d'un droit de l'homme, une requête contre un Etat partie peut être introduite devant la Cour dès ratification. La CourEDH a pour rôle de veiller à ce que les Etats respectent leurs engagements conventionnels et d'assurer au niveau européen la «protection juridique» des droits garantis par la Convention et ses Protocoles[216]. Il y a eu une augmentation considérable du nombre de requêtes introduites devant la Cour européenne du fait de moyens mis en œuvre pour la faire connaître auprès des citoyens. En effet, les

---

215. *I-A Court HR, Advisory Opinion OC-8-87, 30 January 1987, Habeas Corpus in Emergency Situations (Arts. 27 (2), 25 (1) and 7 (6) American Convention on Human Rights)*, séries A, n° 8, p. 37, paragraphe 18.
216. CourEDH, 19 décembre 2017, *Ogru et al. c. Turquie*, n° 60087/10, 12461/11 et 48219/11.

citoyens connaissent son existence et savent qu'ils peuvent y avoir recours en cas de violation de leurs droits fondamentaux.

A. La saisine de la Cour européenne des droits de l'homme

La Cour européenne peut être saisie, tout d'abord, d'une requête étatique. L'article 33 de la Convention permet à tout Etat partie de dénoncer à la Cour, sans avoir à justifier d'un intérêt personnel,

> «tout manquement qu'il croira pouvoir être imputé à un autre Etat contractant. Un tel manquement peut consister en un acte concret d'atteinte aux droits fondamentaux d'un individu ou d'un groupe d'individus. Mais il peut également dériver d'une norme ou d'une pratique administrative dont les effets à venir constitueraient une violation certaine des engagements internationaux».

L'Etat peut donc saisir la Cour pour tout manquement, peu importe que celui-ci concerne ou non ses ressortissants ou encore des droits hors de sa juridiction. C'est dire qu'en cas de violations graves des droits de l'homme par un Etat dans un contexte particulier comme celui de l'état d'urgence, un autre peut saisir la Cour à l'effet de contrôler les mesures de dérogations prises pendant la période d'urgence.

Cependant, l'essentiel du travail de la Cour provient de requêtes individuelles, prévues à l'article 34 CEDH [217]. La Convention n'impose aucune condition de nationalité, de résidence, d'état civil ou de capacité de l'individu. Mais les requêtes doivent se plier à des conditions de recevabilité. La requête peut être introduite par toute personne physique, par une ONG, ou par tout groupe de particuliers qui se prétend victime d'une violation. Les requêtes anonymes sont automatiquement rejetées. Le particulier doit établir sa qualité de victime d'une violation d'un droit garanti par la Convention [218]. Il doit avoir un intérêt personnel à agir.

---

217. L'article 34 instituant le droit de recours individuel recèle un véritable droit d'action de l'individu au plan international, il constitue en outre l'un des piliers essentiels de l'efficacité du système de la Convention; il fait partie «des clefs de voûte du mécanisme» de sauvegarde des droits de l'homme (*Mamatkoulov et Askarov c. Turquie* (GC), paragraphes 100 et 122; *Loizidou c. Turquie* (exceptions préliminaires), par. 70). La Cour est submergée de requêtes individuelles (soixante-quatre mille cent étaient pendantes au 31 janvier 2021), cf. CourEDH, *Guide pratique sur la recevabilité*, p. 7, disponible sur https://www.echr.coe.int/Documents/Admissibility_guide_FRA.pdf.

218. Par «victime», l'article 34 de la Convention désigne la ou les victimes directes ou indirectes de la violation alléguée. Ainsi, l'article 34 vise non seulement la ou les victime(s) directe(s) de la violation alléguée, mais encore toute victime indirecte à qui cette violation causerait un préjudice ou qui aurait un intérêt personnel valable à obtenir qu'il y soit mis fin (*Vallianatos et autres c. Grèce* (GC), par. 47). La notion

Mais la Cour européenne admet aussi les cas des victimes indirectes et des victimes potentielles [219].

La requête doit ressortir de la compétence de la Cour, c'est-à-dire porter sur un droit protégé par la Convention. Elle ne doit pas être manifestement mal fondée ou abusive aux yeux de la Cour, encore moins être identique à une requête précédemment examinée par la Cour ou déjà soumise à une autre instance internationale et qui ne contiendrait pas de faits nouveaux (règle *non bis in idem*). La requête doit mettre en cause un Etat partie à la Convention et concerner des faits relevant de la juridiction de cet Etat et survenus postérieurement à l'entrée en vigueur de la Convention.

L'article 35 CEDH fait de l'épuisement des voies de recours internes une condition de recevabilité de la requête. Le requérant doit avoir préalablement exercé tous les recours utiles, efficaces et adéquats en droit national et avoir invoqué en substance une violation de la Convention à l'occasion de ces recours (il suffit que le requérant ait clairement invoqué devant des juridictions internes des dispositions de droit interne ayant un contenu équivalent à celui des dispositions pertinentes de la Convention) [220]. Il existe cependant des exceptions, notamment dans le cas d'allégations sérieuses de tortures, pour lesquelles il est admis que le requérant puisse être dispensé de l'obligation d'épuiser les voies de recours internes lorsqu'il apparaît que les autorités ont fait preuve

---

de «victime» est interprétée de façon autonome et indépendante des règles de droit interne telles que l'intérêt à agir ou la qualité pour agir (*Gorraiz Lizarraga et autres c. Espagne*, par. 35), même si la Cour doit prendre en compte le fait que le requérant a été partie à la procédure interne (*Aksu c. Turquie* (GC), paragraphe 52; *Micallef c. Malte* (GC), paragraphe 48). La notion de «victime» fait l'objet d'une interprétation évolutive à la lumière des conditions de vie d'aujourd'hui et son application se fait parfois sans trop de formalisme.

219. Dans certains cas particuliers, cependant, la Cour a admis qu'un requérant peut être une victime potentielle, par exemple lorsqu'il n'est pas en mesure d'établir que la législation qu'il dénonce s'est réellement appliquée à lui en raison du caractère secret des mesures qu'elle autorisait *(Klass* et al. *c. Allemagne)*, ou lorsqu'un étranger est sous le coup d'un arrêté d'expulsion qui n'a pas encore été exécuté et que son expulsion lui ferait courir dans le pays de destination le risque de subir des traitements contraires à l'article 3 de la Convention ou une atteinte à ses droits garantis par l'article 8 de la Convention *(Soering c. Royaume-Uni)*.

220. La Cour entend jouer un rôle subsidiaire par rapport aux systèmes nationaux de protection des droits de l'homme, et il est souhaitable que les tribunaux nationaux aient initialement la possibilité de trancher les questions de compatibilité du droit interne avec la Convention (*A, B et C c. Irlande* (GC), par. 142). Les requérants sont uniquement tenus d'épuiser les voies de recours internes disponibles – qu'ils peuvent directement engager eux-mêmes – et effectives tant en théorie qu'en pratique à l'époque des faits, c'est-à-dire qui étaient accessibles, susceptibles de leur offrir le redressement de leurs griefs et présentaient des perspectives raisonnables de succès (*Sejdovic c. Italie* (GC), par. 46).

d'un comportement de déni ou de passivité totale [221]. Lorsque les voies de recours internes sont épuisées, le requérant peut alors adresser sa requête à la Cour dans un délai de six mois (désormais quatre mois) à partir de la date à laquelle est intervenue la décision interne définitive [222].

B. *La procédure*

La CourEDH ajuste sa composition pour chaque affaire avant d'examiner la requête.

1. La recevabilité de la requête

Pour chaque affaire, une chambre de sept juges est formée. La chambre est la seule à pouvoir constater, à la majorité, la recevabilité d'une requête individuelle. Si la requête est déclarée recevable, la chambre doit établir contradictoirement les faits de la cause. A cette fin, elle dispose de larges pouvoirs d'instruction. Elle peut ordonner toutes mesures provisoires qu'elle estime nécessaires. La chambre doit également se mettre à la disposition des intéressés en vue de trouver un règlement amiable (procédure de conciliation). La conciliation aboutit le plus souvent au versement d'une indemnité, mais elle peut également contenir l'engagement des autorités nationales de prendre des mesures législatives afin de faire disparaître en droit interne les règles constitutives de la violation de la Convention. La radiation d'une requête avant d'être jugée au fond est possible à tout moment lorsqu'elle résulte d'un règlement amiable. Cependant, même si les parties sont d'accord, la Cour peut estimer opportun de poursuivre l'examen de la requête contre les vœux des parties. En l'absence de conciliation, la chambre de section statue sur le fond de l'affaire, c'est-à-dire qu'elle vérifie la conformité à la Convention d'une décision ou

---

221. L'épuisement des voies de recours internes est davantage une règle d'or qu'un principe gravé dans le marbre. La Commission et la Cour européennes des droits de l'homme ont fréquemment souligné qu'il fallait l'appliquer avec une certaine souplesse et sans formalisme excessif, étant donné le contexte de protection des droits de l'homme (*Ringeisen c. Autriche*, par. 89; *Lehtinen c. Finlande* (décembre); *Gherghina c. Roumanie* (déc.) (GC), par. 87. CourEDH, *Guide pratique sur la recevabilité*, *op. cit.*, p. 27).
222. L'article 35, paragraphe 1 de la Convention stipulait que « 1. La Cour ne peut être saisie [que] dans un délai de six mois à partir de la date de la décision interne définitive». Cependant, le Protocole n° 15 à la Convention européenne sur les droits de l'homme a cependant réduit à 4 mois ce délai pour saisir la CourEDH après épuisement des voies de recours au niveau national. Ce nouveau délai de saisine de 4 mois est effectif depuis le 1er février 2022.

d'une mesure nationale. Cela aboutit à l'adoption d'un arrêt qui doit être motivé. Cet arrêt ne sera pas définitif car il peut faire l'objet, dans les trois mois suivant son prononcé, d'une demande de renvoi devant la Grande Chambre.

La Grande Chambre est composée de dix-sept juges, et est chargée d'examiner les demandes d'avis consultatifs introduites par le Comité des ministres ainsi que les requêtes, individuelles ou interétatiques, qui lui sont déférées soit sur dessaisissement de la Chambre, soit sur demande de l'une des parties souhaitant un réexamen de l'affaire. La Chambre de section peut, sauf si les parties s'y opposent, se dessaisir au profit de la Grande Chambre lorsque l'affaire examinée soulève une question grave d'interprétation de la Convention ou de ses Protocoles ou bien qu'elle risque d'entrer en contradiction avec la jurisprudence antérieure de la Cour. Lorsqu'il s'agit d'une demande des parties, celle-ci doit intervenir dans les trois mois. Il s'agit alors d'une véritable procédure d'appel devant la Grande Chambre puisque l'on offre au requérant la possibilité de voir sa requête réexaminée par une autre formation de la Cour. Un renvoi ne peut cependant être obtenu que dans des cas exceptionnels : il faut que l'affaire soulève des questions graves d'interprétation de la Convention ou encore qu'elle implique des questions graves de caractère général qui concernent l'Etat, comme une modification substantielle du droit national. C'est l'examen de la requête sur le fond qui permet à la Cour d'opérationnaliser le contrôle.

2. L'examen de la requête

Pour toute requête introduite devant la CourEDH, la procédure prévoit la possibilité d'un règlement à l'amiable à l'issue d'une médiation entre les parties. Lorsque la Cour est appelée à examiner une dérogation établie au titre de l'article 15 CEDH, elle accorde aux Etats une ample marge d'appréciation dans la détermination de la nature et de la portée des mesures dérogatoires qui leur semblent nécessaires pour conjurer le danger invoqué. Cependant, il lui appartient en dernier ressort de statuer sur la question de savoir si les mesures prises sont «strictement exigées» par la situation. En particulier, lorsqu'une mesure dérogatoire porte atteinte à un droit conventionnel fondamental – tel que le droit à la liberté –, la Cour doit s'assurer qu'elle constitue une réponse véritable à l'état d'urgence, qu'elle se justifie pleinement au regard des circonstances spéciales de cette situation et qu'il existe des garanties contre les abus [223].

---

223. CourEDH, 2009, *A. et al. c. Royaume-Uni*, n° 3455/05, paragraphe 184.

Une fois la requête jugée recevable, l'organe en charge de contrôle passe à l'examen sur le fond, qui permet de mesurer l'étendue du contrôle qu'exercent les organismes internationaux sur les mesures de dérogations aux droits de l'homme prises par les Etats.

CHAPITRE III

L'ÉTENDUE DU CONTRÔLE

Il peut se poser la question de savoir sur quoi exactement peut porter le contrôle international des dérogations aux droits de l'homme. S'agit-il de contrôler les mesures prises pour déroger aux droits de l'homme ou l'effet desdites mesures sur les droits de l'homme ? En outre, la question du moment du contrôle doit être également posée. L'état d'urgence peut-il être contrôlé au moment de sa mise en œuvre [224] ? Autrement dit, un contrôle international est-il possible au moment où

---

224. En droit interne et s'agissant du cas spécifique de la France par exemple, le décret, délibéré en Conseil des ministres et signé du Président de la République, instaurant l'état d'urgence est une décision qui n'entre pas dans la catégorie «acte de gouvernement» sur le plan interne. Ainsi en a implicitement décidé le Conseil d'Etat français en acceptant d'examiner, dans le cadre d'un recours en référé, s'il pouvait exister un doute sérieux quant à la légalité du décret du 8 novembre 2005 justifiant sa suspension... en urgence. Sans doute, dans son ordonnance du 14 novembre 2005, le Conseil d'Etat reconnaît que «le Président de la République dispose d'un pouvoir d'appréciation étendu lorsqu'il décide de déclarer l'état d'urgence et d'en définir le champ d'application territorial»; mais, dans le considérant suivant, il apprécie la situation et juge à son tour que «eu égard à l'aggravation continue depuis le 27 octobre 2005 des violences urbaines, à leur propagation sur une partie importante du territoire et à la gravité des atteintes portées à la sécurité publique», il ne peut y avoir de doute sérieux quant à la légalité du décret instaurant l'état d'urgence. Contrôle superficiel ou restreint étant donné l'étendue du pouvoir reconnu au Président de la République, contrôle discutable tant il est manifeste et admis par les autorités publiques elles-mêmes que les violences sont en régression au moment où l'état d'urgence est proclamé, mais contrôle cependant dont la seule existence de principe peut avoir un effet préventif. La stratégie du Conseil d'Etat est, en l'espèce, très «politique»: il évite l'affrontement direct avec l'exécutif en ne prononçant pas la suspension de l'état d'urgence alors que, juridiquement, elle aurait été fondée; mais il exprime ses réserves en insistant sur la nécessité de constituer rapidement les commissions départementales chargées de donner un avis sur les assignations à résidence et les interdictions de séjour et en rappelant que l'instauration de l'état d'urgence ne peut avoir «pour conséquence de soustraire au contrôle de l'autorité judiciaire l'exercice par le ministre de l'Intérieur ou le préfet des missions relevant de la police judiciaire». Au-delà de douze jours, l'état d'urgence ne peut être maintenu que s'il est prorogé par une loi. Le contrôle passe alors entre les mains du Conseil constitutionnel ... à condition qu'il soit saisi. Il le fut en 1985, mais il a jugé, dans sa décision du 25 janvier 1985, que contrôler la constitutionnalité de la loi de 1985 reviendrait à contrôler la loi du 3 avril 1955 dont elle n'était que «la simple mise en application». Or la Constitution ne l'autorise pas à contrôler les lois promulguées; il n'aurait pu retrouver compétence, précise-t-il, que si la loi de 1985 avait modifié, complété ou affecté le domaine de la loi de 1955. Et en 2005, le président du groupe socialiste à l'Assemblée nationale n'a pas souhaité que les députés saisissent le Conseil...! Un contrôle extérieur (par la Cour de Strasbourg, par exemple) est impossible dans les faits, car il faut d'abord épuiser les voies de recours internes – et cela prendrait des mois –, et que, en tout état de cause, le juge européen accorde aux Etats une marge d'appréciation sur tous les domaines relevant de l'ordre public.

l'état d'urgence est encore en vigueur dans un Etat ? Par définition, c'est une mission impossible puisque, précisément, l'instauration de l'état d'urgence a pour objet de permettre ce que l'Etat de droit interdit : les limitations aux libertés et l'affaiblissement des garanties, notamment juridictionnelles, de leur protection. Les interdictions de manifester, les assignations à résidence, les limitations des mouvements de personnes, etc., ne peuvent plus, en effet, être contrôlées au regard de la légalité ordinaire, au regard du droit commun des libertés mais plutôt au regard de la « légalité d'exception » qui les autorise. En d'autres termes, les bases juridiques du contrôle changent : alors qu'en temps ordinaire elles permettent au juge de sanctionner des atteintes graves à tel ou tel droit fondamental, en période d'état d'urgence elles lui permettent de les déclarer justifiées par les circonstances exceptionnelles ou pas. Maintenu en théorie, le contrôle peut s'avérer inopérant en pratique sur le plan interne [225]. Sur le plan international, le contrôle opéré porte sur la notification internationale de la dérogation (section I), les circonstances donnant lieu à la dérogation (section II), le respect des droits non dérogeables (section III) et le respect de la proportionnalité dans le cadre des dérogations (section IV).

Section I. Le contrôle de la notification internationale de la dérogation : avant, pendant ou après les dérogations ?

Lorsque les Etats parties aux trois principaux traités font recours à leur droit de déroger, ils ont également l'obligation légale de se

---

225. Le seul contrôle de nature à avoir un effet porte sur la durée en droit interne. En France par exemple, saisi le 5 décembre 2005, d'une requête demandant au juge des référés du Conseil d'Etat de dire qu'en s'abstenant de mettre fin par décret à l'état d'urgence, alors que les troubles à l'ordre public avaient cessé, le Président de la République avait porté une atteinte manifestement illégale à plusieurs libertés fondamentales. Le Conseil d'Etat, dans son ordonnance du 9 décembre 2005, accepte, tout en reconnaissant au Président un pouvoir d'appréciation étendu, d'examiner le recours « au motif qu'un régime de pouvoirs exceptionnels doit avoir par nature des effets limités dans le temps et dans l'espace et que dès lors les modalités d'application de l'état d'urgence ne pouvaient échapper à tout contrôle de la part du juge de la légalité ». En l'espèce, il juge que le Président n'a pas commis d'illégalité manifeste en s'abstenant de mettre fin à l'état d'urgence en raison « notamment de l'éventualité d'une recrudescence des violences urbaines lors des fêtes de fin d'année ». Mais, il relève que « comme le soulignent les requérants, les circonstances qui ont justifié la déclaration d'urgence ont sensiblement évolué ». L'état d'urgence peut être renouvelé, tant que persistent les circonstances qui ont donné lieu à son adoption. Mais ce renouvellement doit être exprès. Le Président français a ainsi mis fin à l'état d'urgence le 4 janvier 2006, pour éviter de subir une sanction si, à la suite d'un nouveau recours, le Conseil, prenant en considération le retour au calme dans les banlieues, avait fini par faire droit à l'argumentation des requérants.

conformer au régime de notification internationale. L'acceptation de cette obligation était l'un des éléments essentiels introduits par les rédacteurs du Pacte pour prévenir les abus du droit de déroger. Bien que les dispositions de notification des différents traités ne soient pas identiques, ils se ressemblent à bien des égards. L'article 4 3) du Pacte international relatif aux droits civils et politiques se lit comme suit :

> « Les Etats parties au présent Pacte qui usent du droit de dérogation doivent, par l'entremise du Secrétaire général de l'Organisation des Nations Unies, signaler aussitôt aux autres Etats parties les dispositions auxquelles ils ont dérogé ainsi que les motifs qui ont provoqué cette dérogation. Une nouvelle communication sera faite par la même entremise, à la date à laquelle ils ont mis fin à ces dérogations. »

Le Comité des droits de l'homme a estimé à cet égard que :

> « la notification est essentielle non seulement pour s'acquitter des fonctions du Comité, notamment pour déterminer si les mesures prises par l'Etat partie sont strictement requises par les exigences de la situation, mais aussi pour permettre aux autres Etats parties de contrôler le respect des dispositions du Pacte » [226].

Il insiste sur

> « l'obligation de prendre des mesures immédiates de notification internationale chaque fois qu'un Etat partie prend des mesures dérogeant à ses obligations en vertu du Pacte. Le devoir du Comité est de surveiller le droit et la pratique d'un Etat partie quant au respect de l'article 4 ne dépend pas de la question de savoir si cet Etat a présenté une notification » [227].

De plus, compte tenu du « caractère sommaire » de nombreuses notifications reçues dans le passé, le Comité souligne que

> « la notification devrait inclure la pleine information sur les mesures prises et une explication claire de leurs raisons, avec la documentation complète jointe concernant la loi. Les notifications supplémentaires sont requises si l'Etat partie prend ultérieurement des mesures en vertu de l'article 4, par exemple en prolongeant la durée de l'état d'urgence. L'exigence de la notification immédiate

---

226. UN doc. *GAOR*, A/56/40 (vol. I), p. 207, paragraphe 17.
227. *Idem*.

s'applique également à la cessation de la dérogation. Ces obligations n'ont pas toujours été respectées »[228].

Sur le continent américain, le paragraphe 3 de l'article 27 CADH prévoit que :

> « Tout Etat partie qui fait usage du droit de dérogation doit immédiatement informer les autres Etats parties, par l'intermédiaire du Secrétaire général de l'Organisation des Etats américains, des dispositions relatives à l'application des droits suspendus, les raisons qui ont motivé la suspension, et la date fixée pour la levée de cette suspension. »

Comme dans le cas de l'article 4 3) du Pacte, un Etat dérogeant en vertu de la CADH doit 1) informer immédiatement les autres Etats parties de la suspension, 2) fournir des informations sur les dispositions qu'il a suspendues et 3) exposer les motifs de la suspension. L'Etat partie doit également donner une date pour la fin de la suspension. En revanche, l'article 27, paragraphe 3, ne vise pas expressément à obliger les Etats parties à présenter un deuxième avis après la levée de la suspension. La seule indication de la date de levée de cette suspension est suffisante.

Allant dans le même sens, l'article 15 3) CEDH stipule que :

> « Toute Haute Partie contractante qui exerce ce droit de dérogation est tenue de tenir le Secrétaire général du Conseil de l'Europe pleinement informé des mesures prises et les raisons qui les ont motivées. Elle doit également informer le Secrétaire général du Conseil de l'Europe de la date à laquelle ces mesures ont cessé d'être en vigueur et les dispositions de la Convention reçoivent de nouveau pleine application. »

Il convient de noter que le paragraphe 3 de l'article 15 de cette Convention n'exige pas expressément d'indiquer les dispositions auxquelles la dérogation s'applique. Cependant, les termes « pleinement informés » indiquent que l'Etat doit fournir des informations complètes sur les mesures dérogatoires prises. En l'absence de notification officielle et publique de la dérogation, l'article 15 CEDH ne s'applique pas aux mesures prises par l'Etat défendeur[229].

La CEDH s'est reconnue compétente pour connaître de la question de notification dans plusieurs affaires. Plus précisément dans l'affaire

---

228. *Idem.*
229. *Chypre c. Turquie*, rapport de la Commission du 4 octobre 1983, paragraphes 66-68.

Askoy c. Turquie, elle a estimé qu'elle a compétence pour se pencher d'office sur cette question..., et spécialement sur le point de savoir si la notification turque de dérogation contient suffisamment d'informations au sujet de la mesure litigieuse, qui a permis la détention du requérant pendant au moins quatorze jours sans contrôle judiciaire, pour remplir les exigences de l'article 15, paragraphe 3 CEDH [230]. Toutefois, eu égard à sa conclusion selon laquelle la mesure incriminée n'était pas strictement requise par les exigences de la situation ..., elle juge ne pas devoir se prononcer sur cette question.

Il découle de la jurisprudence de cette Cour que la notification doit être soumise «sans délai», condition considérée comme remplie dans l'affaire *Lawless*, dans laquelle il y avait un délai de douze jours entre l'entrée en vigueur des mesures dérogatoires et la soumission de la notification [231]. Dans la même affaire, la Cour a conclu que le Gouvernement a communiqué au Secrétaire général «des informations suffisantes sur les mesures prises et les raisons qui les ont motivées «en expliquant par écrit que» les mesures avaient été prises pour «prévenir la commission d'infractions contre la paix et l'ordre public» et d'empêcher le maintien de forces militaires ou armées autres que celles autorisées par la Constitution». La Cour a également noté qu'à la copie de la notification était jointe la législation d'urgence pertinente et la proclamation qui l'a mise en vigueur [232].

A son tour, l'article 30 2) de la Charte sociale européenne et l'article F 2) de la version révisée de la Charte renferment en substance une obligation de notification similaire, bien qu'il soit suffisant que la notification soit soumise «dans un délai raisonnable». La notification doit être portée à un destinataire connu et avoir un contenu conforme aux exigences des textes encadrant la dérogation.

Par. 1. Le destinataire, le contenu et le moment de la notification

Il est important de savoir à qui il faut adresser une notification, à quel moment elle doit être faite et quel en est le contenu.

A. Le destinataire de la notification

Les Conventions internationales comportant les dispositions relatives aux dérogations contiennent des précisions sur l'autorité devant

---

230. CourEDH, affaire *Askoy c. Turquie*, arrêt du 18 décembre 1996, paragraphe 86.
231. CourEDH, affaire *Lawless c. Irlande*, arrêt du 1er juillet 1961, série A, n° 3, p. 62, paragraphe 47.
232. *Idem.*

recevoir la notification des mesures de dérogation. Il s'agit habituellement du dépositaire de la Convention. En général, les Etats parties indiquent la procédure prévue en droit interne pour déclarer l'existence d'une situation exceptionnelle, ainsi que les dispositions pertinentes des lois prévoyant des dérogations. Le Comité des droits de l'homme

> «considère également de la plus haute importance que les Etats parties qui se trouvent dans une situation de danger public exceptionnel signalent aux autres Etats parties la nature et l'étendue des dérogations qu'ils ont faites et les raisons motivant ces dérogations, et qu'ils s'acquittent en outre de l'obligation qui leur incombe en vertu de l'article 40 du Pacte d'indiquer dans leurs rapports la nature et l'étendue de chaque dérogation, en joignant la documentation pertinente»[233].

Cette notification peut être retirée à tout moment par son auteur[234]. Ainsi, dans l'affaire *Brogan* et al. *c. Royaume-Uni*, la CEDH a constaté que «le 22 août 1984, le Gouvernement a informé le Secrétaire général du Conseil de l'Europe qu'il retirait un avis de dérogation notifié au titre de l'article 15 et motivé par l'état d'urgence en Irlande du Nord». Il a donc indiqué qu'à ses yeux «les dispositions de la Convention [recevaient] pleine application»[235]. Au demeurant, et il l'a relevé, la dérogation ne valait pas pour le domaine juridique dont il s'agit ici. Dès lors, il n'y a pas lieu en l'espèce de rechercher si une campagne terroriste en Irlande du Nord permettait au Royaume-Uni de déroger, en vertu de l'article 15, aux obligations qui découlent pour lui de la Convention. Il faut aborder l'affaire en partant de l'idée que les articles invoqués par les requérants à l'appui de leurs griefs jouent intégralement. Même si cela n'empêche pas la Cour de prendre en compte le cadre intégral de l'affaire. Les Etats parties aux diverses Conventions relatives aux droits de l'homme et contenant des dispositions relatives aux dérogations peuvent notifier la dérogation à tous les dépositaires desdits traités ou à

---

233. Comité des droits de l'homme, observation générale n° 5, article 4 (dérogations), 31 juillet 1981.
234. Par exemple, le Secrétaire général des Nations Unies a reçu du Gouvernement de la Colombie une notification en date du 25 mars 2020, faite en vertu du paragraphe 3 de l'article 4 du Pacte susmentionné, concernant la fin de l'état d'urgence sur l'ensemble du territoire de la Colombie pour une période de 30 jours à partir du 17 mars 2020, par décret n° 417 de 2020, voir C.N.141.2020.TREATIES-IV.4 du 20 avril 2020 pour le texte de la notification.
235. CourEDH, affaire *Brogan* et al. *c. Royaume-Uni*, arrêt du 29 novembre 1988, paragraphe 48.

l'un seulement d'entre eux [236]. Ainsi, le Nicaragua avait saisi le Secrétaire général des Nations Unies des mesures de dérogation adoptées dans le cadre de l'article 4 PIDCP [237]. Par contre, la Turquie, pourtant signataire du Pacte, ne l'a pas signalé à l'ONU, mais uniquement auprès du Conseil de l'Europe. Ainsi, les Etats choisissent parfois de notifier un dépositaire d'une convention au détriment d'un autre.

B. Le contenu de la notification

Il ne suffit pas d'adresser un courrier au dépositaire de la CEDH en l'informant de la dérogation. Cette correspondance doit nécessairement être accompagnée d'un ensemble de documents devant éclairer le dépositaire et plus tard, l'organe de contrôle des mesures prises dans le cadre de la préservation de l'ordre public, mais aussi et surtout des fondements légaux desdites mesures sur le plan interne. Dans l'affaire *Lawless*, la CourEDH a dit explicitement, en ce qui concerne la notification que :

> « Considérant qu'en l'espèce, le Gouvernement irlandais a adressé, le 20 juillet 1957, une lettre au Secrétaire Général du Conseil de l'Europe l'informant – ainsi qu'il y est dit : « conformément à l'article 15 (3) (art. 15-3) de la Convention » – de l'entrée en vigueur, le 8 juillet 1957, de la deuxième partie de la loi de 1940 *(Offences against the State (Amendment) Act)* » ;

qu'à cette lettre étaient joints les textes de la proclamation faite à ce sujet par le gouvernement irlandais et de la loi de 1940 elle-même ; que le gouvernement irlandais a précisé dans ladite lettre que la mesure dont il s'agit « est apparue nécessaire pour empêcher la perpétration de délits contre la paix et l'ordre publics et le maintien de forces militaires ou armées autres que celles autorisées par la Constitution » [238]. Face aux contestations du requérant à propos du contenu de la lettre adressée au Secrétaire général, la Cour a répondu que :

> « Considérant que la Commission a exprimé l'avis que le Gouvernement irlandais n'a accusé aucun retard à informer le

---

236. Entre mars et avril 2020, dans le contexte de la crise sanitaire du COVID-19, de nombreux Etats parties à la Convention européenne (huit au total) ont informé la Secrétaire générale du Conseil de l'Europe de leur décision de recourir à l'article 15 de la Convention.
237. Texte disponible sur https://treaties.un.org/doc/Publication/CN/1982/CN.142.1982-Frn.pdf.
238. CourEDH, *Lawless*, *op. cit.*, paragraphe 43.

Secrétaire général de la mise en vigueur des mesures spéciales en se référant explicitement à l'article 15, paragraphe 3 (art. 15-3) de la Convention; que les termes de la lettre du 20 juillet 1957, à laquelle étaient joints les textes de la loi de 1940 et de la proclamation la mettant en vigueur, suffisaient à informer le Secrétaire général de la nature des mesures prises et que, pour cette raison, tout en constatant que la lettre du 20 juillet ne contenait pas un exposé détaillé sur les motifs qui ont inspiré le Gouvernement irlandais en prenant les mesures de dérogation, elle ne croyait pas pouvoir dire que les dispositions de l'article 15, paragraphe 3 (art. 15-3) n'ont pas été suffisamment respectées en l'espèce; qu'en ce qui concerne notamment le troisième argument avancé par G. R. Lawless, les délégués de la Commission ont ajouté, au cours de la procédure devant la Cour, que l'article 15, paragraphe 3 (art. 15-3) de la Convention exigeait uniquement que le Secrétaire général du Conseil de l'Europe soit informé des mesures de dérogation prises, sans qu'il oblige l'Etat intéressé à promulguer l'avis de dérogation dans le cadre de son droit interne.» [239]

C'est la raison pour laquelle la Cour ajoute plus loin que :

«Considérant que la Cour est appelée, en premier lieu, à examiner si, conformément au paragraphe 3 de l'article 15 (art. 15-3) CEDH, le Secrétaire général du Conseil de l'Europe a été dûment informé aussi bien des mesures prises que des motifs qui les ont inspirées; que la Cour retient, à ce sujet, qu'à la lettre du 20 juillet se trouvait annexé le texte de la loi n° 2 de 1940 *(Offences against the State (Amendment) Act)* et celui de la proclamation établie le 5 juillet et publiée le 8 juillet 1957 sur la mise en vigueur de la Partie II de la loi susmentionnée; qu'en outre, il a été précisé dans la lettre du 20 juillet que les mesures prises l'ont été «pour empêcher la perpétration de délits contre la paix et l'ordre public et le maintien de forces militaires ou armées autres que celles autorisées par la Constitution»; qu'ainsi le gouvernement irlandais avait suffisamment informé le Secrétaire Général des mesures prises et des motifs qui les ont inspirées; qu'en second lieu, le Gouvernement irlandais a porté ces informations à la connaissance du Secrétaire général douze jours seulement après la mise en vigueur des mesures prises en dérogation des obligations

---

239. *Ibid.*, paragraphe 45.

> découlant de la Convention; que la notification à cet effet a été donc faite sans retard; qu'enfin la Convention ne contient aucune disposition spéciale prescrivant à l'Etat contractant intéressé de promulguer sur son territoire l'avis de dérogation qu'il a adressé au Secrétaire général du Conseil de l'Europe » [240].

Elle conclut dans cette affaire que « dans le cas présent le gouvernement irlandais s'est conformé aux obligations que lui imposait, en tant que Partie à la Convention, le paragraphe 3 de l'article 15 (art. 15-3) de la Convention » [241]. C'est pourquoi elle a décidé à l'unanimité que :

> « la communication adressée par le Gouvernement irlandais au Secrétaire général du Conseil de l'Europe le 20 juillet 1957 constituait une notification suffisante aux fins de l'article 15, paragraphe 3 (art. 15-3) de la Convention » [242].

Dans l'affaire *Alparslan Altan c. Turquie* la même juridiction a relevé que la notification de dérogation de la Turquie, indiquant que l'état d'urgence a été déclaré pour répondre à la menace causée pour la vie de la nation par les graves dangers posés par la tentative de coup d'Etat militaire ainsi que par d'autres actes terroristes, ne mentionne pas explicitement quels articles de la CEDH feront l'objet d'une dérogation. Ladite notification énonce simplement que « les mesures prises peuvent impliquer une dérogation aux obligations découlant de la Convention » [243]. En effet, s'il n'est pas communiqué de copie de toutes les mesures pertinentes, l'obligation n'est pas respectée [244]. Si dans certains cas la CourEDH admet que la notification a été suffisante, dans d'autres, elle estime que l'obligation de notification n'est pas respectée, car insuffisante au regard de l'absence de précision sur les mesures de dérogation adoptées. Plus qu'une simple information, la notification doit donc être suffisamment documentée pour éclairer la lanterne des autres parties et du dépositaire [245]. Le but premier de l'obligation

---

240. *Ibid.*, paragraphe 47.
241. *Idem.*
242. *Idem.*
243. CourEDH, *Alparslan Altan c. Turquie* du 16 avril 2019, requête n° 12778/17, paragraphe 72.
244. Commission européenne des droits de l'homme, *Affaire grecque*, rapport de la Commission, paragraphe 81 1) et 2).
245. Ainsi le Représentant permanent de la France auprès du Conseil de l'Europe, écrit explicitement dans sa correspondance adressée au Secrétaire général du Conseil de l'Europe que : « Par lettre du 24 novembre 2015, mon prédécesseur portait à votre connaissance la déclaration de l'état d'urgence en France à la suite des attentats coordonnés ayant frappé Paris le 13 novembre 2015 et vous priait de bien vouloir

d'informer le Secrétaire général est la publicité de la dérogation. De plus, la dérogation doit indiquer avec précision la portée territoriale des mesures de dérogation. Dans l'affaire *Sakık* et al. *c. Turquie* [246], la même Cour a relevé que les décrets-lois visés dans la dérogation du 6 août 1990 et dans la lettre adressée par le gouvernement turc au Secrétaire général du Conseil de l'Europe le 3 janvier 1991 s'appliquaient, d'après la description sommaire de leur contenu, à la seule région soumise à l'état d'urgence, dont la ville d'Ankara ne faisait pas partie. Or l'arrestation et la détention des requérants avaient eu lieu à Ankara, sur ordre du procureur puis des juges à la Cour de sûreté de l'Etat de cette ville.

---

considérer que sa lettre constituait une information au titre de l'article 15 de la Convention. En effet, le Gouvernement français a décidé, par le décret n° 2015-1475 du 14 novembre 2015, de faire application de la loi n° 55-385 du 3 avril 1955 relative à l'état d'urgence. La gravité des attentats, leur caractère simultané et la permanence de la menace à un niveau inédit sur le territoire national ont ensuite justifié la prorogation de l'état d'urgence pour une durée de trois mois à compter du 26 novembre 2015 par la loi n° 2015-1501 du 20 novembre 2015 puis pour une durée de trois mois à compter du 26 février 2016 par la loi n° 2016-162 du 19 février 2016, puis pour une durée de deux mois à compter du 26 mai 2016 par la loi n° 2016-629 du 20 mai 2016, puis pour une durée de 6 mois à compter du 22 juillet 2016 par la loi n° 2016-987 du 21 juillet 2016 et enfin jusqu'au 15 juillet 2017 par la n° 2016-1767 du 19 décembre 2016. Chacune de ces prorogations a donné lieu à une information de la part du Gouvernement français.

La menace terroriste, caractérisant « un péril imminent résultant d'atteintes graves à l'ordre public », qui a justifié la déclaration initiale de l'état d'urgence et ses prorogations, demeure à un niveau très alarmant qui nécessite de pouvoir disposer de mesures administratives renforcées en vue de lutter contre le terrorisme sur le territoire national...

Par la suite, une sortie immédiate de l'état d'urgence apparait prématurée, parce qu'il est à ce jour le seul cadre juridique permettant de lutter efficacement contre la menace actuelle. C'est pourquoi l'état d'urgence a été prorogé par la loi n° 2017-1154 du 11 juillet 2017 prorogeant l'application de la loi n° 55-385 du 3 avril 1955 relative à l'état d'urgence.

Néanmoins, l'état d'urgence ne pouvant demeurer aussi longtemps qu'une menace terroriste qui est durable, il n'a été prorogé que jusqu'au 1er novembre 2017, période qui sera mise à profit pour parachever l'édifice construit ces dernières années et doter l'Etat de nouveaux instruments permettant de renforcer la sécurité des personnes et des biens hors du cadre particulier de l'état d'urgence. Un projet de loi renforçant la lutte contre le terrorisme et la sécurité intérieure, qui contient des mesures permettant une sortie maîtrisée de l'état d'urgence, a ainsi été soumis au Parlement et est en cours d'examen. Parmi les mesures susceptibles d'être prises dans le cadre de l'état d'urgence, les perquisitions administratives (I de l'article 11 de la loi du 3 avril 1955 relative à l'état d'urgence) seront autorisées jusqu'au 1er novembre 2017.

Le Gouvernement français tient à rappeler que les mesures prises dans le cadre de l'état d'urgence sont soumises à un contrôle juridictionnel effectif ainsi qu'à un mécanisme de suivi et de contrôle particulièrement attentif du Parlement. Enfin, le Gouvernement français veille à une bonne information et concertation avec les élus locaux et entend poursuivre le dialogue avec la société civile.

Le texte de la loi n° 2017-1154 du 11 juillet 2017 prorogeant l'application de la loi n° 55-385 du 3 avril 1955 relative à l'état d'urgence est joint à la présente lettre.

246. CourEDH, *Sakık et autres c. Turquie*, arrêt du 26 novembre 1997, n° 23878/94, p. 12, paragraphe 36

Pour le gouvernement turc, cette circonstance ne faisait pas obstacle à l'applicabilité de la dérogation et les faits de la cause n'auraient constitué que le prolongement d'une campagne terroriste menée depuis la zone soumise à l'état d'urgence, dans le sud-est de la Turquie. La Cour a estimé en l'espèce qu'elle irait à l'encontre du but et de l'objet de l'article 15 CEDH si, appelée à apprécier la portée territoriale de la dérogation dont il s'agit, elle en étendait les effets à une partie du territoire non explicitement couverte par la notification. La dérogation en question était dès lors inapplicable *ratione loci* aux faits de la cause et il n'y avait pas lieu de rechercher si elle avait satisfait aux exigences de l'article 15 CEDH [247]. Une fois informé, le Secrétaire général avise les autres parties à la Convention de la dérogation.

C. *Le moment de la notification*

Aucune indication n'est donnée sur le moment de la notification. On ne peut dire s'il faut notifier avant d'exercer la dérogation ou s'il faut informer sur les mesures prises pour déroger, voire s'il faut prendre des mesures de dérogation avant d'informer sur lesdites mesure [248]. Dans tous les cas, s'il faut informer avant de déroger, ce serait comme si l'Etat demandait l'autorisation de déroger alors qu'il considère la dérogation comme un droit qui lui est accordé pour maintenir l'ordre sur son territoire en cas de menace sur la vie de la nation. Cependant, la jurisprudence a donné des indications plus précises sur les délais de notification. Dans son rapport sur l'affaire *Grèce c. Royaume-Uni*, la Commission européenne a estimé qu'il ressortait clairement du libellé de l'article 15, paragraphe 3 CEDH qu'il n'était pas nécessaire que la notification soit faite avant la prise de la mesure en question, mais aussi que cette disposition n'indiquait ni le délai dans lequel la notification devait être faite ni l'ampleur des informations à fournir au Secrétaire

---

247. *Ibid.*, p. 13, paragraphe 39.
248. Ainsi par exemple, la France a saisi le Secrétaire général du Conseil de l'Europe en précisant que :

> «Par lettre du 24 novembre 2015, qui vous priait de considérer ce courrier comme une information au sens de l'article 15 de la Convention européenne des droits de l'homme, vous avez été informé de la promulgation de l'état d'urgence en France par le décret n° 2015-1475 du 14 novembre 2015…
> J'ai l'honneur de vous faire connaître que l'état d'urgence a pris fin le 1er novembre 2017, à l'issue du délai fixé par la loi n° 2017-1154 du 11 juillet 2017»,

Déclaration consignée dans une lettre du Représentant permanent de la France auprès du Conseil de l'Europe, datée du 2 novembre 2017, enregistrée auprès du Secrétariat général le 6 novembre 2017.

général [249]. Elle a considéré qu'il appartenait à l'Etat concerné de notifier les mesures en question sans délai véritable et d'y joindre suffisamment d'informations pour permettre aux autres Hautes Parties contractantes de mesurer la nature et la portée de la dérogation impliquée par ces mesures. Dans cette affaire, la Commission a considéré que le délai de trois mois qui s'était écoulé entre la prise de la mesure dérogatoire et sa notification était trop long et qu'il ne pouvait se justifier par des délais administratifs résultant du danger allégué. Elle a adopté la même conclusion quant à la notification de certaines mesures quatre mois après leur adoption dans l'*Affaire grecque* [250]. Au contraire, la Cour a jugé qu'une notification effectuée douze jours après l'entrée en vigueur des mesures était suffisamment prompte [251]. On le voit, les délais de notification doivent en tout état de cause être raisonnables.

Par. 2. Les voies de notification

La déclaration et la fin de l'état d'urgence doivent respecter des règles de forme. L'article 15 CEDH impose à l'Etat Partie qui recourt à des dérogations d'informer le Secrétaire général du Conseil de l'Europe des mesures prises mais aussi de la fin de l'état d'urgence ou de l'état d'exception. La France a procédé à cette double obligation à propos de l'état d'urgence concernant le territoire de Nouvelle-Calédonie, à travers sa représentation permanente auprès du conseil de l'Europe : la déclaration de l'état d'urgence par lettre du 7 février 1985, le retrait de celui-ci par lettre du 2 septembre 1985. Elle l'a également utilisée pour informer le Secrétaire général du Conseil de l'Europe de la proclamation de l'état d'urgence après les attentats du 13 novembre 2015 et aussi de sa prolongation : la France a fait une déclaration le 24 novembre 2015 concernant la proclamation de l'état d'urgence et une autre déclaration le 25 février 2016 concernant sa prolongation jusqu'au 26 mai 2016. La CEDH interprète strictement cette double obligation. L'absence d'une déclaration formelle (écrite ou verbale) de dérogation exclut l'application de l'article 15 CEDH. De même, cette déclaration doit être faite sans délai injustifié comme elle doit être accompagnée des informations précises et suffisantes sur les mesures prises et leurs motifs [252]. Parmi les informations exigées, l'étendue territoriale de

---

249. *Grèce c. Royaume-Uni*, 1958, rapport de la Commission, paragraphe 158.
250. *Affaire grecque*, rapport de la Commission, paragraphe 81 (3).
251. CourEDH, *Lawless c. Irlande* (n° 3), paragraphe 47.
252. *Ibid.*, également *Aksoy c. Turquie*, *op. cit.*

l'état d'urgence doit être indiquée : l'application de l'état d'urgence en dehors du territoire indiqué méconnaît l'objet et le but de l'article 15 CEDH [253]. Les mesures restrictives prises après la déclaration de retrait de la dérogation et à la fin de l'état d'urgence ne sont plus couvertes par l'article 15 CEDH[254].

La CourEDH joue ainsi un véritable rôle de sentinelle dans l'usage du droit de dérogation par les Etats. Au-delà des vérifications liées aux questions de forme, les organes en charge du contrôle l'exercent sur les circonstances justifiant la dérogation [255].

Section II. La vérification des circonstances donnant lieu aux dérogations

L'état d'urgence découle d'une déclaration gouvernementale faite en réponse à une situation exceptionnelle constituant une menace fondamentale pour la vie du pays. La déclaration peut suspendre certaines fonctions normales du gouvernement, alerter les citoyens pour qu'ils modifient leur comportement normal ou autoriser les organismes gouvernementaux à mettre en œuvre des plans de préparation aux situations d'urgence et à limiter ou suspendre les libertés publiques et les droits de l'homme. La nécessité de déclarer l'état d'urgence peut découler de situations aussi diverses qu'une action armée contre l'Etat par des éléments internes ou externes, une catastrophe naturelle, des troubles civils, une épidémie, une crise financière, sanitaire ou économique ou une grève générale. De nombreuses menaces pèsent actuellement sur la sécurité des Etats qui ont la liberté de proclamer l'état d'urgence ou non. Dans certaines situations, la loi martiale est également déclarée, ce qui permet à l'armée de disposer d'une plus grande autorité. Les autres termes utilisés pour faire référence à des situations d'urgence sont l'état d'exception, l'état d'alarme et l'état de siège.

Avec le terrorisme, on assiste à une résurgence et un renforcement de la souveraineté nationale qui se traduit au niveau des droits de l'homme par un accroissement des pouvoirs de l'Etat en dépit de l'adhésion aux différentes conventions relatives à la protection des droits de l'homme. Cependant, les différents textes internationaux relatifs aux droits de l'homme exigent que l'Etat dérogeant soit en proie à une guerre ou un

---

253. CourEDH, *Sakik* et al. *c. Turquie* précité.
254. CourEDH, *Brogan* et al. *c. Royaume-Uni* du 29 novembre 1988.
255. *Journal du droit administratif (JDA)*, 2016, dossier 01 « Etat d'urgence », Andriantsimbazovina, Francos, Schmitz et Touzeil-Divina (dir. publ.), article 27.

danger public menaçant son existence comme condition de proclamation d'une dérogation aux droits de l'homme.

Par. 1. L'existence de la guerre ou d'un danger public exceptionnel menaçant la vie de la nation

Les Etats peuvent être confrontés à des dangers divers qui menacent la sécurité et le bien-être général de la nation. Dans certaines circonstances, le seul moyen de rétablir l'ordre et de protéger la nation consiste à suspendre le système juridique ordinaire. Ces pouvoirs d'urgence sont légalisés par la proclamation officielle de l'état d'urgence. La CEDH reconnaît d'ailleurs

> « qu'il incombe à chaque Etat contractant, responsable de « la vie de [sa] nation », de déterminer si un « danger public » la menace et, dans l'affirmative, jusqu'où il faut aller pour essayer de le dissiper. En contact direct et constant avec les réalités pressantes du moment, les autorités nationales se trouvent en principe mieux placées que le juge international pour se prononcer sur la présence de pareil danger, comme sur la nature et l'étendue des dérogations nécessaires pour le conjurer. Partant, on doit leur laisser en la matière une ample marge d'appréciation »[256].

En cas d'état d'urgence, des pouvoirs supplémentaires sont conférés au gouvernement. Mais quand est-ce qu'un danger menace-t-il la sécurité de la nation tout entière et légitime-t-il dès lors la proclamation de l'état d'urgence ?

La proclamation de l'état d'urgence doit être commandée par l'existence d'« une situation de crise ou de danger exceptionnel et imminent qui affecte l'ensemble de la population et constitue une menace pour la vie organisée de la communauté composant l'Etat »[257]. Telle est la position de la CEDH en matière des circonstances conduisant aux dérogations. L'exigence de justification de l'état d'urgence ne s'applique pas a fortiori à un Etat partie qui a connu un putsch et un coup d'Etat : la survenance d'une révolution ne dispense pas un Etat Partie de ses obligations à l'égard de la Convention[258]. Les organes de contrôle peuvent également admettre un état d'urgence justifié par des catastrophes naturelles et des conflits internes. Il en est ainsi parce que

---

256. CourEDH, *Askoy c. Turquie, op. cit.*, paragraphe 68.
257. CourEDH, *Lawless c. Irlande* (n° 3), 1er juillet 1961, paragraphe 28.
258. Commission européenne des droits de l'homme, 5 novembre 1969, *Danemark, Norvège, Suède et Pays-Bas c. Grèce*, paragraphe 26.

la notion d'«urgence publique» est générique et est un concept central qui inclut une variété de termes juridiques dans différents systèmes juridiques pour identifier une situation exceptionnelle de danger public, permettant l'exercice de pouvoirs spéciaux. L'expression «urgence publique» recouvre les notions d'état d'urgence, d'état de siège, d'état d'alerte, de prévention de la guerre interne, de suspension des garanties, de loi martiale, de pouvoirs spéciaux, etc. Dans l'*Affaire grecque,* la Commission européenne a mis l'accent sur quatre critères applicables dans une «urgence publique» pour qu'un Etat puisse exercer son droit de dérogation en vertu de l'article 15 CEDH:

1. La menace doit être réelle ou imminente;
2. Les conséquences de la menace doivent concerner l'ensemble de la nation;
3. La nation et l'organisation de la société doivent être menacées;
4. La crise ou la menace doit être exceptionnelle.

Dans cette affaire, la Commission a également établi à qui incombait la charge de la preuve pour déterminer l'existence d'une «situation d'urgence publique» et si les mesures invoquées étaient «strictement requises par les exigences de la situation». La position de la Commission est similaire à celle adoptée par le Comité des droits de l'homme, telle qu'exprimée dans son observation générale 29. La marge d'appréciation confère effectivement à l'Etat un pouvoir discrétionnaire en matière d'appréciation de la réponse adéquate face aux circonstances exceptionnelles. On considère en général que les Etats peuvent faire face à trois situations d'urgence différentes:

– une crise politique grave,
– un conflit armé interne, voire une menace terroriste;
– une force majeure, ou circonstances économiques particulières.

On distingue ainsi diverses menaces pouvant conduire aux dérogations aux droits de l'homme, partant de la guerre à la menace terroriste.

A. La guerre

La guerre, souvent assimilée au conflit armé, a fait l'objet de nombreuses analyses en droit international. La qualification d'une situation conflictuelle fait l'objet d'une «guerre de qualification» en droit international[259]. Il est évident qu'il s'agit d'un phénomène visible

---

259. K. Boustany, «La qualification des conflits en droit international public et le maintien de la paix», *Revue québécoise de droit international*, vol. 6, n° 1, 1989-1990, p. 38-58.

et palpable lorsqu'il se déclenche sur une partie du globe. Les conflits armés sont aussi vieux que l'existence du monde et des êtres humains. Il y a toujours eu des pratiques coutumières dans les situations de guerre, mais ce n'est que ces cent cinquante dernières années que les Etats ont établi des règles internationales visant à limiter les effets des conflits armés pour des raisons humanitaires. Les Conventions de Genève et celles de La Haye en sont les principaux exemples. Ces règles, généralement appelées «droit international humanitaire», sont aussi connues sous le nom de «droit de la guerre» ou «droit des conflits armés». Tout le problème qui se pose en droit international contemporain en ce qui concerne la guerre tourne autour de la qualification de ce phénomène et le déclenchement du droit applicable à cette situation. Très souvent, il est difficile pour un Etat de reconnaître une situation de guerre sur son territoire. Il en est ainsi particulièrement en ce qui concerne les conflits internes, puisque la reconnaissance de la situation de guerre par un Etat équivaut à la reconnaissance de belligérance et par conséquent qu'il ne maîtrise plus entièrement le contrôle des activités sur son territoire. Il s'agit là d'une situation «d'orgueil de la souveraineté». Même sans le reconnaître, le conflit ayant des aspects visibles et impactant sur les activités économiques, il est facile de remarquer une situation de conflit armé sur le territoire d'un Etat dans diverses parties du monde. Mais même dans cette situation, il est exigé des Etats qu'ils respectent les droits fondamentaux des individus. C'est dans cette situation que se croisent et s'enchevêtrent l'application du droit international humanitaire et le droit international des droits de l'homme. Au-delà de la qualification des conflits armés comme étant des guerres, de nouvelles situations telles que la lutte contre le terrorisme et même les situations de pandémie ont été qualifiées de guerre par les hommes politiques. Ainsi par exemple, le discours tenu par le Président américain à la suite des attentats terroristes du 11 septembre 2001 sème le trouble dans l'esprit des analystes. Selon George W. Bush, il faudrait entreprendre une «guerre contre le terrorisme»[260]. En parlant de guerre contre le terrorisme, le Président américain a creusé le sillon qui prêtait à confusion. Le politiste américain Bruce Ackerman souligne ainsi que «le terrorisme est une technique ... la guerre, elle, n'est pas une question de technique. C'est une lutte à mort contre un ennemi bien

---

260. G. W. Bush, *Address to a Joint Session of Congress and the American People*, Washington DC, 20 septembre 2001.

défini »[261]. Cet auteur voit au moins trois dangers à confondre les deux : d'abord, il n'y a pas de limite à vouloir faire la guerre à un ennemi qui n'est pas défini ; par ailleurs, selon lui, « en adoptant le langage de la guerre, nous déclenchons des associations d'idées, souvent fausses, qui encouragent la pire des réactions de panique »[262] ; enfin,

> « [n]ous nous engageons sur des pistes trompeuses suggérant que les « terroristes » sont non seulement nombreux et bien organisés, mais qu'ils sont aussi capables, d'une manière ou d'une autre, de recourir aux forces dévastatrices d'ordinaire mobilisées par les Etats nations »[263].

Au contraire de la confusion que l'on entretient par cette expression de « guerre contre le terrorisme », Ackerman affirme, par conséquent, que « nous devons faire une distinction radicale entre les crises existentielles du XXe siècle et les menaces terroristes dont le XXIe siècle sera sans doute ponctué »[264]. Il est donc important de repenser la définition de la guerre dans les sociétés contemporaines. Pour le philosophe Frédéric Gros, « la guerre a changé à ce point de visage qu'il faut admettre que ce qui fut réfléchi sous son nom pendant des siècles a pratiquement disparu »[265]. En particulier, la guerre comme phénomène, ne rend pas compte des manifestations de violence présentes en ce sens qu'elle ne permet pas de les saisir selon un faisceau d'éléments qui caractérise la guerre elle-même. C'est pourquoi Frédéric Gros lui préfère la notion d'« état de violence », car dit-il, « dans la trame visible, déchirée des grandes violences contemporaines, on reconnaît à peine le paysage culturel de la guerre »[266]. Pour lui, si la guerre « définissait des champs de bataille où on réunissait les troupes pour un affrontement majeur … aujourd'hui la mort violente peut survenir partout, et particulièrement au centre des grandes capitales »[267]. Mais, ces analyses s'articulent encore autour de la qualification du phénomène de violence. On a également vu des situations n'ayant aucun trait commun avec une quelconque violence, recevoir la qualification de guerre. Il en a été ainsi des circonstances (de) lutte contre la pandémie du coronavirus.

---

261. B. Ackerman, « Les pouvoirs d'exception à l'âge du terrorisme », *Esprit*, août-septembre 2006, p. 152.
262. *Ibid.*, p. 154.
263. *Idem.*
264. *Ibid.*, p. 156.
265. F. Gros, *Etats de violence. Essai sur la fin de la guerre*, Paris, Gallimard, coll. NFR, Essais, 2006.
266. *Ibid.*, p. 216.
267. *Ibid.*, p. 218.

«Nous sommes en guerre, en guerre sanitaire, certes. Nous ne luttons ni contre une armée, ni contre une autre nation. Mais l'ennemi est là, invisible, insaisissable, qui progresse. Et cela requiert notre mobilisation générale»,

a déclaré dès le 16 mars 2020 le Président français [268]. Son homologue américain, Donald Trump a évoqué quant à lui, «la pire attaque» contre les Etats-Unis depuis Pearl Harbor. «C'est pire que le World Trade Center», a-t-il ajouté dans une référence aux attentats du 11 septembre 2001 qui ont fait près de trois mille morts. «Il n'y a jamais eu une attaque de cette nature. Et cela n'aurait jamais dû arriver», a-t-il encore dit [269]. L'envoi de l'armée en renfort dans des centres pour personnes âgées du Québec et de l'Ontario [270], n'a pu que conforter l'impression d'un conflit, d'une guerre mondiale d'un genre nouveau. Le 24 mai 2021, le Secrétaire général de l'ONU rappelait que «[l]e monde est «en guerre» contre le Covid-19» appelant la communauté internationale à aller au-delà de la solidarité et à entrer en «économie de guerre» pour stopper le virus après plus d'un an de pandémie [271]. Cette vague de qualification d'un phénomène nouveau par une notion juridiquement bien définie vient brouiller les pistes du droit applicable. Certes, les mesures prises par les Etats pour lutter contre la propagation du virus ont nécessité des dérogations aux droits de l'homme, mais dans le cas de la pandémie, il s'agissait d'un «danger public menaçant la vie de la nation» et les mesures prises pour tenter d'endiguer cette maladie n'avaient rien à voir avec les mesures prises en cas de conflit. Si la qualification d'une situation de guerre déclenche l'application du droit international humanitaire, la protection des populations contre une pandémie, qui ne fait pas recourir à ce droit, nécessite plutôt des mesures et des stratégies médicales plus affinées et mieux cadrées, même si elles peuvent donner lieu à la mobilisation de l'armée pour suppléer la carence du personnel sanitaire. Qualifier une situation de lutte contre une pandémie de guerre

---

268. E. Macron, Allocution télévisée consacrée à la lutte contre la pandémie de coronavirus.
269. Déclaration du 6 mai 2020 depuis la Maison Blanche.
270. Le Premier ministre canadien Justin Trudeau avait pris la décision d'envoyer l'armée en renfort au Québec et en Ontario pour combler les pénuries de personnel dans les résidences pour personnes âgées, affectées par l'épidémie de coronavirus le 23 avril 2020.
271. «La pandémie de Covid-19 a entrainé un tsunami de souffrances. Plus de 3,4 millions de vies ont été perdues. Quelque cinq cent millions d'emplois ont été détruits; des milliers de milliards de dollars ont été soustraits des bilans d'entreprises», a déclaré Antonio Guterres, Secrétaire général de l'ONU, à l'ouverture de la réunion annuelle des membres de l'Organisation mondiale de la santé (OMS).

suppose sur le plan juridique de s'engager sur une piste très glissante et à la limite dangereuse qui contribuera à l'effritement des catégories juridiques et rendra plus difficile l'application du régime juridique correspondant.

B. Le danger public menaçant la vie de la nation

Les textes internationaux se réfèrent à la situation de danger public menaçant la vie de la nation, sans en préciser les contours. L'article 4, paragraphe 1 PIDCP est ainsi libellé :

> « Dans le cas où un danger public exceptionnel menace l'existence de la nation et est proclamé par un acte officiel, les Etats parties au présent pacte peuvent prendre, dans la stricte mesure où la situation l'exige, des mesures dérogeant aux obligations prévues dans le présent pacte, sous réserve que ces mesures ne soient pas incompatibles avec les autres obligations que leur impose le droit international et qu'elles n'entraînent pas une discrimination fondée uniquement sur la race, la couleur, le sexe, la langue, la religion ou l'origine sociale. »

Dans le souci d'apporter des précisions à cette disposition qui risquait d'être interprétée comme autorisant les Etats à prendre des mesures arbitraires dans le cadre des dérogations permises, trente et un spécialistes du droit international se réunirent à Syracuse (Italie) au printemps 1984 pour débattre entre autres de cette disposition, à l'invitation de la Commission internationale de juristes, de l'Association internationale de droit pénal, de l'Association américaine pour la Commission internationale de juristes, de l'Institut Urban Morgan des droits de l'homme et de l'Institut international des hautes études en sciences criminelles. Insérés sous la rubrique intitulée « danger public exceptionnel qui menace l'existence de la nation », les paragraphes 39 et 40 des « Principes de Syracuse concernant les dispositions du PIDCP qui autorisent des restrictions ou des dérogations »[272] énoncent :

> « 39. Un Etat partie ne peut prendre des mesures dérogeant à ses obligations en vertu du Pacte international relatif aux droits civils et politiques conformément à l'article 4 (ci-après qualifiées

---

272. Principes de Syracuse concernant les dispositions du Pacte international sur les droits civils et politiques qui autorisent des restrictions ou des dérogations, accessible sur https://www.eods.eu/library/opendocpdfFR.pdf.

de « mesures de dérogation ») que lorsqu'il est confronté à une situation qui constitue un danger exceptionnel et actuel ou imminent menaçant l'existence de la nation. Une menace à l'existence de la nation doit :

> *a)* être dirigée contre l'ensemble de la population et contre la totalité ou une partie du territoire de l'Etat ; et
>
> *b)* menacer l'intégrité physique de la population, l'indépendance politique ou l'intégrité territoriale de l'Etat ou l'existence ou les fonctions essentielles des institutions qui sont indispensables pour assurer le respect et protéger les droits reconnus par le Pacte.
>
> 40. Un conflit ou une agitation interne qui ne constitue pas une menace grave et imminente à l'existence de la nation ne peut justifier des dérogations en vertu de l'article 4. »

Le paragraphe 54 des principes en question est ainsi rédigé :

> « 54. Le principe de la stricte nécessité doit être appliqué de manière objective. Chaque mesure doit être dirigée contre un danger réel, manifeste, présent ou imminent et ne peut être imposée par simple crainte d'un danger potentiel. »

Les différents textes laissent ainsi le soin aux Etats de qualifier les différentes situations qui représentent les dangers qui menacent la vie de leur nation. Mais il appartient aux organes de contrôles de bien vérifier l'existence réelle et non supposée dudit danger public. Dans l'affaire *Demir* et al. *c. Turquie*[273], la CEDH déclare très clairement que :

> « La Cour rappelle qu'« il incombe à chaque Etat contractant, responsable de « la vie de [sa] nation », de déterminer si un « danger public » la menace et, dans l'affirmative, jusqu'où il faut aller pour essayer de le dissiper. En contact direct et constant avec les réalités pressantes du moment, les autorités nationales se trouvent en principe mieux placées que le juge international pour se prononcer sur la présence de pareil danger, comme sur la nature et l'étendue des dérogations nécessaires pour le conjurer. Partant, on doit leur laisser en la matière une large marge d'appréciation. Les Etats ne jouissent pas pour autant d'un pouvoir illimité en ce domaine. La Cour a compétence pour décider, notamment,

---

273. CourEDH, Cour (Chambre), 23 septembre 1998, n° 21380/93 *et al.* Lire en ligne https://www.doctrine.fr/d/CEDH/HFJUD/CHAMBER/1998/CEDH001-62787.

> s'ils ont excédé la « stricte mesure » des exigences de la crise. La marge nationale d'appréciation s'accompagne donc d'un contrôle européen. Quand elle exerce celui-ci, la Cour doit en même temps attacher le poids qui convient à des facteurs pertinents tels que la nature des droits touchés par la dérogation, la durée de l'état d'urgence et les circonstances qui l'ont créé » [274].

Dans ce cadre, l'insécurité sanitaire conduit à recourir à l'état d'urgence selon un schéma simple qui commence avec la mise en évidence de son effectivité. Ainsi, la propagation mondiale et inexorable de la pandémie du coronavirus, le déficit de solution médicale (absence de vaccin, incertitude et efficacité des méthodes thérapeutiques disponibles), les cas de contamination recensés, sont des éléments factuels qui ont conduit les pouvoirs publics dans de nombreux Etats à constater l'existence d'une circonstance présentant, par sa nature et sa gravité, le caractère de « calamité publique » susceptible de compromettre la vie nationale. Et la réponse fondée sur un dispositif exceptionnel se justifie pleinement devant une calamité imprévisible. Ce schéma correspond à la définition objective retenue par la théorie positiviste d'un état d'exception « au cœur du rapport entre pression des faits et stabilité de l'ordre juridique » [275]. La crise du covid-19 apparaît sous cet angle comme une hypothèse qui confirme que le critère du recours à l'exception peut, comme le soutient une certaine doctrine, être celui de « l'évidente nécessité » agissant comme une cause extérieure à toute volonté politique mais qui s'impose à la décision politique.

Dans l'affaire *Askoy c. Turquie*, la CEDH relevait déjà que

> « Les Etats ne jouissent pas pour autant d'un pouvoir illimité en ce domaine. La Cour a compétence pour décider, notamment, s'ils ont excédé la « stricte mesure » des exigences de la crise. La marge nationale d'appréciation laissée aux Etats s'accompagne donc d'un contrôle européen. Quand elle exerce celui-ci, la Cour doit en même temps attacher le poids qui convient à des facteurs pertinents tels que la nature des droits touchés par la dérogation, la durée de l'état d'urgence et les circonstances qui l'ont créé ».

Au paragraphe suivant du même arrêt,

---

274. CourEDH, affaire *Demir* et al. *c. Turquie*, arrêt du 23 septembre 1998, paragraphe 43.
275. F. Saint-Bonnet, L'état d'exception, Paris, PUF, 2001, p. 23.

« La Cour considère, à la lumière de l'ensemble des éléments dont elle dispose, que l'ampleur et les effets particuliers de l'activité terroriste du PKK dans le Sud-Est de la Turquie ont indubitablement créé, dans la région concernée, un « danger public menaçant la vie de la nation » [276] [277].

C. La menace terroriste et ses implications

Comme le dit un auteur,

« la lutte antiterroriste contamine de nombreuses règles ... un « code dans le code » émerge, excroissance audacieuse qui traduit bien toute la difficulté qu'il y a à appréhender cette nouvelle forme de criminalité » [278].

Les organes de contrôle des mesures de dérogations ont souvent été amenés à se prononcer sur lesdites mesures prises par les Etats dans le cadre de la lutte contre le terrorisme. Ce fut le cas en Irlande dans l'affaire *Lawless* en raison des agissements violents d'une armée secrète sur le territoire irlandais et en dehors de celui-ci ; au Royaume-Uni dans les affaires *Irlande c. Royaume-Uni* du 18 janvier 1978 et *Brannigan et McBride c. Royaume-Uni* du 26 mai 1993 en raison des violences terroristes sur le territoire des deux Irlande. Il en est de même dans l'affaire *A. et al. c. Royaume-Uni* du 19 février 2009 en raison des menaces que représentaient certaines personnes du fait de leur présence sur le territoire britannique après les attentats du 11 septembre 2001 aux Etats-Unis. Il en a également été ainsi en Turquie dans l'affaire *Aksoy et al. c. Turquie* du 18 décembre 1996 du fait des violences terroristes dans le Sud-Est de la Turquie dans le conflit qui oppose l'Etat turc avec le Parti des travailleurs du Kurdistan [279].

Selon une liste établie par Wikipédia [280], plus de la moitié des Etats dans le monde ont utilisé ces dispositions d'exception à plusieurs reprises, et

---

276. CourEDH, *Askoy c. Turquie*, op. cit., voir, également les arrêts *Lawless c. Irlande* du 1er juillet 1961, série A, n° 3, p. 56, paragraphe 28, *Irlande c. Royaume-Uni* précité, p. 78, paragraphe 205, et *Brannigan et McBride c. Royaume-Uni*, précité, p. 50, paragraphe 47.
277. *Ibid.*, p. 2281, paragraphe 70.
278. P. Le Monnier de Gouville, « De la répression à la prévention. Réflexion sur la politique criminelle antiterroriste », *Les cahiers de la Justice*, 2017/2, p. 225.
279. Au vu de cette jurisprudence, il ne fait aucun doute que la déclaration de l'état d'urgence en France, le 14 novembre 2015, après les attentats de Paris, a été compatible avec la définition que la Cour donne du danger public menaçant la vie de la nation.
280. https://fr.wikipedia.org/wiki/%C3%89tat_d%27urgence, consulté le 22 novembre 2019.

certains les ont souvent prolongées, parfois sans interruption pendant des années. C'est généralement le cas dans les situations d'urgence politique ou qui impliquent des actes qualifiés de terrorisme. Par exemple au Pérou, l'état d'urgence prononcé dans certaines provinces a été instauré en 1981 en raison des actions du groupe terroriste « Sentier lumineux ». Cette situation a été levée trente ans après [281]. La fin de l'état d'urgence signifie la fin des restrictions des droits fondamentaux des personnes comme l'inviolabilité du domicile ou la liberté de réunion et de se déplacer pour les habitants de l'Alto Huallaga, dans la forêt péruvienne, qui comprend les régions de Huanuco et de San Martin [282]. En Algérie, l'état d'urgence avait été décidé en 1992 pour lutter contre la guérilla islamiste ; il a été aboli en février 2011, soit près de vingt ans plus tard [283].

Le prétexte de la lutte contre le terrorisme offre aux Etats l'occasion de réduire considérablement le plein exercice des droits de l'homme et des libertés fondamentales, ou alors de procéder à une restriction du cadre d'exercice des droits de l'homme et des libertés fondamentales. Ces urgences politiques sont aussi les situations les plus critiquées au regard des droits de l'homme parce que ces derniers sont suspendus sur le long terme et les abus sont plus fréquents que lors des urgences sanitaires ou naturelles. « Avant, les Etats utilisaient peu cette mesure. Aujourd'hui, c'est de nouveau à la mode », « [p]arce que la menace a augmenté mais aussi parce que cela montre que le gouvernement fait quelque chose », estime Andrew Clapham [284]. « En supprimant les garde-fous à l'exercice du pouvoir exécutif, que ce soit par le parlement ou par la justice, les états d'urgence augmentent le risque que l'Etat

---

281. Le Président péruvien a ainsi annoncé en 2015 avoir levé l'état d'urgence en vigueur depuis trente ans dans l'Alto Huallaga (nord), province amazonienne réputée pour la culture illégale de coca et ancien refuge de la guérilla maoïste du Sentier Lumineux (SL), cf. « 30 ans après, le Pérou lève l'état d'urgence dans les zones de guérilla », *Le Point*, 28 juin 2015 à l'adresse https://www.lepoint.fr/monde/30-ans-apres-le-perou-leve-l-etat-d-urgence-dans-les-zones-de-guerilla-28-06-2015-1940527_24.php.
282. *Idem.*
283. L'état d'urgence instauré en Algérie en 1992 a été officiellement levé, le 24 février 2011, avec la publication au *Journal officiel* algérien du décret en ce sens. Le Président de la République ... promulgue l'ordonnance dont la teneur suit : « Article 1. – Est abrogé le décret législatif n° 93-02 du 6 février 1993 portant prorogation de la durée de l'état d'urgence instauré par décret présidentiel n° 92-44 du 9 février 1992 », lit-on dans le *JO* à la date du 23 février mais mis en ligne jeudi, cf. « Algérie : l'état d'urgence levé en Algérie », *Le Monde*, 24 février 2011 à 19h20 – Mis à jour le 24 février 2011 à 19h34, disponible sur https://www.lemonde.fr/afrique/article/2011/02/24/algerie-l-etat-d-urgence-leve-en-algerie_1484918_3212.html.
284. Cité par M. Parvex, « Comment l'état d'urgence peut bafouer les droits humains », publié le 12 août 2016 à l'adresse https://www.letemps.ch/monde/letat-durgence-bafouer-droits-humains.

ne respecte pas les droits humains», analyse Benjamin Ward[285]. Il arrive de plus en plus dans de nombreux Etats qui font face à la menace terroriste, que l'exception ne passe plus nécessairement par la proclamation d'un état d'urgence mais au travers de lois permettant des dérogations dans certaines situations. C'est le cas des législations antiterroristes adoptées dans de nombreux Etats. L'application de cette législation antiterroriste sans proclamation explicite de l'état d'urgence rend complexe l'appréciation que peuvent faire les organes de contrôle en matière de dérogation aux droits de l'homme, car une situation temporaire a tendance à devenir permanente.

Dans l'application des clauses de dérogation, et relativement à la guerre contre le terrorisme, les organes de contrôle laissent une marge d'appréciation excessive aux Etats quant à la qualification de la situation qui est identifiée comme un danger menaçant l'existence de la nation. En effet, en l'absence d'un texte fixant les critères de qualification d'une situation comme constituant une menace pour la vie organisée de la communauté, il est difficile de contrôler la marge de qualification dont bénéficient les Etats. Les attaques terroristes sont par essence multiformes et complexes et offrent aux Etats une marge considérable de manœuvre. Cependant, l'acte introduisant l'état d'urgence reste toujours un acte de gouvernement pris par l'Etat qui échappe au contrôle des organes compétents, tant que le plan interne que sur le plan international. En effet, il y a eu une recrudescence des notifications de dérogation car très souvent, le terme «terrorisme» peut englober, selon les gouvernements, des actes de terrorisme sporadiques jusqu'à des situations de violence qui ressemblent plutôt à des conflits armés. En juin 2016, l'Ukraine a notifié qu'elle a dérogé à plusieurs articles de la CEDH (et du PIDCP), invoquant comme danger «la campagne antiterroriste» qui se déroule à l'Est du pays. Mais il se posait dans ce cas un problème réel de qualification car ce que le gouvernement définissait comme «terrorisme» était considéré ailleurs comme un conflit armé non international (au moins, peut-être aussi internationalisé) entre le gouvernement et les séparatistes[286].

---

285. *Idem.*
286. V. Saranti, «L'état d'urgence en droit international: qu'est-ce qui a changé depuis «la guerre contre le terrorisme»?» *Journal du droit administratif (JDA)*, 2016, dossier 01 «Etat d'urgence», J. Andriantsimbazovina, J. Schmitz et M. Touzeil-Divina (dir. publ.), article 29, accessible sur http://www.journal-du-droit-administratif.fr/letat-durgence-en-droit-international-quest-ce-qui-a-change-depuis-la-guerre-contre-le-terrorisme-i-7/.

Le contrôle porte également sur l'existence d'une disposition légale interne prévoyant la dérogation.

Par. 2. L'examen du droit interne pertinent

Dans l'exercice du contrôle, les organes dédiés vérifient si les mesures de dérogations reposent sur des bases juridiques en droit interne. Pour pouvoir déroger aux droits de l'homme, en proclamant par exemple l'état d'urgence, les Etats doivent asseoir leur décision sur des bases légales sur le plan interne afin d'éviter l'arbitraire. Le fondement légal des mesures de dérogation permet d'encadrer juridiquement lesdites mesures. En l'absence des dispositions légales sur les mesures à prendre durant les circonstances exceptionnelles, les initiatives prises par les Etats qui y recourent sont considérées comme illégales car manquant de bases juridiques. Il en est ainsi parce qu'en règle générale, l'état d'urgence a deux composantes :

– un cadre juridique constitué des bases constitutionnelle et législative de l'état d'urgence, et
– un cadre opérationnel comprenant la structure organisationnelle et des plans stratégiques pour faire face à l'état d'urgence.

En d'autres termes, les exigences opérationnelles doivent respecter le cadre juridique à la fois interne et international. La proclamation de l'état d'urgence doit être prévue dans le cadre d'une législation existante. En effet, l'application de la loi d'urgence conduit invariablement à une restriction des droits et libertés, ainsi que des activités et des droits économiques, civils ou politiques normaux afin de faire face aux circonstances extraordinaires qui ont provoqué la situation d'urgence. Si certaines restrictions peuvent être pleinement justifiées, un gouvernement risque de tirer partie de l'état d'urgence pour introduire des restrictions injustifiées aux droits de l'homme et des libertés fondamentales. Dans certains pays, l'état d'urgence a été maintenu pendant des années, voire des décennies, longtemps après la disparition du motif initial de sa proclamation.

Le cadre normatif interne prévoyant la dérogation décrit normalement les circonstances pouvant donner lieu à l'état d'urgence, et va parfois jusqu'à identifier les procédures à suivre dans le cadre de l'état d'urgence. C'est dans la Constitution ou dans la loi que l'on retrouve la définition des limites des pouvoirs d'urgence pouvant être invoqués ou des droits suspendus. En effet, une législation est prévue pour pouvoir être appliquée en période normale et en période d'exception. Habituellement, c'est dans le cadre de la période d'exception que sont mis en œuvre les pouvoirs d'exception. Face à une situation de guerre, de conflit, de catastrophe ou toute autre situation d'urgence, il appartient à chaque Etat de trouver des réponses adéquates pour mettre un terme à cette situation. Des pouvoirs spéciaux sont accordés au gouvernement en vertu de la constitution ou de lois spécifiques. Les exemples de mesures d'urgence varient largement, en fonction de l'appréciation des autorités publiques. Il s'agit par exemple de:

- la restriction de la liberté de la presse et l'interdiction des réunions publiques;
- le déploiement national des forces armées;
- l'évacuation de personnes de leurs maisons et lieux de travail;
- les perquisitions de maisons et autres lieux privés sans mandat; les arrestations sans inculpation;
- la confiscation de biens privés (avec ou sans indemnisation) et/ou sa destruction;
- la réglementation stricte des activités des entreprises privées;
- l'ingérence ou le contrôle accentué des transactions financières et les réglementations en matière d'exportation;
- la législation spéciale pour sanctionner le non-respect des réglementations d'urgence.

Dans certains pays, des organes judiciaires spéciaux peuvent être mis en place lors de la situation d'urgence, alors que dans d'autres pays, les organes judiciaires extraordinaires sont interdits. La Cour européenne a estimé à cet égard que

> «lorsqu'un décret-loi d'état d'urgence ne contient pas de formule claire et explicite excluant la possibilité d'un contrôle judiciaire des mesures prises pour son exécution, il doit toujours être compris comme autorisant les juridictions de l'Etat défendeur à effectuer un contrôle suffisant pour permettre d'éviter l'arbitraire» [287].

---

[287]. CourEDH, affaire *Pişkin c. Turquie*, 2020, paragraphe 153. Dans cette affaire, la Cour s'est dite prête à admettre que l'adoption d'une procédure simplifiée pour permettre la révocation immédiate des fonctionnaires ou autres employés de la fonction publique clairement impliqués dans la tentative de coup d'Etat du 15 juillet 2016 puisse être justifiée au regard des circonstances très particulières de l'état d'urgence (par. 125, où la Cour s'est référée à l'avis de la Commission de Venise sur les décrets-lois adoptés dans ce cadre). Cependant, alors que le décret-loi instituant cette procédure simplifiée n'apportait aucune limitation au contrôle juridictionnel à exercer par les tribunaux internes sur les motifs de fait et de droit censés justifier les licenciements, il ressortait de

A. Les prévisions systématiques du droit interne

La quasi-totalité des constitutions étatiques contient des dispositions prévoyant des mesures applicables dans des situations exceptionnelles. Le fondement des mesures de dérogations se trouve plus dans le droit interne des Etats que dans le droit international. Au cours des dernières années, plusieurs Etats ont proclamé l'« état d'urgence » sur leur territoire face à la recrudescence des actes d'insécurité et à la montée des menaces et des attentats terroristes. Depuis les événements du 11 septembre 2001, la menace terroriste s'est répandue dans les pays comme une traînée de poudre et ces derniers n'ont eu de cesse de procéder à une flagellation des libertés publiques à travers l'instauration des mesures d'urgence. A la suite des attaques terroristes du 11 septembre 2001 aux Etats-Unis, leur Président a déclaré, sans invoquer formellement l'article 4 PIDCP, « a national emergency by reason of certain terrorist attacks »[288], introduisant une série d'actes législatifs portant préjudice aux droits de l'homme[289], tandis que le Royaume-Uni a invoqué à son tour l'article 15 CEDH pour déroger aux droits de l'homme et appliquer une législation d'urgence. La menace terroriste s'est généralisée et est devenu pratiquement le cancer sécuritaire du XXIe siècle. Face à ce phénomène qui n'est pas entièrement nouveau, mais qui s'est renouvelé en se généralisant et en s'exprimant de diverses façons, les Etats cherchent encore les moyens du combat. Les dispositions les plus récurrentes qui sont prises pour parer à cette menace demeurent la prise des mesures limitant l'exercice des libertés publiques et la proclamation de l'état d'urgence en cas d'attentats. La CourEDH a déclaré prendre en compte les spécificités liées à une lutte contre le terrorisme en disant clairement qu'elle «… est prête à tenir compte des circonstances entourant les cas soumis à son examen, en particulier des difficultés liées à la lutte contre le terrorisme »[290].

---

la motivation des jugements rendus – qui ne faisait apparaître aucun examen approfondi et sérieux des moyens du requérant – que les tribunaux avaient d'eux-mêmes renoncé à exercer leur pleine compétence à cet égard (par. 150-152). Dans ces circonstances, la Cour a estimé que la dérogation notifiée par la Turquie au titre de l'article 15 de la Convention ne pouvait pas justifier ce manquement aux exigences d'une procédure équitable (par. 153).

288. Cf. Declaration of National Emergency by Reason Of Certain Terrorist Attacks, By the President of the United States of America A Proclamation, https://georgewbush-whitehouse.archives.gov/news/releases/2001/09/20010914-4.html.

289. Cf notamment le USA PATRIOT Act, voté par le Congrès des Etats-Unis et signé par G. W. Bush le 26 octobre 2001.

290. CourEDH, *Incal c. Turquie*, 9 juin 1998, paragraphe 58. Egalement les arrêts *Irlande c. Royaume-Uni*, 18 janvier 1978, *série A n° 25*, paragraphe 11 ss; *Aksoy c.*

Contrôle international des dérogations aux droits de l'homme 153

A la menace terroriste, s'est ajoutée la crise sanitaire induite par la pandémie de coronavirus qui a poussé de nombreux Etats à proclamer l'état d'urgence sanitaire sur leur territoire et à adopter de nombreuses mesures limitatives pour les droits de l'homme et les libertés. Mais il existe une disparité de qualification des mesures prises dans les législations internes des Etats.

B. La disparité des qualifications légales en droit interne

On observe une disparité des législations internes en ce qui concerne non seulement la qualification d'une situation menaçant la vie de la nation, mais aussi la procédure de déclenchement de l'application des mesures relatives à ce que l'on qualifie habituellement de « circonstances exceptionnelles ». La définition des circonstances exceptionnelles est floue : il s'agit de situations créées par des événements d'origine naturelle ou non, affectant l'ordre public et la sécurité, ou bien la continuité des services publics et conduisant l'administration à agir en marge des règles normales de la légalité. Le Conseil d'Etat français a consacré un régime jurisprudentiel des circonstances exceptionnelles avec l'arrêt *Heyrès* de 1918 [291]. Par cet arrêt, le juge français admettait qu'en période de crise, voire, comme dans le cas de l'espèce, en période de guerre, la puissance publique dispose de pouvoirs exceptionnellement étendus afin d'assurer la continuité des services publics. C'est de cette théorie des circonstances exceptionnelles que s'inspira l'article 16 de la Constitution française de 1958.

La théorie des circonstances exceptionnelles va beaucoup plus loin, puisqu'elle autorise l'autorité administrative à s'affranchir des règles

---

Turquie, 18 décembre 1996, paragraphes 70 et 84 ; *Zana c. Turquie*, 25 novembre 1997, paragraphes 59-60 ; et, *Parti communiste unifié de Turquie et al. c. Turquie*, 30 novembre 1998, paragraphe 59.

291. Dans les faits, par un décret du 10 septembre 1914, le Gouvernement avait suspendu l'application aux fonctionnaires civils de l'Etat de l'article 65 de la loi du 22 avril 1905 qui exige la communication à l'agent de son dossier avant toute mesure disciplinaire prise à son encontre, afin de pouvoir procéder sans délai aux déplacements et aux nominations qui s'imposaient selon lui. M. Heyriès, qui avait été révoqué sans que son dossier ne lui ait été préalablement communiqué, attaqua cette mesure en excipant de l'illégalité du décret du 10 septembre 1914. En temps normal, le Conseil d'Etat aurait donné raison au requérant dès lors qu'il est constant qu'un décret, acte du pouvoir réglementaire, ne peut suspendre l'application de dispositions législatives. Mais le Conseil d'Etat, en l'espèce, lui donna tort. Il jugea en effet qu'en vertu de la Constitution, en l'espèce l'article 3 de la loi constitutionnelle du 25 février 1875, il incombe aux pouvoirs publics « de veiller à ce que, à toute époque, les services publics institués par les lois et règlements soient en état de fonctionner, et à ce que les difficultés résultant de la guerre n'en paralysent pas la marche ».

habituelles de compétence : le pouvoir réglementaire peut agir dans la sphère de compétence du pouvoir législatif lorsque l'urgence l'impose et que le législateur ne peut se réunir. Ce régime s'applique en cas de circonstances anormales et inhabituelles. On entend par cette notion les situations découlant des catastrophes naturelles, mais aussi les menaces graves à l'intégrité du territoire comme les guerres, ou encore tout trouble important à l'ordre public. Il faut qu'il existe une urgence réelle, un intérêt public, et des évènements anormaux, inhabituels. Ces circonstances doivent ainsi rendre impossible le maintien des lois habituellement applicables. Le pouvoir exécutif doit disposer dans ce cas de pouvoirs importants pour rétablir l'ordre. De nombreux régimes prévus dans le droit interne des Etats sont applicables durant les circonstances exceptionnelles. Il s'agit soit de l'état d'urgence, soit de l'état de guerre ou encore de l'état de siège, etc.

1. L'état d'urgence

L'état d'urgence désigne un régime exceptionnel, mis en place par un gouvernement, en cas d'atteinte grave à l'ordre public, de troubles graves ou de calamités ... Quelle qu'en soit la raison, l'état d'urgence permet la mise en place d'un régime d'exception sur le plan juridique, et de suspendre temporairement certains droits. C'est un régime intermédiaire entre l'état de siège et la situation normale. Mais cela ne se passe pas toujours sans abus, ni discrimination alors même que, dans la moitié des cas déclarés à l'ONU, ces urgences finissent par durer. La Constitution française prévoit deux régimes applicables en cas de crise grave, à savoir : l'octroi de pouvoirs exceptionnels au Président de la République (art. 16) [292] et l'état de siège (art. 36), mais reste silencieuse sur l'état d'urgence. C'est ainsi qu'en France, l'état d'urgence est déclaré par décret en Conseil des ministres en cas de « péril imminent résultant d'atteintes graves à l'ordre public » ou d'« événements présentant, par

---

292. En vertu de l'article 16 de la Constitution française,

« Lorsque les institutions de la République, l'indépendance de la Nation, l'intégrité de son territoire ou l'exécution de ses engagements internationaux sont menacées d'une manière grave et immédiate et que le fonctionnement régulier des pouvoirs publics constitutionnels est interrompu, le Président de la République prend les mesures exigées par ces circonstances, après consultation officielle du Premier ministre, des Présidents des assemblées ainsi que du Conseil constitutionnel ».

Cette disposition est reprise dans la plupart des Constitutions des Etats d'Afrique noire francophone.

leur nature et leur gravité, le caractère de calamité publique »²⁹³. Il ne peut excéder douze jours, prorogeable par la loi, et s'applique sur tout ou partie du territoire ²⁹⁴. L'état d'urgence permet, dans une zone géographique déterminée, l'application de mesures exceptionnelles visant à restreindre les libertés des individus pour garantir la sécurité et l'ordre publics. Le préfet d'un département concerné peut, à ce titre :

- « interdire la circulation des personnes ou des véhicules dans les lieux et aux heures fixés par arrêté » ;
- « instituer, par arrêté, des zones de protection ou de sécurité où le séjour des personnes est réglementé » ;
- « interdire le séjour dans tout ou partie du département à toute personne cherchant à entraver, de quelque manière que ce soit, l'action des pouvoirs publics »²⁹⁵.

L'état d'urgence suppose une calamité publique ou un péril imminent menaçant l'ordre public.

De façon générale, les Etats intègrent dans leurs Constitutions ou leurs législations, des dispositions applicables aux situations de crise et qui fondent leur droit de recourir aux mesures d'exception et ainsi, de restreindre les droits et libertés de leurs citoyens.

---

293. Etablie en France en 1955 alors que la guerre d'Algérie venait tout juste de débuter, l'état d'urgence a été imaginé pour répondre à des circonstances qui malgré leur caractère exceptionnel, ne pouvaient relever de l'état de siège. Cet état permet d'accroître les pouvoirs de l'autorité publique.
294. Cf. articles 1ᵉʳ, 2 et 3 de la loi de 1955.
295. *Ibid.*, article 5. Le Ministre de l'Intérieur a, quant à lui, la faculté de prononcer l'assignation à résidence d'une personne, assortie le cas échéant :
- de l'obligation de demeurer dans un lieu d'habitation, pour une durée ne pouvant excéder douze heures par jour ;
- de l'obligation de se présenter périodiquement aux services de police et de leur remettre les papiers d'identité ;
- de l'interdiction d'entrer en contact avec certaines personnes ;
- du placement sous surveillance électronique mobile en cas de condamnation à une peine privative de liberté pour un acte de terrorisme (article 6, tel que modifié par la loi n° 2015-1501).

Le Conseil des ministres peut dissoudre par décret les associations dont les activités portent gravement atteinte à l'ordre public (art. 6-1).
Le Ministre de l'Intérieur ou les préfets ont également la possibilité d'ordonner la fermeture provisoire des salles de spectacles, des débits de boissons et des lieux de réunion et d'interdire les réunions de nature à provoquer le désordre (art. 8). Ces mêmes autorités ont la faculté :
- d'exiger la remise des armes et des munitions (art. 9) ;
- d'ordonner des perquisitions, de jour comme de nuit, lorsqu'il existe des raisons sérieuses de penser qu'un lieu est fréquenté par une personne dont le comportement constitue une menace pour la sécurité et l'ordre publics, à condition d'en informer le procureur de la République sans délai (I de l'art. 11).

2. L'état de guerre

Dans certains Etats, les circonstances exceptionnelles entraînent la proclamation de l'état de guerre. Dans le cas où des menaces graves et immédiates pèseraient sur ces intérêts vitaux, l'article 16 de la Constitution française confère la faculté au Président de la République de «prendre les mesures exigées par les circonstances». C'est alors lui qui décide, en tant que chef des armées. Par exemple, le 26 novembre 2018, le Conseil de sécurité et de défense d'Ukraine a proclamé l'état de guerre et la loi martiale [296] pour trente jours dans les régions frontalières et côtières [297]. Le texte introduisant cette mesure d'exception a été adopté par deux cent soixante-seize députés contre trente au terme de débats houleux. Cette loi ukrainienne comprend notamment une réduction substantielle des droits et des libertés des civils. Cela implique notamment la mise en place d'un couvre-feu, d'un certain nombre de check points militaires et de contrôles renforcés qui concernent aussi bien les Ukrainiens que les touristes et les étrangers.

3. L'état de siège

L'état de siège est un dispositif juridique habituellement mis en œuvre par un gouvernement en cas de péril imminent (insurrection armée ou invasion étrangère) pour la nation. Il s'accompagne généralement de plusieurs mesures qui peuvent menacer les droits et libertés fondamentaux:

– L'armée remplace la police pour la sécurité publique [298];

---

296. La loi martiale est l'instauration dans un pays d'un état juridique d'exception, au sein duquel l'armée assure le maintien de l'ordre à la place de la police ou en collaboration avec celle-ci.

297. Le pays a pris cette décision à la suite d'incidents graves qui ont mis aux prises les marines russe et ukrainienne en mer Noire. Cette mesure a été levée trente jours plus tard.

298. En ce sens, l'état de siège a été instauré le 3 mai 2021 dans deux provinces de l'est de la République démocratique du Congo secouées par des conflits. Cela signifie que l'armée a désormais remplacé les autorités civiles dans le Nord Kivu et l'Ituri, pour une période initiale de trente jours. En vertu des ordonnances proclamant l'état de siège, les autorités militaires sont habilitées à perquisitionner les domiciles de jour et de nuit, à interdire des publications et des réunions considérées comme portant atteinte à l'ordre public, à interdire la circulation des personnes et à interpeller quiconque pour perturbation de l'ordre public. Les civils seront poursuivis devant des tribunaux militaires. Textes desdites ordonnances sur https://www.hrw.org/sites/default/files/media_2021/05/Ordonnance%20portant%20mesures%20d%E2%80%99application%20e%CC%81tat%20de%20sie%CC%80ge%20Nord-Kivu%20et%20Ituri.pdf. Cette mesure a fait l'objet de nombreuses critiques et a suscité des inquiétudes de la part des organismes de défense des droits de l'homme. Voir Th. Fessy, «L'état de siège dans l'est de la RD Congo ne doit pas servir de prétexte

- Certaines libertés (circulation, manifestation, expression) sont fortement restreintes ;
- Les médias sont contrôlés ;
- Un couvre-feu entre en vigueur sur la partie du territoire concernée par l'état de siège ;
- La mobilisation nationale peut être décidée ;
- Les tribunaux civils sont remplacés par des tribunaux militaires ;
- Surveillance accrue de la population.

Dans plusieurs pays, l'état de siège est encadré par des dispositions constitutionnelles et les conditions de recours à une telle mesure sont rigoureuses. Le recours à ce régime n'est pas seulement prévu dans les circonstances exceptionnelles mais aussi en période normale. Dans ce cas, il s'agit d'un régime exceptionnel et temporaire proclamé par un gouvernement pour faire face à un péril national imminent (insurrection armée ou invasion étrangère), en vue du maintien de l'ordre public. Des prérogatives exceptionnelles sont octroyées au gouvernement avec, notamment, un transfert des compétences des autorités civiles aux autorités militaires, une suspension de l'effet des lois ordinaires et une limitation des libertés individuelles.

4. L'état d'exception

L'état d'exception est un régime qui peut être proclamé par les autorités en cas de troubles graves dans la vie organisée de la collectivité et qui mettent en danger les intérêts vitaux de la population, ou en cas de menace effective ou imminente d'un tel trouble. Il doit avoir pour seul but de préserver les droits et la sécurité de la population ainsi que le fonctionnement des institutions dans le cadre de la loi. Ainsi, la Constitution espagnole précise en son article 55 qu'il est fait recours à l'« état d'exception » si

> « [l]es droits reconnus aux articles 17 et 18, paragraphes 2 et 3, aux articles 19 et 20, paragraphes 1 *a)* et *d)* et 5, aux articles 21 et 28, paragraphe 2, et à l'article 37, paragraphe 2, pourront être suspendus dans les cas où il aura été décidé de déclarer l'état d'exception ou l'état de siège, dans les termes prévus par la Constitution. Toutefois, en cas de déclaration de l'état d'exception,

---

pour commettre des abus », publié le 7 mai 2021 par Human rights watch sur https://www.hrw.org/fr/news/2021/05/07/letat-de-siege-dans-lest-de-la-rd-congo-ne-doit-pas-servir-de-pretexte-pour.

il ne peut être dérogé aux dispositions de l'article 17, paragraphe 3 » [299].

Dans une minorité de pays (Chypre, Malte, Liechtenstein), il n'y a qu'un seul type d'état d'exception. A Chypre, par exemple, la proclamation de l'état d'urgence peut avoir lieu en cas de guerre ou d'autre danger public menaçant la vie de la nation. De même, la Constitution de la République slovaque prévoit l'état d'exception, sans préciser dans quels cas on est conduit à le proclamer. La législation courante renvoie à différents types d'états d'exception, tels que l'état d'alerte militaire ou la situation de catastrophe naturelle. Toutefois, dans la majorité des cas, il existe plusieurs types d'état d'exception, en fonction des différents types de dangers et de la gravité de la situation.

En Allemagne, les amendements apportés en 1968 à la loi fondamentale prévoient trois types d'état d'exception. Il y a «l'état de défense» lorsque la République est attaquée ou est sur le point d'être attaquée par une force armée. «L'état de tension» correspond à la situation qui précède l'état de défense, par exemple «une situation qui se rapproche de la guerre civile ou une situation de préparation à une guerre internationale». Quant à «l'état d'exception interne», il correspond aux catastrophes naturelles, aux accidents graves, aux menaces visant l'ordre public et démocratique fondamental au niveau de la Fédération ou des *Länder*, ou encore aux dangers qui existent pour la sécurité publique ou l'ordre public.

La Constitution espagnole, elle aussi, adopte, s'agissant de la déclaration d'exception, un modèle diversifié ou pluraliste, qui renvoie à trois situations spécifiques, baptisées respectivement «état d'alerte», «état d'urgence» et «état de siège» (ou loi martiale). Toutefois, cette Constitution ne précise pas les motifs pour lesquels l'état d'exception peut être déclaré; elle laisse ce soin aux lois organiques. Sur la base de cette habilitation constitutionnelle, la loi organique 4/1981 adopte un modèle différencié, dans lequel les divers types d'état d'exception procèdent de causes différentes [300]. Ainsi, la loi organique définit «l'état d'alerte» comme

---

299. Constitution espagnole ratifiée par le référendum du 6 décembre 1978, article 55.
300. Loi organique 4/1981 du 1er juin 1981 relative aux états d'alerte, d'exception et de siège, disponible sur https://www.europarl.europa.eu/RegData/etudes/IDAN/2020/649366/EPRS_IDA(2020)649366_FR.pdf. Le gouvernement est tenu d'informer le Congrès de la déclaration de l'état d'alerte et de lui fournir les informations qu'il requiert. Par ailleurs, le gouvernement est tenu d'informer le Congrès de tous les

« une réponse aux situations d'urgence naturelles, afin de faire face aux catastrophes, aux désastres et aux calamités publiques, aux situations d'urgence sur le plan sanitaire et aux périodes de pénurie de denrées de base »[301].

L'état d'alerte peut aussi être déclaré en cas de paralysie des services publics essentiels[302]. Cet état suppose également le lancement d'une procédure exceptionnelle en raison de ses conséquences sur le fonctionnement des institutions constitutionnelles, étant donné qu'il met en évidence, entre autres, le pouvoir de contrôle du Congrès des députés et de la justice sur l'action du gouvernement, acteur principal de cet état d'alerte, ainsi que la relation entre le gouvernement et les Communautés autonomes. Il y a lieu de décréter l'état d'exception

« lorsque le libre exercice des droits et moyens du citoyen ou le fonctionnement normal des institutions démocratiques, des services publics indispensables à la collectivité, ou tout autre élément de l'ordre public, se trouvent entravés à un point tel que les pouvoirs ordinaires ne suffisent pas à les rétablir ou à les maintenir ».

Enfin, « l'état de siège » est défini comme un état d'exception militaire qui peut être déclaré

« en cas d'insurrection ou de menace d'insurrection, ou dans le cas d'un acte de force contre la souveraineté ou l'indépendance, l'intégrité territoriale et l'ordre constitutionnel de l'Espagne, lorsqu'aucun autre moyen n'est susceptible d'aboutir ».

La Constitution hongroise[303] mentionne elle aussi trois types différents d'état d'exception : l'état de siège (art. 49), l'état d'urgence (art. 50) et l'état de défense préventive (art. 51). L'état de siège est déclaré en cas de guerre ou de risque immédiat d'agression armée étrangère. En pareil cas, un Conseil de la défense nationale est établi pour exercer les pouvoirs du Gouvernement et du Président de la République ainsi que les autres pouvoirs qui lui sont délégués par l'Assemblée nationale. Le président

---

décrets adoptés pendant que l'état l'alerte est en vigueur, en lien avec ce dernier (art. 8 de la loi organique 4/1981).

301. *Ibid.*, article 4.

302. Par exemple, la crise sanitaire provoquée par la pandémie internationale de la COVID-19 a poussé le Gouvernement espagnol à déclarer, le 14 mars 2020, l'état d'alerte sur l'intégralité du territoire national.

303. Loi fondamentale du 25 avril 2011, version française disponible sur https://mjp.univ-perp.fr/constit/hu2011.htm.

du Conseil de la défense nationale est le Président de la République. Le Conseil se compose du président de l'Assemblée nationale, des chefs des groupes parlementaires représentés à l'Assemblée nationale, du Premier Ministre, des ministres, du commandant en chef et du chef d'état-major général de l'armée hongroise. L'état d'urgence est déclaré en cas d'actes graves et violents qui menacent l'ordre constitutionnel ou en cas de catastrophe naturelle ou industrielle. Pendant la durée de l'état d'urgence, le Président de la République adopte par décrets des mesures exceptionnelles. Enfin, l'état de danger public est déclaré en cas de menaces moins graves pour l'ordre et la sécurité publics, et il permet au gouvernement d'adopter des décrets qui peuvent être contraires aux lois en vigueur.

De même, la Constitution turque[304] énumère trois types d'état d'exception, sans y inclure l'état de guerre, pendant lequel le Parlement peut décider de retarder d'un an les élections (art. 78). Sur les trois types d'état d'exception prévus par la Constitution, l'un est conçu pour faire face aux catastrophes naturelles, aux épidémies dangereuses ou aux crises économiques graves (art. 119). Un autre type d'état d'exception est prévu

> «lorsqu'apparaissent des signes tangibles d'actes de violence généralisés, qui tendent à la destruction de l'ordre démocratique libre instauré par la Constitution, ou à la suppression des droits et libertés fondamentaux, ou qui peuvent faire craindre une grave détérioration de l'ordre public» (art. 120).

Enfin, «l'état de siège» (loi martiale) peut être déclaré

> «dans le cas d'actes de violence généralisés qui sont plus dangereux que les cas de figure correspondant à l'état d'exception, et qui visent à détruire l'ordre libre et démocratique ou les droits et libertés fondamentaux inscrits dans la Constitution; ou bien en cas de guerre ou lorsqu'on a affaire à une situation qui rend la guerre inévitable, ou à un soulèvement, ou à des actions de révolte violentes et puissantes contre la mère patrie et la République, ou encore à des actes de violence généralisés, d'origine interne ou externe, qui menacent l'indivisibilité de la nation» (art. 121).

---

304. Constitution du 7 novembre 1982, version française disponible sur https://mjp.univ-perp.fr/constit/tr1982.htm.

Les Constitutions de la majorité des pays prévoient deux types d'état d'exception. Au Portugal [305], en Grèce [306], en Roumanie [307], et dans de nombreux autres Etats, il s'agit de l'état d'urgence, de l'état d'exception et de l'état de siège. En Slovénie [308] et en Albanie [309], il s'agit de l'état de guerre et de l'état de siège. En Finlande, la Constitution mentionne l'état

---

305. Selon l'article 19 (1) de la Constitution du 2 avril 1976, mis à jour à la suite de la loi constitutionnelle du 12 juillet 2004,

« 1. Les organes de souveraineté ne peuvent, conjointement ou séparément, suspendre l'exercice des droits, des libertés et des garanties, sauf en cas d'état de siège ou d'état d'urgence, déclarés dans les formes prévues par la Constitution. »

306. Selon l'article 48 (1) de la Constitution grecque du 9 juin 1975,

« En cas de guerre, de mobilisation en raison de dangers extérieurs ou d'une menace imminente pour la sûreté nationale, ainsi que dans le cas où un mouvement armé tendant au renversement du régime démocratique se manifeste, la Chambre des députés, par une résolution prise sur proposition du gouvernement, met en application, sur l'ensemble ou une partie du territoire, la loi sur l'état de siège, institue des tribunaux d'exception et suspend l'application de l'ensemble ou d'une partie des dispositions des articles 5, paragraphes 4, 6, 8, 9, 11,12, paragraphes 1 à 4, 14,19, 22, paragraphes 3, 23, 96, paragraphes 4 et 97. Le président de la République publie la résolution de la Chambre des députés. Par cette même résolution de la Chambre est fixée la durée de la mise en vigueur des mesures imposées, qui ne peut excéder quinze jours. »

307. La Constitution roumaine, telle que modifiée et complétée par la loi de révision de la Constitution de la Roumanie n° 429/2003, publiée au Journal Officiel de la Roumanie dispose en son article 93 que :

« (1) Le Président de la Roumanie institue, conformément à la loi, l'état de siège ou l'état d'urgence dans tout le pays ou dans certaines unités administratives-territoriales et demande au Parlement d'approuver la mesure adoptée, dans un délai maximum de 5 jours après son adoption. (2) Si le Parlement n'est pas en session, il est convoqué de droit dans un délai maximum de 48 heures à compter de l'institution de l'état de siège ou de l'état d'urgence et siège pendant toute la durée de ceux-ci. »

308. L'article 92 de la Constitution du 23 décembre 1991 porte sur l'état de guerre et l'état de siège et dispose que :

« L'état de siège est proclamé, lorsque l'existence de l'Etat est menacée par un grand danger d'ordre général. C'est l'Assemblée nationale qui, sur la proposition du Gouvernement, décide de proclamer l'état de guerre ou l'état de siège, les mesures urgentes et leur suppression. »

309. La Constitution du 1er décembre 1928, dispose en son article 92 ce qui suit :

« En cas de guerre ou de situation analogue, en temps de révolution ou dans l'expectative d'une révolution ou d'une mobilisation générale où d'une calamité publique, le roi, sous la responsabilité du cabinet, a le droit de proclamer l'état de siège partiel ou général. (2) Le décret d'état de siège doit, dans les vingt-quatre heures, être communiqué au Parlement à fin d'approbation. (3) Si le Parlement est en vacances, le décret d'état de siège sera présenté au Parlement, dans sa plus prochaine session et au plus tard dans les trois jours de son ouverture. Le Parlement en discute et délibère dans la semaine. (4) L'état de siège restreint et suspend provisoirement la liberté individuelle, l'inviolabilité du domicile, le droit d'association et de réunion, la liberté de la presse, le secret des correspondances et la liberté de la parole. (5) Une loi spéciale réglera les modalités de la restriction et de la suspension des droits susdits, et elle fixera, en même temps que la zone de

de défense, et conformément à la Constitution, une législation sur l'état de « préparation » a aussi été adoptée. La loi sur l'état de « préparation » de 1991 inclut des dispositions qui sont applicables également dans des situations d'urgence à l'exclusion de la guerre ou de la rébellion. Au Canada, les pouvoirs d'exception sont contenus implicitement dans la Constitution. Le Parlement fédéral a adopté deux lois, dont l'une traite des mesures en temps de guerre, et l'autre – moins rigoureuse – traite des mesures d'exception en temps de paix.

La Constitution de l'Irlande prévoit deux types de situations qui peuvent être considérées comme des situations d'exception, à savoir *a)* la guerre ou la rébellion armée (art. 28 de la Constitution) et *b)* une situation dans laquelle les tribunaux de droit commun ne sont pas en mesure d'assurer l'administration effective de la justice et le maintien de la paix et de l'ordre publics (art. 38 de la Constitution). La différence fondamentale entre les deux types de situations réside dans le fait que, dans le premier cas, le Gouvernement est habilité à prendre toute mesure exécutive, de quelque sorte que ce soit, qu'il estime nécessaire à la protection de l'Etat, y compris la création de tribunaux militaires. En outre, le Parlement est habilité à adopter des lois qui, en temps normal, seraient déclarées inconstitutionnelles par la Cour suprême. Le second type de situation d'exception est de portée beaucoup plus restreinte. En pareil cas, le Gouvernement peut proclamer l'entrée en vigueur du titre V de la loi de 1939 relative aux infractions contre l'Etat. Des juridictions spéciales sans jury peuvent alors être mises sur pied pour connaître d'affaires qui seraient normalement jugées par un jury. Le titre V de la loi est en vigueur depuis 1972. La juridiction spéciale qui a été créée à cette époque et qui existe toujours se compose de trois juges issus de la magistrature, bien que la loi autorise aussi la nomination d'avocats et/ou d'officiers. Les décisions de ce tribunal sont susceptibles de recours dans les conditions habituelles devant les juridictions d'appel de droit commun.

5. L'état de crise

Il n'existe pas une définition stricte de la notion de crise, mais il est avéré qu'une crise peut se présenter sous diverses formes dans un Etat, de gravité variable, et s'étendre sur un temps plus ou moins long. Dans ces situations, qui mettent généralement à mal la sécurité

---

l'état de siège, le mode d'exécution des dispositions qui seront appliquées dans la zone en état de siège. »

Contrôle international des dérogations aux droits de l'homme 163

de l'Etat, ce dernier a la responsabilité du maintien de l'ordre et de la sécurité. Une situation de crise introduit également une notion de péril imminent et de menace, qui sont les corollaires de l'effet d'alarme et de la nécessité d'agir dans l'urgence. L'article 32.4 de la Constitution luxembourgeoise, révisée en 2017, indique qu'

> «[e]n cas de crise internationale, de menaces réelles pour les intérêts vitaux de tout ou partie de la population ou de péril imminent résultant d'atteintes graves à la sécurité publique, le Grand-Duc, après avoir constaté l'urgence résultant de l'impossibilité de la Chambre des députés de légiférer dans les délais appropriés, peut prendre en toutes matières des mesures réglementaires. Ces mesures peuvent déroger à des lois existantes. Elles doivent être nécessaires, adéquates et proportionnées au but poursuivi et être conformes à la Constitution et aux traités internationaux. La prorogation de l'état de crise au-delà de dix jours ne peut être décidée que par une ou plusieurs lois votées dans les conditions de l'article 114, alinéa 2, de la Constitution, qui en fixe la durée, sans que la prorogation ne puisse dépasser une durée maximale de trois mois. Tous les règlements pris en vertu de la présente disposition cessent leurs effets au plus tard à la fin de l'état de crise. La Chambre des députés ne peut être dissoute pendant l'état de crise»[310].

6. Autres qualifications employées dans les législations internes

On retrouve d'autres qualifications des situations exceptionnelles dans les ordres juridiques internes des Etats. Ainsi, quatre autres régimes d'exception sont prévus par la loi fondamentale de l'Allemagne[311]. Ils concernent:

– Les dispositions relatives à tout état de «crise intérieure» (art. 91, et 87*a* IV). L'article 91 de la Loi fondamentale allemande prévoit que

---

310. Cf. Constitution du 17 octobre 1868 à l'adresse https://mjp.univ-perp.fr/constit/lux1868.htm. A cet effet, le Premier ministre luxembourgeois a annoncé le 17 mars 2020 devant le Parlement que le pays sera placé en «état de crise» pour un maximum de trois mois. Voir Loi du 24 mars 2020 portant prorogation de l'état de crise déclaré par le règlement grand-ducal du 18 mars 2020 portant introduction d'une série de mesures dans le cadre de la lutte contre le Covid-19 sur https://legilux.public.lu/eli/etat/leg/loi/2020/03/24/a178/jo.

311. Disponible sur https://www.bundestag.de/resource/blob/189762/f0568757877611b2e434039d29a1a822/loi_fondamentale-data.pdf.

> « pour combattre un danger menaçant l'existence ou l'ordre constitutionnel libéral et démocratique de la Fédération ou d'un *Land*, un *Land* peut requérir des forces de police d'autres *Länder* ainsi que des forces et équipements d'autres administrations et [de la police fédérale] ».

En outre,

> « si le *Land* où le danger menace n'est pas lui-même prêt à, ou en mesure de, combattre ce danger, le Gouvernement fédéral peut soumettre à ses instructions la police de ce *Land* et les forces de police d'autres *Länder* ».

Cette décision doit être rapportée : lorsque le danger a disparu et à la demande du *Bundestag*, à tout moment.

– L'« état de tension » *(Spannungsfall)* (art. 80*a* et 87*a* III). Aux termes de l'article 80*a* du même texte, si le *Bundestag* constate la survenance de l'« état de tension » à la majorité des deux-tiers des suffrages exprimés, il est possible de limiter le droit fondamental que constitue la liberté en vertu de laquelle « tous les Allemands ont le droit de choisir librement leur profession ». Les pouvoirs publics peuvent par conséquent contraindre une personne à accomplir un service civil ou militaire (arts. 12 et 12*a* III-VI).

– L'« état de défense » *(Verteidigungsfall)* (art. 12*a* III-VI, 53*a*, 87*a* III, 96, et 115*a* – l) . Aux termes de l'article 115*a* de la Loi fondamentale allemande,

> « il appartient au *Bundestag*, avec l'approbation du *Bundesrat*, de déclarer que le territoire fédéral fait l'objet d'une agression armée, ou qu'une telle agression est imminente. La déclaration est faite à la demande du Gouvernement fédéral et requiert la majorité des deux tiers des voix exprimées correspondant à au moins la moitié des membres composant le *Bundestag* » (art. 80*a*).

Au cours des différentes circonstances exceptionnelles, les Etats prennent diverses mesures pour protéger et/ou rétablir la sécurité.

C. Les diverses mesures prises pour assurer l'ordre public et garantir la sécurité nationale

Le recours à la théorie des circonstances exceptionnelles dans un Etat permet « de faire prévaloir l'intérêt supérieur de l'Etat sur le respect de la légalité ordinaire »[312]. Dans l'affaire *Askoy c. Turquie*, la Cour européenne

> « rappelle qu'il incombe à chaque Etat contractant, responsable de « la vie de [sa] nation », de déterminer si un « danger public » la menace et, dans l'affirmative, jusqu'où il faut aller pour essayer de le dissiper. En contact direct et constant avec les réalités pressantes du moment, les autorités nationales se trouvent en principe mieux placées que le juge international pour se prononcer sur la présence de pareil danger, comme sur la nature et l'étendue des dérogations nécessaires pour le conjurer. Partant, on doit leur laisser en la matière, une ample marge d'appréciation »[313].

Les législations relatives aux diverses situations sus-énumérées prévoient les diverses mesures prises pour rétablir l'ordre. Dans la mise en œuvre de ces mesures, l'Etat est tenu de respecter les prescriptions contenues dans les conventions internationales relatives aux droits de l'homme.

D. La durée de la dérogation

La décision de recourir aux dérogations est nécessairement insérée dans le temps. Mais la limitation temporelle a parfois été absente de la décision d'urgence initiale. C'est le cas principalement là où elle ne repose pas sur une déclaration préalable et formelle de l'état d'urgence[314]. Mais l'indication du temps d'application de la dérogation est faite au moment du renouvellement des décisions d'urgence. La durée de l'état d'urgence n'est jamais définitive et la technique de la prorogation et du renouvellement abondamment utilisée permet aux Etats d'insérer

---

312. L. Hebennel, *La Convention américaine des droits de l'homme, mécanismes de protection et étendue des droits et libertés*, Bruxelles, Bruylant, 2007.
313. CourEDH, affaire *Askoy c. Turquie*, paragraphe 68.
314. Lors de la pandémie du coronavirus, les mesures édictées par certains gouvernements dans un premier temps étaient atemporelles. Ce fut le cas au Cameroun où les treize premières mesures d'urgence édictées par le chef du gouvernement l'ont été pour être applicables à compter du 18 mars 2020, « jusqu'à nouvel ordre ». Cette formule a également été employée par le gouvernement du Botswana dans sa déclaration d'état d'urgence qui précisait qu'elle prenait effet à compter du 2 avril 2020, « jusqu'à nouvel ordre ». Il est notable que dans ces deux cas, le principe de temporalité ait repris ses droits au moment du renouvellement des décisions d'urgence. Ainsi, depuis le premier renouvellement des premières mesures d'urgence applicables dès le 18 mars 2020, avec ajout de nouvelles mesures, le 1er avril 2020, le Gouvernement camerounais a pris l'habitude de préciser que leur application s'étend sur la quinzaine qui suit leur adoption. Au Botswana, l'état d'urgence initialement déclaré a ensuite fait l'objet d'un vif débat parlementaire au terme duquel il a été prorogé mais pour une période maximale de six mois.

les limites temporelles aux mesures édictées. Venant à la rescousse des prévisions courtes, elle semble s'opérer de façon automatique. La plupart des Constitutions et des législations prévoient en effet que la durée de l'état d'urgence ne peut être prorogée que sur autorisation du Parlement. Mais, si des divergences se sont parfois révélées entre les exécutifs et les parlements, elles n'ont jamais été jusqu'à empêcher que le parlement autorise le gouvernement à proroger l'état d'urgence. Ce qui manifeste d'une commune reconnaissance, malgré tout, de son bien-fondé.

Section III. Le contrôle du respect des droits indérogeables

La structure des dispositions relatives aux dérogations peut donner à penser que les seuls droits qui ne peuvent donner lieu à aucune dérogation sont ceux énumérés à l'article 4 (2) du Pacte international, les articles 27 (2) de la Convention américaine et l'article 15 (2) de la Convention européenne. Cependant, la situation juridique est plus complexe et le domaine de la non-dérogeabilité couvre également, par exemple, les droits et obligations qui sont inhérents au droit international des droits de l'homme dans son ensemble ou garantis par le droit international humanitaire. Compte tenu de la complexité et de la nature évolutive de ce sujet, seules les caractéristiques les plus saillantes seront examinées ci-dessous. En dépit de leur caractère non dérogeable, les droits de l'homme les plus fondamentaux tels que le droit à la vie et le droit de ne pas être soumis à la torture et à d'autres formes de mauvais traitements sont souvent violés dans le cadre des dérogations. En outre, comme le Comité des droits de l'homme l'a souligné à plusieurs reprises, le droit interne des Etats parties au PIDCP ne répond pas toujours aux exigences de l'article 4 (2) et ne fournit donc pas une protection juridique absolue de certains droits de l'homme en temps de crise. Il s'agit, selon un auteur, des droits « applicables à toute personne quelles que soient les circonstances de temps et de lieu »[315]. Il en déduit

> « la mise en place d'un espace non susceptible de dérogation conventionnelle par les Etats – même en cas de circonstances exceptionnelles – ces droits constituant une sorte d'absolu pour l'humanité, d'idéal commun à atteindre par tous les peuples et

---

[315]. Cl. Katz, « Pour la proclamation par la communauté internationale d'un noyau intangible des droits de l'homme », dans *Revue trimestrielle des droits de l'homme*, 1996, p. 542.

toutes les nations, car exprimant une volonté supérieure aux Etats. Elle définit cette limite naturelle de la souveraineté de l'Etat constitué par la sphère d'application des droits de l'homme » [316].

Certains droits, libertés et interdictions ne devraient souffrir d'aucune dérogation même en cas de danger public menaçant l'existence de la nation. Les Conventions relatives à la protection des droits de l'homme et contenant des dispositions relatives à la dérogation dressent une liste des droits non dérogeables. Cette liste, bien que constituée d'un socle commun, varie d'une convention à l'autre. Mais c'est la Convention américaine des droits de l'homme qui en énumère le plus grand nombre. Ainsi, sont indérogeables :
En vertu de l'article 4 PIDCP[317] :

– Droit à la vie ;
– Interdiction de la torture ou d'autres peines ou traitements cruels, inhumains ou dégradants ;
– Interdiction de l'esclavage et de la servitude ;
– Interdiction de la détention pour dettes ;
– Interdiction des lois pénales rétroactives ;
– Droit de toute personne à la reconnaissance de sa personnalité juridique ;
– Droit à la liberté de pensée, de conscience, de religion et de conviction.

En vertu de l'article 15 de la Convention européenne de sauvegarde des droits de l'homme et des libertés fondamentales[318] :

– Droit à la vie, sauf dans les cas où la mort résulterait d'actes de guerre licites ;
– Interdiction de la torture ou de peines ou traitements inhumains ou dégradants ;
– Interdiction de l'esclavage et de la servitude ;
– Interdiction des lois pénales rétroactives.

En vertu de l'article 27 de la Convention américaine relative aux droits de l'homme :

---

316. *Ibid.*, p. 544.
317. Selon l'article 4 (2) du pacte, «la disposition précédente n'autorise aucune dérogation aux articles 6, 7, 8 (par. 1 et 2), 11, 15, 16 et 18».
318. D'après l'article 15 (2) de la CEDH, «La disposition précédente n'autorise aucune dérogation à l'article 2, sauf pour le cas de décès résultant d'actes licites de guerre, et aux articles 3, 4 (par. 1) et 7».

– Il s'agit de la seule Convention qui ne se contente pas d'un renvoi aux dispositions consacrant les droits indérogeables, mais qui les énumère de façon explicite en son article 27 (2) en stipulant que «la disposition précédente n'autorise pas la suspension des droits déterminés dans les articles suivants: 3 (Droit à la reconnaissance de la personnalité juridique); 4 (Droit à la vie); 5 (Droit à l'intégrité de la personne); 6 (Interdiction de l'esclavage et de la servitude); 9 (Principe de légalité et de rétroactivité); 12 (Liberté de conscience et de religion); 17 (Protection de la famille); 18 (Droit à un nom); 19 (Droit de l'enfant); 20 (Droit à une nationalité); 23 (Droits politiques). Elle n'autorise pas non plus la suspension des garanties indispensables à la protection des droits susvisés.

En vertu de l'article 4 de la Charte arabe des droits de l'homme:
– Droit à la vie;
– Interdiction de la torture ou de traitements cruels, dégradants, humiliants ou inhumains;
– Interdiction des expériences médicales ou scientifiques ou du commerce des organes humains;
– Interdiction de l'esclavage, de la servitude et de la traite d'êtres humains;
– Droit à un procès équitable devant un tribunal compétent, indépendant et impartial, y compris octroi d'une aide juridictionnelle aux personnes ne disposant pas des ressources financières nécessaires;
– Droit des personnes privées de liberté de faire examiner la légalité de leur détention par un tribunal compétent *(habeas corpus)*;
– Interdiction des infractions et des peines rétroactives;
– Interdiction de l'emprisonnement pour non-exécution d'une obligation contractuelle;
– Interdiction de poursuivre une personne au pénal deux fois pour une même infraction;
– Droit des personnes privées de leur liberté d'être traitées avec humanité;
– Droit de toute personne à la reconnaissance de sa personnalité juridique;
– Interdiction d'empêcher illégalement des personnes de quitter un pays quel qu'il soit ou d'y résider;
– Droit de demander l'asile politique;
– Droit à une nationalité;
– Droit à la liberté de pensée, de conscience et de religion, sous réserve des seules restrictions prévues par la loi;

– Droit aux garanties judiciaires nécessaires à la protection des droits susmentionnés.

En tant qu'organe de surveillance de l'application du PIDCP, le Comité des droits de l'homme a formulé de nombreuses observations générales pour aider les Etats parties à interpréter les dispositions du Pacte dans le sens d'une application efficiente. Dans son observation générale n° 29 sur l'état d'urgence, le Comité a souligné que la liste des droits non susceptibles de dérogation qui figure au paragraphe 2 de l'article 4 PIDCP n'est pas nécessairement exhaustive. Il a déclaré ainsi que :

> « Théoriquement, le fait de dire qu'une disposition du Pacte n'est pas susceptible de dérogation ne signifie pas qu'il ne peut en aucun cas y avoir des limitations ou des restrictions justifiées à son application. La référence, au paragraphe 2 de l'article 4, à l'article 18, dont le paragraphe 3 traite spécifiquement des restrictions, montre que la question de l'admissibilité des restrictions est indépendante de celle de savoir si une dérogation est possible. Même en cas de danger public extrêmement grave, les Etats qui font obstacle à l'exercice de la liberté de manifester sa religion ou sa conviction doivent justifier leurs actions en fonction des impératifs mentionnés au paragraphe 3 de l'article 18. A plusieurs occasions, le Comité s'est déclaré préoccupé par le fait qu'il était dérogé ou qu'il risquait pouvoir être dérogé à des droits non susceptibles de dérogation conformément au paragraphe 2 de l'article 4, du fait de l'insuffisance du régime juridique de l'Etat partie. »[319]

Certains droits non énumérés au paragraphe 2 de l'article 4 du Pacte, tels que le droit de toutes les personnes privées de leur liberté d'être traitées avec humanité et avec le respect de la dignité inhérente à la personne humaine, ou l'interdiction de la propagande en faveur de la guerre ou des appels à la haine, ne peuvent faire l'objet de dérogation en vertu de la loi. Le Comité a également estimé que les garanties de procédure, y compris judiciaires, ne peuvent jamais faire l'objet de mesures qui porteraient atteinte à la protection des droits non susceptibles de dérogation. En outre, il a estimé que les « principes de la légalité et de la primauté du droit exigent le respect des garanties judiciaires fondamentales pendant un état d'urgence ». Cependant, dans

---

319. Observation générale n° 29, paragraphe 7.

les faits, il existe encore de nombreuses incompréhensions sur la notion même d'indérogeabilité.

Par. 1. Le concept d'indérogeabilité et les notions voisines

Le concept d'indérogeabilité est devenu fréquent en droit international, à travers la notion de droit indérogeable. Il s'agit d'une notion à laquelle font allusion les tenants d'une conception absolutiste des droits de l'homme. On assiste ces dernières années à une banalisation de l'indérogeabilité, du fait de son utilisation fréquente et son usage à temps et à contretemps dans les discours politiques et les agences de communication. Pourtant, même si ce terme est devenu familier, son appréhension n'est pas uniforme. Ce qui est indérogeable signifie littéralement, ce qui ne peut faire l'objet d'aucune dérogation. Mais il faut tenter de distinguer entre l'indérogeabilité et certaines notions voisines.

A. Indérogeabilité et fondamentalité

On conçoit habituellement que ce qui est indérogeable est fondamental. C'est ainsi que progressivement, indérogeabilité et fondamentalité sont devenus des synonymes. Ce qui est fondamental est ce qui a un caractère essentiel et déterminant. En ce sens, dans le domaine des droits de l'homme, on parle très souvent des droits fondamentaux pour se référer à la catégorie de droits intangibles, insusceptibles de faire l'objet de dérogation quelles que soient les circonstances. En droit, on tente de déterminer la fondamentalité d'un droit par rapport à l'instrument qui l'énonce et non nécessairement par rapport à sa nature, son caractère, son but et sa finalité. Ainsi, les droits fondamentaux sont ceux qui sont consacrés par les textes internationaux et contenus dans la Constitution. Il s'agit là d'une conception formelle de la fondamentalité. Dans sa conception substantielle, les droits fondamentaux représentent l'ensemble des droits essentiels pour l'individu, assurés dans un Etat de droit et une démocratie. Les droits fondamentaux sont considérés comme étant des droits imprescriptibles, inaliénables, universels et unanimement partagés par la communauté humaine dans son ensemble. Il s'agit donc des droits dont la légitimité ou la validité ne peut pas être limitée dans le temps, qui sont inhérents à l'humanité tout entière et dont le respect est opposable non seulement aux Etats, mais également à toutes les autres entités sociales. Le caractère fondamental des droits de l'homme les rend permanents, insusceptibles d'altération ou de limitation, quelles que soient les circonstances.

B. Indérogeabilité et intransgressibilité

Ce qui est indérogeable est intransgressible. Ce qui est intransgressible est ce qui ne peut être transgressé. A contrario, la transgression est l'action de violer, de ne pas respecter une obligation, une loi, un ordre, des règles. Par extension, une transgression désigne le fait de ne pas se conformer à une loi, un ordre, une prescription. Le respect de ce qui est intransgressible suppose tout simplement la conformité à la prescription légale ou conventionnelle. La CIJ a parlé de principes intransgressibles en faisant référence aux règles de droit humanitaire applicables dans les conflits armés. Elle a eu à dire à cet égard que :

> « C'est sans doute parce qu'un grand nombre de règles du droit humanitaire applicable dans les conflits armés sont si fondamentales pour le respect de la personne humaine et pour des « considérations élémentaires d'humanité »,

selon l'expression utilisée par la Cour dans son arrêt du 9 avril 1949 rendu en l'affaire du *Détroit de Corfou (CIJ Recueil 1949,* p. 22), que la Convention IV de La Haye et les Conventions de Genève ont bénéficié d'une large adhésion des Etats. Ces règles fondamentales s'imposent d'ailleurs à tous les Etats, qu'ils aient ou non ratifié les instruments conventionnels qui les expriment, parce qu'elles constituent des principes intransgressibles du droit international coutumier »[320]. On le voit, la haute juridiction passe de la fondamentalité à l'intransgressibilité. On en déduit que les règles fondamentales, et de ce fait les droits fondamentaux, sont intransgressibles. Cette assimilation paraît cependant relative. Contextuellement, l'intransgressibilité au sens de la CIJ est essentiellement juridique. Elle empêcherait ainsi de « déroger » aux règles de droit international humanitaire, qui sont d'« ordre public international ». En ce sens, intransgressible et indérogeable s'impliquent mutuellement.

Toutefois, la transgression se présente aussi comme un fait, un acte matériel – corollaire de l'existence de la règle –, qui ne peut être empêché. Quelle que soit la force des règles de protection des droits de l'homme, rien ne peut empêcher un acte matériel de violation

---

320. *Licéité de la menace ou de l'emploi d'armes nucléaires*, avis consultatif, *CIJ Recueil 1996*, p. 226, paragraphe 79.

ou de transgression, des personnes qui en sont liées. Cette violation peut simplement engager la responsabilité de l'auteur, mais ne peut objectivement être empêchée. Il n'existerait donc pas de règle objectivement intransgressible, insusceptible de violation. C'est en outre cette vérité qui alimente le contentieux international des droits de l'homme, par des violations répétées des Etats, même des règles impératives ou humanitaires. La transgression se perçoit en ce sens comme «une dérogation illicite».

L'indérogeabilité quant à elle est objective. Le texte qui prévoit des dérogations aux droits de l'homme, détermine éventuellement les droits auxquels aucune dérogation n'est permise. Il ne peut y avoir de dérogation en marge de cette interdiction de déroger. D'où la distance entre indérogeabilité et intransgessibilité.

C. Indérogeabilité et impérativité

Indérogeabilité et impérativité entretiennent une relation consubstantielle, les deux notions se définissant mutuellement. Comme l'a remarqué le Comité des droits de l'homme dans son observation générale n° 29,

> «l'énumération des dispositions non susceptibles de dérogation figurant à l'article 4 est liée – sans se confondre avec elle – à la question de savoir si certaines obligations relatives aux droits de l'homme revêtent le caractère de normes impératives du droit international. Le fait que certaines dispositions du Pacte soient, au paragraphe 2 de l'article 4, proclamées non susceptibles de dérogation doit être interprété en partie comme une constatation du caractère impératif de quelques droits fondamentaux garantis par traité dans le Pacte (par exemple les art. 6 et 7)» [321].

Une norme impérative de droit international public peut être définie comme une règle à laquelle aucune dérogation n'est permise, au sens de l'article 53 de la Convention de Vienne de 1969 sur le droit des traités. C'est une norme supérieure qui doit s'imposer à toutes les autres normes conventionnelles contenues dans les traités conclus entre sujets de droit international. Une norme impérative est nécessairement une norme indérogeable. Il y a actuellement une réflexion engagée au sein de la Commission du droit international sur la détection des

---

321. Observation générale n° 29, paragraphe 11.

normes impératives de droit international [322]. Celles-ci ne concernent pas seulement et nécessairement les normes relatives à la protection des droits de l'homme. Le droit international contemporain est bâti autour d'un certain nombre de règles et principes impératifs autour et à travers lesquels se développe un corpus normatif régissant les relations interétatiques. Il s'agit des règles qui constituent la dorsale normative, voire la nervure centrale d'un domaine du droit international. Par conséquent, chaque domaine du droit international comporte des règles impératives dont la violation entraînerait un ébranlement général de tout le système juridique construit dans ledit domaine. Ce qui est impératif n'est donc pas indubitablement rattaché à la protection des droits de l'homme. Les droits de l'homme indérogeables sont

> «les droits de l'Homme de caractère impératif auxquels il n'est permis de déroger en aucune circonstance, pas même en état de crise ou de menace de guerre, de danger public exceptionnel, de proclamation d'un état d'exception, etc.» [323].

Les droits fondamentaux de l'homme sont revêtus d'un caractère impératif. Encore faut-il veiller à l'effectivité des garanties judiciaires desdits droits.

Par. 2. L'effectivité de la garantie judicaire des droits indérogeables

L'analyse des mécanismes de dérogation dans les Conventions européenne et américaine expose certaines divergences dans ces deux régions, tant au niveau des droits indérogeables que du point de vue de la mise en œuvre de ce mécanisme. De plus la présence de ce mécanisme dans les systèmes européen et américain contraste avec son absence dans le système africain. Les articles 15, paragraphe 2 CEDH et 27, paragraphe 2 CADH restreignent ainsi le mécanisme de dérogation en l'interdisant pour les droits considérés comme essentiels à la protection des droits de l'homme. L'article 15, paragraphe 2 CEDH qualifie quatre droits d'indérogeables : le droit à la vie (art. 2), l'interdiction de la torture et des traitements inhumains ou dégradants (art. 3), l'interdiction de l'esclavage et de la servitude (art. 4) et le principe de non-rétroactivité de la loi pénale (art. 7). L'article 27, paragraphe 2 CADH est beaucoup plus étendu que l'article 15, paragraphe 2 CEDH. Il déclare en effet

---

[322]. Pour plus d'informations, consulter https://legal.un.org/ilc/guide/1_14.shtml.
[323]. *Licéité de la menace ou de l'emploi d'armes nucléaires*, avis consultatif, *CIJ Recueil 1996*, p. 226, paragraphe 79, précité.

onze droits comme étant intangibles. En plus des droits considérés par la CEDH comme étant indérogeables, la Convention américaine y ajoute notamment le droit à la reconnaissance d'une personnalité juridique (art. 3), à une nationalité (art. 20) ou encore la liberté de conscience et de religion (art. 12). Alors que le système de dérogation est en théorie similaire dans les deux Conventions, la mise en pratique révèle une portée différente. La protection assurée par la CADH est, en effet, plus stricte que celle de la CourEDH, le champ d'action des Etats parties à la CADH étant plus restreint dans le cadre de l'article 27. De plus certains avis rendus par la CourIADH tendent à limiter davantage l'application de cet article. Ainsi les garanties judiciaires ne peuvent être suspendues lorsqu'elles sont indispensables à la mise en œuvre de droits intangibles [324]. L'article 27, paragraphe 2 CADH semble donc être une liste non exhaustive de droits intangibles.

La mise en œuvre par les systèmes européen et américain de protection des droits de l'homme du mécanisme de dérogation est donc divergente. La protection européenne semble plus souple que celle assurée par la CADH. Le respect par les Etats de leurs obligations internationales limite cependant ce déséquilibre, les Etats européens étant largement soumis au droit international des droits de l'homme, notamment à travers leur adhésion au Pacte international des droits civils et politiques (PIDCP). Le PIDCP prévoit en effet un mécanisme de dérogation aux droits qu'il garantit (art. 4 PIDCP) et le limite également au respect de droits indérogeables, plus nombreux cependant que ceux prévus par la CEDH. Les Etats membres à la fois du Conseil de l'Europe et parties au PIDCP ne peuvent donc pas porter atteinte à certains droits du fait de leur intangibilité dans le PIDCP, bien qu'ils soient en principe dérogeables selon l'article 15 CEDH. Le déséquilibre conventionnel entre les deux systèmes n'est donc que peu relevant en pratique.

A. *Les droits explicitement considérés comme indérogeables*

En vertu de l'article 4 PIDCP, les droits suivants sont indérogeables en toutes circonstances :

- Droit à la vie ;
- Interdiction de la torture ou d'autres peines ou traitements cruels, inhumains ou dégradants ;

---

324. CourIADH, avis consultatif, *Garantias Judiciales en Estados de Emergencia*, 6 octobre 1987, CourIADH, avis consultatif, *El Habeas Corpus Bajo*, Suspension de Garantias, 30 janvier 1987.

- Interdiction de l'esclavage et de la servitude ;
- Interdiction de la détention pour dettes ;
- Interdiction des lois pénales rétroactives ;
- Droit de toute personne à la reconnaissance de sa personnalité juridique ;
- Liberté de pensée, de conscience, de religion et de conviction.

Il s'y ajoute d'autres droits considérés par les diverses conventions régionales comme étant fondamentaux et indérogeables.

1. Le droit à la vie

S'il y a une chose qui est partagée par toute la communauté humaine dans son ensemble, c'est bien la vie. Son caractère précieux et la nécessité de sa conservation le plus longtemps possible ont poussé la communauté internationale à la protéger sous ses divers aspects. De manière historique, il s'agit du droit à ne pas être tué. Consacré dans toutes les Conventions relatives à la protection des droits de l'homme, le droit fondamental à la vie n'est susceptible de faire l'objet d'aucune dérogation quelles que soient les circonstances. Il signifie qu'il doit être protégé par la loi et qu'aucune personne ne peut à tout moment en être arbitrairement privé. Dans la reconnaissance de la dignité inhérente à la vie humaine, le droit à la vie est le droit le plus suprême de tous les droits fondamentaux. Il est le droit mère de tous les autres droits [325]. La CourEDH l'a qualifié de « valeur suprême dans l'échelle des droits de l'homme au plan international » [326], « sans lequel la jouissance de l'un quelconque des autres droits et libertés garantis par la Convention serait illusoire » [327]. Dans les textes relatifs aux droits de l'homme, le droit à la vie est presque toujours le point de départ. Il est le droit fondateur de tous les autres droits, car il impulse la reconnaissance de la personnalité juridique. Il a bien sûr un lien étroit avec la question de la peine capitale ou peine de mort. Les dispositions internationales sur le droit à la vie peuvent donc contenir des paragraphes sur cette peine, ses conditions ou bien des recommandations sur son abolition, tandis que d'autres traités ont des Protocoles supplémentaires interdisant les exécutions. L'article 3 de la Déclaration universelle des droits de l'homme porte sur le droit à

---

325. Sur le droit à la vie en général voir, B. G. Ramcharan (dir. publ.), *The Right to Life in International Law*, Hague Academy of International Law, Center for Studies and Research, Martinus Nijhoff Publishers, 1985 ; C. Tomuschat, E. Lagrange et J. Oeter (dir. publ.), *The Right to Life*, Martinus Nijhoff Publishers, 2010.
326. CourEDH, *Pretty c. Royaume-Uni*, n° 2346/02, 29 avril 2002, paragraphe 37.
327. CourEDH, *Issaïeva c. Russie*, n° 57950/00, 24 février 2005, paragraphe 172.

la vie : « Tout individu a droit à la vie... » L'article 6 (1) PIDCP, stipule que : « Le droit à la vie est inhérent à la personne humaine. Ce droit doit être protégé par la loi. Nul ne peut être arbitrairement privé de la vie. » A propos de la peine capitale, le paragraphe 2 de cet article stipule que :

> « Dans les pays où la peine de mort n'a pas été abolie, une sentence de mort ne peut être prononcée que pour les crimes les plus graves, conformément à la législation en vigueur au moment où le crime a été commis et qui ne doit pas être en contradiction avec les dispositions du présent Pacte ni avec la Convention pour la prévention et la répression du crime de génocide. Cette peine ne peut être appliquée qu'en vertu d'un jugement définitif rendu par un tribunal compétent. »

La Charte africaine des droits de l'homme et des peuples ne contient que des dispositions générales sur le droit à la vie. Elle ne contient aucune référence spécifique sur la peine de mort. L'article 4 de cette Charte stipule que : « La personne humaine est inviolable. Tout être humain a droit au respect de sa vie et à l'intégrité physique et morale de sa personne : nul ne peut être privé arbitrairement de ce droit ». L'article 2 *a)* de la Déclaration du Caire sur les droits de l'homme en Islam fait référence au droit à la vie : « La vie est un don de Dieu, garanti à tout homme. Les individus, les sociétés et les Etats doivent protéger ce droit contre toute atteinte. Il est défendu d'ôter la vie sans motif légitime ».

Par contre, la Charte arabe des droits de l'homme prévoit plus de dispositions sur le droit à la vie et sur la peine de mort. L'article 4 de la Convention américaine relative aux droits de l'homme traite du droit à la vie. Le paragraphe 1 stipule notamment : « Toute personne a droit au respect de sa vie. Ce droit doit être protégé par la loi, et en général à partir de la conception. Nul ne peut être privé arbitrairement de la vie ».

Dans son observation générale n° 6 de 1982, le Comité des droits de l'homme des Nations Unies commente ces dispositions comme suit :

> « La question du droit à la vie, droit énoncé à l'article 6 du Pacte, a été traitée dans tous les rapports. C'est le droit suprême pour lequel aucune dérogation n'est autorisée, même dans le cas où un danger public exceptionnel menace l'existence de la nation (art. 4). Le Comité a néanmoins noté que, dans bien des cas, les renseignements fournis à propos de l'article 6 ne concernaient qu'un aspect de ce droit. C'est un droit qui ne doit pas être interprété dans un sens restrictif.

La protection contre la privation arbitraire de la vie, qui est expressément requise dans la troisième phrase du paragraphe 1 de l'article 6, est d'une importance capitale. Le Comité considère que les Etats parties doivent prendre des mesures, non seulement pour prévenir et réprimer les actes criminels qui entraînent la privation de la vie, mais également pour empêcher que leurs propres forces de sécurité ne tuent des individus de façon arbitraire. La privation de la vie par les autorités de l'Etat est une question extrêmement grave. La législation doit donc réglementer et limiter strictement les cas dans lesquels une personne peut être privée de la vie par ces autorités.

Les Etats parties doivent aussi prendre des mesures spécifiques et efficaces pour empêcher la disparition des individus, ce qui malheureusement est devenu trop fréquent et entraîne trop souvent la privation arbitraire de la vie. En outre, les Etats doivent mettre en place des moyens et des procédures efficaces pour mener des enquêtes approfondies sur les cas de personnes disparues dans des circonstances pouvant impliquer une violation du droit à la vie.»[328]

Il est vrai que l'étendue exacte de la protection offerte par l'article 6 PIDCP, l'article 4 de la Convention américaine et l'article 2 CEDH européenne varie en fonction des limitations légales spécifiques imposées en matière de peine de mort et, comme l'a souligné le Comité des droits de l'homme, de telles limitations sont «indépendantes de la question de la dérogeabilité»[329]. Sur les trois traités, seule la Convention européenne définit les situations spécifiques dans lesquelles:

«La mort n'est pas considérée comme infligée en violation de cet article dans les cas où elle résulterait d'un recours à la force rendu absolument nécessaire:

a. pour assurer la défense de toute personne contre la violence illégale;

b. pour effectuer une arrestation régulière ou pour empêcher l'évasion d'une personne régulièrement détenue;

c. pour réprimer, conformément à la loi, une émeute ou une insurrection.»

---

328. Comité des droits de l'homme, 16ᵉ session, 30 avril 1982, HRI/GEN/1/Rev.9 (vol. I).
329. General Comment n° 29 (72), dans UN doc. *GAOR*, A/56/40 (vol. I), p. 204, paragraphe 7.

Selon la CourEDH,

> « les exceptions au paragraphe 2 indiquent que cette disposition s'applique, mais ne concerne pas le meurtre intentionnel. Le paragraphe 2 décrit plutôt les situations où il est permis d'utiliser la force qui peut entraîner, comme résultat inattendu, la privation de vie »[330].

L'expression « absolument nécessaire » indique que « la force utilisée doit être strictement proportionnelle à la réalisation des objectifs énoncés aux alinéas *a)*, *b)* et *c)* de l'article 2 »[331]. Ces exemples peuvent servir d'indicateurs utiles à la fois aux organes de contrôle nationaux et internationaux qui doivent envisager l'utilisation de la force avec une issue fatale en rapport avec l'application de la loi. Le droit à la vie, protégé par le droit international des droits de l'homme signifie, entre autres, que les Etats ne doivent en aucun cas se livrer à des exécutions arbitraires ou extrajudiciaires d'êtres humains et qu'ils ont l'obligation légale de prévenir, enquêter, poursuivre, punir et réparer les violations du droit à la vie. L'obligation légale de prendre des mesures positives pour protéger le droit à la vie est également valable en situation d'urgence publique.

Selon le Comité des droits de l'homme,

> « the Article 6 (1) of the Covenant provides:
>
> "Every human being has the inherent right to life. This right shall be protected by law. No one shall be arbitrarily deprived of his life". The right enshrined in this article is the supreme right of the human being. It follows that the deprivation of life by the authorities of the State is a matter of the utmost gravity. This follows from the article as a whole and in particular is the reason why Paragraph 2 of the article lays down that the death penalty may be imposed only for the most serious crimes. The requirements that the right shall be protected by law and that no one shall be arbitrarily deprived of his life mean that the law must strictly control and limit the circumstances in which a person may be deprived of his life by the authorities of a State. In the present case it is evident from the fact that 15 prominent persons lost their lives as a result of the deliberate action of the military police that

---

330. CourEDH, affaire *McCann* et al. *c. Royaume-Uni*, Series A, No. 324, p. 46, paragraphe 148.
331. *Ibid.*, p. 46, paragraphe 149.

the deprivation of life was intentional. The State party has failed to submit any evidence proving that these persons were shot while trying to escape. » [332]

Bien avant cette communication, le Comité avait signalé dans une communication antérieure mettant en cause la Colombie que :

« The Committee notes that Decree No. 0070 of 1978 refers to a situation of disturbed public order in Colombia. The Committee also notes that the Government of Colombia in its note of 18 July 1980 to the Secretary-General of the United Nations (reproduced in document CCPR/C/2/Add.4), which was designed to comply with the formal requirements laid down in Article 4 (3) of the Covenant, made reference to the existence of a state of siege in all the national territory since 1976 and to the necessity to adopt extraordinary measures within the framework of the legal regime provided for in the National Constitution for such situations. With regard to the rights guaranteed by the Covenant, the Government of Colombia declared that "temporary measures have been adopted that have the effect of limiting the application of Article 19, Paragraph 2, and Article 21 of that Covenant". The Committee observes that the present case is not concerned with Articles 19 and 21 of the Covenant. It further observes that according to Article 4 (2) of the Covenant there are several rights recognized by the Covenant which cannot be derogated from by a State party. These include articles 6 and 7 which have been invoked in the present case.

13.1. Article 6 (1) of the Covenant provides: Every human being has the inherent right to life. This right shall be protected by law. No one shall be arbitrarily deprived of his life. The right enshrined in this article is the supreme right of the human being. It follows that the deprivation of life by the authorities of the State is a matter of the utmost gravity. This follows from the article as a whole and in particular is the reason why Paragraph 2 of the article lays down that the death penalty may be imposed only for the most serious crimes. The requirements that the right shall

---

332. Human rights committee, Communication n° 146/1983, and 148-154./1983, J. Khemraadi Baboeram, A. Kamperveen, C. H. Riedewald, G. Leckie, H. Sugrim Oemrawsingh, S. Robby Sohansingh, L. P. Rahman et E. A. Hoost. c. Suriname, Communication 146/1983 and 148 to 154/1983, paragraphe 14.3, accessible sur http://www.worldcourts.com/hrc/eng/decisions/1985.04.04_Baboeram_Adhin_v_Suriname.htm.

> be protected by law and that no one shall be arbitrarily deprived of his life mean that the law must strictly control and limit the circumstances in which a person may be deprived of his life by the authorities of a State.» [333]

La CourEDH a dû, à plusieurs occasions, invoquer les dispositions de l'article 2 CourEDH, notamment dans les affaires concernant la lutte contre les activités criminelles et terroristes. La Cour a statué que les agents de l'Etat ne devaient recourir à la force que lorsque cela était absolument nécessaire, mais également que les opérations contre les personnes suspectées d'activités criminelles devaient respecter les critères définis à l'article 2 CourEDH. Dans l'affaire *McCann*[334], la Cour a considéré au paragraphe 200 de son arrêt de 1995 que :

> «La Cour estime que le recours à la force par des agents de l'Etat pour atteindre l'un des objectifs énoncés au paragraphe 2 de l'article 2 (art. 2-2) de la Convention peut se justifier au regard de cette disposition (art. 2-2) lorsqu'il se fonde sur une conviction honnête considérée, pour de bonnes raisons, comme valable à l'époque des événements mais qui se révèle ensuite erronée. Affirmer le contraire imposerait à l'Etat et à ses agents chargés de l'application des lois une charge irréaliste qui risquerait de s'exercer aux dépens de leur vie et de celle d'autrui.»

La Cour poursuit en ces termes :

> «La question se pose cependant de savoir si l'opération antiterroriste dans son ensemble a été contrôlée et organisée de manière à respecter les exigences de l'article 2 (art. 2) et si les renseignements et instructions transmis aux militaires et qui rendaient pratiquement inévitable le recours à la force meurtrière, ont pris dûment en considération le droit à la vie des trois suspects.»

En outre, la jurisprudence de la CourEDH relative au droit à la vie a développé la doctrine «d'obligations positives». Selon cette Cour, l'obligation de l'Etat conformément à l'article 2 CEDH visant à protéger le droit à la vie doit être interprétée en conjonction aux devoirs généraux prévus à l'article 1 CEDH afin d'appliquer les droits énoncés

---

333. *Pedro Pablo Camargo et Maria Fanny Suarez de Guerrero c. Colombie*, Comm. 45/1979, UN doc. A/37/40, at 137 (HRC 1982), n° 40 (A/37/40) at 137 (1982), paragraphes 12.2 et 13.1.
334. CourEDH, arrêt du 27 septembre 1995.

dans ladite Convention. Dans certaines circonstances, on peut s'attendre à ce qu'un Etat partie de la CEDH entreprenne une action positive pour offrir sa protection à un citoyen. La mise en place de dispositions judiciaires pénales effectives peut faire partie d'une telle action. Dans l'affaire *Osman*, la Cour a statué sur ces «obligations positives». Les paragraphes 115 et 116 de cet arrêt sont les suivants:

> «115. La Cour note que la première phrase de l'article 2, paragraphe 1 astreint l'Etat non seulement à s'abstenir de provoquer la mort de manière volontaire et irrégulière mais aussi à prendre les mesures nécessaires à la protection de la vie des personnes relevant de sa juridiction (arrêt *L.C.B. c. Royaume-Uni* du 9 juin 1998, *Recueil des arrêts et décisions* 1998-III, p. 1403, par. 36). Nul ne conteste que l'obligation de l'Etat à cet égard, va au-delà du devoir primordial d'assurer le droit à la vie en mettant en place une législation pénale concrète dissuadant de commettre des atteintes contre la personne et s'appuyant sur un mécanisme d'application conçu pour en prévenir, réprimer et sanctionner les violations. Aussi les comparants acceptent-ils que l'article 2 de la Convention puisse, dans certaines circonstances bien définies, mettre à la charge des autorités l'obligation positive de prendre préventivement des mesures d'ordre pratique pour protéger l'individu dont la vie est menacée par les agissements criminels d'autrui. Les parties ne sont pas d'accord sur l'étendue de cette obligation.
>
> 116. Pour la Cour, et sans perdre de vue les difficultés pour la police d'exercer ses fonctions dans les sociétés contemporaines, ni l'imprévisibilité du comportement humain ni les choix opérationnels à faire en termes de priorités et de ressources, il faut interpréter cette obligation de manière à ne pas imposer aux autorités un fardeau insupportable ou excessif. Dès lors, toute menace présumée contre la vie n'oblige pas les autorités, au regard de la Convention, à prendre des mesures concrètes pour en prévenir la réalisation. Une autre considération pertinente est la nécessité de s'assurer que la police exerce son pouvoir de juguler et de prévenir la criminalité en respectant pleinement les voies légales et autres garanties qui limitent légitimement l'étendue de ses actes d'investigations criminelles et de traduction des délinquants en justice, y compris les garanties figurant aux articles 5 et 8 de la Convention.

> La Cour estime que, face à l'allégation que les autorités ont failli à leur obligation positive de protéger le droit à la vie dans le cadre de leur devoir de prévenir et réprimer les atteintes contre la personne (par. 115 ci-dessus), il lui faut se convaincre que lesdites autorités savaient ou auraient dû savoir sur le moment qu'un ou plusieurs individus étaient menacés de manière réelle et immédiate dans leur vie du fait des actes criminels d'un tiers, et qu'elles n'ont pas pris, dans le cadre de leurs pouvoirs, les mesures qui, d'un point de vue raisonnable, auraient sans doute pallié ce risque [335] ».

La Cour a ajouté dans l'affaire *Kilic* qu'un Etat a l'obligation positive de mener une enquête effective sur les circonstances liées à la mort d'une personne. Le paragraphe 78 de cette affaire indique que :

> « La Cour réitère que l'obligation de protéger le droit à la vie qu'impose l'article 2 de la Convention, combinée avec le devoir général incombant à l'Etat en vertu de l'article 1 de « reconnaître » à toute personne relevant de [sa] juridiction les droits et libertés définis [dans] la ... Convention », implique et exige de mener une forme d'enquête efficace lorsque le recours à la force a entraîné mort d'homme. [336] »

En outre, la Cour a développé ce point dans l'affaire *Kelly*[337] en précisant que l'enquête sur les circonstances du décès d'une personne doit être indépendante et prompte. Le droit à la vie est protégé aussi à travers le droit de ne pas être soumis à la torture et aux traitements cruels, inhumains et dégradants.

De son côté, la CourIADH considère le droit à la vie comme un droit humain fondamental, dont la pleine jouissance est une condition préalable à la jouissance de tous les autres droits [338]. Cette Cour a déduit de la lecture combinée de l'article 4 avec l'article 1.1 CIADH trois séries d'obligations dont celle impliquant que les Etats ne peuvent priver arbitrairement une personne de sa vie (obligation passive ou négative), celle qui impose aux Etats de prendre toutes les mesures nécessaires pour protéger et préserver la vie de leurs populations (obligation positive), et l'obligation de mener une enquête *ex officio* et effective

---

335. CourEDH, affaire *Osman,* arrêt du 20 octobre 1998, paragraphes 115-116.
336. CourEDH, arrêt du 28 mars 2000.
337. CourEDH, arrêt du 4 mai 2001.
338. CourIADH, affaire *Communauté indigène Xákmok Kásek*, fond, *réparations et frais*, 24 août 2010, *série C, n° 214*, paragraphe 186.

sur la violation du droit à la vie (obligation positive procédurale) en cas d'atteinte de ce droit.

2. Le droit de ne pas être soumis à la torture et aux traitements cruels, inhumains ou dégradants

Le droit de ne pas être soumis à la torture ou à d'autres formes de mauvais traitements est considéré comme non dérogeable dans les trois Conventions (art. 7 du Pacte international, art. 5 (2) de la Convention américaine et art. 3 de la Convention européenne). Cela signifie que les Etats ne peuvent à aucun moment recourir à la torture ou à des traitements cruels, inhumains ou dégradants, par exemple, punir ou extorquer des confessions ou des informations aux présumés terroristes ou d'autres délinquants. La CourIADH a précisé que,

> «comme en temps de paix, l'Etat reste le garant des droits de l'homme notamment les droits des personnes privées de liberté, et est donc également responsable des conditions dans les établissements de détention»[339].

La Cour européenne a constaté une violation de l'article 3 CEDH dans l'affaire *Tomasi c. France*, dans laquelle le requérant, lors d'un interrogatoire par la police qui a duré «une quarantaine d'heures», avait été

> «[g]iflé, donné des coups de pied, des coups de poing et des coups à l'avant-bras, tenu debout pendant de longues périodes et sans appui, les mains menottées dans le dos; il avait été mis nu devant une fenêtre ouverte, privé de nourriture, menacé avec une arme à feu et ainsi de suite»[340].

La Cour a conclu que ce traitement était «inhumain et dégradant», contraire à l'article 3 CEDH, ajoutant que

> «les exigences de l'enquête et les difficultés indéniables inhérentes à la lutte contre la criminalité, notamment en ce qui concerne le terrorisme, ne peuvent aboutir à une limitation de la protection à assurer à l'intégrité physique des personnes»[341].

---

339. CourIADH, affaire *Castillo Petruzzi* et al., *jugement du 30 mai 1999, Séries C, n° 52*, p. 219, paragraphe 195.
340. CourEDH, affaire *Tomasi c. France, jugement du 27 août 1992, Séries A, n° 241-A*, p. 40, paragraphe 108.
341. *Ibid.*, p. 42, paragraphe 115.

Le traitement réservé au requérant dans l'affaire *Aksoy* était encore « d'une telle gravité et une nature cruelle selon laquelle [elle] pourrait seulement être décrite comme une torture »[342]. Le requérant, qui était soupçonné d'être impliqué dans des activités terroristes, avait fait l'objet de poursuites judiciaires et soumis à une « pendaison palestinienne », c'est-à-dire qu'il avait été « déshabillé, les bras attachés ensemble derrière son dos et suspendu par ses bras ». Ce mauvais traitement, qui a été « infligé délibérément » et « semblerait avoir été administré dans le but d'obtenir des informations ou des aveux du demandeur », avait abouti à « une paralysie des deux bras qui a duré quelques temps ». La Cour considère ainsi que : « Même dans les circonstances les plus difficiles, telle la lutte contre le terrorisme et le crime organisé, la Convention prohibe en termes absolus la torture et les peines ou traitements inhumains ou dégradants. »[343] Même dans la lutte contre le terrorisme, la torture est prohibée, bien que les Etats soient confrontés à de nombreuses difficultés. C'est ce qu'a réitéré la CourEDH dans l'affaire *Chahal c. Royaume-Uni* :

> « La Cour est parfaitement consciente des énormes difficultés que rencontrent à notre époque les Etats pour protéger leur population de la violence terroriste. Cependant, même en tenant compte de ces facteurs, la Convention prohibe en termes absolus la torture ou les peines ou traitements inhumains ou dégradants, quels que soient les agissements de la victime. »[344]

Elle reconnaît en fait que :

> « Les difficultés que rencontrent les Etats à notre époque pour protéger leurs populations de la violence terroriste sont réelles. Cependant, l'article 3 ne prévoit pas de restrictions, ce en quoi il contraste avec la majorité des clauses normatives de la Convention et, conformément à l'article 15, paragraphe 2, il ne souffre nullement de dérogation, même en cas de danger public menaçant la vie de la nation … »[345]

---

342. CourEDH, affaire *Aksoy c. Turquie, jugement du 18 décembre 1996, Rapports 1996*, p. 2279, paragraphe 64.
343. *Ibid.*, paragraphe 62.
344. CourEDH, affaire *Chahal c. Royaume-Uni*, arrêt du 15 novembre 1996, paragraphe 79 ; voir dans le même sens affaire *V. c. Royaume-Uni*, arrêt du 16 décembre 1999, paragraphe 69.
345. CourEDH, affaire *Öcalan c. Turquie,* arrêt du 18 mars 2014, paragraphes 97-98.

Dans l'affaire *Castillo Petruzzi* et al., la CourIADH a conclu que la combinaison de détention au secret pendant trente-six et trente-sept jours et de la comparution devant le tribunal des personnes en cause « avec les yeux bandés ou avec une cagoule, et contention ou menottes « était en soi une violation du paragraphe 2 de l'article 5 de la Convention » »[346]. Dans la même affaire, la Cour a conclu que les conditions de détention imposées par les tribunaux militaires

> « constituaient des traitements cruels, inhumains et dégradants, des formes de punition enfreignant l'article 5 de la Convention américaine. Selon les jugements des tribunaux militaires, les termes de l'incarcération « comprenaient » l'emprisonnement dans la cellule pendant la première année ... puis le travail forcé, [les victimes présumées] doivent être incarcérées dans des cellules d'isolement choisies par le directeur de « Bureau national des prisons » au Pérou »[347].

Dans son raisonnement, cette Cour a rappelé sa jurisprudence selon laquelle

> « l'isolement prolongé et la privation de communication sont en eux-mêmes un châtiment cruel et inhumain préjudiciable à l'intégrité psychologique et morale de la personne et une violation du droit de tout détenu au respect de la dignité inhérente à la personne humaine »[348].

Selon la Cour, la détention au secret est considérée comme une méthode exceptionnelle de séquestration en raison des graves conséquences qu'elle a sur les personnes ainsi confinées. « L'isolement du monde extérieur produit des souffrances morales et psychologiques chez toute personne, la place particulièrement vulnérable et augmente le risque d'agression et d'arbitraire en prison. »[349] Pour elle,

> « une détention au secret, une peine de confinement dans une cellule minuscule sans lumière naturelle ... un horaire de visite restrictif ... tout cela constitue des formes de traitement cruel, inhumain ou dégradant au sens de l'article 5, paragraphe 2 de la Convention américaine »[350].

---

346. CourIADH, *Castillo Petruzzi* et al., *jugement du 30 mai 1999, Series C, n° 52*, p. 218, paragraphe 192.
347. *Ibid.*, p. 219, paragraphe 193.
348. *Ibid.*, p. 219, paragraphe 194.
349. *Ibid.*, p. 219, paragraphe 195.
350. *Ibid.*, p. 220, paragraphe 197.

En ce qui concerne le recours à la force contre les détenus, la Cour a invoqué sa jurisprudence selon laquelle :

> « Tout recours à la force qui n'est pas strictement nécessaire pour assurer un comportement correct détenu constitue une atteinte à la dignité de la personne... en violation de l'article 5 de la Convention américaine. Les exigences de l'enquête et les difficultés indéniables rencontrées dans la lutte antiterroriste ne doivent pas restreindre la protection du droit à l'intégrité physique d'une personne. »[351]

Bien plus, dans l'affaire *Soering*, la CourEDH s'est montrée plus explicite sur l'indérogeabilité de l'interdiction de la torture et autres traitements cruels, inhumains et dégradants en déclarant que :

> « L'article 3 (art. 3) ne ménage aucune exception et l'article 15 (art. 15) ne permet pas d'y déroger en temps de guerre ou autre danger national. Cette prohibition absolue, par la Convention, de la torture et des peines ou traitements inhumains ou dégradants montre que l'article 3 (art. 3) consacre l'une des valeurs fondamentales des sociétés démocratiques qui forment le Conseil de l'Europe. On la rencontre en des termes voisins dans d'autres textes internationaux, par exemple le Pacte international de 1966 relatif aux droits civils et politiques et la Convention américaine des Droits de l'Homme, de 1969 ; on y voit d'ordinaire une norme internationalement acceptée. »

Reste à savoir si l'extradition d'un fugitif vers un autre Etat où il subira ou risquera de subir la torture ou des peines ou traitements inhumains ou dégradants engage par elle-même la responsabilité d'un Etat contractant sur le terrain de l'article 3 (art. 3). Que l'aversion pour la torture comporte de telles implications, la Convention des Nations Unies contre la torture et autres peines ou traitements cruels, inhumains ou dégradants le reconnaît en son article 3 (art. 3) : « Aucun Etat partie ... n'extradera une personne vers un autre Etat où il y a des motifs sérieux de croire qu'elle risque d'être soumise à la torture. » De ce qu'un traité spécialisé en la matière énonce en détail une obligation précise dont s'accompagne l'interdiction de la torture, il ne résulte pas qu'une obligation en substance analogue ne puisse se déduire du libellé général de l'article 3 (art. 3) de la Convention européenne. Un Etat

---

351. *Idem*.

contractant se conduirait d'une manière incompatible avec les valeurs sous-jacentes à la Convention, ce

> « patrimoine commun d'idéal et de traditions politiques, de respect de la liberté et de prééminence du droit » auquel se réfère le Préambule, s'il remettait consciemment un fugitif – pour odieux que puisse être le crime reproché – à un autre Etat où il existe des motifs sérieux de penser qu'un danger de torture menace l'intéressé. Malgré l'absence de mention expresse dans le texte bref et général de l'article 3 (art. 3), pareille extradition irait manifestement à l'encontre de l'esprit de ce dernier; aux yeux de la Cour, l'obligation implicite de ne pas extrader s'étend aussi au cas où le fugitif risquerait de subir dans l'Etat de destination des peines ou traitements inhumains ou dégradants proscrits par ledit article (art. 3) » [352].

Dans l'affaire *Irlande c. Royaume Uni*, la même juridiction réitère le caractère indérogeable de ce droit en affirmant que :

> « La Convention prohibe en termes absolus la torture et les peines ou traitements inhumains ou dégradants, quels que soient les agissements de la victime. L'article 3 (art. 3) ne prévoit pas de restrictions, en quoi il contraste avec la majorité des clauses normatives de la Convention et des Protocoles n°s 1 et 4 (P1, P4), et d'après l'article 15, paragraphe 2 (art. 15-2) il ne souffre nulle dérogation même en cas de danger public menaçant la vie de la nation. » [353]

Dans les communications à elle soumises, la Commission africaine des droits de l'homme et des peuples est revenue largement sur cette interdiction de la torture et son caractère indérogeable en déclarant que :

> « It is worth noting that the term "cruel, inhuman or degrading treatment or punishment" is to be interpreted so as to extend to the widest possible protection against abuses, whether physical or mental The prohibition of torture, cruel, inhuman or degrading treatment or punishment is absolute. However, as observed by the European Court of Human Rights in *Ireland* v. *United kingdom*

---

352. CourEDH, affaire *Soering c. Royaume-Uni*, requête 14038/38, arrêt de juillet 1989, paragraphe 88.
353. CourEDH, *affaire Irlande c. Royaume-Uni*, requête 5310/71, arrêt du 18 janvier 1978, paragraphe 163.

when called upon to decide on similar provision of the European Convention on Human Rights "... the treatment prohibited under Article 3 of the Convention is that which attains a minimum level of severity and . . . the assessment of this minimum is, in the nature of things, relative . . . It depends on all the circumstances of the case, such as the duration of the treatment, its physical or mental effects and, in some cases, the sex, age and state of health of the victim etc."[354]. The treatment meted out to the victim in this case constitutes a breach of the provision of Article 5 of the Charter and the relevant international human rights instruments cited above. Also the denial of medical attention under health threatening conditions and access with the outside world do not fall into the province of "the respect of the dignity inherent in a human being and to the recognition of his legal status", nor is it in line with the requirement of Principles 1 and 6 of the UN Body of Principles for the Protection of All Persons under Any Form of Detention or Imprisonment. This, therefore, is a breach of Article 5 of the Charter. »[355]

C'est dire que tout individu a droit à un traitement humain.

3. Le droit à un traitement humain

Le droit à un traitement humain est consacré par le paragraphe 2 de l'article 27 CADH, lu à la lumière de l'article 5 (2) selon laquelle «toutes les personnes privées de liberté sont traitées avec le respect des droits inhérents à la dignité de la personne humaine». Sur le même sujet, l'article 10 PIDCP stipule que «toutes les personnes privées de liberté sont traitées avec humanité et avec le respect de la dignité inhérente à la personne humaine». Cependant, l'article 10 PIDCP n'est pas mentionné en tant que droit non dérogeable au paragraphe 2 de l'article 4 PIDCP. Pourtant, dans l'observation générale n° 29, le Comité déclare sa conviction qu'

«ici le Pacte exprime une norme de droit commun international non susceptible de dérogation. Ceci est soutenu par la référence à

---

354. *Judgement of 18th January 1987, series A n° 25*, paragraphe 162 ; voir aussi *the European Commission on Human Rights decision in Jose Antonio URRUTIKOETXEA c. France*, décision du 5 décembre 1996, p. 157.
355. *Huri-Laws c. Nigeria*, African Commission on Human and Peoples' Rights, Communication 225/98, 2000, paragraphe 41.

la dignité inhérente à la personne humaine dans le préambule du Pacte et par le lien entre les articles 7 et 10» [356].

La distinction faite dans les travaux du Comité des droits de l'homme entre les articles 7 et 10 PIDCP n'est pas clairement tranchée. Une violation du paragraphe 1 de l'article 10 a été constatée, par exemple dans l'affaire *S. Sextus c. Trinité-et-Tobago*, dans laquelle l'auteur se plaignait de conditions de sa détention : sa cellule ne mesurait que neuf pieds sur six et il n'y avait pas d'assainissement intégral mais un simple seau en plastique fourni comme matériel de toilette. Un petit trou (huit par huit pouces) fournissait une ventilation insuffisante et, en l'absence de lumière naturelle, la seule lumière était fournie par une bande fluorescente illuminée vingt-quatre heures par jour. Après sa mort, la peine a été commuée en une peine de soixante-quinze ans d'emprisonnement ; l'auteur a dû partager une cellule de même taille avec neuf à douze autres prisonniers et, puisqu'il n'y avait qu'un seul lit, il devait dormir sur le plancher. En l'absence de commentaires de la part de l'Etat partie, le Comité s'est fondé sur le récit détaillé donné par l'auteur pour conclure à une violation de l'article 10 1) [357]. Une autre affaire impliquant une violation de l'article 10 1) est celle de *M. Freemantle c. Jamaïque*, qui concernait également des conditions de détention déplorables. L'Etat partie a échoué à réfuter l'affirmation de l'auteur selon laquelle il aurait été confiné dans une cellule de deux mètres carrés pendant vingt-deux heures chaque jour, «passait la plupart de ses heures de veille dans des ténèbres forcées», restait isolé des autres hommes la majeure partie du temps, et n'a pas été autorisé à travailler ou à entreprendre une éducation [358]. Le droit à un traitement humain induit celui de ne pas être soumis à l'esclavage et à la servitude.

4. *Le droit de ne pas être soumis à l'esclavage et à la servitude*

Le droit de ne pas être soumis à l'esclavage ni à la servitude est un droit inaliénable notamment à l'article 8 PIDCP, à l'article 6 3) c) CADH et l'article 4 3) c) CEDH. Cependant, seul le paragraphe 1 de l'article 8 PIDCP stipule expressément que, «...l'esclavage et la

---

356. UN doc. GAOR, A/56/40 (vol. I), p. 205, paragraphe 13 *(a)*.
357. Communication n° 818/1998, *S. Sextus c. Trinité-et-Tobago* (Views adopted on 16 July 2001), dans UN doc. GAOR, A/56/40 (vol. II), p. 117, paragraphe 7.4, read in conjunction with p. 112, paragraphes 2.2 et 2.4.
358. Communication n°. 625/1995, *M. Freemantle* v. *Jamaica* (Views adopted on 24 March 2000), dans UN doc. GAOR, A/55/40, (II), p. 19, paragraphe 7.3.

traite des esclaves sous toutes leurs formes sont interdits». Selon le paragraphe 2 de l'article 27 CADH, l'article 6 dans son ensemble n'est pas dérogeable, ce qui induit non seulement le droit de ne pas être soumis à l'esclavage, à la servitude involontaire, mais aussi le droit de ne pas être tenu d'accomplir des travaux forcés ou obligatoires. L'article 4 CEDH consacre l'interdiction de l'esclavage et de la servitude. Il s'agit d'un droit indérogeable même lors de circonstances exceptionnelles. Dans l'affaire *Rantsev c. Chypre et Russie*[359], la CourEDH a conclu que Chypre avait manqué aux obligations positives que l'article 4 CEDH faisait peser sur elle et qu'il y avait eu également violation de l'article 4 CEDH par la Russie, faute notamment pour elle d'avoir recherché quand et où la fille du requérant avait été recrutée et d'avoir pris des mesures pour déterminer l'identité des recruteurs ou les moyens employés par eux. La Cour a rappelé en particulier

> «qu'avec les articles 2 et 3, l'article 4 de la Convention consacre l'une des valeurs fondamentales des sociétés démocratiques qui forment le Conseil de l'Europe ... [Il] ne prévoit pas de restrictions, en quoi il contraste avec la majorité des clauses normatives de la Convention, et d'après l'article 15, paragraphe 2 il ne souffre nulle dérogation, même en cas de danger public menaçant la vie de la nation ... »[360].

Comme les articles réglementant le droit à la vie, les articles définissant le droit de ne pas être soumis à un travail forcé ou obligatoire contiennent des dispositions exemptant de la définition du «travail forcé ou obligatoire», certains types de travail tels que les services exigés en cas d'urgence, de danger ou de calamité qui menacent le bien-être de la communauté. Dans la mesure où le travail requis entre dans cette catégorie, il peut également être exigé en cas d'urgence publique. Il convient également de noter que, en vertu des articles 34 et 35 de la Convention sur les droits de l'enfant, qui ne contient aucune disposition dérogatoire, les Etats parties ont l'obligation juridique à la fois de protéger les enfants de l'exploitation et des abus sexuels et de «prévenir l'enlèvement, la vente ou la traite d'enfants à quelque fin que

---

359. Arrêt du 7 janvier 2010. Dans cette affaire, le requérant était le père d'une jeune femme décédée à Chypre où elle était partie travailler en mars 2001. Il estimait que la police chypriote n'avait pas fait tout son possible pour protéger sa fille de la traite des êtres humains pendant qu'elle était encore en vie et pour punir les responsables de sa mort. Il estimait en outre que les autorités russes n'avaient pas enquêté sur la traite et le décès ultérieur de sa fille ni pris de mesures pour la protéger du risque de traite.

360. *Ibid.*, paragraphe 283.

ce soit et sous quelque forme que ce soit». Ces obligations juridiques sont renforcées par le Protocole facultatif à la Convention sur les droits de l'enfant sur la vente d'enfants, la prostitution des enfants et la pornographie, entrée en vigueur le 18 janvier 2002 [361].

Le caractère indérogeable de ce droit a été également souligné par la Commission africaine des droits de l'homme et des peuples en des termes explicites :

> «Independently from the justification given, by the defendant State, the Commission considers, in line with the provisions of Article 23,3 of the Universal Declaration of Human Rights, that everyone who works has the right to just and favourable remuneration ensuring for himself and his family an existence worthy of human dignity, and supplemented, if necessary, by other means of social protection. These provisions are complemented by those of Article 7 of the International Covenant on Economic, Social and Cultural Rights. In view of the foregoing, the Commission deems that there was a violation of article 5 of the Charter due to practices analogous to slavery, and emphasises that unremunerated work is tantamount to a violation of the right to respect for the dignity inherent in the human being. It furthermore considers that the conditions to which the descendants of slaves are subjected clearly constitute exploitation and degradation of man; both practices condemned by the African Charter. However, the African Commission cannot conclude that there is a practice of slavery based on these evidences before it.» [362]

5. *Le droit de ne pas être soumis à des lois* ex post facto *et le principe de* non bis in idem

L'un des aspects du contrôle opéré par les organismes internationaux porte sur l'application des lois en période de dérogation. A cet égard, la CourEDH a déclaré dans l'affaire *Kokkinakis c. Grèce* que :

> «Selon la jurisprudence constante de la Cour, il faut reconnaître aux Etats contractants une certaine marge d'appréciation pour juger de l'existence et de l'étendue de la nécessité d'une ingérence,

---

361. Pour plus d'informations sur ce Protocole facultatif, voir le site des Nations Unies : www.unhchr.ch/html/menu2/dopchild.htm.
362. *Malawi African Association* et al. *c. Mauritanie*, African Commission on Human and Peoples'Rights, Communications 54/91, 61/91, 98/93, 164/97 à 196/97 et 210/98, 2000, paragraphe 135.

mais elle va de pair avec un contrôle européen portant à la fois sur la loi et sur les décisions qui l'appliquent, même quand elles émanent d'une juridiction indépendante. La tâche de la Cour consiste à rechercher si les mesures prises au niveau national se justifient dans leur principe et sont proportionnées. » [363]

a) *L'interdiction des lois* ex post facto

Le droit de ne pas être reconnu coupable d'une infraction pénale du fait d'un acte ou omission qui ne constituait pas un délit pénal lorsqu'elle a été commise est garantie par l'article 15 1) PIDCP, l'article 9 CADH et l'article 7 1) CEDH. Les mêmes dispositions interdisent également l'imposition d'une peine plus lourde que celle applicable au moment où l'infraction a été commise. En outre, l'article 15 1) PIDCP et l'article 9 CACH garantissent le droit de l'accusé de bénéficier d'une peine plus douce introduite après la commission de l'infraction. Bien que la tentation puisse être considérable dans les situations de crise d'introduire une législation rétroactive pour traiter des actes particulièrement répréhensibles, cela est strictement interdit par le droit international des droits de l'homme. Le but de cette règle essentielle est évident: une personne doit pouvoir prévoir à tout moment – y compris en cas de situation d'urgence – les conséquences de toute action spécifique, y compris les sanctions pénales et sanctions connexes (principe de prévisibilité). Tout autre situation entraînerait une insécurité juridique intolérable dans un Etat de droit, qui présuppose le respect des droits de l'homme. L'article 15 2) PIDCP prévoit néanmoins une exception pour le procès et la punition de toute personne pour tout acte ou omission qui, à l'époque quand elle a été commise, était criminelle conformément aux principes généraux du droit reconnu par l'ensemble des nations. L'article 7 2) CEDH contient une disposition pratiquement similaire, bien qu'elle se réfère plus aux « nations civilisées » qu'à l'ensemble des nations.

Le Comité des droits de l'homme a conclu que le paragraphe 1 de l'article 15 PIDCP avait été violé dans l'affaire *Weinberger c. Uruguay*, affaire dans laquelle la victime avait été condamnée sur la base de l'application rétroactive d'une loi pénale. L'auteur a été reconnu coupable et condamné à huit ans sur la base du Code pénal militaire pour « association subversive » « avec circonstances aggravantes de

---

363. CourEDH, affaire *Kokkinakis c. Grèce, judgment of 25 May 1993, Series A, No. 260-A*, p. 17, paragraphe 47.

complot contre la Constitution». La culpabilité était fondée, entre autres, sur « l'appartenance du mis en cause à un parti politique qui existait légalement tant que les membres duraient » [364].

Dans son arrêt dans l'affaire *Kokkinakis c. Grèce*, la CourEDH a déclaré que

> « l'article 7, paragraphe 1 (art. 7-1) de la Convention ne se borne pas à prohiber l'application rétroactive du droit pénal au détriment de l'accusé. Il consacre aussi, de manière plus générale, le principe de la légalité des délits et des peines *(nullum crimen, nulla poena sine lege)* et celui qui commande de ne pas appliquer la loi pénale de manière extensive au détriment de l'accusé, notamment par analogie; il en résulte qu'une infraction doit être clairement définie par la loi. Cette condition se trouve remplie lorsque l'individu peut savoir, à partir du libellé de la clause pertinente et, au besoin, à l'aide de son interprétation par les tribunaux, quels actes et omissions engagent sa responsabilité » [365].

En d'autres termes, l'incertitude déraisonnable des dispositions légales criminalisant un certain comportement est également contraire aux exigences de l'article 7 1) CEDH. Cependant, chaque fois que l'application rétroactive de la loi pénale est à l'avantage de l'accusé plutôt qu'à son désavantage, il n'y a pas eu violation de l'article 7 1) CEDH [366]. Bien que les mesures préventives ne soient pas en soi couvertes par l'article 15 1) PIDCP ou par l'article 9 CADH et l'article 7 1) CEDH, elles peuvent, dans des circonstances particulières, être considérées comme constituant une « pénalité » aux fins desdites dispositions. La même Cour a conclu dans l'affaire *Welch c. Royaume-Uni*, qu'une ordonnance de confiscation constitue une « peine » au sens de l'article 7 1) bien que le gouvernement ait considéré qu'il s'agissait d'une mesure préventive ne relevant pas du paragraphe 1 de l'article 7 [367]. Le requérant avait été reconnu coupable d'une infraction en matière de drogue et condamné à une peine définitive d'emprisonnement de vingt ans. En outre, le juge du procès avait rendu une ordonnance

---

364. Communication n° R.7/28, *Weinberger c. Uruguay* (Views adopted on 29 October 1978), dans UN doc. *GAOR*, A/36/40, p. 118-119, paragraphes 12 et 16.
365. CourEDH, affaire *Kokkinakis c. Grèce, judgment of 25 May 1993, Series A, No. 260-A*, p. 22, paragraphe 52.
366. CourEDH, affaire *G. c. France, judgment of 27 September 1995, Series A, n° 325-B*, p. 38, paragraphes 24-27.
367. CourEDH, affaire *Welch c. Royaume-Uni, judgment of 9 February 1995, Series A, n° 307-A*, p. 14, paragraphe 35.

de confiscation en vertu d'une loi entrée en vigueur après que le requérant eut commis son crime et, à défaut du paiement de la somme correspondante, le requérant était tenu de subir une peine de prison consécutive de deux ans [368].

b) *Le principe* non bis in idem

Le principe *non bis in idem* a été expressément rendu non dérogeable dans le cadre de la CEDH et ensuite uniquement en ce qui concerne la procédure pénale se déroulant dans un seul et même pays. Selon l'article 4 1) du Protocole n° 7 :

> « Nul ne peut être poursuivi ou puni de manière criminelle une procédure relevant de la compétence du même Etat pour un délit dont il a déjà été définitivement acquitté ou condamné conformément à la loi et la procédure pénale de cet Etat ».

La procédure peut néanmoins être rouverte à certaines conditions « si des faits nouveaux ou nouvellement révélés ou un vice fondamental dans la procédure précédente sont de nature à affecter le jugement intervenu » [369]. Selon la CourEDH :

> « La protection contre le renouvellement des poursuites pénales est l'une des garanties spécifiques découlant du principe général d'équité du procès en matière pénale. L'article 4 du Protocole n° 7 à la Convention consacre un droit fondamental qui garantit que nul ne peut être poursuivi ou puni pénalement en raison d'une infraction pour laquelle il a déjà été acquitté ou condamné par un jugement définitif. » [370]

Cette même Cour a conclu que le principe *non bis in idem* avait été violé dans le cas, par exemple, de l'affaire *Gradinger c. Autriche*. En

---

368. *Ibid.*, p. 7, paragraphes 9-10.
369. Selon l'article 4 (2) du Protocole n° 7 à la Convention européenne des droits de l'homme. L'article 4 dans sa globalité précise que :

> « 1. Nul ne peut être poursuivi ou puni pénalement par les juridictions du même Etat en raison d'une infraction pour laquelle il a déjà été acquitté ou condamné par un jugement définitif conformément à la loi et à la procédure pénale de cet Etat.
> 2. Les dispositions du paragraphe précédent n'empêchent pas la réouverture du procès, conformément à la loi et à la procédure pénale de l'Etat concerné, si des faits nouveaux ou nouvellement révélés ou un vice fondamental dans la procédure précédente sont de nature à affecter le jugement intervenu.
> 3. Aucune dérogation n'est autorisée au présent article au titre de l'article 15 de la Convention. »

370. CourEDH, affaire *Mihalache c. Roumanie*, arrêt du 8 juillet 2019, paragraphe 48.

janvier 1987, le requérant provoqua au volant de sa voiture un accident de la route qui entraîna la mort d'un cycliste. A l'hôpital où il fut conduit pour y être soigné, il subit une prise de sang qui révéla un taux d'alcoolémie de 0,8 g/l au moment du prélèvement. Le requérant soutenait en particulier qu'en lui infligeant une amende par application du code de la route, l'administration du district puis le gouvernement du *Land* l'auraient condamné pour des faits identiques à ceux que le tribunal régional avait pourtant décidé de ne pas retenir contre lui au titre du Code pénal. La Cour a relevé en particulier que, pour le tribunal régional, il n'y avait pas eu lieu de retenir contre le requérant la circonstance aggravante visée à l'article 81 du Code pénal, à savoir l'état d'ébriété au taux de 0,8 g/l ou plus. En revanche, les autorités administratives avaient, pour faire jouer l'article 5 du Code de la route, admis l'existence de pareil taux chez l'intéressé. La Cour n'ignorait pas que les dispositions en cause se distinguaient non seulement sur le plan de l'appellation des infractions mais aussi sur celui, plus fondamental, de leur nature et de leur but. Elle a en outre relevé que l'infraction punie par l'article 5 du Code de la route ne représentait qu'un aspect du délit sanctionné par l'article 81 du Code pénal. Néanmoins, les deux décisions litigieuses se fondaient sur le même comportement. La Cour a dès lors conclu à la violation de l'article 4 du Protocole n° 7 [371].

Dans une affaire récente *Korneyeva c. Russie* [372], la Cour a également constaté la violation du principe *non bis in idem*. Cette affaire concernait la condamnation de la requérante pour deux infractions distinctes qui avaient pour origine les circonstances similaires d'un rassemblement non autorisé. La Cour a conclu à la violation de l'article 4, paragraphe 1 du Protocole n° 7 dans le cas de la requérante. Elle a rejeté en particulier la thèse du gouvernement russe selon laquelle la répétition des poursuites contre la requérante avait été justifiée par les domaines distincts dont relevaient les deux différents chefs d'accusation. Elle a par ailleurs jugé que les faits à la base de chacune des procédures dirigées contre la requérante se recoupaient. S'appuyant sur sa propre jurisprudence et sur un arrêt de la formation plénière de la Cour suprême de Russie rendu dans des circonstances similaires, la Cour a conclu que la requérante avait été jugée et condamnée deux fois pour la même infraction. En outre, au titre de l'article 46 (force obligatoire et exécution des arrêts) de la Convention, la Cour, observant en particulier que plus de cent

---

371. CourEDH, affaire *Gradinger c. Autriche, jugement du 23 octobre 1995, Séries A, n° 328-C*, p. 55, paragraphes 7-9.
372. CourEDH, *affaire Korneyeva c. Russie*, arrêt du 8 octobre 2019.

requêtes portant sur des questions similaires au cas d'espèce avaient été déposées devant elle, a estimé qu'il appartenait à la Russie, avec le Comité des Ministres du Conseil de l'Europe, d'examiner quelles seraient les mesures les plus appropriées pour faciliter la suppression rapide et effective du dysfonctionnement décelé dans le système national de protection des droits de l'homme, par exemple en clarifiant la portée du principe *non bis in idem* dans les affaires fondées sur le Code des infractions administratives d'une manière qui serait compatible avec l'interprétation donnée par la Cour dans le cas d'espèce, et en assurant son application pratique dans le cadre des voies de recours internes applicables.

Le principe *non bis in idem* énoncé à l'article 14.7 du Pacte international est applicable à la fois aux condamnations et aux acquittements, tandis que la disposition de l'article 8 (4) de la Convention américaine ne concerne que les acquittements « par un jugement sans appel ».

6. *Le droit à la reconnaissance de la personnalité juridique*

Le droit indérogeable de toute personne à la personnalité juridique est expressément garanti par l'article 16 du Pacte international et les articles 3 et 27 (2) CADH. On retrouve une formulation proche de l'article 3 CADH, à l'article 24 de la Convention internationale sur la protection des droits de tous les travailleurs migrants et des membres de leur famille, à l'article 5 de la Charte africaine des droits de l'Homme et des peuples, à l'article 12 de la Convention relative aux droits des personnes handicapées ou encore au principe 20 des Principes directeurs relatifs au déplacement des personnes à l'intérieur de leur propre pays, à l'article XVII de la Déclaration américaine des droits et devoirs de l'homme et à l'article 22 de la Charte arabe des droits de l'homme. Même dans les situations de dérogation, ce droit doit être garanti à tout individu, en particulier en matière de disparition forcée. C'est en 1981 que le Groupe de travail des Nations Unies sur les disparitions forcées a affirmé pour la première fois, dans un rapport, que cette forme d'arrestation et de détention arbitraires constitue une violation du droit à la reconnaissance de la personnalité juridique[373]. Ce rapport ne sera suivi d'effet que plus de dix ans plus tard par l'AGNU qui, par la Déclaration sur la protection de toutes les personnes contre les disparitions forcées du 18 décembre 1992, considère que : « Tout

---

373. ECOSOC, Commission des droits de l'homme, *Rapport du Groupe de travail sur les disparitions forcées ou involontaires*, UN Doc. E/CN.4/1435, 22 janvier 1981, p. 68, paragraphe 184.

acte conduisant à une disparition forcée ... constitue une violation des règles du droit international, notamment celles qui garantissent à chacun le droit à la reconnaissance de sa personnalité juridique.»[374] L'assemblée générale fonde sa déclaration sur le fait que la disparition forcée «soustrait la victime de cet acte à la protection de la loi». Elle considère ainsi de manière générale que «les disparitions forcées portent atteinte aux valeurs les plus profondes de toute société attachée au respect de la légalité, des droits de l'homme et des libertés fondamentales»[375]. De ce point de vue, la disparition forcée est l'acte symbolique d'un Etat qui peut placer les individus en dehors de toute relation juridique, les inscrivant dans le seul rapport de domination. Le droit à la reconnaissance de la personnalité juridique est d'une importance fondamentale en ce sens qu'il donne non seulement à chaque personne le droit d'avoir des droits, mais également le droit de les faire valoir devant les juridictions nationales et d'autres organes compétents. Il permet en outre à l'individu, dans de nombreux cas, de porter une réclamation devant des organes de surveillance internationaux, d'où la confusion entretenue au sein des organes de contrôle entre la personnalité juridique et la capacité juridique. Le droit fondamental à la personnalité juridique comme condition préalable à la jouissance et l'exercice des droits de l'homme est reconnu par la CADH qui le place logiquement avant le droit à la vie. Dans le contexte de l'article 16 PIDCP, le Comité des droits de l'homme a demandé à l'Egypte de fournir des informations sur le statut juridique des musulmans qui se convertissent à une autre religion puisqu'il est apparu que de tels musulmans étaient «légalement morts» dans le Code religieux musulman[376]. L'article 16 PIDCP a également été examiné dans une affaire contre l'Argentine concernant un enfant disparu qui avait été adopté par une infirmière. Le Comité n'a pas accepté l'affirmation selon laquelle le droit de l'enfant à la personnalité juridique avait été violé en l'espèce, les tribunaux argentins s'étant «efforcés d'établir son identité et de délivrer ses papiers d'identité en conséquence»[377]. Aux yeux de la Commission interaméricaine des droits de l'homme, l'enlèvement des

---

374. AGNU, *Résolution 47/133. Déclaration sur la protection de toutes les personnes contre les disparitions forcées, 18 décembre 1992*, UN doc. A/RES/47/133, 12 février 1993, article 1.2.
375. *Ibid.*, préambule, alinéa 5.
376. UN doc. *GAOR*, A/39/40, p. 57, paragraphe 301.
377. Communication n° 400/1990, *D. R. Mónaco de Gallichio, on her own behalf and on behalf of her granddaughter X. Vicario* (Views adopted on 3 April 1995), dans UN doc. *GAOR*, A/50/40 (vol. II), p. 14, paragraphe 10.2.

enfants de personnes disparues est une violation de leur droit « d'être reconnus légalement comme personnes conformément à l'article 3 de la Convention américaine »[378].

7. Le droit à la liberté de pensée, de conscience et de religion

Le droit de chacun à la liberté de pensée, de conscience et de religion – y compris la liberté de croyance – ne peut faire l'objet d'aucune dérogation en vertu de l'article 18 PIDCP, lu conjointement avec le paragraphe 2 de l'article 4, tandis que la liberté de conscience et de religion n'est pas dérogeable aux Etats-Unis en vertu des articles 12 et 27 2) de la CADH. Il convient toutefois de souligner que ces dispositions (art. 18 (3) PIDCP et l'art. 12 (3) CADH) autorisent certaines limitations à la liberté de manifester sa religion ou ses croyances, limitations qui sont également admissibles en cas d'urgence publique. Mais même dans ces situations de crise grave, le principe de légalité doit être respecté en ce que les limitations doivent être « prescrites par la loi » et « nécessaires pour protéger la sécurité publique, l'ordre, la santé, ou la morale ou les droits et libertés (fondamentaux) d'autrui »[379]. Les limitations du droit de manifester sa liberté de pensée, de conscience et de religion ne doivent donc pas être imposées pour toute autre raison, même dans des conflits armés ou d'autres situations de crises graves[380]. Même si ce droit n'est pas considéré comme un droit indérogeable par la CEDH qui la consacre à son article 9, la CEDH a eu à affirmer à son sujet que :

> « Telle que la protège l'article 9 (art. 9), la liberté de pensée, de conscience et de religion représente l'une des assises d'une « société démocratique » au sens de la Convention. Elle figure, dans sa dimension religieuse, parmi les éléments les plus essentiels de l'identité des croyants et de leur conception de la vie, mais elle est aussi un bien précieux pour les athées, les agnostiques, les sceptiques ou les indifférents. Il y va du pluralisme chèrement conquis au cours des siècles – consubstantiel à pareille société. Si la liberté religieuse relève d'abord du for intérieur, elle « implique »

---

378. Une étude sur la situation des enfants mineurs des personnes disparues qui ont été séparés de leurs parents et revendiqués par les membres de leurs familles légitimes a été menée OAS doc. OEA/Ser.L/V/II.74, doc. 10, rev. 1, *Annual Report of the Inter-American Commission on Human Rights 1987-1988*, p. 340.

379. L'article 18 (3) du pacte international contient le terme fondamental mais pas l'article 12 (3) CADH.

380. Voir également le commentaire général n° 29 du comité des droits de l'homme, dans UN doc. *GAOR*, A/56/40 (vol. I), p. 204, paragraphe 7.

de surcroît, notamment, celle de «manifester sa religion». Le témoignage, en paroles et en actes, se trouve lié à l'existence de convictions religieuses.»[381]

Si la liste des droits indérogeables est limitative sur le plan universel, tel qu'il ressort du pacte international sur les droits civils et politiques, cette liste est allongée dans certaines conventions régionales de protection des droits de l'homme.

B. *Les autres droits considérés comme indérogeables*

La CADH énumère une liste plus étendue des droits indérogeables.

1. *Le droit de ne pas être emprisonné sur le motif de l'incapacité à remplir une obligation contractuelle*

Le droit de ne pas être «emprisonné pour le seul motif de son incapacité à accomplir une «obligation contractuelle» est consacré à l'article 11 PIDCP et est non dérogeable en vertu de l'article 4 2). Il s'agit d'un droit dont la non-dérogation est prescrite aux Etats, mais dont le respect reste très difficile dans les faits, puisque les législations de plusieurs pays contiennent des dispositions qui enfreignent ce droit. En ce qui concerne le Gabon, le Comité des droits de l'homme s'est déclaré «préoccupé par la pratique consistant à mettre des personnes en prison pour dettes, ce qui est contraire à l'article 11 du Pacte». Il a ainsi été demandé à cet Etat Partie d'abolir l'emprisonnement pour dettes [382]. Le Comité a également demandé pourquoi le Gouvernement de Madagascar «n'avait pas abrogé l'ordonnance sanctionnant l'incapacité à remplir une obligation contractuelle par l'emprisonnement», ce qui n'était pas conforme à l'article 11 [383]. En d'autres termes, ce droit doit être garanti dans tous les Etats, à tout moment, indépendamment du stade de la situation en cours dans le pays concerné.

2. *Le droit à la famille*

Le droit à la famille est expressément considéré comme non dérogeable dans la CADH (art. 27 2) lu conjointement avec l'art. 17). Selon l'article 17 1) de cette convention, «La famille est l'élément

---

381. CourEDH, affaire affaire *Kokkinakis c. Grèce,* arrêt du 25 mai 1993, paragraphe 37.
382. UN doc. *GAOR*, A/56/40 (vol. I), p. 44, paragraphe 15.
383. UN doc. *GAOR*, A/46/40, p. 134, paragraphe 544.

naturel et fondamental de la société; elle doit être protégée par la société et par l'Etat». Cet article garantit également «le droit aux hommes et aux femmes en âge de se marier et de fonder une famille». Il est également stipulé que «[l]e mariage ne peut être conclu sans le libre et plein consentement des parties» (art. 17 3)). Les Etats ont par conséquent le devoir de «prendre les mesures appropriées pour assurer l'égalité de droits et l'équivalence judicieuse des responsabilités des époux au regard du mariage, durant le mariage et lors de sa dissolution» (art. 17 4)). C'est dire que même en période d'urgence, un Etat ne saurait restreindre le droit pour les individus de se marier et de fonder une famille. Bien que le droit de la famille énoncé à l'article 23 PIDCP et l'article 12 CEDH n'ait pas été rendu non dérogeable, il est difficile de voir dans quel but il pourrait être strictement nécessaire de déroger à ce droit dans le cadre d'une mesure d'urgence publique. Les droits correspondant à ceux de l'article 17 CADH sont également reconnus à l'article 16 CEDAW, un traité qui ne prévoit pas de dérogation.

3. *Le droit à un nom*

Dans les situations d'urgence, il est interdit de changer ou de procéder à la modification du nom d'un individu contre sa volonté. Le droit à un nom est garanti par l'article 18 CADH selon lequel «toute personne a droit à un prénom et aux noms de famille de ses parents ou celui de l'un d'entre eux. La loi régit la manière dont ce droit doit être assurée à tous, en utilisant, si nécessaire, des noms de personnes». Le droit à un nom n'est expressément garanti ni par le Pacte international, ni par la Convention européenne, mais est reconnu aux articles 7 et 8 de la Convention relative aux droits de l'enfant. Cette convention ne prévoit pas de dérogations et le Comité des droits de l'homme a fait observer que «comme l'a indiqué clairement l'article 38, la Convention est applicable dans les situations d'urgence»[384]. En vertu de l'article 38. 1. de la Convention relative aux droits de l'enfant, «les Etats parties s'engagent à respecter et à faire respecter les règles de droit international humanitaire qui leur sont applicables dans les conflits armés et qui sont pertinentes à l'enfant». La Commission interaméricaine des droits de l'homme a estimé que les enfants mineurs des parents disparus se

---

384. General Comment n° 29, dans UN doc. *GAOR*, A/56/40 (vol. I), p. 208, footnote e.

sont vus refuser le droit à leur identité et à leur nom contrairement à l'article 18 en raison de leur séparation de leurs parents [385].

4. Les droits de l'enfant

La plupart des Conventions internationales relatives à la protection des droits de l'homme ne contiennent pas de dispositions spécifiques concernant les droits de l'enfant. Or quelle que soit la situation qui règne dans un Etat, il ne saurait être permis de violer les droits de l'enfant. Les droits de l'enfant sont donc des droits inaliénables en tout temps et en tout lieu. C'est la raison pour laquelle la communauté internationale a doté cette catégorie de personnes vulnérables d'une convention spécifique, adoptée à New York le 20 novembre 1989 [386]. Aucune disposition de cette Convention n'est susceptible de dérogation même dans le cadre de situations exceptionnelles. Aux termes de l'article 19 CADH, «chaque enfant mineur a droit aux mesures de protection requises par sa condition de mineur de la part de sa famille, de la société et de l'Etat». La Commission interaméricaine des droits de l'homme considère que le fait de retirer des enfants de leurs parents disparus constitue une violation de cet article. La Commission a également conclu que cette disposition était violée lorsque les forces armées péruviennes ont retenu quatre enfants mineurs en résidence surveillée pendant plusieurs jours [387]. Le droit de l'enfant à des mesures de protection spéciales est également garanti par l'article 24 du Pacte international, y compris le droit de «se faire enregistrer immédiatement après la naissance, le droit à un nom et le droit d'acquérir une nationalité». Là encore, cette disposition n'est pas rendue exempte de dérogation, mais l'obligation de fournir la protection spéciale de protection des mineurs est particulièrement importante en période de crises dans un Etat. Parmi les diverses dispositions de la Convention relative aux droits

---

385. Une étude sur la situation des enfants mineurs des personnes disparues qui ont été séparés de leur famille légitime a été menée/study about the situation of minor children of disappeared persons who were separated from their parents and who are claimed by members of their legitimate families, dans OAS doc. OEA/Ser.L/V/II.74, doc. 10, rev. 1, *Annual Report of the Inter-American Commission on Human Rights 1987-1988*, p. 340.

386. Le continent africain s'est doté d'une Charte africaine des droits et du bien-être de l'enfant en juillet 1990, entrée en vigueur le 29 novembre 1999 après avoir reçu la ratification de quinze Etats, conformément à son article 47.

387. *Report n° 1/95, Case n° 11.006 c. Pérou, 7 février 1995*, in OAS doc. OEA/Ser.L/V/II.88, doc. 9 rev., *Annual Report of the Inter-American Commission on Human Rights 1994*, p. 101.

de l'enfant qui imposent aux Etats parties le devoir de prendre des mesures spéciales pour protéger l'enfant, référence devrait être faite à l'article 19, qui les oblige à prendre toutes les mesures appropriées visant à protéger l'enfant « contre toute forme de violence physique ou mentale », et l'article 34, qui les contraint à « prendre toutes les mesures appropriées aux niveaux national, bilatéral et mesures multilatérales » pour prévenir l'exploitation et les abus sexuels de l'enfant. Comme la Convention relative aux droits de l'enfant ne contient pas de disposition dérogatoire, il existe une présomption en faveur de son applicabilité à tout moment, y compris en cas d'urgence. En tout état de cause, toutes les formes de maltraitance physique ou mentale de l'enfant relèvent de l'interdiction générale de la torture et autres formes de mauvais traitements. Dans l'arrêt *Siliadin c. France* du 26 juillet 2005, qui concerne une ressortissante togolaise mineure victime de l'esclavage domestique, la Cour a fait pour la première fois application de l'article 4 de la Convention qui interdit l'esclavage et le travail forcé. Elle a estimé que la requérante a été tenue en état de servitude et que la législation française n'offrait pas une protection suffisante dans la mesure où de tels faits n'étaient pas réprimés par le droit pénal. En d'autres termes, « les obligations positives qui pèsent sur les Etats … commandent la criminalisation et la répression effective de tout acte tendant à maintenir une personne dans ce genre de situation »[388]. La Cour rappelle qu'elle

> « a déjà estimé que les enfants et autres personnes vulnérables, en particulier, ont droit à la protection de l'Etat, sous la forme d'une prévention efficace, les mettant à l'abri de formes aussi graves d'atteinte à l'intégrité de la personne »

conformément d'ailleurs à la Convention des Nations Unies relative aux droits de l'enfant (art. 19 et 37)[389].

5. *Le droit à une nationalité*

En vertu des paragraphes 1 et 2 de l'article 20 CADH, « toute personne a droit à une nationalité » et « toute personne a droit à la nationalité de l'Etat sur le territoire duquel il est né s'il n'a pas droit à une autre nationalité ». L'article 20 3) CADH stipule que « [n]ul ne peut être arbitrairement privé de sa nationalité ou du droit de la changer ».

---

388. *CourEDH.*, arrêt *Siliadin c. France*, du 26 juillet 2005, paragraphe 112.
389. *Ibid.*, paragraphe 143.

En vertu du Pacte international, seul l'enfant a droit à une nationalité (cf. art. 24.3). La CourIADH a défini la nationalité comme étant «le lien politique et juridique qui lie une personne à un Etat donné et l'y lie par des liens d'allégeance et de loyauté, lui donnant droit à la protection diplomatique de cet Etat. Si un étranger acquiert ce lien à un Etat donné, il est entendu qu'il a satisfait aux conditions que l'Etat veille à ce qu'il existe un lien effectif entre le candidat à la citoyenneté et le système de valeurs et d'intérêts de la société avec laquelle il cherche à s'associer; il est donc naturel que les «conditions et modalités de son acquisition devraient être régies principalement par les lois nationales de cet Etat»[390]. Cependant, «le droit international impose certaines limites aux pouvoirs étendus dont jouissent les Etats» et... «la nationalité est aujourd'hui perçue comme impliquant la juridiction de l'Etat et des droits de l'homme»[391]. En ce qui concerne les pouvoirs exceptionnels du Président chilien de dépouiller certains chiliens de leur nationalité dans les situations d'urgence induites par la dictature militaire dans les années 1970, la Commission interaméricaine des droits de l'homme a déclaré que, étant donné que les situations d'urgence sont par nature transitoires, elle ne voyait pas comment «il est possible ou nécessaire de prendre des mesures de nature irréversible, qui affecteront un citoyen et sa famille pour le reste de leur vie»[392].

6. Le droit de participer au gouvernement

Seule la CADH fait de ce droit un droit indérogeable en situation d'urgence. L'article 23 de ladite Convention garantit le droit de tout citoyen:

---

390. CourIADH, *Affaire Castillo Petruzzi, judgment of May 30, 1999, Series C, n° 52*, p. 182, paragraphe 99. Texte original en anglais:

«This Court has defined nationality as "the political and legal bond that links a person to a given state and binds him to it with ties of allegiance and loyalty, entitling him to diplomatic protection from that state". If an alien acquires this link to a given state, it is understood that he has satisfied the conditions that the State sets to ensure that an effective link exists between the candidate for citizenship and the system of values and interests of the society with which he seeks to fully associate himself; it is natural, then, that the "conditions and procedures for its acquisition should be governed primarily by the domestic laws of that state".»

391. *Ibid.*, p. 183, paragraphe 101. Texte original:

«The Court has previously held that "international law does impose certain limits on the broad powers enjoyed by the states" and that "nationality is today perceived as involving the jurisdiction of the state as well as human rights issues".»

392. OAS doc. OEA/Ser.L/V/II.40, doc. 10, *Inter-American Commission on Human Rights – Third Report on the Situation of Human Rights in Chile (1977)*, p. 80, paragraphe 8.

– de «[p]rendre part à la direction des affaires publiques, directement ou par l'intermédiaire de représentants» – article 23 1) *a)* ;
– de «[v]oter et être élu lors de véritables élections périodiques, qui doivent être, à travers le suffrage universel et égal et par vote secret qui garantit la libre expression de la volonté des électeurs» – article 23 1) *b)* ; et
– «d'avoir accès, dans des conditions générales d'égalité, au service public de son pays» – article 23 1) *c)*.

L'article 23 2) CADH permet de réglementer l'exercice de ces droits, mais seulement «sur la base de l'âge, de la nationalité, du lieu de résidence, de la langue, de l'éducation, des droits civils et mentaux, la capacité judiciaire ou condamnation par un tribunal compétent en matière pénale». L'inclusion du droit de participer au gouvernement sur la liste des droits indérogeables à l'article 27 2) CADH est l'expression de la conviction des Etats américains de l'importance fondamentale du maintien d'un ordre constitutionnel démocratique pour répondre aux exigences des situations d'urgence. Les droits correspondants dans l'article 25 du Pacte international n'ont pas été rendus dérogeables. Le même principe s'applique aux droits plus limités énoncés à l'article 3 du Protocole n° 1 de la CEDH.

Par. 3. La garantie judiciaire des droits non dérogeables

Pour assurer une protection complète et effective des droits indérogeables en cas de situations d'urgence, il ne suffit pas de les rendre non susceptibles de dérogation en soi : ces droits doivent en outre, être accompagnés de la disponibilité à tout moment d'une protection interne efficace permettant le recours des victimes des violations de ces droits devant les tribunaux. Dans le commentaire général n° 29 sur l'article 4 PIDCP, le Comité des droits de l'homme déclare que :

> «Un élément inhérent à la protection des droits expressément déclarés non susceptibles de dérogation au paragraphe 2 de l'article 4 est qu'ils doivent s'accompagner de garanties de procédure, qui sont souvent judiciaires. Les dispositions du Pacte relatives aux garanties de procédure ne peuvent faire l'objet de mesures qui porteraient atteinte à la protection des droits non susceptibles de dérogation ; ce qui implique que l'article 4 ne peut être invoqué dans le but de déroger aux dispositions non susceptibles de dérogation. De plus, étant donné que l'article 6 du Pacte, dans son ensemble, n'est pas susceptible de dérogation,

toute imposition de la peine capitale au cours d'un état d'urgence doit être conforme aux dispositions du Pacte et doit, dès lors, être conforme aux garanties des articles 14 et 15. » [393]

Conformément au principe de légalité et du respect de la règle de droit, le Comité a estimé que :

> « Toute garantie relative à la dérogation, consacrée à l'article 4 du Pacte, repose sur les principes de légalité et la primauté du droit, inhérents à l'ensemble du Pacte. Certains éléments du droit à un procès équitable étant expressément garantis par le droit international humanitaire en cas de conflit armé, le Comité ne voit aucune justification à ce qu'il soit dérogé à ces garanties au cours d'autres situations d'urgence. De l'avis du Comité, ces principes et la disposition concernant les recours utiles exigent le respect des garanties judiciaires fondamentales pendant un état d'urgence. Seuls les tribunaux peuvent juger et condamner un individu pour infraction pénale. La présomption d'innocence doit être strictement respectée. Afin de protéger les droits non susceptibles de dérogation, il découle du même principe que le droit d'introduire un recours devant un tribunal, dans le but de permettre au tribunal de statuer sans délai sur la légalité d'une détention, ne peut être affecté par la décision d'un Etat partie de déroger au Pacte. » [394]

En plus de contenir une longue liste de droits qui ne peuvent en aucun cas faire l'objet de dérogation, l'article 27 2) CADH rend non dérogeables « les garanties judiciaires indispensables à la protection de tels droits ». Cette disposition qui a pris une importance singulière dans la jurisprudence de la CourIADH, a été adoptée par la Conférence interaméricaine spécialisée de 1969 en réponse à une proposition des Etats-Unis [395]. En ce qui concerne le sens de l'expression « garanties judiciaires indispensables à la protection » des droits indérogeables, la CourIADH a statué que :

> « Les garanties sont conçues pour protéger, garantir ou faire valoir le droit à l'exercice de celui-ci. Les Etats parties ont non seulement l'obligation de reconnaître et de respecter les droits et

---

393. UN doc. *GAOR*, A/56/40 (vol. I), p. 206, paragraphe 15.
394. *Ibid.*, p. 206, paragraphe 16.
395. OAS doc. OEA/Ser.K/XVI/1.2, *Conferencia Especializada Inter-Americana sobre Derechos Humanos*, San José, Costa Rica, 7-22 novembre 1969, *Actas y Documentos*, p. 448.

libertés des citoyens, ils ont également l'obligation de protéger et d'assurer l'exercice de ces droits et libertés au moyen des garanties respectives (art. 1.1), c'est-à-dire par des mesures appropriées qui assureront en toutes circonstances l'efficacité de ces droits et libertés. »[396]

Cependant, « la détermination des recours judiciaires » essentiels

 « pour la protection des droits qui ne peuvent pas être suspendus diffère selon les situations et les droits qui sont en jeu. Les garanties judiciaires « essentielles » nécessaires pour garantir les droits qui traitent de l'intégrité physique de la personne humaine doivent nécessairement différer de ceux qui cherchent à protéger le droit à un nom, par exemple, qui est également non dérogeable »[397].

Il s'ensuit que les recours judiciaires « essentiels » au sens de l'article 27 2) CADH « sont ceux qui, normalement, garantiront effectivement le plein exercice des droits et libertés protégés par cette disposition et dont le refus ou la restriction serait mettre en danger leur plein exercice »[398]. Cependant :

 « Les garanties doivent être non seulement essentielles mais également judiciaires. L'expression « judiciaire » ne peut faire référence qu'aux recours judiciaires véritablement capables de protéger ces droits. Il y a dans cette conception une implication implicite d'un organe judiciaire indépendant et impartial ayant le pouvoir de statuer sur les mesures adoptées dans un état d'urgence. »[399]

Il appartenait donc à la CourIADH de décider si les garanties contenues dans les articles 25 1)[400] et 7 6)[401] CADH « devaient être considérées

---

396. CourIADH, avis consultatif, OC-8/87 du 30 janvier 1987, *Habeas Corpus in Emergency Situations (arts. 27 (2), 25 (1) and 7 (6) American Convention on Human Rights)*, Series A, n° 8, p. 40-41, paragraphe 25.
397. *Ibid.*, p. 41, paragraphe 28.
398. *Ibid.*, p. 42, paragraphe 29.
399. *Ibid.*, p. 42, paragraphe 30.
400. L'article 25 (1) CADH se lit comme suit :

 « Tout le monde a le droit d'avoir un recours simple et rapide, ou tout autre recours effectif devant un tribunal compétent pour se protéger contre des actes qui violent ses droits fondamentaux reconnus par la constitution ou législation de l'Etat concerné ou de la présente Convention, même si de telles violations peuvent avoir été commises par des personnes agissant dans l'exercice de leurs fonctions officielles. »

401. L'article 7, paragraphe 6 CADH stipule que :

 « Toute personne privée de sa liberté a le droit de recourir à une autorité judiciaire compétente, afin que celle-ci puisse décider sans délai de la légalité de

comme faisant parties de ces « actes judiciaires qui constituent des garanties « essentielles » pour la protection des droits indérogeables » [402]. En ce qui concerne le paragraphe 1 de l'article 25 CADH, la Cour a conclu qu'il « traduisait l'institution procédurale appelée *amparo*, qui constitue un recours simple et rapide conçu pour la protection de tous les droits reconnus par les constitutions et les lois des Etats parties à la Convention ». Il est donc clair qu'il peut également être appliqué à ceux qui sont expressément mentionnés à l'article 27, paragraphe 2 CADH, en tant que droits qui ne peuvent pas faire l'objet d'une dérogation dans les situations d'urgence [403]. L'article 7 6) CADH n'était que l'un des éléments constitutifs de l'institution d'*amparo* contenu dans l'article 25 1) CADH [404]. En ce qui concerne les droits fondamentaux, l'*habeas corpus* dans la protection du droit à la vie et à l'intégrité physique des personnes, la Cour a déclaré :

> « 35. Pour que l'*habeas corpus* atteigne son objectif, qui est d'obtenir la détermination judiciaire de la légalité d'une détention, il est nécessaire que la personne détenue soit traduite devant un juge ou un tribunal compétent sur son cas. L'*habeas corpus* joue ici un rôle essentiel pour assurer que la vie et l'intégrité physique d'une personne sont respectées, en empêchant sa disparition ou la tenue de ses allées et venues secrètes et à la protection contre la torture ou autres peines ou traitements cruels, inhumains ou dégradants.
>
> 36. Cette conclusion s'appuie sur les réalités qui ont été l'expérience de certains peuples de ce continent au cours des dernières décennies, notamment les disparitions, la torture et les meurtres commis ou tolérés par certains gouvernements. Cette expérience a démontré maintes fois, que le droit à la vie et à un traitement humain est menacé chaque fois que le droit d'*habeas corpus* est partiellement ou totalement suspendu. » [405]

La Cour conclut donc

---

son arrestation ou de sa détention et ordonner sa libération si l'arrestation ou la détention est illégale. Dans les Etats parties dont les lois prévoient que quiconque qui se croit menacé de privation de liberté a le droit de recourir à un tribunal compétent pour qu'il puisse décider de la licéité de cette menace, ce recours ne peut être restreint ni supprimé. La partie intéressée ou une autre personne agissant en son nom a le droit de rechercher ces remèdes. »

402. *Ibid.*, p. 42, paragraphe 31.
403. *Ibid.*, p. 42-43.
404. *Ibid.*, p. 44, paragraphe 34.
405. *Ibid.*, p. 44, paragraphes 35-36.

«que les ordonnances d'*habeas corpus* et d'*amparo* font parties des recours judiciaires indispensables à la protection des droits divers dont la dérogation est interdite par l'article 27, paragraphe 2 CADH, et qui servent en outre à préserver la légalité dans une société démocratique» [406].

En ce qui concerne le paragraphe 1er de l'article 25 CADH, la Cour a estimé que l'absence de recours effectif en cas de violation d'un droit garanti par la Convention est en soi une violation de la Convention. Un remède doit être «vraiment efficace» et chaque fois «qu'il est illusoire en raison des conditions générales qui prévalent dans le pays, et même dans les circonstances particulières d'un cas donné, [ils] ne peuvent pas être considérés comme efficaces [407]. » Dans des «circonstances normales», ces conclusions sont valables avec le respect de tous les droits reconnus par la Convention. De l'avis de la Cour:

«Il faut aussi comprendre que la déclaration de l'état d'urgence – quelle que soit son étendue ou sa dénomination en droit interne – ne peut entraîner la suppression ou l'inefficacité des garanties judiciaires que la Convention oblige les Etats parties à établir pour la protection des droits non susceptibles de dérogation ou de suspension par l'Etat d'urgence.» [408]

En outre, selon la Cour,

«la notion de procédure régulière énoncée à l'article 8 CADH doit être comprise comme s'appliquant, à titre principal, à toutes les garanties judiciaires mentionnées dans la CADH, même en période de suspension prévue par l'article 27 de la Convention» [409].

La lecture de l'article 8 combiné avec les articles 7 6), 25 et 27 2) CADH:

«Aboutit à la conclusion suivant laquelle les principes d'une procédure régulière ne peuvent être suspendus dans des états d'exception dans la mesure où il s'agit de conditions nécessaires pour que les institutions procédurales régies par la Convention soient considérées comme des garanties judiciaires. Ce résultat est

---

406. *Ibid.*, p. 48, paragraphe 42.
407. CourIADH, avis consultatif *OC-9/87 du 6 octobre 1987, Judicial Guarantees in States of Emergency (arts. 27 (2), 25 and 8 of the American Convention on Human Rights), Series A, n° 9*, p. 33, paragraphe 24.
408. *Ibid.*, p. 33-34, paragraphe 25.
409. *Ibid.*, p. 35, paragraphe 29.

encore plus clair en ce qui concerne l'*habeas corpus* et l'*amparo*, indispensables à la protection des droits de l'homme qui ne font pas l'objet d'une dérogation. »[410]

Dans un paragraphe résumant ses conclusions fondamentales sur la question de la garantie de la justice, la Cour conclut que :

> « Les garanties judiciaires indispensables à la protection des droits de l'homme non dérogeables, conformément à l'article 27, paragraphe 2, de la Convention, sont celles auxquelles la Convention fait expressément référence aux articles 7 6) et 25 1), examinés dans le cadre et les principes de l'article 8, ainsi que celles qui sont nécessaires à la préservation de l'état de droit, même pendant la période d'exception résultant de la suspension des garanties. »[411]

Ces critères d'interprétation ont ensuite été appliqués dans l'affaire *Neira Alegría et al.*, affaire dans laquelle la Cour a conclu que le Pérou avait, au détriment de trois personnes, violé le droit d'*habeas corpus* garanti par l'article 7 6) en ce qui concerne l'interdiction énoncée à l'article 27 2) CADH[412]. La survenance d'une émeute dans la prison concernée avait entraîné la mort de nombreux détenus. Une procédure d'*habeas corpus* avait été engagée au nom de M. Neira Alegría et de deux autres prisonniers qui avaient disparu à la suite de l'émeute. Les applications d'*habeas corpus* avaient cependant été rejetés au motif que les pétitionnaires n'avaient pas prouvé que les détenus avaient été enlevés, que les tribunaux militaires ont enquêté sur les faits et que « de tels événements sortaient du cadre du résumé de la procédure de l'*habeas corpus* »[413].

Ce réseau d'obligations interdépendantes nécessite un contrôle judiciaire du respect de l'ensemble des droits de la CADH, et donc *à plus forte raison* ceux-là même qui sont intangibles. En 2000, dans une autre affaire, la Cour a déclaré le caractère proprement indérogeable de ces droits[414].

---

410. *Ibid.*, p. 35, paragraphe 30.
411. *Ibid.*, p. 39, paragraphe 38.
412. CourIADH, affaire *Neira Alegría* et al., arrêt du 19 janvier 1995, OAS doc. OAS/Ser.L/V/III.33, doc. 4, Rapport annuel de la CourIADH 1995, p. 60, paragraphe 84.
413. *Ibid.*, p. 59, paragraphe 79. Sur la violation des articles 7 (6) et 25 de la Convention américaine, voir également CourIADH, affaire *Suárez Rosero, arrêt du 12 novembre 1997, Série C, n° 35*, p. 72-75, paragraphes 57-66.
414. CourIADH, *Affaire Durand et Ugarte c. Pérou*, merits, judgment of 16 August 2000, series C.

Section IV. Le contrôle des droits dérogeables et la condition de la stricte proportionnalité

Les articles 4 1) PIDCP et 15 1) CEDH exigent respectivement le principe de stricte proportionnalité des mesures prises dans le cadre des situations d'urgence. En vertu de l'article 27 1) CADH, l'Etat concerné ne peut prendre de telles précautions que, «dans la mesure et pour la période strictement requises, par les exigences de la situation». Cela signifie que, dans une situation d'urgence publique menaçant la vie de la nation, l'Etat dérogateur ne peut prendre des décisions dérogeant à ses obligations légales que «dans la mesure strictement requise par les exigences de la situation». Cependant, la spécification relative à l'élément de temps dans l'article 27 1) CADH n'ajoute rien de substantiel à ce qu'implique déjà la condition de nécessité absolue énoncée à l'article 4 1) PIDCP et de l'article 15 1) CEDH. A son tour, l'article 30 de la Charte sociale européenne de 1961 et l'article F de la Charte sociale européenne de 1996 (révisée), stipule que toute mesure dérogatoire prise doit être limitée «dans la mesure strictement requise par les exigences de la situation».

En vertu de l'article 15 CEDH, les mesures dérogatoires ne sauraient être adoptées que «dans la stricte mesure où la situation l'exige et à la condition que ces mesures ne soient pas en contradiction avec les autres obligations découlant du droit international». Cela implique un contrôle de la nécessité et de la proportionnalité des mesures de restriction, voire de suspension de certains droits et libertés. En d'autres termes, les actes dérogatoires adoptés par les gouvernements doivent s'apprécier en fonction de la gravité de la menace. Particulièrement, la Cour européenne vérifie que les règles de légalité applicables en période normale ne suffisent ni à faire face, ni à endiguer le danger public qui menace la vie de la nation. Toutefois, elle laisse à l'Etat partie une marge d'appréciation dans le choix des mesures dérogatoires adéquates et les mieux adaptées pour parer à la menace: celles-ci peuvent aller jusqu'à l'exclusion du contrôle judiciaire des arrestations et des privations de liberté. Dans l'arrêt *Irlande c. Royaume-Uni*[415], cette juridiction a rappelé que l'article 15 CEDH laisse aux Etats une certaine marge d'appréciation, en affirmant qu'elle ne saurait se substituer aux gouvernements dans le choix des moyens les plus adéquats pour faire face à une crise. La Cour européenne n'accorde pas pour autant un blanc-seing à l'Etat partie en matière desdites mesures. Ainsi, les mesures

---

415. CourEDH, affaire *Irlande c. Royaume-Uni*, arrêt du 28 janvier 1978.

dérogatoires doivent être accompagnées de garde-fous contre les abus dans leur mise en œuvre. Face aux détentions administratives, sont envisageables le contrôle politique par le Parlement et le contrôle par des commissions de détention. En fonction de la gravité de la menace, la durée de la détention et l'exclusion de l'intervention judiciaire ne sauraient cependant être excessives: une détention secrète de quatorze jours sans présentation de l'intéressé à un juge ou à un magistrat est disproportionnée, de même un régime de détention spécifique des étrangers est également disproportionné et discriminatoire dès lors que des nationaux peuvent aussi être des auteurs d'attentats terroristes. En tout état de cause, les dérogations permises pendant l'état d'urgence ne sauraient concerner les droits non dérogeables. Les organes de contrôle considèrent également que l'état d'urgence ne doit pas seulement respecter la CEDH, il doit aussi être conforme aux autres obligations internationales des Etats parties. Celles-ci figurent notamment dans le PIDCP.

Par. 1. L'appréciation de la condition de proportionnalité par les organes en charge du contrôle

Une interprétation de la disposition relative aux dérogations indique que la prescription se compose de deux critères complémentaires. Premièrement, la mesure doit être rationnelle par rapport à l'objectif poursuivi. Deuxièmement, la mesure doit être «strictement» nécessaire, ce qui implique un niveau de contrôle juridictionnel assez intense. Les critères font parties intégrante de ce que l'on appelle le principe de proportionnalité. Ce principe, de nature conciliante, constitue une forme d'équilibre en droit international. Dans sa forme la plus simple, le terme «proportionnalité» signifie qu'une réaction ou une action doit être à la mesure de l'objectif recherché. En tant que tel, le principe permet l'évaluation d'impératifs opérationnels apparemment incompatibles. En matière de dérogation, faire respecter et respecter les droits de l'homme tout en reconnaissant la nécessité de suspendre certains droits en cas de crise, sont certainement des impératifs opérationnels contradictoires.

L'examen de la jurisprudence montre que ce principe est considéré comme faisant partie du droit international coutumier. Par rapport à cette exigence, diverses interprétations ont été faites.

A. L'interprétation faite par le Comité des droits de l'homme

Le Comité des droits de l'homme a observé que le principe de la stricte proportionnalité est «une exigence fondamentale pour toute mesure dérogeant au Pacte. Une condition fondamentale à remplir concernant toutes mesures dérogeant aux dispositions du Pacte, telles qu'énoncées au paragraphe 1 de l'article 4, est que ces dérogations ne soient permises que dans la stricte mesure où la situation l'exige. Cette condition vise la durée, l'étendue géographique et la portée matérielle de l'état d'urgence et de toute dérogation appliquée par l'Etat du fait de l'état d'urgence. Une dérogation à certaines obligations découlant du Pacte se différencie clairement des restrictions ou limites autorisées même en temps ordinaire par plusieurs dispositions du Pacte»[416].

En outre, le Comité souligne que:

«le simple fait qu'une dérogation admise à une disposition spécifique puisse être en soi exigée par les circonstances, ne dispense pas de montrer également que les mesures spécifiques prises conformément à cette dérogation sont dictées par les nécessités de la situation. Dans la pratique, cela ne garantira qu'aucune disposition du Pacte, même s'il y est dérogé valablement, ne puisse être entièrement inapplicable au comportement d'un Etat partie»[417].

Par ailleurs, l'énumération des droits indérogeables à l'article 4 2) PIDCP ne peut pas justifier, même s'il existe une menace pour la vie de la nation, un argument *a contrario* que des dérogations illimitées soient admises pour les droits qui ne figurent pas dans cette disposition, puisque

«l'obligation juridique de limiter toutes les dérogations au strict minimum nécessaire pour faire face aux exigences de la situation implique à la fois pour les Etats parties et pour le Comité le devoir de procéder à une analyse minutieuse en se fondant sur chaque article du Pacte et sur une évaluation objective de la situation en question»[418].

Il ressort clairement de cette déclaration que le Comité fait ses propres évaluations de la nécessité absolue de toute mesure dérogatoire prise.

---

416. Commentaire général n° 29, dans UN doc. *GAOR*, A/56/40 (vol. I), p. 203, paragraphe 4.
417. *Idem.*
418. *Ibid.*, p. 203, paragraphe 6.

Cet organe confirme ainsi l'opinion adoptée dans l'affaire *Landinelli Silva* et al., examinée dans les premières années de son travail. Bien que les faits de cette affaire, qui concernaient de manière drastique les limitations des droits politiques des membres de certains groupes politiques, n'étaient pas considérés en vertu de l'article 4 PIDCP, le Comité fait un examen hypothétique de la stricte nécessité des mesures contestées sur l'hypothèse de l'existence d'une situation d'urgence en Uruguay[419]. Le Comité a émis à plusieurs reprises des doutes quant à la compatibilité avec la condition de stricte proportionnalité lors de l'examen périodique des rapports des Etats parties. Par exemple, il a exprimé sa «profonde préoccupation face à la persistance de la situation d'urgence régnant en Israël, en vigueur depuis son indépendance», et a recommandé

> «que le gouvernement examine la nécessité de poursuivre le renouvellement de l'état d'urgence en vue de limiter autant que possible son champ d'application et son applicabilité à la dérogation des droits qui en découle».

Il a rappelé en particulier que certains articles ne peuvent jamais faire l'objet de dérogations et que d'autres ne peuvent l'être «que dans la mesure strictement requise par les exigences de la situation»[420]. L'Espagne et le Royaume-Uni ont, entre autres, fait l'objet de critiques pour leur utilisation excessive et prolongée des mesures dérogatoires. Dans le cas de l'Espagne, le Comité s'est inquiété, par exemple, de «la suspension des droits des suspects terroristes en vertu de l'article 55 (2) de la Constitution et le fait que les circonstances ont donné lieu à ce qui constitue une situation d'urgence permanente». Dans le cas du Royaume-Uni, le Comité a exprimé sa préoccupation sur les «pouvoirs excessifs dont disposent les forces de police en vertu des lois antiterroristes» en Irlande du Nord, «les règles libérales relatives à l'utilisation d'armes à feu par la police» et «les nombreuses mesures d'urgence et leur application prolongée»[421]. Ces quelques exemples montrent que le Comité est clairement préoccupé par la portée territoriale, temporelle et matérielle de toute mesure d'urgence prise par les Etats parties.

---

419. Communication n° R.8/34, *J. Landinelli Silva* et al. (Views adopted on 8 April 1981), dans UN doc. *GAOR*, A/36/40, p. 133, paragraphe 8.4.
420. UN doc. *GAOR*, A/53/40, p. 47, paragraphe 307.
421. UN doc. *GAOR*, A/46/40, p. 45, paragraphe 183 (Espagne), et p. 102, paragraphe 411 (Royaume-Uni).

B. L'interprétation faite par la Cour interaméricaine des droits de l'homme

Dans son avis consultatif sur l'*habeas corpus* dans les situations d'urgence, la CourIADH a déclaré ce qui suit :

> « Etant donné que l'article 27.1 [de la Convention] envisage des situations différentes et puisque, de plus, les mesures qui peuvent être prises dans l'une de ces situations d'urgence doivent être adaptées aux «exigences de la situation», il est clair que ce qui pourrait être permis dans une situation d'urgence ne serait pas licite dans une autre. La légalité des mesures prises pour traiter chacune des situations particulières visées à l'article 27, paragraphe 1, dépendra d'ailleurs du caractère, de l'intensité, de l'omniprésence et du contexte particulier de l'urgence sur la proportionnalité correspondante et le caractère raisonnable des mesures prises. » [422]

Le droit de recourir à des mesures dérogatoires en vertu de l'article 27 est, en d'autres termes, un outil flexible pour faire face aux situations d'urgence, un outil visant à ramener la normalité dans la communauté. Il s'ensuit que des dérogations aux articles qui ne peuvent éventuellement pas être essentielles pour rétablir la paix, l'ordre et la démocratie ne sont pas conformes à la Convention.

La CourIADH a ajouté que les mesures prises par les pouvoirs publics « doivent être spécifiées avec précision dans le décret instituant l'état d'urgence», et que toute action allant au-delà des limites de ce qui est strictement nécessaire pour faire face à l'urgence « serait également illégale malgré l'existence de la situation d'urgence » [423]. Cette Cour a ensuite souligné qu'il est inapproprié de suspendre les garanties sans se conformer aux conditions précédentes, considérant que

> «… Il en résulte que les mesures spécifiques applicables aux droits et libertés qui ont été suspendues peuvent également ne pas violer ces principes généraux. Une telle violation se produirait, par exemple, si les mesures prises enfreignent le régime juridique de l'état d'urgence, si elles duraient plus longtemps que le délai spécifié, si elles étaient manifestement irrationnelles, inutiles

---

422. CourIADH, avis consultatif OC-8/87, du 30 janvier 1987, Habeas Corpus *en situation d'urgence (Arts. 27 (2), 25 (1) and 7 (6) de la Convention américaine des droits de l'homme), Série A, n° 8*, p. 39, paragraphe 22.
423. *Ibid.*, p. 46, paragraphe 38.

Contrôle international des dérogations aux droits de l'homme 215

ou disproportionnées, ou si, en les adoptant, il y avait un abus d'autorité ou un abus de pouvoir »[424].

C. *L'appréciation de la Cour européenne des droits de l'homme*

La jurisprudence de la CourEDH établit le principe de proportionnalité comme base sur laquelle elle examine les mesures adoptées par les autorités nationales. Il s'agit dans tous les cas de répondre à la question de savoir « jusqu'où un Etat peut aller pour rétablir l'ordre menacé sur son territoire » et déterminer si les mesures prises pour ce faire sont « strictement requises par les exigences de la situation ». Dans l'affaire *Irlande c. Royaume-Uni*, la CEDH est parvenue à la conclusion suivant laquelle l'Etat défendeur disposait d'une large marge d'appréciation pour déterminer la nécessité et la portée des mesures dérogatoires. Cependant, le pouvoir discrétionnaire laissé à l'Etat est limité, comme l'a déclaré la Cour dans *Brannigan et McBride c. Royaume-Uni*, car

> « [i]l appartient à la Cour de décider si, entre autres, les Etats sont allés au-delà de la « mesure strictement requise par les exigences » des crises. La marge d'appréciation interne s'accompagne donc d'un contrôle européen... »[425]

La CourEDH a examiné les mesures dérogatoires avec la condition qu'elles doivent être « strictement requises par les exigences de la situation en rapport avec l'utilisation de pouvoirs spéciaux d'arrestation et de détention »[426]. Dans le même temps, dans l'exercice de son contrôle, la Cour est appelée à donner un poids approprié aux facteurs pertinents tels que la nature des droits concernés par la dérogation, les circonstances et la durée de celle-ci, la situation d'urgence[427]. La Cour a souligné qu'il n'était pas de son rôle

> « de substituer son point de vue à ce que les mesures soient les plus appropriées ou les plus opportunes au moment pertinent pour traiter une situation d'urgence pour le gouvernement qui est directement responsable d'établir un équilibre entre la prise de mesures efficaces de lutte contre le terrorisme d'une part, et le

---

424. *Ibid.*, p. 46, paragraphes 39-40.
425. CourEDH, *Brannigan et McBride c. Royaume-Uni* (1993), paragraphe 43.
426. CourEDH, affaire *Irlande c. Royaume-Uni*, arrêt du 18 janvier 1978, *Série A, No. 25*, p. 79, paragraphe 211.
427. CourEDH, affaire *Brannigan et McBride c. Royaume-Uni*, arrêt du 26 mai 1993, *Série A, n° 258-B*, p. 49-50, paragraphe 43 ; et affaire *Aksoy c. Turquie*, arrêt du 18 décembre 1996, rapports 1996-VI, p. 2280, paragraphe 68.

> respect des droits individuels d'autre part ... Dans le contexte de l'Irlande du Nord, où le pouvoir judiciaire est petit et vulnérable aux attaques terroristes, la confiance du public dans l'indépendance du pouvoir judiciaire est naturellement une question à laquelle le Gouvernement attache une grande importance » [428].

Il s'ensuit que le gouvernement n'a pas « dépassé sa marge d'appréciation pour décider, compte tenu des circonstances, de contrer le contrôle judiciaire » [429]. Tout en rejetant les allégations des requérants, et considérant la dérogation décidée par le Royaume-Uni comme prématurée, la Cour a jugé que :

> « La validité de la dérogation ne peut être remise en cause pour la seule raison pour laquelle le gouvernement avait décidé d'examiner si, à l'avenir, on pourrait trouver un moyen d'assurer une plus grande conformité avec la Convention. En effet, un tel processus de réflexion continue est non seulement conforme à l'article 15, paragraphe 3, qui impose un contrôle permanent de la nécessité des mesures d'urgence, mais est également implicite dans la notion même de proportionnalité. » [430]

En d'autres termes, la condition qu'un Etat dérogeant ne puisse prendre de telles mesures « qui sont strictement requises par les exigences de la situation » signifie que non seulement ces mesures doivent être strictement proportionnées à la menace pour la nation quand elles sont décidées, mais l'Etat dérogeant doit veiller en permanence à ce qu'elles restent proportionnées, à défaut de quoi elles contreviendront aux exigences de l'article 15 1) CEDH.

Tout en accordant une attention particulière aux arguments avancés par les gouvernements en faveur des dérogations, la Cour examine effectivement les questions de la prétendue nécessité des mesures dérogatoires, y compris la question des garanties contre les abus. Elle considère qu'elle est compétente pour décider si les Etats ont excédé la « stricte mesure des exigences » de la crise [431]. Pour apprécier la proportionnalité des mesures, la Cour met en balance les mesures prises par l'Etat dans le cadre de la dérogation et, d'un autre côté, la nature des droits touchés par la dérogation, la durée de ces mesures

---

428. *Ibid.*, p. 54, paragraphe 59.
429. *Ibid.*, p. 54, paragraphe 60.
430. *Ibid.*, p. 52, paragraphe 54.
431. CourEDH, *Irlande c. Royaume-Uni*, arrêt du 18 janvier 1978, n° 5310/71, paragraphe 207.

et les circonstances dans lesquelles elles ont été prises [432]. La Cour recommande donc aux

> « autorités qui mettent en œuvre l'état d'exception d'adopter des mesures proportionnées aux faits, c'est-à-dire de choisir la mesure la plus efficace pour restaurer l'ordre public ... tout en veillant à ce qu'elle soit la moins attentatoire possible aux droits et libertés » [433].

Quand la CEDH est appelée à déterminer si l'Etat a excédé la « stricte mesure des exigences » de la crise, elle attache le poids qui convient à des facteurs pertinents tels que la nature des droits touchés par la dérogation, la durée de l'état d'urgence et les circonstances qui l'ont créé [434]. Cela implique qu'elle recherche : si les lois ordinaires auraient été suffisantes pour faire face à la situation de danger public [435] ; si les mesures prises constituent une véritable réponse à une situation de danger public [436] ; si ces mesures ont été utilisées pour le but aux fins duquel elles ont été adoptées [437] ; si la dérogation est de portée limitée et par quels motifs elle est étayée [438] ; si la nécessité d'appliquer la dérogation a été constamment contrôlée [439] ; si les mesures imposées ont été atténuées [440] ; si elles étaient assorties de garanties [441] ; quels sont l'importance du droit en jeu et le but plus général du contrôle juridictionnel des ingérences portées dans ce droit [442] ; s'il était possible en pratique d'opérer un contrôle juridictionnel de ces mesures [443] ; si les mesures étaient proportionnées au but visé et si elles opéraient une discrimination injustifiée [444].

---

432. G. Gonzales, «L'état d'urgence au sens de l'article 15 de la Convention européenne des droits de l'homme», *CRDF*, 2006, n° 6, p. 99 ; CourEDH, *Brannigan et McBride c. Royaume-Uni*, paragraphe 43 ; *A. et al. c. Royaume-Uni*, paragraphe 173.
433. V. Souty, «Les dérogations en cas de circonstances exceptionnelles : un régime en demi-teinte», *Rev. trim. dr. h.*, 2017, Larcier, p. 96.
434. *Brannigan et McBride c. Royaume-Uni*, paragraphe 43 ; *A. et al. c. Royaume-Uni* [GC], paragraphe 173.
435. *Lawless c. Irlande (No. 3)*, paragraphe 36 ; *Irlande c. Royaume-Uni*, paragraphe 212.
436. *Brannigan et McBride c. Royaume-Uni*, paragraphe 51.
437. *Lawless c. Irlande (No. 3)*, paragraphe 38.
438. *Brannigan et McBride c. Royaume-Uni*, paragraphe 66.
439. *Ibid.*, paragraphe 54.
440. *Irlande c. Royaume-Uni*, paragraphe 220.
441. *Ibid.*, paragraphes 216-219 ; *Lawless c. Irlande (No. 3)*, paragraphe 37 ; *Brannigan et McBride c. Royaume-Uni*, paragraphes 61-65 ; *Aksoy c. Turquie*, paragraphes 79-84.
442. *Ibid.*, paragraphe 76.
443. *Ibid.*, paragraphe 782 ; *Brannigan et McBride c. Royaume-Uni*, paragraphe 59.
444. *A. et al. c. Royaume-Uni* [GC], paragraphe 190.

Au-delà de cette condition de proportionnalité, il existe celle de la cohérence avec d'autres obligations internationales.

D. La condition de cohérence avec d'autres obligations internationales

L'article 4 1) PIDCP, l'article 27 1) CADH et l'article 15 1) CEDH posent comme condition de dérogation que les mesures dérogatoires ne soient pas « incompatibles » avec les « autres obligations découlant du droit international » d'un Etat Partie. La même condition est énoncée à l'article 30 1) de la Charte sociale européenne et dans article F 1) de la Charte telle que révisée.

L'expression « autres obligations en droit international » est large et peut en théorie être interprétée soit comme comprenant toute obligation juridique découlant d'une Convention internationale ou du droit coutumier, voire même des Principes généraux du droit, pertinents pour la jouissance des droits de l'homme et des libertés fondamentales affectés par une dérogation. Dans l'observation générale n° 29, le Comité des droits de l'homme a déclaré à cet égard que :

> « En outre, le paragraphe 1 de l'article 4 exige qu'aucune mesure dérogeant aux dispositions du Pacte ne soit incompatible avec les autres obligations qui incombent aux Etats parties en vertu du droit international, en particulier les règles du droit international humanitaire. L'article 4 du Pacte ne saurait être interprété comme justifiant une dérogation aux dispositions du Pacte si une telle dérogation doit entraîner un manquement à d'autres obligations internationales incombant à l'Etat concerné, qu'elles découlent d'un traité ou du droit international général. Ce principe est reflété également au paragraphe 2 de l'article 5, en vertu duquel il ne peut être admis aucune restriction ou dérogation aux droits fondamentaux reconnus dans d'autres instruments, sous prétexte que le Pacte ne les reconnaît pas ou les reconnaît à un moindre degré. » [445]

Permettre au Comité « de tenir compte des obligations d'un Etat partie découlant des autres accords internationaux lorsqu'il examine si le Pacte a été violé permet à l'Etat partie de déroger à des dispositions spécifiques du Pacte », les Etats Parties invoquant l'article 4 (1) ou soumettant leurs rapports périodiques, devraient

---

445. UN doc. *GAOR*, A/56/40 (vol. I), p. 204, paragraphe 9.

«présenter des informations sur les autres obligations internationales pertinentes relatives à la protection des droits en question, en particulier les obligations qui sont applicables en temps d'urgence [et] devraient dûment tenir compte de l'évolution du droit international en matière des droits de l'homme dans les situations d'urgence» [446].

Dans le cas des pays qui ont ratifié le PIDCP et la CADH, il est particulièrement important que le Comité des droits de l'homme examine si déroger aux obligations contractées par un Etat partie en vertu du Pacte est incompatible avec ses obligations découlant de la Convention américaine, qui contient une liste beaucoup plus longue de droits non dérogeables.

A cet égard, la CourEDH a clairement indiqué que sa fonction dans le cadre de la Convention européenne l'oblige à examiner la cohérence des mesures dérogatoires avec les «autres obligations en vertu du droit international» d'un Etat partie [447]. Cependant, tant dans l'affaire *Lawless* que dans l'affaire *Irlande c. Royaume-Uni*, cette Cour ne disposait pas de données laissant à penser que l'Etat dérogeant n'aurait pas tenu compte de ces obligations. Dans ce dernier cas, elle a notamment constaté que «le gouvernement irlandais n'a jamais fourni à la Commission ou à la Cour des précisions sur la demande formulée ou sur ce point dans leur demande» [448]. Comme le montrent ces affaires, bien qu'il incombe à la Cour d'examiner d'office la compatibilité des mesures dérogatoires avec d'«autres obligations de l'Etat en vertu du droit international», elle s'appuie largement sur les arguments présentés par la partie alléguant une violation de ce principe plutôt que de procéder à un examen approfondi elle-même. Dans l'affaire *Brannigan et McBride*, le demandeur a soutenu que le gouvernement du Royaume-Uni avait violé le principe de cohérence énoncé à l'article 15 1) CEDH, car l'urgence publique n'avait pas été «proclamée officiellement» comme requis par l'article 4 PIDCP. La Cour a observé à ce propos qu'il n'était pas de son rôle de chercher à définir avec autorité le sens de l'expression «officiellement proclamés» à l'article 4 PIDCP, mais qu'il fallait néanmoins examiner s'il existait «un fondement plausible à l'argument

---

446. *Ibid.*, p. 204-205, paragraphe 10.
447. CourEDH, *affaire Lawless (Fond)*, arrêt du 1er juillet 1961, *Série A, n° 3*, p. 60, paragraphes 40-41.
448. *Ibid.*, p. 60, paragraphe 41, and affaire *Irlande c. Royaume-Uni*, arrêt du 18 janvier 1978, *Série A, n° 25*, p. 84, paragraphe 222.

de la requérante dans cette affaire » [449]. Elle a toutefois conclu qu'il n'y avait aucun fondement pour les arguments du demandeur, se référant à cet égard à la déclaration faite à la Chambre des communes par le Secrétaire d'Etat au ministère de l'Intérieur à travers laquelle il a expliqué en détail les raisons qui ont motivé la décision du gouvernement de déroger et a annoncé que des mesures ont été prises pour notifier une dérogation au titre de l'article 15 CEDH et l'article 4 PIDCP. Il a ajouté qu'il y avait « une urgence publique au sens de ces dispositions en matière de terrorisme liée aux affaires de l'Irlande du Nord au Royaume-Uni » [450]. De l'avis de la Cour, cette déclaration, « qui avait un caractère formel et rendait public les intentions du gouvernement en matière de dérogation correspondait bien à la notion de proclamation officielle » [451]. Enfin, dans l'affaire *Marshall*, la Cour a déclaré qu'elle n'avait trouvé

> « rien dans la référence faite par le demandeur aux observations du Comité des droits de l'homme des Nations Unies de suggérer que le gouvernement (du Royaume-Uni) doit être considéré comme ayant agi en violation des obligations qui leur incombent en vertu du PIDCP en maintenant leur dérogation après 1995 ».

La requérante ne pouvait donc pas soutenir « que le maintien en vigueur de la dérogation était incompatible avec les obligations des autorités en vertu du droit international » [452].

La jurisprudence de la CourEDH montre, en d'autres termes, que, à moins que le demandeur n'ait fourni des arguments clairs et bien fondés concernant le prétendu défaut de l'Etat défendeur d'agir en conformité avec ses « autres obligations de droit international », la Cour ne considérera pas l'argument comme étant fondé.

E. *La condition de non-discrimination*

Les mesures prises dans le cadre de l'Etat d'urgence ne doivent pas être discriminatoires, c'est-à-dire viser une catégorie spécifique de personnes. Selon l'article 4 1) PIDCP et l'article 27 1) CADH, les mesures dérogatoires ne doivent « pas comporter de discrimination

---

449. CourEDH, *affaire Brannigan et McBride c. Royaume-Uni*, arrêt du 26 mai 1993, *Série A, n° 258-B*, p. 57, paragraphe 72.
450. *Ibid.*, p. 57, paragraphe 73.
451. *Idem.*
452. CourEDH, *affaire Marshall*, arrêt sur la recevabilité du 10 juillet 2001, p. 11 of the decision as published at http://echr.coe.int.

uniquement sur la base de la race, de la couleur, du sexe, de langue, de religion ou origine sociale ». L'article 15 1) CEDH ne contient aucune disposition de référence au principe de non-discrimination. Dans la mesure où un Etat partie à la Convention européenne est également un Etat partie au Pacte international, il ne serait pas autorisé à prendre des mesures dérogatoires pour les motifs énumérés ci-dessus au sens de l'article 15 de la Convention, étant donné que ces mesures ne doivent pas être « incompatibles » aux « autres obligations découlant du droit international ».

En tout état de cause, il existe une certaine souplesse inhérente au principe d'égalité et de non-discrimination qui permet aux Etats dérogeant d'adapter leurs mesures aux besoins spécifiques de la situation de crise sans violer leurs obligations conventionnelles. Il ne découle pas du principe d'égalité et de non-discrimination que toutes les distinctions établies entre les personnes sont illégales au regard du droit international. Cependant, ces différenciations ne sont licites que si elles poursuivent un but légitime et sont proportionnelles ou raisonnables par rapport à cet objectif légitime. Le principe d'égalité et de non-discrimination étant un principe fondamental du droit international des droits de l'homme et du droit international général, des mesures dérogatoires discriminant des personnes ou des groupes de personnes ne peuvent en aucun cas être considérées comme licites, même en vertu de traités qui n'incluent pas *expressis verbis* une interdiction de discrimination dans la disposition de dérogation.

Dans son observation générale n° 29, le Comité des droits de l'homme a noté que bien que l'article 26 PIDCP et les autres dispositions relatives à la non-discrimination (art. 2, 3, 14 1), 23 4), 24 1) et 25)

> « [n]e figurent pas parmi les dispositions non susceptibles de dérogation de l'article 4, paragraphe 2, il existe des éléments ou des dimensions du droit à la non-discrimination à laquelle il ne peut être dérogé en aucune circonstance. En particulier, cette disposition de l'article 4, paragraphe 1, doit être respectée avec, le cas échéant, des distinctions entre les personnes lors du recours à des mesures dérogeant au Pacte »[453].

La question de la discrimination dans l'emploi de pouvoirs extra-judiciaires d'arrestation et de détention était en cause dans l'affaire *Irlande c. Royaume-Uni*, bien que la CourEDH ait décidé, par

---

453. UN doc. *GAOR*, A/56/40 (Vol. I), *Report HRC*, p. 204, paragraphe 8.

quinze voix contre deux, qu'il n'avait pas été établi qu'il y ait eu une discrimination contraire à l'article 14 PIDCP lu conjointement avec l'article 5 CEDH [454]. Le Gouvernement irlandais avait soutenu que les pouvoirs exceptionnels n'ont d'abord été utilisés que contre «des personnes soupçonnées ou détenant des informations sur le terrorisme de l'IRA» et que «plus tard, ils ont été également utilisés, mais dans une bien moindre mesure, contre de supposés terroristes loyalistes» [455]. Analysant la différence de traitement entre terroriste loyaliste et républicain pendant la première phase de la période considérée (1971 jusqu'à la fin mars 1972), la Cour concluait qu'«il existait de profondes différences entre terroriste loyaliste et républicain. A l'époque en question, la grande majorité des meurtres, explosions et autres outrages étaient imputables aux républicains «qui avaient une «Organisation beaucoup plus structurée» et «constituait une menace beaucoup plus grave que les terroristes loyalistes», qui pouvaient plus souvent être traduits devant les tribunaux pénaux» [456]. Cependant, la deuxième période examinée (30 mars 1972-4 février 1973) a donné lieu à des «questions délicates». Il y a eu «une augmentation spectaculaire du terrorisme loyaliste». La Cour considérait qu'il semblait hors de doute,

> «que les raisons qui avaient influencé avant le 30 mars 1972 soient devenu de moins en moins valides au fil du temps. Cependant, la Cour a [considéré] qu'il est irréaliste de sculpter dans des phases bien définies une situation qui était par nature changeante et en constante évolution» et, «tenant compte des limites de ses pouvoirs de réexamen, la Cour [ne peut] pas affirmer que, pendant la période considérée, le Royaume-Uni a violé l'article 14, combiné avec l'article 5, en utilisant les pouvoirs d'urgence contre l'IRA seul» [457].

L'objectif poursuivi pendant cette période – tout d'abord l'élimination de la plus redoutable des organisations – pourrait être considéré comme légitime et les moyens employés ne paraissaient pas disproportionnés [458].

Cependant, le 5 février 1973 a marqué un tournant dans la mesure où désormais la «[p]rivation extrajudiciaire a été utilisée pour lutter contre le terrorisme en tant que tel … et non plus simplement une organisation

---

454. CourEDH, *affaire Irlande c. Royaume Uni*, arrêt du 18 janvier 1978, *série A, n° 25*, p. 95.
455. *Ibid.*, p. 85, paragraphe 225.
456. *Ibid.*, p. 86, paragraphe 228.
457. *Ibid.*, p. 86-87, paragraphe 229.
458. *Ibid.*, p. 87, paragraphe 230.

donnée». Prenant en compte l'ensemble des processus et de la loi appliquée dans la lutte contre les deux catégories de terroristes, la Cour a jugé que «[l]a différence initiale de traitement ne s'est pas poursuivie au cours de la dernière période prise en considération»[459].

Par. 2. Le contrôle des droits dérogeables

Il semble plus aisé d'opérer un contrôle sur les droits non dérogeables que sur les droits dérogeables qui sont nombreux et divers.

A. Le droit à des recours effectifs

Dans le cadre de l'application des mesures d'urgence, les voies de recours devraient être mises à la disposition des personnes arrêtées et détenues. Le Comité des droits de l'homme a noté à cet égard dans l'observation générale n° 29 que l'article 2 3) PIDCP «oblige un Etat partie au Pacte à fournir des informations sur les recours en cas de dérogation aux dispositions du Pacte».

> «Le paragraphe 3 de l'article 2 du Pacte exige en effet que soient assurées des voies de recours internes utiles contre toute violation des dispositions du Pacte. Même si cette clause ne fait pas partie des dispositions auxquelles il ne peut être dérogé énumérées au paragraphe 2 de l'article 4, elle constitue une obligation inhérente au Pacte. Même si les Etats parties peuvent, pendant un état d'urgence, apporter, dans la stricte mesure où la situation l'exige, des ajustements aux modalités concrètes de fonctionnement de leurs procédures relatives aux recours judiciaires et autres recours, ils doivent se conformer à l'obligation fondamentale de garantir un recours utile qui est prévu au paragraphe 3 de l'article 2.»[460]

En d'autres termes, même dans les situations où un Etat partie conclut qu'une menace pour la vie de la nation l'oblige à déroger à ses obligations en vertu du Pacte, il reste légalement tenu d'offrir des recours utiles aux victimes de violations des droits de l'homme, y compris ceux qui sont victimes d'une application excessive ou illicite de la mesure d'urgence. Le Comité s'est ainsi inquiété «de l'absence de garanties et de moyens de recours efficaces à la disposition des

---

459. *Ibid.*, p. 87-88, paragraphe 231.
460. UN doc. *GAOR*, A/56/40 (vol. I), p. 206, paragraphe 14.

personnes lors de l'état d'urgence » au Gabon et a recommandé à l'Etat partie « de prévoir des recours effectifs dans la législation applicable en période d'état d'urgence »[461].

Le même Comité a déclaré sans équivoque que les Etats parties « ne peuvent en aucun cas invoquer l'article 4 PIDCP pour justifier toute action en violation du droit humanitaire ou des normes impératives du droit international, par exemple ... la privation arbitraire de liberté »[462]. Cet organe a déclaré en termes non moins fermes que le droit à un recours effectif doit être préservé pendant l'état d'urgence. Il en résulte que les personnes privées de leur liberté dans le cadre d'une « urgence publique menaçant la vie de la nation » ont droit à un recours effectif pour contester la légalité de leur arrestation et de leur détention. En d'autres termes, les recours judiciaires, tels que l'*habeas corpus*, doivent être effectivement disponibles à tout moment. Sur cette question importante, le Comité a été plus explicite dans sa réponse à la sous-commission des Nations Unies sur la prévention de la discrimination et la protection des minorités (comme on l'appelait alors) concernant la suggestion de rédiger un troisième Protocole à la Convention :

> « Le Comité est convaincu que les Etats parties comprennent généralement que le droit à l'*habeas corpus* et à l'*amparo* ne devrait pas être limité dans les cas d'urgence. De plus, le comité est d'avis que les remèdes aux paragraphes 3 et 4 de l'article 9, lus conjointement avec l'article 2 sont inhérents au Pacte dans son ensemble. Ayant cela à l'esprit, le Comité estime qu'il existe un risque considérable que le projet proposé au troisième Protocole facultatif pourrait implicitement inviter les Etats parties à se sentir libres de déroger aux dispositions de l'article 9 du Pacte pendant les périodes de conflit ou d'urgence s'ils ne ratifient pas le Protocole facultatif proposé. Ainsi, le Protocole pourrait avoir l'effet indésirable de diminuer la protection des personnes détenues pendant les états d'urgence »[463].

Il ressort clairement des diverses déclarations du Comité des droits de l'homme que les garanties énoncées aux paragraphes 3 et 4 de l'article 9 doivent être effectivement appliquées à tous les niveaux, même en cas d'urgence publique menaçant la vie de la nation. Ces garanties comprennent notamment le droit de toute personne « arrêtée ou détenue

---
461. *Ibid.*, p. 43, paragraphe 10.
462. UN doc. *GAOR*, A/56/40 (vol. I), p. 205, paragraphe 11.
463. UN doc. *GAOR*, A/49/40 (vol. I), annexe XI, p. 120.

pour cause d'une infraction pénale [à] être présentée rapidement à un juge ou à un autre officier autorisé par la loi relevant du pouvoir judiciaire »[464].

Dans son avis consultatif sur les garanties judiciaires dans les situations d'urgence, la CourIADH a déclaré à propos des mesures dérogatoires de l'article 27 1) CADH, l'exigence générale

> « que, dans tout état d'urgence, il convient de contrôler les mesures prises afin qu'elles soient proportionnées aux besoins et ne doivent pas dépasser les limites strictes imposées par la Convention ou en découlant »[465].

En ce qui concerne les droits qui n'ont pas été suspendus ni dérogés, la Cour a statué sans équivoque que

> « la déclaration de l'état d'urgence – quelle que soit son étendue ou sa dénomination en droit interne – ne peut entraîner la suppression ou l'inefficacité des garanties judiciaires que la Convention impose aux Etats parties d'établir pour la protection de [tels] droits. En d'autres termes, les garanties judiciaires indispensables à l'efficacité des droits et libertés qui ne sont pas soumis à la dérogation doivent être préservées »[466].

B. Le droit à la liberté et les pouvoirs spéciaux d'arrestation et de détention

L'utilisation de pouvoirs spéciaux d'arrestation et de détention est l'un des moyens les plus courants utilisés dans le cadre des situations exceptionnelles. Les restrictions des libertés demeurent en effet la principale arme d'un Etat lorsqu'il fait face à un danger menaçant la vie de la nation. De telles mesures peuvent parfois aller jusqu'à impliquer la suspension du contrôle juridictionnel de la légalité des mesures prises, telles qu'une détention ou un internement de longue durée, à la suite de laquelle les personnes privées de leur liberté peuvent se voir refuser la possibilité de faire examiner toute accusation à leur encontre

---

464. *Idem.*
465. CourIADH, avis consultatif OC-9/87 du 6 octobre 1987, *Garanties judiciaires en situations d'urgence (art. 27 (2), 25 et 8 de la Convention américaine sur les droits de l'homme)*, série A, n° 9, p. 31, paragraphe 21.
466. *Ibid.*, p. 34, paragraphe 25 et p. 39, paragraphe 39, et CourIADH, affaire *Castillo Petruzzi* et al., arrêt du 30 mai 1999, *série C, n° 52*, p. 215-216, paragraphe 186.

à travers un procès devant un tribunal indépendant et impartial. Sur le plan juridique, la situation n'est pas homogène au niveau international.

En ce qui concerne la protection du droit à la liberté et à la sécurité dans la CADH, la situation juridique est claire dans la mesure où les pouvoirs spéciaux d'arrestation et de détention sont utilisés « en temps de guerre, de danger public ou d'autres situations d'urgence qui menacent l'indépendance ou la sécurité d'un Etat partie », toute personne ayant un droit inconditionnel à un recours effectif sous la forme d'*habeas corpus* et d'*amparo*, tels que garantis par les articles 7 6) et 25 1) CADH, pour la protection des droits auxquels il ne peut être dérogé conformément à l'article 27 2) CADH. Dans la mesure où des pouvoirs spéciaux d'arrestation et de détention peuvent, en soi, être autorisés en vertu de l'article 27 1) CADH, il doit y avoir des recours effectifs disponibles aux personnes privées de liberté leur permettant de contester la compatibilité des mesures concernées avec la condition de stricte nécessité.

Au niveau européen, la CourEDH a examiné les pouvoirs spéciaux d'arrestation et de détention, y compris l'internement, avec la situation en Irlande du Nord. Dans l'affaire *Lawless*, cette Cour a conclu que les pouvoirs spéciaux de détention conférés au ministre d'Etat en vertu des infractions contre l'Etat (Amendement) de 1940 étaient contraires à l'article 5 1) *c)* et 3) CEDH de la Convention européenne au motif que la détention de M. Lawless, qui a duré cinq mois, était effectuée « dans le but de le traduire devant l'autorité judiciaire compétente » et qu'au cours de sa détention, il n'a en fait pas été traduit devant un juge « dans un délai raisonnable », comme le prescrivent ces dispositions [467]. Selon la Cour, le « sens clair et naturel » du libellé de l'article 5 1) *c)* et 3) CEDH

> « implique clairement l'obligation d'amener toute personne arrêtée ou détenue dans l'une des circonstances conformément aux dispositions de l'alinéa 1*c)* devant un juge aux fins d'examiner la question de la privation de liberté ou dans le but de décider du fond » [468].

Comme M. Lawless n'avait jamais été présenté à un juge pour l'un ou l'autre de ces faits, sa détention était contraire à l'article 5 CEDH et la Cour devait examiner si cette violation pouvait être justifiée

---

467. CourEDH, affaire *Lawless (fonds)*, arrêt du 1er juillet 1961, série A, n° 3, p. 53, paragraphe 15.
468. *Ibid.*, p. 52, paragraphe 14.

en vertu de l'article 15 1) CEDH comme étant «strictement requise par les exigences de la situation». Après un examen des faits et des arguments des parties en cause, la Cour a conclu qu'il n'y avait pas d'autre moyen à la disposition de l'Etat partie qui aurait permis de faire face à la situation. En conséquence, «la détention administrative ... de personnes soupçonnées de vouloir prendre part à des activités terroristes semblait, malgré sa gravité, être une mesure requise par la circonstance»[469].

Dans l'affaire *Brannigan et McBride*, qui concernait également des actions antiterroristes au Royaume-Uni, la Cour a dû tenir compte de l'absence d'intervention judiciaire dans l'exercice du pouvoir de détention des terroristes présumés pendant sept jours au maximum. L'affaire faisait suite à une mesure de dérogation décidée par le gouvernement du Royaume-Uni à la suite d'un arrêt de la Cour constatant la violation de l'article 5 3) CEDH dans l'affaire *Brogan* et al., dans laquelle elle concluait que les requérants n'avaient pas été traduits «rapidement» devant un tribunal. Dans cette affaire, la Cour a rappelé que le contrôle juridictionnel des ingérences de l'exécutif dans le droit à la liberté est un élément essentiel de la garantie énoncée à l'article 5, pararaphe 3 [et] est, dans l'état de droit, «l'un des principes fondamentaux d'une société démocratique expressément mentionné dans le préambule de la Convention»[470]. Cette conclusion a été confirmée dans l'affaire *Marshall c. Royaume-Uni*, qui a été déclarée irrecevable par la Cour et n'a donc pas été examinée sur le fond. Le requérant se plaignait d'avoir été détenu pendant sept ans en vertu de l'article 14 de la loi sur la prévention du terrorisme (dispositions temporaires) depuis 1989 sans être présenté à un juge. A son avis, le retard constituait une violation de l'article 5 3) CEDH, qui ne pouvait être invoqué en vertu de l'article 15 1) CEDH comme étant «strictement requis par les exigences de la situation». Les statistiques ont montré qu'au moment des faits, la plupart des personnes détenues sous l'article 14 de la loi de 1989 ont été libérées sans inculpation, ce qui signifie que la police a «utilisé le pouvoir de rassembler des informations pour arrêter des individus contre lesquels il y avait très peu ou pas de preuves»[471].

---

469. *Ibid.*, p. 58, paragraphe 36.
470. CourEDH, affaire *Brogan* et al. *c. Royaume-Uni*, arrêt du 29 novembre 1988, Série A, n° 145-B, p. 32, paragraphe 58.
471. CourEDH, affaire *Marshall c. Royaume-Uni*, arrêt du 10 juillet 2001, p. 7-8.

Dans l'affaire *Aksoy*, le requérant avait été maintenu en détention en Turquie pendant au moins quatorze jours, en particulier parce qu'il était soupçonné d'aider et d'encourager des terroristes du PKK, sans avoir été présenté à un juge ou à un autre officier [472]. La Cour a de nouveau souligné l'importance de l'article 5 dans le système de la Convention en faisant savoir que :

> «Il consacre un droit fondamental, à savoir la protection de l'individu contre l'ingérence arbitraire de l'Etat dans son droit à la liberté. Le contrôle judiciaire des ingérences de l'exécutif dans l'exercice du droit de la personne à la liberté est un élément essentiel de la garantie énoncée à l'article 5, paragraphe 3, qui est destiné à minimiser le risque d'arbitraire et à garantir l'état de droit ... De plus, une intervention judiciaire rapide peut conduire à la détection et la prévention des mauvais traitements, qui ... sont interdits par la Convention en termes absolus et non susceptibles de dérogation.» [473]

Le gouvernement turc a cherché dans cette affaire à justifier la longue détention sans contrôle judiciaire «en se référant aux exigences particulières des enquêtes de police dans une vaste région géographique confrontée à une organisation terroriste bénéficiant d'un soutien extérieur» [474]. Bien que la Cour ait réitéré son point de vue «que l'enquête sur les infractions terroristes pose sans aucun doute aux autorités des problèmes particuliers», elle n'a pas pu accepter :

> «Qu'il soit nécessaire de garder un suspect pendant quatorze jours sans jugement. Cette période exceptionnellement longue a laissé le requérant à la merci non seulement d'atteintes arbitraires à son droit à la liberté, mais également de la torture ... De surcroît, le Gouvernement n'a pas énoncé devant la Cour de raisons détaillées expliquant pourquoi la lutte contre le terrorisme dans le Sud-Est de la Turquie rendrait impraticable toute intervention judiciaire.» [475]

En ce qui concerne la question des garanties, la Cour a estimé que, contrairement à l'affaire *Brannigan et McBride*,

---

472. CourEDH, *Aksoy c. Turquie*, arrêt du 18 décembre 1996, *Recueil 1996*, p. 2281, paragraphe 71 et p. 2282, paragraphe 77.
473. *Ibid.*, p. 2282, paragraphe 76.
474. *Ibid.*, p. 2282, paragraphe 77.
475. *Ibid.*, p. 2282, paragraphe 78.

«les garanties disponibles n'étaient pas suffisantes pour le demandeur, qui a été détenu pendant une longue période. En particulier, le refus d'accès à un avocat, à un médecin, à un membre de la famille ou à un ami et l'absence de toute possibilité réaliste d'être traduit devant un tribunal pour vérifier la légalité de la détention signifie qu'il a été laissé complètement à la merci de ceux qui le tiennent»[476].

La Cour avait pris en compte

«le problème incontestablement grave du terrorisme dans le sud-est de la Turquie et les difficultés rencontrées par l'Etat pour prendre des mesures de lutte efficaces. Cependant, elle n'a pas été convaincue que les exigences de la situation nécessitaient la détention du requérant pour suspicion de participation à des activités terroristes pendant au moins quatorze jours en détention au secret sans avoir accès à un juge ou autre magistrat»[477].

La Turquie avait donc violé le paragraphe 3 de l'article 5 CEDH, violation qui ne pouvait être justifiée au regard de l'article 15 1) CEDH.

C. Le droit à un procès équitable et la compétence des tribunaux spéciaux

Comme le droit à un procès équitable devant un tribunal compétent, indépendant et impartial n'est pas *expressis verbis* non susceptible de dérogation, ni dans le PIDCP, ni dans la CADH et la CEDH, des questions se posent de savoir si ce droit fondamental peut faire l'objet d'une dérogation en cas de situation d'urgence[478]. Aucune disposition de ces textes ne fait référence, par exemple, à la compétence des tribunaux spéciaux en tant que tels. Ils énoncent simplement quelques principes de base qui doivent être appliqués par tous les tribunaux appelés à statuer sur une accusation pénale ou un droit (civil ou autre) ou une obligation. Il est important de rappeler d'emblée que le Principe 5 des principes de base des Nations Unies relatifs à l'indépendance de la magistrature indique que:

---

476. *Ibid.*, p. 2283, paragraphe 83.
477. *Ibid.*, p. 2284, paragraphe 84.
478. Pour une analyse générale du droit à un procès équitable, voir l'article 14 PIDCP, l'article 7 de la Charte africaine des droits de l'homme et des peuples, l'article 8 CADH et l'article 6 CEDH.

« Toute personne a le droit d'être jugée par une juridiction ordinaire en utilisant les procédures légales établies. Les tribunaux qui n'utilisent pas les procédures judiciaires dûment établies ne doivent pas être créés pour remplacer la juridiction des tribunaux ordinaires ou des tribunaux judiciaires. »

Dans son observation générale n° 13, le Comité des droits de l'homme indique que « les dispositions de l'article 14 s'appliquent à toutes les cours et tribunaux ... qu'ils soient ordinaires ou spéciaux ». En outre, même si le Pacte n'interdit pas la compétence des tribunaux militaires ou spéciaux,

« [n]éanmoins, les conditions qu'il pose indiquent clairement que faire juger des civils par de tels tribunaux devrait être très exceptionnel et se dérouler dans des conditions qui offrent véritablement toutes les garanties prévues à article 14 ... Si les Etats parties décident dans des circonstances d'urgence publique conformément à l'article 4, de déroger aux procédures normales requises en vertu de l'article 14, ils devraient veiller à ce que ces dérogations ne dépassent pas celles strictement requises par les exigences de la situation et le respect des autres conditions énoncées au paragraphe 1 de l'article 14 »[479].

Certains éléments du droit à un procès équitable étant expressément garantis par le droit international humanitaire en cas de conflit armé, le Comité ne voit aucune justification à ce qu'il soit dérogé à ces garanties au cours d'autres situations d'urgence. De l'avis du Comité, ces principes et la disposition concernant les recours utiles exigent le respect des garanties judiciaires fondamentales pendant un état d'urgence. Le Comité est d'avis que les principes de légalité et de prééminence du droit exigent :

– que « les exigences fondamentales d'un procès équitable doivent être respectées pendant l'état d'urgence » ;
– que « seul un tribunal peut juger et condamner une personne pour une infraction pénale » ; et
– que « la présomption d'innocence doit être respectée »[480].

Par ailleurs, dans l'affaire M. *González del Río c. Pérou*, le Comité a déclaré que « le droit d'être jugé par un tribunal indépendant et impartial est un droit absolu qui ne peut faire l'objet d'aucune

---

479. Commentaire général des Nations Unies, p. 123, paragraphe 4.
480. UN doc. *GAOR*, A/56/40 (vol. I), p. 206, paragraphe 16.

exception »[481]. Cependant, cet organe a également admis qu'il ne serait tout simplement pas possible de s'attendre à ce que toutes les dispositions de l'article 14 PIDCP soient pleinement mises en vigueur en cas d'urgence[482]. Il ressort des divers commentaires et points de vue du Comité des droits de l'homme qu'un accusé, qu'il soit jugé par un tribunal ordinaire ou spécial, doit en toutes circonstances, y compris en cas d'urgence publique, bénéficier d'un procès équitable devant un tribunal indépendant et impartial et qu'il doit être présumé innocent jusqu'à preuve du contraire. Le Comité doit encore définir comment et dans quelle mesure les autres garanties énoncées à l'article 14 PIDCP peuvent être limitées en cas d'urgence publique. Cependant, comme le paragraphe 3 de l'article 14 PIDCP stipule expressément que les garanties qu'il contient sont les «Garanties minimales» auxquelles «chacun aura droit ... en pleine égalité», la question se pose donc de savoir s'il existe une possibilité de limiter ces garanties en particulier dans les situations d'urgence. En ce qui concerne le droit international humanitaire, les quatre Conventions de Genève de 1949 et les deux Protocoles additionnels de 1977 fournissent un certain nombre de principes fondamentaux qui garantissent le procès équitable. Bien que les garanties varient d'un traité à l'autre, elles incluent les aspects d'un procès équitable tels que:

– le droit d'être jugé par un tribunal offrant les garanties essentielles d'indépendance et d'impartialité;
– le droit d'avoir accès à un avocat;
– le droit à un interprète;
– le droit de l'accusé d'être informé sans délai des détails de l'infraction qui lui est reprochée et le droit avant et pendant le procès d'avoir tous les droits et moyens de défense nécessaires;
– le droit de ne pas être condamné pour une infraction sauf sur la base de sanctions pénales individuelles;
– le droit d'être jugé en sa présence;
– le droit de ne pas être contraint de témoigner contre soi-même;
– le droit d'interroger ou de faire interroger les témoins à charge et d'obtenir dès la comparution et l'interrogatoire des témoins à décharge en tant que témoins contre lui;

---

481. Communication n° 263/1987, *M. González del Río c. Pérou* (Views adopted on 28 October 1992), *GAOR*, A/48/40 (vol. II), p. 20, paragraphe 5.2.
482. Voir la réponse du Comité à la sous-commission sur la question du 3e projet du Protocole à la Convention, dans UN doc. *GAOR*, A/49/40 (vol. I), annexe XI.

– le droit d'avoir un jugement rendu publiquement ;
– le droit de faire appel[483].

Comme ces garanties prescrites par le droit humanitaire sont applicables aux forces armées lors des conflits, ils doivent, a fortiori, faire partie des garanties que les Etats doivent assurer dans les situations d'urgence moins graves. Un tribunal spécial mis en place pour juger certaines catégories d'infractions peut faire une discrimination contraire à l'article 26 PIDCP sans nécessairement violer l'article 14 PIDCP. L'affaire *Kavanagh c. Irlande* concerne le Tribunal pénal spécial créé en Irlande à la suite d'une proclamation gouvernementale du 26 mai 1972 en vertu de l'article 35 2) de la loi de 1939 sur les infractions contre l'Etat. L'auteur affirme que la décision du Procureur général de le faire juger par le tribunal pénal spécial constitue une violation du principe de l'équité et de l'égalité des armes consacré aux paragraphes 1 et 3 de l'article 14 PIDCP. Il se plaint d'avoir été sérieusement désavantagé par rapport à d'autres personnes accusées d'infractions pénales analogues ou identiques qui ont été, elles, jugées par des tribunaux ordinaires et pouvaient donc bénéficier de garanties plus étendues. Il souligne que dans son cas, le fait de pouvoir être jugé dans le cadre d'un procès avec jury ainsi que la possibilité de faire interroger des témoins lors d'une audience préliminaire seraient particulièrement importants. L'évaluation de la crédibilité de plusieurs témoins essentiels était capitale dans son cas. Ainsi, l'auteur affirme avoir fait l'objet de restrictions arbitraires et ne pas avoir été traité sur un pied d'égalité dans l'exercice de ses droits au regard de la procédure, le Procureur général n'ayant donné aucune raison pour justifier sa décision. Il n'avait donc pas bénéficié d'un procès équitable[484]. L'auteur a admis que, «ni un procès devant jury ni un examen préliminaire ne sont en soi requis par le Pacte, et que l'absence de l'un ou l'autre de ces éléments

---

483. L'article 49 de la Convention de Genève pour l'amélioration du sort des blessés et des malades des forces armées dans le champ des conflits, 1949 ; article 50 de la Convention de Genève pour l'amélioration du sort des blessés, des malades et des naufragés membres des forces armées sur mer, 1949 ; articles 105 à 108 de la Convention de Genève relative au traitement des prisonniers de guerre ; articles 71 à 73 de la Convention de Genève relative à la protection des personnes civiles en temps de guerre, 1949 ; article commun 3 aux quatre Conventions de Genève ; l'article 75 (4) du Protocole I aux Conventions de Genève du 12 août 1949 relatif à la protection des victimes des conflits armés internationaux ; et l'article 6 du Protocole II aux Conventions de Genève du 12 août 1949, et relative à la protection des victimes des conflits armés non internationaux (Protocole II).
484. Communication n° 819/1998, *Kavanagh c. Irlande* (Views adopted on 4 April 2001), dans UN doc. *GAOR*, A/56/40 (vol. II), p. 133, paragraphe 10.1.

ne signifie pas nécessairement rendre un procès inéquitable». Pourtant, il considérait que, «toutes les circonstances de son procès devant un tribunal spécial a rendu son procès inéquitable»[485]. Le Comité des droits de l'homme a confirmé que:

> «La décision du Procureur général de renvoyer l'auteur devant le tribunal pénal spécial a eu pour conséquence de le soumettre à une procédure spéciale menée par une juridiction d'exception. Cette décision a privé l'auteur de certains mécanismes prévus par la législation interne, le distinguant d'autres personnes inculpées d'infractions similaires, jugées, elles, par des tribunaux ordinaires. Dans le cadre du système de droit de l'Etat partie, le fait d'être jugé en présence d'un jury constitue en particulier une protection importante, dont bénéficient généralement les accusés. En vertu de l'article 26 PIDCP, l'Etat partie est donc tenu de démontrer que la décision de soumettre une personne à une autre procédure était fondée sur des motifs raisonnables et objectifs.»[486]

Le Comité a donc conclu que l'Irlande avait «omis de démontrer que la décision de juger l'auteur devant le tribunal pénal spécial était fondée sur des motifs raisonnables et objectifs»[487]. Il s'ensuit que ses droits au titre de l'article 26 PIDCP ont été violés.

Bien que le Comité n'envisage pas nécessairement un procès devant un tribunal spécial comme étant contraire à l'article 14 PIDCP, il a été particulièrement sévère dans ses commentaires chaque fois que les tribunaux militaires ont reçu compétence pour juger des civils. Dans le cas de la Slovaquie, par exemple, il a noté avec préoccupation que «des civils peuvent être jugés par des tribunaux militaires dans certains cas, y compris la trahison de secrets, espionnage et sécurité de l'Etat». Il a recommandé «que le Code pénal soit modifié de manière à interdire le procès de civils par des tribunaux militaires dans toutes les circonstances»[488]. En ce qui concerne le Pérou, le Comité s'est félicité «avec satisfaction «de l'abolition des tribunaux «sans visage» et «le fait que l'infraction de terrorisme ait été transférée de la juridiction des tribunaux militaires à celle du tribunal pénal ordinaire»[489]. Cependant, le Comité a déploré le fait «que les tribunaux militaires continuaient

---

485. *Idem.*
486. *Ibid.*, p. 133, paragraphe 10.2.
487. *Ibid.*, paragraphe 10.3.
488. UN doc. *GAOR*, A/52/40 (vol. I), p. 60, paragraphe 381.
489. UN doc. *GAOR*, A/56/40 (vol. I), p. 45, paragraphe 4.

d'avoir compétence sur les civils accusés de trahison, qui sont jugés en violation des garanties prévues à l'article 14 du Pacte». Faisant référence au commentaire général n° 13 sur l'article 14 PIDCP, il a souligné que «la compétence des tribunaux militaires sur les civils n'est pas compatible avec l'administration juste, impartiale et indépendante de la justice»[490]. En ce qui concerne l'Ouzbékistan, le Comité a noté avec préoccupation «que les juridictions militaires ont une large compétence», qui couvre également

> «les affaires civiles et pénales lorsque les circonstances exceptionnelles d'un cas particulier ne permettent pas le fonctionnement des tribunaux de droit commun. Le Comité [a noté] que l'Etat partie n'a pas fourni d'informations sur la définition des «circonstances exceptionnelles» et [craint] que ces tribunaux soient compétents pour traiter des affaires civiles et pénales impliquant des personnes non militaires, en violation des articles 14 et 26 PIDCP. L'Etat partie devrait adopter les mesures législatives nécessaires pour restreindre la compétence des tribunaux militaires pour juger les membres des forces armées accusés»[491].

De même, le Comité a recommandé que le Guatemala «modifie sa loi afin de limiter la compétence des tribunaux militaires au procès des militaires qui ont été accusé de crimes de nature exclusivement militaire»[492].

Dans l'affaire *Castillo Petruzzi* et al. [493], La CourIADH a conclu, sur les points suivants aux motifs que l'article 8 1) CADH avait été violé dans ce cas:

---

490. *Ibid.*, p. 47, paragraphe 12.
491. *Ibid.*, p. 61-62, paragraphe 15.
492. *Ibid.*, p. 96, paragraphe 20.
493. CourIADH, *Castillo Petruzzi* et al., arrêt du 30 mai 1999, *séries C, n° 52*, p. 162, paragraphe 86.10. Les présumées victimes avaient été reconnues coupables de trahison par un tribunal militaire et condamnées à la réclusion à perpétuité. Comme l'accusation était une trahison, la procédure appelée «procédure sommaire» dans le cadre de «tribunaux sans visage» «et les actions en quête de» garanties judiciaires «n'étaient pas alléguées». M. Castillo Petruzzi lui-même a été reconnu coupable de trahison par un Tribunal spécial militaire d'instruction et condamné à «la réclusion à perpétuité, avec complète exclusion à vie, séquestration continue dans sa cellule pendant la première année d'incarcération, puis travail forcé». Cette décision a été confirmée par le Tribunal militaire spécial et une requête en annulation du jugement a ensuite été rejetée par la Cour suprême de justice militaire. Au moment du procès, l'état d'urgence était en vigueur dans le département de Lima et dans la province constitutionnelle de Callo et les garanties suivantes de la Constitution péruvienne avaient été suspendues: inviolabilité du domicile, liberté de circulation, droit de réunion, ainsi que l'arrestation et la comparution devant un juge (p. 159-160, par. 86.5). En ce qui concerne le procès de M. Castillo Petruzzi, il a été établi que son avocat n'était pas autorisé à s'entretenir

« 128. ... Le transfert de compétence des tribunaux civils aux tribunaux militaires, permettant ainsi aux tribunaux militaires de juger des civils accusés de trahison, signifie que le tribunal compétent, indépendant et impartial précédemment constitué par la loi est empêché de connaître de ces cas. En effet, les tribunaux militaires ne sont pas les tribunaux précédemment établis par la loi pour juger les civils. N'ayant pas fonctions ou devoirs militaires, les civils ne peuvent se livrer à des comportements qui violent les devoirs militaires. ...

129. L'un des principes fondamentaux de l'indépendance du pouvoir judiciaire est que toute personne a le droit d'être entendue par les tribunaux ordinaires, en suivant les procédures précédemment établies par la loi. Les Etats ne doivent pas créer de « tribunaux qui n'utilisent pas les procédures dûment établies par la procédure judiciaire ... pour déplacer la compétence des tribunaux ordinaires ou des tribunaux judiciaires. » [494]

La Cour a conclu que

« les tribunaux militaires qui ont jugé les victimes présumées pour les crimes de trahison ne répondaient pas aux exigences de garanties de l'indépendance et l'impartialité que reconnaît l'article 8.1 CADH comme essentiel au *due process of law* ».

Un autre problème était que les juges présidant le procès pour trahison étaient « sans visage », que les accusés n'avaient « aucun moyen de connaître l'identité de leur juge » et n'ont donc pas pu évaluer leur compétence » [495].

Devant la CourEDH, la question du droit à un tribunal indépendant et impartial s'est posée dans deux cas où il existait une jurisprudence établie, à savoir le fonctionnement des cours martiales au Royaume-Uni [496] et la composition des cours de sûreté de l'Etat en

---

avec lui « en privé, soit avant l'audience préliminaire ou même avant que la décision de première instance ait été rendue », M. Castillo Petruzzi « a eu les yeux bandés et les menottes aux poignets pendant toute la durée de l'audience préliminaire « et que ni lui ni son avocat » n'a été informé de la preuve, l'avocat de la défense n'a pas non plus été autorisé à interroger les témoins dont le témoignage a paru dans le rapport d'enquête de la police ».

494. *Ibid.*, p. 196-197, paragraphes 128-131.
495. *Ibid.*, p. 197, paragraphes 132-133.
496. Voir *Wilkinson et Allen c. Royaume-Uni*, n°s 31145/96 et 35580/97, 6 février 2001, et *Mills c. Royaume-Uni*, n° 35685/97, 5 juin 2001. Voir *Wilkinson et Allen c. Royaume-Uni*, n°s 31145/96 et 35580/97, 6 février 2001, et *Mills c. Royaume-Uni*, n° 35685/97, 5 juin 2001.

Turquie [497]. De plus, dans une autre série de douze arrêts, cette Cour a dit que les Cours martiales en Turquie ne pouvaient être considérées comme indépendantes et impartiales dans les circonstances de ces affaires. La juridiction européenne des droits de l'homme a examiné la conformité des tribunaux créés par la loi martiale en Turquie avec l'article 6 1) CEDH. Dans l'affaire *Yalgin* et al., par exemple, deux des requérants ont fait valoir que leur droit à un procès équitable avait été violé en conséquence de leur condamnation par le tribunal martial d'Ankara, qui manquait d'indépendance et d'impartialité. La Cour européenne a noté que la Cour martiale avait été « créée pour traiter des infractions visant à porter atteinte à l'ordre constitutionnel et à son régime démocratique » [498]. En ce qui concerne l'existence de garanties visant à protéger les membres de la Cour martiale contre les pressions extérieures, la Cour européenne a noté que « les juges militaires suivent la même formation professionnelle que leurs homologues, les magistrats civils » et qu'ils

> « bénéficient de garanties constitutionnelles identiques à celles des juges civils. Ils ne peuvent être révoqués ni obligés de prendre leur retraite anticipée sans leur consentement ; en tant que membres réguliers d'un tribunal martial, ils siègent à titre individuel. Selon la Constitution, ils doivent être indépendants et aucune autorité publique ne peut leur donner des instructions concernant leurs activités judiciaires ou les influencer dans l'exercice de leurs fonctions » [499].

Cependant, trois autres aspects de leur statut ont remis en question leur indépendance et impartialité :
– d'abord, « les juges militaires sont des militaires qui appartiennent encore à l'armée, qui reçoit à son tour des ordres de l'exécutif » ;
– deuxièmement,

> « comme le requérant l'a fait remarquer à juste titre, ils restent soumis à la discipline militaire et les rapports d'évaluation sont compilés à cet effet. Ils ont donc besoin des rapports favorables

---

497. Voir *Mehdi Zana c. Turquie*, n° 29851/96, 6 mars 2001, *Altay c. Turquie*, précité, *Sadak* et al. *c. Turquie*, n°s 29900/96, 29901/96, 29902/96 et 29903/96 et *Ercan c. Turquie* (règlement amiable), n° 31246/96, 25 septembre 2001.
498. CourEDH, affaire *Yalgin* et al. *c. Turquie*, arrêt du 25 septembre 2001, paragraphes 43-44, http://echr.coe.int.
499. *Ibid.*, paragraphe 41.

de leurs supérieurs administratifs et de leurs supérieurs judiciaires afin d'obtenir une promotion »;
- troisièmement, « les décisions relatives à leur nomination sont en grande partie prises par les autorités administratives et l'armée »[500].
- Enfin, l'officier de l'armée à la Cour créée par la loi martiale est « subordonné hiérarchiquement au commandant de la loi martiale et/ou au commandant du corps de l'armée concerné » et « n'est en aucun cas indépendant de ces autorités »[501].

La Cour européenne a ensuite observé que :

> « Même les apparences peuvent avoir une certaine importance. Ce qui est en jeu est la confiance que les tribunaux d'une société démocratique doivent inspirer au public et surtout en ce qui concerne les poursuites pénales. Pour décider s'il existe dans un cas donné une raison légitime de craindre qu'un tribunal particulier manque d'indépendance ou d'impartialité, le point de vue de l'accusé est important sans être décisif. Ce qui est décisif est de savoir si ses doutes peuvent être considérés comme objectivement justifiés. »[502]

La Cour a également considéré que :

> « Là où, comme en l'espèce, les membres d'un tribunal comprennent des personnes qui sont dans une position subordonnée, en termes de leurs tâches et de l'organisation du service, vis-à-vis de l'une des parties, les accusés peuvent avoir un doute légitime sur l'indépendance de ces personnes. Une telle situation porte gravement atteinte à la confiance que les tribunaux doivent inspirer dans une société démocratique … En outre, la Cour attache une grande importance au fait qu'un civil doit comparaître devant un tribunal, composé, même si ce n'est qu'en partie, des membres des forces armées. »[503]

A la lumière de toutes ces considérations, la Cour est d'avis que :

> « Les requérants – jugés par une cour martiale pour avoir tenté de saper l'ordre constitutionnel de l'Etat – auraient pu légitimement avoir des raisons de craindre d'être jugés par un

---
500. *Ibid.*, paragraphe 42.
501. *Idem.*
502. *Ibid.*, paragraphe 45.
503. *Ibid.*, paragraphe 46.

tribunal qui comprenait deux militaires comme juges et un officier de l'armée sous l'autorité de l'officier commandant l'état de la loi martiale. Le fait que deux juges civils, dont l'indépendance et l'impartialité ne font pas de doute, siègent à ce tribunal ne fait aucune différence à cet égard. » [504]

La Cour conclut donc à la violation de l'article 6 1) de la Convention car « les craintes des requérants quant au manque d'indépendance et d'impartialité de la Cour martiale [pourraient] être considérées comme objectivement justifiées. » [505]

Il semble clair que, au stade actuel de développement des relations internationales en ce qui concerne les droits de la personne, il est peu probable que les organes de contrôle internationaux concluent que des tribunaux spéciaux (militaires) sont en soi contraires aux conventions sur les droits de l'homme, mais ils ont tendance à analyser s'ils remplissent les conditions requises d'indépendance et d'impartialité, voire s'ils inspirent la confiance aux justiciables. Une procédure régulière garantit ce que prévoit la loi, y compris le droit d'être jugé par un tribunal indépendant et impartial en tout temps. Lorsque des officiers militaires et d'autres membres des forces armées font partie d'un tribunal spécial chargé de juger un civil, les organismes de contrôle ont toujours conclu que ces tribunaux ne sont pas indépendants et impartiaux conformément au droit international des droits de l'homme.

---

504. *Ibid.*, paragraphe 47.
505. *Ibid.*, paragraphe 48.

CHAPITRE IV

LES CONSÉQUENCES DU CONTRÔLE

A la fin du contrôle opéré sur les mesures de dérogations aux droits de l'homme, les organes en charge de ce contrôle prennent des décisions aux conséquences diverses. Ces conséquences découlent naturellement des dispositions des textes qui les créent et organisent leurs attributions. Au terme de leur contrôle, ils peuvent parvenir à deux conclusions séparées : soit déclarer que les mesures de dérogations adoptées par l'Etat sont contraires au droit international, en l'occurrence au texte lui autorisant la dérogation, soit constater la régularité desdites mesures et les estimer nécessaires pour rétablir l'ordre dans l'Etat et mettre fin à la menace qui a occasionné leur adoption.

Section I. Le constat de la violation par l'Etat de ses obligations en matière de dérogation

Au terme de la procédure de contrôle, l'organe en charge peut constater le non-respect par l'Etat de ses obligations dans le cadre des dérogations. Ce constat rentre dans le cadre général des violations par l'Etat de ses obligations conventionnelles. Aux termes de l'article 50 CEDH :

> « Si la décision de la Cour déclare qu'une décision prise ou une mesure ordonnée par une autorité judiciaire ou toute autre autorité d'une Partie Contractante se trouve entièrement ou partiellement en opposition avec des obligations découlant de la ... Convention, et si le droit interne de ladite Partie ne permet qu'imparfaitement d'effacer les conséquences de cette décision ou de cette mesure, la décision de la Cour accorde, s'il y a lieu, à la partie lésée une satisfaction équitable. »

En matière des droits de l'homme, les obligations des Etats se transforment en véritables devoirs envers les victimes des violations commises par les agents publics. Même si les victimes ne demandent pas expressément la réparation, l'Etat ne doit pas se soustraire à son devoir de réparer le dommage causé du fait de sa faute. Les réparations dans ces cas sont multiples et diverses, pouvant prendre plusieurs formes car il s'agit pour l'Etat de profiter d'un cas particulier pour s'acquitter d'un devoir envers la société, en modifiant par exemple sa législation. C'est dire que la réparation va du particulier au général, car dans ce cadre, l'Etat redresse lui-même les torts qu'il a commis envers l'individu, mais aussi envers la société.

Par. 1. La privation arbitraire de liberté

Les organes de contrôle constatent très souvent le caractère arbitraire de la détention des personnes dans le cadre des mesures d'urgence et ordonnent soit leur libération si elles sont encore détenues, soit établissent le constat de cette situation si la détention a cessé. La notion d'arbitraire varie dans une certaine mesure selon le type de détention en cause. La Cour européenne a indiqué que l'arbitraire peut naître lorsqu'il y a eu un élément de mauvaise foi ou de tromperie de la part des autorités; que l'ordre de placement en détention et l'exécution de celui-ci ne cadraient pas véritablement avec le but des restrictions autorisées par l'alinéa pertinent de l'article 5, paragraphe 1; qu'il n'existait aucun lien entre le motif invoqué pour justifier la privation de liberté autorisée et le lieu et le régime de détention; et qu'il n'y avait aucun lien de proportionnalité entre le motif de détention invoqué et la détention en question [506]. En particulier,

> «La Cour rappelle que toute privation de liberté doit être conforme au but poursuivi par l'article 5 de la Convention : protéger l'individu contre l'arbitraire. Il existe un principe fondamental selon lequel nulle détention arbitraire ne peut être compatible avec l'article 5, paragraphe 1, et la notion d'«arbitraire» que contient l'article 5, paragraphe 1 va au-delà du défaut de conformité avec le droit national, de sorte qu'une privation de liberté peut être régulière selon la législation interne tout en étant arbitraire et donc contraire à la Convention.» [507]

En consacrant le « droit à la liberté », les conventions relatives aux droits de l'homme visent en particulier la liberté physique de la personne en interdisant que nul n'en soit dépouillé de manière arbitraire. La CourIADH a eu à rappeler dans les affaires *Cabrera García et Montiel*

---

506. CourEDH, affaire *James, Wells et Lee c. Royaume-Uni*, arrêt du 18 septembre 2012, paragraphes 191-195.
507. Voir *A. et al. c. Royaume-Uni* [GC], n° 3455/05, paragraphes 162-164, CourEDH 2009, et *Creangă c. Roumanie* [GC], n° 29226/03, paragraphe 84, 23 février 2012.

Flores[508] et *Vélez Loor*[509] qu'une personne arrêtée ou détenue doit aussitôt être informée, dans des termes simples et clairs, des raisons de son arrestation et des accusations portées contre elle. Cette garantie a pour but d'empêcher toute détention illégale ou arbitraire, dès le début de celle-ci, et de protéger le droit de la défense de l'individu concerné. Or, l'Etat n'ayant pas apporté la preuve que les victimes ont bien reçu une telle information, la Cour constate la violation de l'article 7 4) CIADH. Dans l'affaire *Askoy c. Turquie*[510], le requérant avait été détenu pendant au moins quatorze jours sans être traduit devant un juge ou un autre magistrat. Le gouvernement turc cherchait à justifier cette mesure par les exigences particulières des enquêtes de police dans une vaste région aux prises avec une organisation terroriste recevant un soutien de l'extérieur. Tout en ne présentant pas d'arguments détaillés contre la validité de la dérogation turque dans son ensemble, le requérant mettait quant à lui en doute la nécessité, dans le Sud-Est de la Turquie, de maintenir des suspects en détention pendant quatorze jours ou plus sans contrôle judiciaire. D'après lui, les juges dans le Sud-Est de la Turquie ne courraient aucun risque s'ils avaient la faculté et l'obligation de contrôler la légalité des détentions à des intervalles plus rapprochés. S'agissant de la durée de la détention hors contrôle, la Cour européenne a observé dans cette affaire que le gouvernement turc n'avait pas énoncé devant elle de raisons détaillées expliquant pourquoi la lutte contre le terrorisme dans le Sud-Est de la Turquie rendrait impraticable toute intervention judiciaire. Tout en estimant que les enquêtes au sujet d'infractions terroristes confrontent indubitablement les autorités à des problèmes particuliers, elle a jugé qu'elle ne saurait admettre qu'il soit nécessaire de détenir un suspect sans intervention judiciaire pendant quatorze jours, période exceptionnellement longue ayant laissé le requérant à la merci d'atteintes arbitraires à son droit à la liberté et d'actes de torture. Quant aux garanties offertes par le système juridique turc, la Cour a pris en compte la gravité manifeste du problème terroriste dans le Sud-Est de la Turquie et les difficultés éprouvées par l'Etat pour prendre des mesures efficaces pour le combattre. Toutefois, elle n'était pas convaincue que la situation exigeait la détention au secret du requérant, soupçonné d'avoir participé à des infractions de

---

508. CourIADH, *Cabrera García et Montiel Flores c. Mexique*, exceptions préliminaires, fond, réparations et frais, 26 novembre 2010, *série C, n° 220*, paragraphe 106.
509. CourIADH, *Vélez Loor c. Panama*, exceptions préliminaires, fond, réparations et frais, 23 novembre 2010, *série C*, paragraphe 171.
510. CourEDH, affaire *Askoy c. Turquie*, arrêt du 18 décembre 1996.

terrorisme, pendant quatorze jours ou plus, sans possibilité pour lui de voir un juge ou un autre magistrat. De même, dans les affaires *Şahin Alpay c. Turquie* et *Mehmet Hasan Altan c. Turquie,* relatives aux griefs portés contre deux journalistes, arrêtés et placés en détention provisoire à la suite de la tentative de coup d'Etat militaire du 15 juillet 2016, le gouvernement turc estimait que, ayant usé de son droit de dérogation à la Convention, la Turquie n'avait pas enfreint les dispositions de cette dernière. Dans ce contexte, il affirmait qu'il y avait un danger public menaçant la vie de la nation en raison des risques engendrés par la tentative de coup d'Etat militaire et que les mesures prises par les autorités nationales en réponse à ce danger avaient été strictement exigées par la situation. La CourEDH a observé en particulier que la Cour constitutionnelle turque s'était prononcée sur l'applicabilité de l'article 15 de la Constitution turque et qu'elle avait considéré que les garanties du droit à la liberté et à la sûreté perdraient tout leur sens si l'on acceptait que les personnes pussent être mises en détention provisoire sans qu'il y eût une forte indication qu'elles avaient commis une infraction. Par conséquent, elle a jugé que la privation de liberté litigieuse était hors de proportion par rapport aux strictes exigences de la situation. Pareille conclusion valait également pour l'examen de la Cour. Eu égard à l'article 15 de la Convention et à la dérogation de la Turquie, la juridiction européenne a estimé, à l'instar de l'arrêt de la Cour constitutionnelle, qu'une mesure de détention provisoire, qui n'est pas «régulière» et qui n'a pas été opérée «selon les voies légales» en raison de l'absence de raisons plausibles, ne peut pas être considérée comme avoir respecté la stricte mesure requise par la situation. Dans ce contexte, la Cour a noté également que le gouvernement turc ne lui avait fourni aucun élément propre à la convaincre de s'écarter de la conclusion de la Cour constitutionnelle. Dans les deux affaires, la Cour a dès lors conclu à la violation de l'article 5, paragraphe 1 (droit à la liberté et à la sûreté) CEDH [511]. Qui plus est, dans une affaire où la détention provisoire des requérants avait été ordonnée sur le fondement d'une disposition légale restée inchangée avant et après la déclaration d'état d'urgence – disposition qui exigeait la présence d'éléments factuels démontrant l'existence de forts soupçons quant à la commission de l'infraction –, la CourEDH a estimé que la détention des intéressés sans éléments factuels de nature à rendre plausibles les

---

511. CourEDH, affaires *Şahin Alpay c. Turquie* et *Mehmet Hasan Altan c. Turquie*, arrêts de la chambre du 20 mars 2018.

soupçons allégués par les autorités ne saurait passer pour respectueuse des limites posées par l'article 15 CEDH puisque, finalement, aucune mesure dérogatoire n'était en cause; conclure autrement réduirait à néant les conditions minimales de l'article 5, paragraphe 1 *c)* CEDH [512].

Par. 2. *L'imposition de la réparation du préjudice causé*

Le droit international général prévoit le devoir de fournir une réparation en tant que conséquence juridique de tout fait illicite commis par l'Etat [513]. Un fait illicite de l'Etat qui entraîne sa responsabilité est tout acte commis par un de ses organes,

> «que cet organe exerce des fonctions législative, exécutive, judiciaire ou autres, quelle que soit la position qu'il occupe dans l'organisation de l'Etat et quelle que soit sa nature en tant qu'organe du gouvernement central ou d'une collectivité territoriale de l'Etat» [514].

La CourEDH a eu à dire que:

> «dans le cadre de l'exécution d'un arrêt en application de l'article 46 CEDH, un arrêt constatant une violation entraîne pour l'Etat défendeur l'obligation juridique au regard de cette disposition de mettre un terme à la violation et d'en effacer les conséquences de manière à rétablir autant que faire se peut la situation antérieure à celle-ci. Si en revanche, le droit national ne permet pas ou ne permet qu'imparfaitement d'effacer les conséquences de la violation, l'article 41 CEDH habilite la Cour à accorder à la partie lésée s'il y a lieu la satisfaction qui lui semble appropriée. Il en découle notamment que l'Etat défendeur reconnu responsable d'une violation de la Convention ou de ses Protocoles est appelé non seulement à verser aux intéressés les sommes allouées à titre de satisfaction équitable, mais aussi à choisir, sous le contrôle du Comité des ministres, les mesures générales et/ou, le cas échéant, individuelles à adopter dans son ordre juridique interne afin de mettre un terme à la violation constatée par la Cour et d'en effacer

---

512. CourEDH, affaire *Atilla Taş c. Turquie*, arrêt du 19 janvier 2021, paragraphe 185.
513. Article 28 du Projet d'articles sur la responsabilité de l'Etat pour fait internationalement illicite.
514. Article 4 du Projet d'articles sur la responsabilité de l'Etat pour fait internationalement illicite.

dans la mesure du possible les conséquences de manière à rétablir autant que faire se peut la situation antérieure à celle-ci » [515].

De ce fait, cette juridiction n'hésite pas à exiger la réparation du préjudice causé aux individus par l'Etat dans le cadre de l'application des mesures de dérogation aux droits de l'homme.

A. La précision du titulaire du droit à la réparation

La détermination de la personne titulaire du droit à la réparation n'est pas aisée en matière des droits de l'homme. Très souvent, le requérant ne coïncide pas avec la victime et ce sont des personnes indirectement concernées qui sont les demanderesses à l'instance. En particulier, il peut s'agir soit de la Commission des droits de l'homme devant les juridictions régionales, soit des ONG de défense des droits de l'homme, voire des membres de la famille des victimes directes. Ces personnes ne peuvent se prévaloir directement d'un droit à la réparation. Dans ce cas, il appartient à l'organe de contrôle d'identifier clairement la victime et, les personnes ayant droit à la réparation. Dans certains cas, il ne s'agit pas d'une seule personne, mais d'un groupe de personnes.

1. La victime

Il y a peu de jurisprudence relative à la notion de victime. Ce concept est précisé dans la Déclaration des principes fondamentaux de justice relatifs aux victimes de la criminalité et aux victimes d'abus de pouvoir qui décrit, au point 1, les « victimes » comme

> « des personnes qui, individuellement ou collectivement, ont subi un préjudice, notamment une atteinte à leur intégrité physique ou mentale, une souffrance morale, une perte matérielle, ou une atteinte grave à leurs droits fondamentaux, en raison d'actes ou d'omissions qui enfreignent les lois pénales en vigueur dans un Etat membre, y compris celles qui proscrivent les abus criminels de pouvoir » [516].

---

515. CourEDH, affaire *Şahin Alpay c. Turquie*, arrêt du 20 mars 2018, paragraphe 190.
516. En 2005 l'Assemblée générale des Nations Unies a adopté la résolution 60/147 qui consacre les Principes fondamentaux et directives concernant le droit à un recours et à réparation des victimes de violations flagrantes du droit international des droits de l'homme et de violations graves du droit international humanitaire (A/RES/60/147) Selon le point 18 du même texte :
> « On entend par victimes d'abus de pouvoir, les personnes qui, individuellement ou collectivement, ont subi des préjudices, notamment une atteinte à leur intégrité

Le point 8 des Principes de l'ONU concernant la réparation conjugue les normes relatives aux droits de l'homme et la notion de victime contenue dans la Déclaration des principes fondamentaux de justice relatifs aux victimes de la criminalité et aux victimes d'abus de pouvoir comme suit :

> «Aux fins du présent document, on entend par victimes les personnes qui ont subi individuellement ou collectivement un préjudice, notamment une atteinte à leur intégrité physique ou mentale, une souffrance morale, une perte matérielle ou une atteinte grave à leurs droits fondamentaux, par suite d'actes ou d'omissions constituant des violations flagrantes du droit international relatif aux droits de l'homme ou des violations graves du droit international humanitaire. Le cas échéant et conformément au droit interne, on entend aussi par victimes les membres de la famille proche ou les personnes à charge de la victime directe et les personnes qui, en intervenant pour venir en aide à des victimes se trouvant dans une situation critique ou prévenir la victimisation, ont subi un préjudice».

La Cour européenne a rappelé

> «qu'il appartient en premier lieu aux autorités nationales de redresser les violations de la Convention et que, pour déterminer si un requérant peut se prétendre réellement victime d'une violation alléguée, il convient de tenir compte non seulement de la situation officielle au moment de l'introduction de la requête, mais aussi de l'ensemble des circonstances de l'affaire, notamment de tout fait nouveau antérieur à la date de l'examen de l'affaire par elle.»[517]

Même si ces textes donnent des précisions sur la notion de victime, les organes de contrôle des droits de l'homme ont considérablement élargi la catégorie de victime des violations des droits de l'homme. Habituellement, les proches des personnes prises pour cibles subissent souvent des préjudices, en particulier des préjudices émotionnels et pécuniaires tels que la perte des contributions financières d'un

---

physique ou mentale, une souffrance morale, une perte matérielle, ou une atteinte grave à leurs droits fondamentaux, en raison d'actes ou d'omissions qui ne constituent pas encore une violation de la législation pénale nationale, mais qui représentent des violations des normes internationalement reconnues en matière de droits de l'homme.»

517. CourEDH, affaire *Atilla Taş c. Turquie,* arrêt du 19 janvier 2021, paragraphe 185.

membre de la famille. Le Comité des droits de l'homme a admis par exemple un préjudice du fait de «l'angoisse et [du] stress» causés par la disparition ou le décès d'un membre proche de la famille qu'ils ont reconnu comme une violation des droits de la personne survivante[518]. Ces organes et tribunaux des droits de l'homme qui reconnaissent les proches comme des victimes incluent généralement les conjoints, les enfants et les parents dans la catégorie des personnes qui peuvent être des victimes. D'autres organes y font rentrer également les frères et sœurs.

2. Les ayants droit à la réparation

En principe, seule la personne lésée par un fait illicite est en droit de bénéficier de la réparation, y compris l'indemnisation, du dommage qui lui a été causé en raison de ce fait illicite. Or il est presque évident qu'il est impossible d'octroyer des indemnités pour atteinte aux droits d'une personne décédée ou dépourvue de personnalité juridique. Ainsi, les articles 41 CEDH et 63 CADH qui réglementent le droit à réparation contiennent l'expression «partie lésée» et non «victime». En effet, une affaire peut concerner une personne décédée dans le cadre de la mise en œuvre des mesures d'urgence. La victime elle-même ne pourra donc pas être le bénéficiaire de la réparation. Il arrive également que ce soit un groupe d'individus qui subisse de façon collective la violation de leurs droits au cours des dérogations aux droits de l'homme. Dans ce cas, l'organe de contrôle octroie la réparation à des personnes autres que la victime. La Cour européenne a confirmé que l'absence ou la disparition de la victime ne l'empêche pas de trancher les questions de responsabilité:

> «Si, d'après l'article 34 de la Convention, l'existence d'une «victime d'une violation», c'est-à-dire d'un individu qui est personnellement touché par une violation alléguée d'un droit garanti par la Convention, est nécessaire pour que soit enclenché le mécanisme de protection prévu par celle-ci, ce critère ne saurait être appliqué de façon rigide, mécanique et inflexible tout au long de la procédure…, les affaires relevant du domaine des droits de l'homme portées devant la Cour présentent généralement aussi

---

518. *Quinteros c. Uruguay*, observation n° 107/1981, constatations du Comité des droits de l'homme des Nations Unies, paragraphe 14 (21 juillet 1983), http://juris.ohchr.org/Search/Details/339; *Guerrero Larez c. Venezuela*, communication n° 456/2011, décision du Comité des Nations Unies contre la torture, paragraphes 1, 6.10, 7, 8 (15 mai 2015), http://juris.ohchr.org/Search/Details/1999.

une dimension morale, qui doit être prise en compte lorsqu'il s'agit de décider si l'examen d'une requête doit être poursuivi après la mort du requérant – tel est a fortiori le cas lorsque la question centrale soulevée par la cause dépasse la personne et les intérêts du requérant. ... Si le système mis en place par la Convention a pour objet fondamental d'offrir un recours aux particuliers, il a également pour but de trancher, dans l'intérêt général, des questions qui relèvent de l'ordre public, en élevant les normes de protection des droits de l'homme et en étendant la jurisprudence dans ce domaine à l'ensemble de la communauté des Etats parties à la Convention.»[519]

Les ayants droit à la réparation sont déterminés par l'organe en charge du contrôle, en particulier si la victime a disparu ou si elle n'est plus en pleine possession de ses capacités. Très souvent, ce sont des personnes autres que les victimes directes qui saisissent les organes de contrôle pour dénoncer les violations commises par les Etats dans le cadre des dérogations aux droits de l'homme. La victime n'est donc pas toujours le titulaire du droit à la réparation, encore moins avec le demandeur à l'instance. C'est ainsi que le Comité des droits de l'homme a estimé, dans l'affaire *Almeida de Quinteros*, que la mère du disparu était elle-même victime de torture, de peines ou traitements cruels, inhumains ou dégradants interdits par l'article 7 PIDCP[520]. La CourIADH a accordé réparation non seulement à la famille, mais aussi à d'autres proches de personnes disparues[521] ou tuées[522], ainsi qu'en cas d'autres violations graves des droits de l'homme qui n'ont pas causé le décès ou la disparition de la victime[523]. Cette CourIADH a établi certains

---

519. CourEDH, affaire *Karner c. Autriche*, n° 40016/98, paragraphes 25-26.
520. Affaire *Almeida de Quinteros et al. c. Uruguay*, décision du 15 octobre 1982, 21 juillet 1983, CCPR/C/OP/2, paragraphes 14 et 16.
521. Affaire *Velásquez Rodríguez c. Honduras (Indemnité compensatoire)*, arrêt du 21 juillet 1989, *série C, n° 7*, paragraphes 50-52 ; affaire *Garrido et Baigorria c. Argentine (réparations)*, arrêt du 27 août 1998, *série C, n° 39*, paragraphes 62, 63 ; affaire *Blake c. Guatemala*, arrêt du 22 janvier 1999, paragraphe 37 ; affaire *Bámaca Velásquez c. Guatemala (réparations)*, arrêt du 22 février 2002, *série C, n° 91*, paragraphes 33-36.
522. Affaire *Aloeboetoe c. Suriname (réparations)*, arrêt du 10 septembre 1993, *série C, n° 15*, paragraphe 71 ; affaire *Panel Blanca c. Guatemala (réparations)*, arrêt du 25 mai 2001, *série C, n° 76*, paragraphes 85, 86 ; affaire des *Enfants des rues c. Guatemala (réparations)*, arrêt du 26 mai 2001, *série C, n° 77*, paragraphe 68 ; affaire *Juan Humberto Sánchez c. Honduras*, *série C, n° 9*, arrêt du 7 juin 2003, paragraphe 152.
523. Affaire *Loayza Tamayo c. Pérou (réparations)*, arrêt du 27 novembre 1998, *série C, n° 42*, paragraphe 92.

critères pour octroyer une réparation à la famille ou à d'autres tiers, sur la base de leurs droits propres : d'abord, le paiement demandé doit correspondre aux contributions effectives et régulières effectuées par la victime au requérant, qu'elles découlent ou non d'une obligation légale de fournir un soutien ; ensuite, la nature de la relation entre la victime et le requérant doit être telle qu'elle permet de supposer que les contributions auraient continué, si la victime n'avait pas été tuée ; puis le paiement doit se fonder sur les besoins pécuniaires du bénéficiaire [524]. Elle estime que l'on peut présumer que les parents et les enfants d'une victime directe remplissent ces conditions et doivent être considérés comme des victimes indirectes [525]. Dans d'autres arrêts, la juridiction interaméricaine a aussi appliqué ces critères aux frères et sœurs et aux partenaires des victimes [526].

La Cour européenne des droits de l'homme reconnaît à son tour le droit à réparation des membres de la famille, soit en tant que victimes réelles, soit en tant que parties lésées au sens de l'article 41 CEDH. Dans l'affaire *Kurt c. Turquie*, cette juridiction a estimé que les proches d'une personne disparue peuvent être eux-mêmes victimes de torture et de traitement inhumain ou dégradant interdits par l'article 3 CEDH, si leur souffrance se distingue de la détresse affective inévitablement causée au proche d'une victime de graves violations des droits de l'homme [527]. Pour évaluer le préjudice causé aux victimes indirectes,

---

524. Affaire *Aloeboetoe c. Suriname (réparations)*, arrêt du 10 septembre 1993, *série C, n° 15*, paragraphes 67 et 68.

525. Affaire *Velásquez Rodríguez c. Honduras (Indemnité compensatoire)*, arrêt du 21 juillet 1989, *série C, n° 7*, paragraphes 50-52 (tort moral) et paragraphe 27 (principe d'équité) ; affaire *Blake c. Guatemala (réparations)*, arrêt du 22 janvier 1999, paragraphe 37 (parents, frères et soeurs de la personne disparue sans différenciation de preuve) ; affaire *Garrido et Baigorria c. Argentine (réparations)*, arrêt du 27 août 1998, *série C, n° 39*, paragraphes 62, 63 (mère sans autre preuve ; les frères n'ont pas montré qu'ils avaient eu des relations très étroites avec le disparu, donc dommage moral peu important) ; affaire *Bámaca Velásquez c. Honduras (réparations)*, arrêt du 22 février 2002, *série C, n° 91*, paragraphes 33-36 (parents, épouse et enfants ; autres proches ou tiers, s'ils étaient vraiment à charge de la victime, les prestations reçues par les premiers auraient continué si la victime n'était pas morte, celle-ci ayant apporté une aide régulière pour répondre aux besoins économiques).

526. CourIADH, affaire *Blake c. Guatemala (réparations)*, arrêt du 22 janvier 1999, paragraphe 37 (parents, frères et soeurs de la personne disparue, sans différenciation de preuve) ; affaire *Loayza Tamayo c. Pérou (réparations)*, arrêt du 27 novembre 1998, *série C, n° 42*, paragraphe 92 (toutes les personnes ayant des liens familiaux étroits : enfants, parents, frères et soeurs) ; affaire *Juan Humberto Sánchez c. Honduras*, Arrêt du 7 juin 2003, *série C, n° 99*, paragraphe 152 (membres de la famille pour la victime et en vertu de leur propre droit, frères et soeurs, père non biologique, épouse et autre partenaire) ; affaire des *19 marchands c. Colombie*, arrêt du 5 juillet 2004, *série C, n° 109*, paragraphe 249 (enfants, partenaire, parents, frères et soeurs).

527. CourEDH, affaire *Kurt c. Turquie*, arrêt du 25 mai 1998, *Recueil 1998*, paragraphe 174.

considérées comme «partie lésée», la Cour tient compte de facteurs tels que l'importance du lien familial, les circonstances particulières de la relation, la mesure dans laquelle le membre de la famille a été témoin des événements survenus, la participation des proches aux tentatives d'obtenir des renseignements sur la personne disparue et la manière dont les autorités ont réagi à ces recherches. La Cour accorde une attention particulière aux réactions et à l'attitude des autorités quand celles-ci sont informées de la situation. Elle considère que ce sont précisément ces facteurs qui font qu'un proche peut alléguer être une victime directe du comportement des autorités [528]. Même quand la CourEDH ne qualifie pas une personne de victime, elle peut la considérer comme partie lésée au sens de l'article 41 de la Convention. Dans l'affaire *Aksoy c. Turquie*, elle a accordé satisfaction équitable au père de la victime, non seulement pour les souffrances de son fils, mais aussi pour sa propre souffrance, même si elle n'a pas constaté de violation à son égard [529].

Les titulaires du droit à la réparation sont les personnes qui ont subi un préjudice comme conséquence d'une violation.

B. Le préjudice subi ou dommage

La question de préjudice est primordiale pour déterminer le droit à réparation et les modalités de la réparation, car celle-ci doit être proportionnelle pour dédommager le préjudice subi. Si l'obligation de réparer découle nécessairement du préjudice causé, la notion de préjudice n'est pas toujours aisée à cerner dans de nombreuses affaires, en particulier en matière de droits de l'homme. Dans l'affaire *Atilla c. Turquie*, la CourEDH a constaté

> «qu'en l'espèce la demande au titre du dommage matériel n'est pas étayée, le requérant n'ayant fourni aucun élément concret à l'appui de son allégation relative à la perte de revenus. Elle rejette donc la demande formulée à ce titre. En revanche, eu égard au caractère sérieux de plusieurs violations constatées, y compris le constat d'une détention irrégulière et arbitraire imposée au requérant pendant un an, un mois et vingt-quatre jours et à la pratique de la Cour dans les affaires similaires, et tenant compte du montant du dommage moral alloué par la Cour constitutionnelle

---

528. CourEDH, affaire *Kiliç c. Turquie*, arrêt du 18 juin 2002, paragraphe 358; affaire *Çakici c. Turquie*, arrêt du 8 juillet 1999, paragraphe 98.
529. CourEDH, affaire *Aksoy c. Turquie*, arrêt du 18 décembre 1996, *Recueil 1996*, paragraphe 113.

qui s'élève à 3725 euros, elle octroie au requérant 12 275 euros pour dommage moral, plus tout montant pouvant être dû sur cette somme à titre d'impôt» [530].

Le préjudice peut être physique, moral, mental, ou économique. Le préjudice peut en outre être direct ou indirect. Devant la CourIADH, la souffrance morale est présumée, soit en raison d'une violation du droit à l'intégrité mentale et morale, au nom des membres de la famille proche comme les parents, les enfants, les conjoints, les frères et sœurs – lorsque la victime principale a été tuée ou a disparu [531].

C. La fixation du montant de la réparation

Pour fixer le montant de la réparation, les organes de contrôle se fondent sur les allégations du préjudice subi par la victime et établissent le lien de causalité nécessaire. Il peut arriver que les juridictions ne parviennent pas à établir le lien entre le montant de la réparation demandé et le préjudice subi par la victime. Ainsi par exemple, dans l'affaire *Murat Askoy c. Turquie*, le requérant soutenait qu'il avait été privé de revenus professionnels à raison de sa détention, qu'il qualifiait d'injuste. Il a demandé à cet égard 25 000 et 110 000 euros au titre du dommage matériel et du dommage moral qu'il estime avoir subis, respectivement. La Cour a constaté

> «qu'en l'espèce, la demande au titre du dommage matériel n'est pas étayée, le requérant n'ayant fourni aucun élément concret à l'appui de son allégation relative à la perte de revenus. Elle rejette donc la demande formulée à ce titre. En revanche, eu égard au caractère sérieux de plusieurs violations constatées, y compris le constat d'une détention irrégulière et arbitraire imposée au requérant pendant un an, un mois et vingt-quatre jours et à la pratique de la Cour dans les affaires similaires, et tenant compte du montant du dommage moral alloué par la Cour constitutionnelle qui s'élève à 4500 euros, elle octroie au requérant 11 500 euros pour dommage moral, plus tout montant pouvant être dû sur cette somme à titre d'impôt» [532].

En outre, dans l'affaire *A et autres c. Royaume-Uni*, la même Cour a

---

530. CourEDH, affaire *Atilla Taş c. Turquie*, n° 72/17, arrêt du 19 janvier 2021, paragraphe 200.
531. CourIADH, affaire *Fernández Ortega* et al. *c. Mexique*, arrêt (exceptions préliminaires, fond, réparations et dépens), 30 août 2010, paragraphe 151.
532. CourEDH, affaire *Murat Askoy c. Turquie*, 2021, paragraphe 175.

«Dit que l'Etat défendeur doit verser, dans les trois mois, les sommes suivantes, plus tout montant pouvant être dû à titre d'impôt, à convertir en livres sterling au taux applicable à la date du règlement :

a) pour tout dommage matériel ou moral, 3900 euros (trois mille neuf cents euros) aux premier, troisième et sixième requérants, 3800 euros (trois mille huit cents euros) au septième requérant, 3400 euros (trois mille quatre cents euros) aux cinquième et neuvième requérants, 2800 euros (deux mille huit cents euros) au huitième requérant, 2500 euros (deux mille cinq cents euros) au dixième requérant, et 1700 euros (mille sept cents euros) au onzième requérant ;

b) aux requérants conjointement, 60 000 euros (soixante mille euros) pour frais et dépens ;

c) qu'à compter de l'expiration dudit délai et jusqu'au versement, ces montants seront à majorer d'un intérêt simple à un taux égal à celui de la facilité de prêt marginal de la Banque centrale européenne applicable pendant cette période, augmenté de trois points de pourcentage (par. 249-257)».

A cet égard, dans l'affaire *A et autres c. Royaume-Uni*, la CEDH a

«Dit que l'Etat défendeur doit verser, dans les trois mois, les sommes suivantes, plus tout montant pouvant être dû à titre d'impôt, à convertir en livres sterling au taux applicable à la date du règlement :

a) pour tout dommage matériel ou moral, 3 900 euros (trois mille neuf cents euros) aux premier, troisième et sixième requérants, 3800 euros (trois mille huit cents euros) au septième requérant, 3400 euros (trois mille quatre cents euros) aux cinquième et neuvième requérants, 2800 euros (deux mille huit cents euros) au huitième requérant, 2500 euros (deux mille cinq cents euros) au dixième requérant, et 1700 euros (mille sept cents euros) au onzième requérant ;

b) aux requérants conjointement, 60 000 euros (soixante mille euros) pour frais et dépens ;

c) qu'à compter de l'expiration dudit délai et jusqu'au versement, ces montants seront à majorer d'un intérêt simple à un taux égal à celui de la facilité de prêt marginal de la Banque centrale européenne applicable pendant cette période, augmenté de trois points de pourcentage (par. 249-257).»

Section 2. La reconnaissance du droit de déroger aux Etats en proie à des menaces sécuritaires

Le contrôle opéré par les organismes internationaux de protection des droits de l'homme ne vise pas nécessairement à sanctionner les Etats en cause. Dans de nombreux cas, lesdits organes ont parfois reconnu que les Etats étaient fondés à prendre les mesures incriminées dans le procès et décriées par les demandeurs. Dans l'arrêt *Lawless*, la CEDH a déclaré que :

> « ... Le Gouvernement de toute Haute Partie Contractante a le droit, en cas de guerre ou de danger public menaçant la vie de la nation, de prendre des mesures dérogeant aux obligations prévues par la Convention [européenne des droits de l'homme] à l'exception de celles visées à l'article 15, paragraphe 2, et cela sous la condition que ces mesures soient strictement limitées aux exigences de la situation et qu'en outre elles ne soient pas en contradiction avec les autres obligations découlant du droit international ... »[533].

Ces dérogations visent en effet à favoriser l'équilibre que doivent instaurer les Etats entre le respect des droits de l'homme et des Conventions ratifiées et la préservation de leurs intérêts supérieurs. Ainsi un Etat aura-t-il la possibilité de déroger à certains droits fondamentaux lorsqu'il y est obligé du fait de circonstances exceptionnelles. Le contrôle a entre autres pour but de renforcer le dispositif juridique applicable aux circonstances exceptionnelles et non sa fragilisation. De ce fait, les Etats gagnent en assurance dès lors que le contrôle aboutit à la reconnaissance de leur droit à déroger et à la conformité des mesures adoptées au droit international. Les organes de contrôle peuvent parvenir à la conclusion suivant laquelle il n'y a pas eu violation des dispositions conventionnelles applicables en matière de protection des droits de l'homme et ainsi, conforter l'Etat en cause dans la poursuite de sa politique sécuritaire.

Par. 1. La non-violation des dispositions des conventions internationales relatives à la protection des droits de l'homme

Pour parvenir à la conclusion d'une non-violation des Conventions internationales par l'Etat en cause, l'organe de contrôle apprécie les

---

533. CourEDH, affaire *Lawless c. Irlande (n° 3)*, arrêt du 1ᵉʳ juillet 1961, paragraphe 22.

arguments avancés par l'Etat ainsi que les pièces produites comme éléments de preuve. Que ce soit devant les Comités des droits de l'homme ou devant les juridictions régionales, la procédure est contradictoire. Les parties plaident chacune et apportent à l'appui de leurs prétentions respectives des moyens de preuves qui sont examinés par les organes de contrôle. En effet, les conclusions auxquelles parviennent les organes de contrôle sont issues de la confrontation entre les divers éléments de preuve et surtout au respect de la procédure de dérogation par l'Etat. La Commission européenne a eu à dire à cet égard qu'il est «vraiment essentiel pour le bon fonctionnement de la Convention que le texte des mesures prises au titre de l'article 15 fasse partie des informations fournies par l'Etat partie concerné»[534]. Dans l'affaire *Lawless*, par rapport aux mesures de dérogation prises par l'Irlande en 1957 pour faire face aux activités de l'IRA (Armée républicaine irlandaise) et de ses groupes dissidents, soupçonné d'être membre de l'IRA, le requérant alléguait notamment avoir été détenu de juillet à décembre 1957 dans un camp de détention militaire situé sur le territoire de la République d'Irlande, sans avoir été traduit devant un juge pendant cette période. La CourEDH a observé que, dans le contexte général de l'article 15 CEDH, le sens normal et habituel des mots «en cas de guerre ou en cas d'autre danger public menaçant la vie de la nation» était suffisamment clair : ils désignent «une situation de crise ou de danger exceptionnel et imminent qui affecte l'ensemble de la population et constitue une menace pour la vie organisée de la communauté composant l'Etat». Examinant ensuite si les faits et circonstances qui avaient déterminé le Gouvernement irlandais à prendre la Proclamation du 5 juillet 1957 mettant en vigueur des pouvoirs spéciaux de détention entraient dans le cadre de cette notion, la Cour a retenu que tel était bien le cas. L'existence à cette époque d'un «danger public menaçant la vie de la nation» avait ainsi pu être raisonnablement déduite par le gouvernement de la conjonction de plusieurs éléments constitutifs, à savoir, notamment: le fait qu'il existait, sur le territoire de la République d'Irlande, une armée secrète agissant en dehors de l'ordre constitutionnel et usant de la violence pour atteindre ses objectifs; le fait que cette armée opérait également

---

534. *Grèce c. Royaume-Uni*, 26 septembre 1958 (rapport de la Commission européenne des droits de l'homme). La Commission européenne des droits de l'homme, qui a siégé à Strasbourg de juillet 1954 à octobre 1999, est un organe qui, avec la Cour européenne des droits de l'homme et le Comité des Ministres du Conseil de l'Europe, contrôlait le respect par les Etats contractants des obligations assumées par eux en vertu de la Convention européenne des droits de l'homme. La Commission a disparu lorsque la Cour est devenue permanente le 1er novembre 1998.

en dehors du territoire de l'Etat, compromettant ainsi gravement les relations de la République d'Irlande avec le pays voisin; l'aggravation progressive et alarmante des activités terroristes depuis l'automne 1956 et pendant tout le cours du premier semestre de l'année 1957. Dans les circonstances de l'espèce, la Cour a estimé que le Gouvernement irlandais était fondé à déclarer qu'un danger public menaçant la vie de la nation existait dans la République d'Irlande et qu'en conséquence il était en droit de prendre, par application des dispositions de l'article 15, paragraphe 1 CEDH et pour le but en vue duquel ces dispositions avaient été prévues, des mesures dérogeant aux obligations découlant de la Convention [535]. Elle a dit :

> « Qu'en conséquence, la Cour constate que dans le cas présent le Gouvernement irlandais s'est conformé aux obligations que lui imposait, en tant que Partie à la Convention, le paragraphe 3 de l'article 15 (art. 15-3) de la Convention. » [536]

Elle a donc décidé « qu'en la cause les faits constatés ne révèlent pas, de la part du Gouvernement irlandais, une violation des dispositions de la Convention de sauvegarde des droits de l'homme et des libertés fondamentales » [537]. Allant dans le même sens, dans l'affaire *Irlande c. Royaume-Uni*, la CourEDH a observé que « l'existence d'un tel danger ressortait à l'évidence des faits de l'espèce » [538].

Par. 2. Le refus d'accéder aux demandes du requérant

Lorsque l'organe de contrôle reconnaît à l'Etat le droit de déroger et la conformité des mesures prises aux exigences du droit international des droits de l'homme, la demande du requérant est déclarée infructueuse. Dans l'affaire *Lawless*, la CourEDH a décidé que :

> « en conséquence, qu'en la cause les faits constatés ne révèlent pas, de la part du Gouvernement irlandais, une violation des dispositions de la Convention de sauvegarde des droits de l'homme et des libertés fondamentales ; Décide que, dès lors, la question d'une réparation qui serait due au titre d'une telle violation à G. R. Lawless ne se pose pas » [539].

---

535. CourEDH, affaire *Lawless*, arrêt du 1ᵉʳ juillet 1961.
536. *Ibid.*, paragraphe 47.
537. *Ibid.*, paragraphe 48.
538. CourEDH, affaire *Irlande c. Royaume-Uni*, arrêt du 18 janvier 1978, paragraphe 205.
539. Arrêt du 1ᵉʳ juillet 1961, paragraphe 48.

Conclusion : Quand l'urgence dicte sa loi

Au total, le contrôle des dérogations aux droits de l'homme met en exergue les contraintes auxquelles peuvent être confrontés les Etats lorsqu'ils sont amenés à maintenir ou rétablir l'ordre sur leurs territoires afin de permettre l'épanouissement des droits et libertés de leurs citoyens, en tout temps, tout en respectant les obligations découlant des conventions relatives à la protection des droits de l'homme. Dans sa nature et sa mise en oeuvre, le contrôle n'est pas une limite à la souveraineté de l'Etat.

En effet, les contrôles sont les émanations des Conventions de protection des droits de l'homme, auxquels les Etats ont librement manifesté leur consentement à être liés.

Adhérer aux conventions de protection des droits de l'homme, c'est correlativement, accepter les contrôles qui en assurent l'effectivité.

Or et d'un, en adhérent aux Conventions internationales, un Etat ne limite pas sa souveraineté, mais l'exerce. La Cour Permanente de Justice Internationale, l'a bien souligné en son temps, dans l'« Affaire du vapeur Wimbledon ».

Elle dit :

> « La Cour se refuse à voir dans la conclusion d'un traité quelconque, par lequel un Etat s'engage à faire ou à ne pas faire quelque chose, un abandon de sa souveraineté. Sans doute, toute convention engendrant une obligation de ce genre, apporte une restriction à l'exercice des droits souverains de l'Etat, en ce sens qu'elle imprime à cet exercice une direction déterminée. Mais la faculté de contracter des engagements internationaux est précisément un attribut de la souveraineté de l'Etat. »[540]

Deuxièmement, le contrôle n'aboutit pas nécessairement sur une condamnation de l'Etat, l'imposant une obligation internationale qui limiterait sa souveraineté. Il peut déboucher et comme relevé, sur le constat de l'exsitence d'un danger exceptionnel et l'usage de mesures de dérogation, conformément aux conventions pertinentes.

Enfin, même lorsque le contrôle débouche sur un constat d'abus de l'Etat, retenant ainsi sa responsabilité et accédant à la demande du (des) requérant(s), il n'existe pas de véritables moyens de contraintes

---

540. (CPJI, *Affaire du vapeur Wimbledon*, arrêt (fond), 17 août 1923, série A, n° 10, p. 25.)

qui s'imposeraient à la volonté de l'Etat et l'obligeraient à réparer le préjudice ou à réformer son droit interne. Pour preuve, de nombreuses décisions des organes de contrôle internationaux restent inexécutées.

Le contrôle semble davantage être une expression de la volonté souveraine des Etats de se soumettre à une protection internationale des droits de l'homme, plus forte et effective.. L'Etat est libre de prendre des mesures pour faire régner l'ordre sur son territoire, tant qu'il respecte les droits de l'homme. Bien que les gouvernements soient souvent soumis à une pression considérable, en particulier lors de situations de péril, il est de leur devoir et responsabilité de protéger leur population de manière juste et légale.

BIBLIOGRAPHIE GÉNÉRALE

I. Ouvrages

A. Ouvrages généraux, dictionnaires et lexiques

Dostoïevski, F., *Les Démons (Les Possédés)*, Le Livre de Poche, 1871.
Guinchard, S., et T. Debard (dir. publ.), *Lexique des termes juridiques*, Paris, Dalloz, 25e éd., 2018.
Gros, F., *Etats de violence. Essai sur la fin de la guerre*, Paris, Gallimard, coll. NFR. Essais, 2006.
Kelsen, H., *Théorie pure du droit*, Paris, Dalloz, 1962.
Meny, Y., et J.-C. Thoening, *Politiques publiques*, PUF, 1989.
Muller, P., et Y. Surel, *L'analyse des politiques publiques*, Paris, Montchrestien, 1998.
Salmon, J. (dir. publ.), *Dictionnaire du droit international public*, Bruxelles, Bruylant, 2001.
Schmidt, C., *Théologie politique*, Paris, Gallimard, 1988.
Sommier, I., *Le terrorisme*, Paris, Flammarion, coll. Dominos.
Vergely, B., *Petit précis de morale*, Milan, 2005.
De Visscher, Ch., *Théorie et réalités en droit international public*, 3e éd., Pedone.

B. Ouvrages sur les droits de l'homme et les libertés publiques

Andriantsimbanzovina, J., H. Gaudin, J.-P. Margenaud, S. Rials et F. Sudre (dir. publ.), *Dictionnaire des droits de l'homme*, Paris, Puf, 2008.
Breitenmoser, S. (dir. publ.), *Human Rights, Democracy and the Rule of Law. Liber Amicorum Luzius Wildhaber*, Zurich, Dike/Baden-Baden, Nomos, 2007.
Bribosia, E., et L. Hennebel (dir. publ.), *Classer les droits de l'homme*, Bruxelles, Bruylant, 2004.
Bröhmer, J. et al. (dir. publ.), *Internationale Gemeinschaft und Menschenrechte: Festschrift für Georg Ress zum 70 Geburtstag am 21 Januar 2005*, Cologne, C. Heymann, 2005.
Brownlie, I., et G. S. Goodwin-Gill (dir. publ.), *Basic Documents on Human Rights*, 4e édition, Oxford, Oxford University Press, 2002.
Buergenthal, T., *International Human Rights in a Nutshell*, St-Paul, West, 1990.
–, et A. Kiss, *La protection internationale des droits de l'homme: précis*, Kehl, Strasbourg, N.P. Engel, 1991.
Campbell, T. et al. (dir. publ.), *Human Rights: from Rhetoric to Reality*, Oxford, New York, B. Blackwell, 1986.
Cameron, I. *National Security and the European Convention on Human Rights*, La Haye, Kluwer Law International, 2000.
Cassese, A., *Human Rights in a Changing World*, Cambridge, Polity Press, 1994.
Claude, R. P., et B. H. Weston (dir. publ.), *Human Rights in the World Community: Issues and Action*, 2e édition, Philadelphia, University of Pennsylvania Press, 1992.
Cherot, J.-Y. (dir. publ.), *Les droits sociaux fondamentaux à l'âge de la mondialisation*, Laboratoire de théorie du droit, Aix-en-Provence, Presses universitaires d'Aix-Marseille, 2005.
Chetail, V. (dir. publ.), *Conflits, sécurité et coopération/Conflicts, Security and Cooperation, Liber Amicorum Victor-Yves Ghebali*, Bruxelles, Bruylant, 2007.
Clayton, R, et H. Tomlinson, *The Law of Human Rights*, 2e éd., Oxford, Oxford University Press, 2008, 2 vol.
Conde, H. V., *A Handbook of International Human Rights Terminology*, Lincoln, Londres, University of Nebraska Press, 2004.

Cranston, M., *What are Human Rights?*, New-York, Basic Books, 1962.
Decaux, E. (dir. publ.), *Le pacte international relatif aux droits civils et politiques: commentaire article par article*, Economica, 2010.
De Frouville, O., *L'intangibilité des droits de l'homme en droit international. Régime conventionnel des droits de l'homme et droit des traités*, Paris, Pedone, 2004.
Delmas-Marty, M., et al. (dir. publ.), *Libertés et droits fondamentaux: Introduction, textes et commentaires*, Paris, Editions du Seuil, 1996.
Donnelly, J., *Universal Human Rights in Theory and Practice*, Ithaca, Londres, Cornell University Press, 1989.
–, *International Human Rights*, 2ᵉ éd., Boulder, Westview Press, 1998.
Dunne, T., et N. J. Wheeler (dir. publ.), *Human Rights in Global Politics,* Cambridge, Cambridge University Press, 2000.
Eide, A., et A. Schou (dir. publ.), *International Protection of human rights: Proceedings of the Seventh Nobel Symposium, Oslo*, septembre 1967, Stockholm, Almqvist and Wiksell, 1968.
–, et J. Helgesen, *The Future of Human Rights Protection in a Changing World: Fifty Years since the Four Freedoms Address: Essays in Honour of Torkel Opsahl*, Oslo, Norwegian University Press, 1991.
Evans, T. (dir. publ.), *Human Rights Fifty Years on: A Reappraisal*, Manchester, New York, Manchester University Press, 1998.
Finnis, J., *Natural Law and Natural Rights*, Oxford, Clarendon Press, 1982.
Forsythe, D. P., *Human Rights in International Relations*, Cambridge, Cambridge University Press, 2000.
Gomien, D. (dir. publ.), *Broadening the Frontiers of Human Rights: Essays in Honour of Asbjørn Eide*, Oslo, Scandinavian University Press, 1993.
Griesel, E. J., *Droits fondamentaux: Libertés idéales*, Berne, Stämpfli, 2008.
Gross, O., et F. Ni Aolain, *Law in Times of Crisis, Emergency Powers in Theory and Practice,* Cambridge Studies in International and Comparative Law, Cambridge, Cambridge University Press, 2006.
Hannum, H. (dir. publ.), *Guide to International Human Rights Practice,* 4ᵉ éd., Ardsley New-York, Transnational Publishers, 2004.
Henkin, L., et J. L. Hargrove (dir. publ.), *Human Rights: An Agenda for the Next Century*, Washington D.C., The American Society of International Law, 1994.
Ishay, R. Micheline (dir. publ.), *The Human Rights Reader: Major Political Writings, Essays, Speeches, And Documents from the Bible To Present*, Londres, New York, Routledge, 1997.
–, *The History of Human Rights: from Ancient Times to the Globalization Era*, Berkeley, University of California Press, 2004.
Joseph, S., et al., *The International Covenant on Civil and Political Rights: Cases, Materials and Commentary*, Oxford, Oxford University Press, 2004.
Kamto, M. (dir. publ.), *La Charte africaine des droits de l'homme et des peuples et le Protocole y relatif portant création de la Cour africaine des droits de l'homme: commentaire article par article*, Bruxelles, Bruylant, 2011.
Kolb, R., *Le Jus Cogens international: essai de relecture du concept*, Paris, Presses Universitaires de France, 2001.
Kohen, M. (dir. publ.), *Promoting Justice, Human Rights and Conflict Resolution Through International Law/La promotion de la justice, des droits de l'homme et du règlement des conflits par le droit international: Liber Amicorum Lucius Caflisch*, Leiden, Martinius Nijhoff, 2007.
Lauterpacht, H., *International Law and Human rights*, Londres, Stevens, 1950.
Lijnzaad, L., *Reservations to UN Human Rights Treaties: Ratify or Ruin?*, Dordrecht, Boston, Martinius Nijhoof, 1995.
Lillich, Richard B., et al., *International Human Rights: Problems of Law, Policy and Practice*, 4ᵉ éd., New York, Aspen Publications, 2006.
Macdougal, M. S., H. D. Lasswell et L.-C. Chen, *Human Rights and World Public*

Order, The Basic Policies of an International Law of Human Dignity, New Heaven et Londres, Yale University Press, 1980.
Matscher, F., et H. Petzold, Protecting Human Rights: The European Dimension: Studies in Honour of Gérard J. Wiarda/Protection des droits de l'homme: la dimension européenne: Mélanges en l'honneur de G. J. Wiarda, Cologne, Berlin, C. Heymann, 1988.
Meron, Th., Human Rights in International Law: Legal and Policy Issues, Oxford, Clarendon Press, 1984.
Meyer-Bisch, P. (dir. publ.), Le noyau intangible des droits de l'homme: actes du VIIe Colloque interdisciplinaire sur les droits de l'homme, Fribourg, éditions Universitaires, 1991.
–, Le corps des droits de l'homme: l'indivisibilité comme principe d'interprétation et de mise en œuvre des droits de l'homme, Fribourg, Editions Universitaires, 1992.
Meyers, D. T., Inalienable Rights: A Defence, New York, Columbia University Press, 1985 (Fribourg).
Mubiala, M., Le système régional africain de protection des droits de l'homme, Bruxelles, Bruylant, 2005.
Orakhelashvili, A., Peremptory norms in international law, Oxford, Oxford University Press, 2006.
Peces-Barba Martinez, G., Théorie générale des droits fondamentaux, Paris, LGDJ, 2004.
Pettiti, L. E., E. Decaux et P.-H. Imbert, La Convention européenne des droits de l'homme, commentaire article par article, Economica, Paris, 1999.
Premont, D., C. Stenersen et I. Oseredczuk (dir. publ.), Droits intangibles et Etats d'exception, Bruxelles, Organisation internationale et relations internationales n° 36, Association de consultants internationaux en droits de l'homme, Bruylant, 1996.
Provost, R., International Human Rights and Humanitarian Law, Cambridge, Cambridge University Press, 2004.
Ramcharan, B. G. (dir. publ.), The Right to Life in International Law, Hague Academy of International Law, Center for Studies and Research, Martinus Nijhoff Publishers, 1985.
Renucci, J.-F., Droit européen des droits de l'homme, LGDJ, 3e éd., 2002.
Roman, D., et S. Hennette-Vauchez, Droits de l'homme et libertés fondamentales, Hypercours, Dalloz, 2013.
Rosas, A, et J. Helgesen (dir. publ.), Human Rights in Changing East-West Perspective, Londres, New York, Pinter Publishing, 1990.
Seiderman, I. D., Hierarchy in International Law: the Human Rights Dimension, Anvers, Intersentia, 2001.
Sohn, L., et Th. Buergenthal, International Protection of Human Rights, Indianapolis, Kansas City, Bobbs-Merrill Corp., 1973.
Souty, V., La constitutionnalisation des pouvoirs de crise. Essai de droit comparé, Th: Droit public: Université Sorbonne-Nouvelle, Paris 3, 2015.
Steiner, H. J., P. Alston et R. Goodman, International Human Rights in Context: Law, Politics, Morals: Text and Materials, 3e éd., Oxford, Oxford University Press, 2008.
Symonides, J., Human Rights: Concepts and Standards, Aldershot, Ashgate, 2000.
Sudre, F., Droit européen et international des droits de l'homme, coll. Droit fondamental, Puf, 12e éd., 2015.
Tavernier, P., Actualité de la jurisprudence pénale internationale à l'heure de la mise en place de la Cour pénale internationale, Bruxelles, Bruylant, 2004.
Tomuschat, C., Human Rights: Between Idealism and Realism, New York, Academy of European Law, European University Law, Oxford University Press, 2003.
Tomuschat, C., E. Lagrange et J. Oeter (dir. publ.), The Right to Life, Martinus Nijhoff Publishers, 2010.
Vasak, K, et Ph. Alston (dir. publ.), The International Dimensions of Human Rights/

Les dimensions internationales des droits de l'homme, Westport Connecticut, Greenwood Press, Paris, Unesco, 1982.

Wachsmann, P., *Libertés publiques*, coll. Cours, Dalloz, 2017.

Warner, D. (dir. publ.), *Human Rights and Humanitarian Law: The Quest for Universality*, La Haye, Martinius Nijhoff, Nijhoff Law Specials n° 29, 1997.

Weston, B. H., et R. P. Claude (dir. publ.), *Human Rights in the World Community: Issues and Action*, 2ᵉ éd., Philadelphia, University of Pennsylvania Press, 1992.

Ziemele, I. (dir. publ.), Reservations to Human Rights Treaties and the Vienna Convention Regime: Conflict, Harmony or Reconciliation, Leiden, Martinius Nijhoff Publishers, 2004.

Human Rights: Status of International Instruments, Centre for Human Rights, Genève, New York, United Nations, 1987.

Vasak K., *Karel Vasak, Amicorum liber: les droits de l'homme à l'aube du XXᵉ siècle/los derechos humanos ante el siglo XX/Human Rights at the Dawn of the Twenty-First Century*, Bruxelles, Bruylant, 1999.

–, *Les clauses échappatoires en matière d'instruments internationaux relatifs aux droits de l'homme*, Université Catholique de Louvain, Colloque du Département des droits de l'homme, Bruxelles, Bruylant, 1982.

C. Travaux sur les instruments et les organes de protection des droits de l'homme

Alston, P. (dir. publ.), *The United Nations and Human Rights: a Critical Appraisal* Oxford, Clarendon Press, 1995.

Alston, P., et J. Crawford (dir. publ.), *The Future of Human Rights Treaty Monitoring*, Cambridge, New York, Cambridge University Press, 2000.

Ankumah, E. A., *The African Commission on Human and Peoples' Rights: Practice and Procedures*, Dordrecht, Martinius Nijhoff, 1996.

Bloed, A., L. Leicht et M. Nowak (dir. publ.), *Monitoring Human Rights in Europe. Comparing International Procedures and Mechanisms*, Dordrecht, Boston, Martinius Nijhoff, 1993.

Bossuyt, M., *Guide to the «Travaux Préparatoires» of the ICCPR*, Dordrecht, Boston, Martinius Nijhoff, 1987.

Buergenthal, Th., R. E. Norris, *Human Rights: The Inter-American System*, Dobbs Ferry New York, Oceana, 1983-1993.

Buergenthal, Th., R. E. Norris et D. Shelton, *Protecting Human Rights in the Americas: Selected Problems*, 3ᵉ éd., Kehl/Strasbourg, NP Engel, 1990.

Burgers, J. H., et H. Danelius, *The United Nations Convention Against Torture: A Handbook on the Convention Against Torture and Other Cruel, Inhuman or Degrading Treatment or Punishment*, Dordrecht, Martinius Nijhoff Publishers, 1988.

Carlier, J.-Y., et O. De Schutter (dir. publ.), *La Charte des droits fondamentaux de l'Union européenne: son apport à la protection des droits de l'homme en Europe, Hommage à Silvio Marcus Helmons*, Bruxelles, Bruylant, 2002.

Castberg, F., T. Opsahl et Th. Ouchterlony (dir. publ.), *The European Convention on Human Rights*, Leiden/Dobbs Ferry, A.W Sijthoff/Oceana, 1974.

Cohen Jonathan, G., *La Convention européenne des droits de l'homme*, Aix-en-Provence, Paris, Presses universitaires d'Aix-Marseille, Economica, 1989.

–, *La protection internationale des droits de l'homme, documents réunis et commentés*, Paris, La Documentation française, 2007.

Cot, J.-P., A. Pellet et M. Forteau, M (dir. publ.), *Charte des Nations Unies: Commentaire article par article*, 3ᵉ éd., Paris, Economica, 2005, 2 vols.

Davidson, S., *The Inter-American Human Rights System*, Aldershot, Dartmouth, 1997.

Decaux, E. (dir. publ.), *Les Nations Unies et les droits de l'homme: enjeux, défis d'une réforme*, Centre de Recherche sur les droits de l'homme et le Droit humanitaire, Paris, Pedone, 2006.

De Schutter, O., *International Human Rights Law*, Cambridge University Press, 2ᵉ éd., 2018.

Delmas-Marty, M. (dir. publ.), *The European Convention for the Protection of*

Human Rights: International Protection Versus National Restrictions, Dordrecht, Boston, Martinius Nijhoff, 1992.
Duarte, B., Les restrictions aux droits de l'homme garantis par le Pacte international relatif aux droits civils et politiques et les Conventions américaine et européenne des droits de l'homme, thèse de doctorat en Droit public, Soutenue en 2005 à l'Université de Lille II.
Ergec, R., Protection européenne et internationale des droits de l'homme, Bruxelles, Bruylant, 2004.
Evans, M. D., et R. Murray (dir. publ.), The African Charter on Human and Peoples'rights: The System In Practice, 1986-2000, Cambridge, Cambridge University Press, 2002.
Fawcett, J., et S. Edmund, The Application of the European Convention on Human Rights, 2ᵉ éd., Oxford, Clarendon Press, 1987.
Flauss, J.-F., G. Cohen-Jonathan et P. Lambert, La réforme du système de contrôle du contentieux de la Convention européenne des droits de l'homme (le Protocole n° 14 et les recommandations et résolutions du comité des ministres), actes du séminaire organisé à Strasbourg le 7 juillet 2004 par l'Institut international des droits de l'homme René Cassin, Bruxelles, Nemesis, Bruylant, 2005.
Gomien, D., Short Guide to the European Convention on Human Rights, Strasbourg, Council of Europe, 1998.
Hanski, R., et M. Scheinin, Leading Cases of the Human Rights Committee, 2ᵉ éd., Turku/Äbo Institute for Human Rights, Äbo Akademi University, 2007.
Harris, D. J., M. O'Boyle et C. Warbrick, Law of the European Convention on Human Rights, Londres, Dublin, Butterworth, 1995.
Harris, D., D. Gomien et L. Zwaak, Convention européenne des droits de l'homme et Charte sociale européenne: droit et pratique, Strasbourg, éditions du Conseil de l'Europe, 1997.
Henkin, L. (dir. publ.), The International Bill of Rights: The Covenant on Civil and Political Rights, New York, Columbia University Press, 1981.
Janis, M. W., R. S. Kay, et A. W. Bradley, European Human Rights Law: Text and Materials, 2ᵉ éd., Oxford, oxford University Press, 2000.
Joseph, S., J. Schultz et M. Castan, The International Covenant on Civil and Political Rights: Cases, Materials and Commentary, 2ᵉ éd., Oxford, Oxford University Press, 2004.
Macdonald, R., F. Matscher et H. Petzold (dir. publ.), The European System for the Protection of Human Rights, Dordrecht, Boston, Martinius Nijhoff, 1993.
Macgoldrick, D., The Human Rights Committee: Its Role in the Development of the International Covenant on Civil and Political Rights, Oxford, Clarendon Press, 1996.
Matscher, F., et H. Petzold (dir. publ.), Protecting Human Rights: The European Dimension. Studies in Honour of Gérard J. Wiarda/Protection des droits de l'homme: la dimension européenne: mélanges en l'honneur de G. J. Wiarda, Cologne, Berlin, C. Heymann, 1988.
Matringe, J., et G. Cohen-Jonathan (dir. publ.), Tradition et modernité dans la Charte africaine des droits de l'homme et des peuples: étude du contenu normatif de la Charte et son apport à la théorie du droit international des droits de l'homme, Bruxelles, Bruylant, 1996.
Mbaye, K., Les droits de l'homme en Afrique, Paris, Pedone, 2002.
Meron, Th., Human Rights Law-Making in the United Nations: A Critique of Instruments and Process, Oxford, Clarendon Press, 1986.
Murray, R., The African Commission on Human and Peoples'Rights and International Law, Oxford, Hart, 2000.
Nowak, M., UN Covenant on Civil and Political Rights: CCPR Commentary, 2ᵉ éd. révisée, Kehl am Rhein, NP Engel, 2005.
Ouguergouz, F., La Charte africaine des droits de l'homme et des peuples: une approche juridique des droits de l'homme entre tradition et modernité, Paris,

Genève, Presses universitaires de Royaume-Uni/Institut Universitaire de hautes études internationales, 1993.
–, *The African Charter on Human and Peoples'Rights: A Comprehensive Agenda for Human Dignity and Sustainable Development in Africa*, La Haye, Martinus Nijhoff, 2003.
Pettiti, L., E. Decaux et P.-H. Imbert (dir. publ.), *La Convention européenne des droits de l'homme: commentaire article par article*, 2ᵉ éd., Paris, Economica, 1999.
Renucci, J.-F., *Droit européen des droits de l'homme*, Paris, LGDJ, 2007.
Sudre, F., *La Convention européenne des droits de l'homme*, 6ᵉ éd., Paris, Presses Universitaires de Royaume-Uni, 2004.
–, *Droit européen et international des droits de l'homme*, 8ᵉ éd., Paris, Presses Universitaires de France, 2006.
Tavernier, P. (dir. publ.), *Recueil juridique des droits de l'homme en Afrique*, Bruxelles, Bruylant, 2002.
Umozurike, U. O., *The African Charter on Human and Peoples'Rights*, La Haye, Boston, Martinius Nijhoff, 1997.
Van Dijk, P., G. Van Hoof, A. Van Rijn et L. Zwaak, *Theory and Practice of the European Convention*, Intersentia, 4ᵉ éd., 2006.
Velu, J., et R. Ergec, *La Convention européenne des droits de l'homme*, Bruxelles, Bruylant, 1990.
Weil, G. L., *The European Convention on Human Rights: Background, Development and Prospects*, Leiden, AW Sythoff, 1963.

D. Ouvrages sur les situations d'exception, le mécanisme de dérogation et les dérogations

Alford, R., *Permanent State of Emergency. Unchecked Executive Power and the Demise of the Rule of Law*, McGill University Press, 2017.
Agamben, G., *Etat d'exception*, Paris, Editions du Seuil, 2003.
Beaud, O., et C. Guerin-Bargues, *L'état d'urgence. Etude constitutionnelle, historique et critique*, 2ᵉ éd., LGDJ, 2016.
Bianchi, A. (dir. publ.), *Enforcing International Law Norms against Terrorism*, Oxford and Portland, vol. 4 in the series of Studies in International Law, Hart Publishing, 2004.
Bribosia, E., et A. Weyembergh (dir. publ.), *La lutte contre le terrorisme et droits fondamentaux*, Bruxelles, Nemesis, Bruylant, 2002.
Buyse, A., et M. Hamilton (dir. publ.), *Transitional Jurisprudence and the European Convention on Human Rights: Justice, Politics and Rights*, Cambridge, New York, Cambridge University Press, 2011.
Cassella, S., *La nécessité en droit international. De l'état de nécessité aux situations de nécessité*, Leiden, Martinus Nijhoff Publishers, 2011.
Cassia, P,. *Contre l'état d'urgence*, Dalloz, 2016.
Codaccioni, V., *Justice d'exception: L'Etat face aux crimes politiques et terroristes*, CNRS éditions, Paris, 2015.
Dieu F., *Politiques publiques de sécurité*, Paris, L'Harmattan, 1999.
Doswald-Beck L., *Human Rights in Times of Conflict and Terrorism*, Oxford University Press, 2011.
Ergec, R., *Les droits de l'homme à l'épreuve des circonstances exceptionnelles: étude sur l'article 15 de la Convention européenne des droits de l'homme*, Bruxelles, E. Bruylant, Editions de l'Université, 1987.
Fitzpatrick, J., *Human Rights in Crisis: The International System for Protecting Rights during States of Emergency*, Philadelphia, University of Pennsylvania Press, 1994.
Gearty, Conor A., *Terror*, Londres, Faber and Faber, 1991.
–, et J. A. Kimbell, *Terrorism and the Rule of Law: A Report on the Laws relating to Political Violence in Great Britain and Northern Ireland*, Londres, CLRU School of Law, King's College, 1995.

Goupy, M., *L'état d'exception ou l'impuissance autoritaire de l'Etat à l'époque du libéralisme*, éd. du CNRS 2016.
Goupy, M., *L'essor de la théorie juridico-politique sur l'état d'exception dans l'entre-deux-guerres en France et en Allemagne : une genèse de l'état d'exception comme enjeu pour la démocratie*, Th : Philosophie : Ecole normale supérieure de Lyon, 2011.
Greene, A., *Permanent States of Emergency and the Rule of Law. Constitutions in an Age of Crisis*, Hart Publishing, 2018.
Gross, O., et F. Ni Aolain, *Law in Times of Crisis : Emergency Powers in Theory and Practice*, Cambridge, Cambridge University Press, 2006.
Mbongo, P. et al., *L'état d'urgence : la prérogative de l'Etat de droit*, Varenne, Institut Universitaire Varenne, 2017.
Oraa, J., *Human Rights in States of Emergency in International Law*, Oxford, Clarendon Press, 1996.
Petropoulou, A., *Liberté et sécurité : Les mesures antiterroristes et la Cour européenne des droits de l'Homme*, A. Pedone, 2014.
Raulin. A. de (dir. publ.), *Situations d'urgence et droits fondamentaux*, Paris, l'Harmattan, 2006.
Roudier, K., A. Geslin, et D.-A. Camous, *L'état d'urgence*, Paris, Dalloz, 2016.
Roy Chowdhury, S., *Rule of Law in a State of Emergency : the Paris Minimum Standards of Human Rights Norms in a State of Emergency*, Londres, Pinter, 1989.
Rusen, E., *Les droits de l'homme à l'épreuve des circonstances exceptionnelles. Etude sur l'article 15 de la Convention européenne des droits de l'homme*, Bruxelles, Bruylant, 1987.
Saint-Bonnet, F., *L'état d'exception*, Coll. Léviathan, PUF, 2001.
Svensson-Maccarthy, A.-L., *The International Law of Human Rights and States of Exception : With Special Reference to the Preparatory Works and the Case-Law of the International Monitoring Organs*, La Haye, Genève, Martinius Nijhoff, 1998.

E. Ouvrages sur le contrôle international

Charpentier, J., « Le contrôle par les organisations internationales de l'exécution des obligations des Etats », *Recueil des cours*, tome 182 (1983), p. 143-245.
Coussirat-Coustere, V., *La contribution des organisations internationales au contrôle des obligations conventionnelles des Etats*, thèse, Paris II, 1979, multigraphié.
Fischer, G., et D. Vignes, *L'inspection internationale*, Bruxelles, Bruylant, 1976.
Kaasik, N., *Le contrôle en droit international*, Paris, Pedone, 1933.
Kopelmanas, L., « Le contrôle international », *Recueil des cours*, tome 77 (1950), p. 59-148.

II. Articles

A. Généralités

Ackerman, B., « Les pouvoirs d'exception à l'âge du terrorisme », *Esprit*, août-septembre 2006, p. 152 ss.
Barthelemy, J., « Notes sur le droit public en période de guerre », dans *RDP*, 1915, p. 134-162.
Cumin, D., « La théorie du partisan de Carl Schmitt », dans *Stratégique*, 2009, p. 31-71.
Le Tourneau, Ph., « Propos conclusifs », dans M. Nicod (dir. publ.), *Qu'en est-il de la sécurité des personnes et des biens ?*, Actes du colloque des 19 et 20 octobre 2006, Paris, LGDJ, 2008, P. 289-298.
Kergevan, J. F., « La critique Schmittienne du normativisme Kelsenien », dans C. M. Herrera, *Le droit, le politique. Autour de M. Weber Hans Kelsen et C. Schmitt*, Paris, l'Harmattan, 1995.

Troper, M., « L'état d'exception n'a rien d'exceptionnel », dans S. Theodorou, *L'exception dans tous ses états*, Paris, Parenthèses, 2007, p. 163-175.
Vedel, G., « Le hasard et la nécessité », dans *Pouvoirs*, n° 50, 1989, p. 15-30.

B. *Sur les droits de l'homme*

Abi-Saab, G., « Droits de l'homme et juridictions pénales internationales : convergences et tensions », dans *Mélanges en l'honneur de Nicolas Valticos : droit et justice*, Paris, Pedone, 1999, p. 245-253.
Ackerman, B, « The Emergency Constitution », *The Yale Law Journal*, vol. 113, n° 5, mars 2004, p. 1029-1091.
Agamben, G., « De l'Etat de droit à l'état de sécurité », *Le Monde*, publié le 21 décembre 2015 à 15h16, mis à jour le 27 décembre 2015 à 10h35, https://www.lemonde.fr/idees/article/2015/12/23/de-l-etat-de-droit-a-l-etat-de-securite_4836816_3232.html.
Alston, P., et B. Simma, « The Sources of Human Rights Law : Custom, *Jus Cogens* and General Principles », *Australian Yearbook of International Law*, vol. 12, 1988-1989, p. 82-108.
Alston, P., « Conjuring Up New Human Rights : A proposal for Quality Control », *American Journal of International Law*, vol. 78, 1994, p. 607-621.
Aolain, F. Ni, « The Emergence of Diversity : Differences in Human Rights Jurisprudence », *Fordham International Law Journal*, vol. 19, 1995-1996, p. 101-142.
Andersen, R, et L. Dupont, « Maintien de l'ordre et droits de l'homme », Centre universitaire de droit public, Bruylant, Bruxelles, 1987, p. 3-33.
Barthelemy, J., « Notes sur le droit public en période de guerre », dans *RDP*, 1915, p. 134-162.
Beaussonie, G., « Le crépuscule de la sûreté individuelle (à propos du projet de loi renforçant la sécurité intérieure et la lutte contre le terrorisme) », *Droits*, 2017, p. 1786.
Burgers, J. H., « The Road to San Francisco : The Revival of the Human Rights Idea in the Twentieth Century », vol. 14, 1992, p. 447-477.
Callewaert, J., « L'article 3 de la Convention européenne des droits de l'homme : une norme relativement absolue ou absolument relative », dans *Liber Amicorum Marc-André Eissen*, Bruxelles, Paris, Bruylant, LGDJ, 1995, p. 13-38.
Cohen-Jonathan, G., « Les réserves aux traités institutionnels relatifs aux droits de l'homme », *Revue générale de droit international public*, vol. 1996, p. 1-14.
Craven, M., « Legal Differentiation and the Concept of the Human Rights Treaty in International Law », *European Journal of International Law*, vol. 11, n° 3, 2000, p. 489-519.
Cusson, M., « Qu'est-ce que la sécurité intérieure ? », *Revue internationale de criminologie et de police technique et scientifique*, volume LIII, octobre-décembre, 2000. L'article est accessible sur http://www.crim.umontreal.ca/cours/cri1600/prepress/cahier32.pdf.
Despouy, L., « Etats d'exception en Europe continentale et en Amérique Latine », dans International Institute of Human Rights (Strasbourg), *Recueil des cours*, 14ᵉ session, 1983, p. 1-25.
Domb, F., « *Jus Cogens* and Human Rights », *Israel Yearbook on Human Rights*, vol. 6, 1976, p. 104-121.
Donnelly, J., « Human Rights as Natural Rights », *Human Rights Quarterly*, vol. 4, 1982, p. 391-405.
–, « Human Rights, Democracy and Development », *Human Rights Quarterly*, vol. 21, 1999, p. 608-632.
Dubuisson, F., « La définition du « terrorisme » : débats, enjeux et fonctions dans le discours juridique », *Confluences Méditerranée*, 2017/3 (n° 102), p. 29-45.
Dupont-Besnard, M., « Le confinement face au coronavirus est-il une stratégie efficace ? », publié le 29 octobre 2020 et disponible sur https://www.numerama.

com/sciences/661818-le-confinement-face-au-coronavirus-est-il-une-strategie-efficace.html.
Ergun Özbudun, M., et M. Mehmet Turhan, «Les pouvoirs d'exception», European Commission for Democracy through Law (Venice Commission), Strasbourg, 1995, accessible à l'adresse https://www.venice.coe.int/webforms/documents/default.aspx?pdffile=CDL-STD(1995)012-f.
Franck, Th., «Is Personal Freedom a Western Value?», *American Journal of International Law*, vol. 91, 1997, p. 593-627.
Gewirth, A., «Are there any Absolute Rights?», *The Philosophical Quarterly*, vol. 31, 1981, p. 1-16.
Grisel, A., «La liberté personnelle et les limites du pouvoir judiciaire», *Revue internationale de droit comparé*, vol. 27, n° 3, 1975, p. 550-570.
Henkin, L, «International Human Rights as "Rights"», *Cardozo Law Review*, vol. 1, 1979, p. 425-447.
Higgins, R., «Human Rights: Some Questions of Integrity», *Commonwealth Law Bulletin*, vol. 15, 1989, p. 598-614.
Katz, Ch., «Pour la proclamation par la communauté internationale d'un noyau intangible des droits de l'homme», *Revue trimestrielle des droits de l'homme*, octobre 1996, année 7, vol. 28, p. 541-553.
Kaufman, N., et S. Mosher, «General Principles of Law and the UN Covenant on Civil and Political Rights», *International and Comparative Law Quarterly*, vol. 27, 1978, p. 593-613.
Letteron, R., «L'Etat de droit face au terrorisme», *Annuaire français de relations internationales*, 2008, p. 247 et 254.
Macdougal, M. S., «Human Rights and World Public Order: Principles of Content and Procedure for Clarifying General Communities Policies», *Virginia Journal of International Law*, vol. 14, n° 3, 1973-74, p. 387-421.
Maliverni, G., «Les fonctions des droits fondamentaux dans la jurisprudence de la Commission et de la Cour européennes des droits de l'homme», dans *Im Dienst an der Gemeinschaft, Festschrift für Dietrich Schindler zum 65. Geburtstag*, Basel, Frankfurt am Main, Helbing & Lichtenhahn, 1989, p. 539-560.
Marks, S. P., «Emerging Human Rights: A New Generation for the 1980s?», *Rutgers Law Review*, vol. 33, 1980-81, p. 435-452.
Meron, Th., «On a Hierarchy of International Human Rights», *American Journal of International Law*, vol. 80, 1986, p. 1-23.
Midgley, E. B. F., «Natural Law and Fundamental Rights», *The American Journal of Jurisprudence*, vol. 21, 1976, p. 144-155.
Pena, A., «La liberté individuelle face au Covid-19: l'adaptation des garanties de l'article 66 de la Constitution aux circonstances d'urgence sanitaire (1re partie)», disponible sur https://www.actu-juridique.fr/constitutionnel/la-liberte-individuelle-face-au-covid-19-ladaptation-des-garanties-de-larticle-66-de-la-constitution-aux-circonstances-durgence-sanitaire-1re-partie/.
Redgwell, C., «Reservations to Treaties and Human Rights Committee General Comment No 24 (52)», *International and Comparative Law Quarterly*, vol. 46, 1997, p. 390-412.
Reisman, M., «Sovereignty and Human Rights in Contemporary International Law», *American Journal of International Law*, vol. 84, 1990, p. 859-876.
Schachter, O., «Human Dignity as a Normative Concept», *American Journal of International Law*, vol. 77, n° 4, 1983, p. 848-854.
Shelton, D., «State Practice on Reservations to Human Rights Treaties», *Canadian Human Rights Yearbook*, vol. 1983, p. 205- 234.
–, «Protecting Human Rights in a Globalized World», *Boston College International and Comparative Law Review*, vol. 25, 2002, p. 273-322.
–, «Are there Differentiations among Human Rights? *Jus Cogens*, Core, Human Rights, Obligations *Erga Omnes* and Non-Derogability», dans *The Status of International Treaties on Human Rights*, Strasbourg, Council of Europe Publishing, 2006, p. 159-186.

Shestack, J. J., « The Philosophic Foundations of Human Rights », *Human Rights Quarterly*, vol. 20, 1998, p. 201-234.
Sohn, L. B., « The New International Law: Protection of the Rights of Individuals Rather than States », *The American University Law Review*, vol. 32, 1982-1983, p. 1-64.
Schwebel, S. M., « Human Rights in the World Court », *Vanderbilt Journal of Transnational Law*, vol. 24, 1991, p. 945-970.
Tomuschat, Ch., « International Law: Ensuring the Survival of Mankind on the eve of a New Century: General Course on Public International Law », *Recueil des cours*, tome 281 (1999), p. 9-438.
Van Der Vyver, J. D., « Morality, Human Rights and Foundations of the Law », *Emory Law Journal*, vol. 54, 2005, p. 187-200.
Virally, M., « Des moyens utilisés dans la pratique pour limiter l'effet obligatoire des traités », dans *Les clauses échappatoires en matière d'instruments internationaux relatifs aux droits de l'homme*, Université catholique de Louvain, quatrième colloque du département des droits de l'homme, Bruylant, Bruxelles, 1982, p. 1-22.
Yasuaki, O., « In Quest for Intercivilizational Human Rights: Universal vs. Relative, Human Rights viewed from an Asian Perspective », *Asian-Pacific Journal on Human Rights and the Law*, vol. 1, 2000, p. 53-88.

C. *Sur l'indérogeabilité et l'intangibilité des droits de l'homme*

Cancado Trindade, A. A., « La Jurisprudence de la Cour internationale de Justice sur les droits intangibles », dans D. Premont, Ch. Daniel, Stenersen et I. Oseredczuk (dir. publ.), *Droits intangibles et Etats d'exception*, Bruxelles, Organisation internationale et relations internationales n° 36, Association de consultants internationaux en droits de l'homme, Bruylant, 1996, p. 53-71.
Dinstein, Y., « The *Erga Omnes* Applicability of Human Rights », *Archiv des Völkerrechts,* vol. 30, 1992, p. 1-36 and Following Comments.
El-Hajje, O., « La Déclaration du Caire des droits de l'homme en Islam et les droits non susceptibles de dérogation », dans D. Premont, Ch. Stenersen et I. Oseredczuk (dir. publ.), *Droits intangibles et Etats d'exception*, Bruxelles, Organisation internationale et relations internationales n° 36, Association de consultants internationaux en droits de l'homme, Bruylant, 1996, p. 429-437.
Hottelier, M., « Le noyau intangible des libertés », dans P. Meyer-Bisch (dir. publ.), *Le noyau intangible des droits de l'homme: actes du VIIe Colloque interdisciplinaire sur les droits de l'homme*, Fribourg, Editions Universitaires, 1991, p. 67-74.
Lebreton, G., « Les atteintes aux droits fondamentaux par l'état de siège et l'état d'urgence », CRDF, n° 6, 2007, p. 81-92.
Le Bris, C., « Du juste équilibre: les limitations aux droits de l'homme en période de crise sanitaire (Première partie) », *La Revue des droits de l'homme* (en ligne), Actualités Droits-Libertés, mis en ligne le 31 octobre 2020, consulté le 30 décembre 2020, http://journals.openedition.org/revdh/10551; DOI: https://doi.org/10.4000/revdh.10551.
Macheret, A., « Le noyau intangible des droits de l'homme: sources nationales et internationales », dans P. Meyer-Bisch (dir. publ.), *Le noyau intangible des droits de l'homme: actes du VIIe Colloque interdisciplinaire sur les droits de l'homme*, Fribourg, éd. Universitaires, 1991, p. 31-44.
Marcus Hlemons, S., « *Jus Cogens* et noyau intangible », dans P. Meyer-Bisch (dir. publ.), *Le noyau intangible des droits de l'homme: actes du VIIe Colloque interdisciplinaire sur les droits de l'homme*, Fribourg, Editions Universitaires, 1991, p. 63-66.
Mbaya, E., « A la recherche du noyau intangible dans la Charte africaine », dans P. Meyer-Bisch (dir. publ.), *Le noyau intangible des droits de l'homme: actes du VIIe Colloque interdisciplinaire sur les droits de l'homme*, Fribourg, éd. Universitaires, 1991, p. 207-223.
Meyer-Bisch, P., « Le problème des délimitations du noyau intangible des droits et

d'un droit de l'homme», dans P. Meyer-Bisch (dir. publ.), *Le noyau intangible des droits de l'homme: actes du VIIe Colloque interdisciplinaire sur les droits de l'homme*, Fribourg, éd. Universitaires, 1991, p. 97-120.

Samson, K., «Le noyau intangible des droits de l'homme – notion utile ou illusion simpliste?», dans P. Meyer-Bisch (dir. publ.), *Le noyau intangible des droits de l'homme: actes du VIIe Colloque interdisciplinaire sur les droits de l'homme*, Fribourg, éd. Universitaires, 1991, p. 45-52.

Sudre, F., «Droits intangibles et/ou droits fondamentaux: y a-t-il des droits prééminents dans la Convention européenne des droits de l'homme?», dans *Liber Amicorum Marc-André Eissen*, Bruxelles, Paris, Bruylant, LGDJ, 1995, p. 381-398.

Tomuschat, Ch., «Le Code des crimes contre la paix et la sécurité de l'humanité et les droits intangibles ou non susceptibles de dérogation», dans D. Premont, Ch. Stenersen et I. Oseredczuk (dir. publ.), *Droits intangibles et Etats d'exception*, Bruxelles, Organisation internationale et relations internationales n° 36, Association de consultants internationaux en droits de l'homme, Bruylant, 1996, p. 91-97.

Valina, L., «Droits intangibles dans le cadre du système interaméricain des droits de l'homme», dans D. Premont, Ch. Stenersen et I. Oseredczuk (dir. publ.), *Droits intangibles et Etats d'exception*, Bruxelles, Organisation internationale et relations internationales n° 36, Association de consultants internationaux en droits de l'homme, Bruylant, 1996, p. 235-268.

Vidal-Naquet, A., «Propos introductifs: de l'exception à la règle ou quand l'exception devient la règle», disponible sur https://hal.archives-ouvertes.fr/hal-01735368/document.

D. *Sur les instruments et les organes de protection des droits de l'homme*

Anthony, A. E., «Beyond the Paper Tiger: The Challenge of a Human Rights Court in Africa», *Texas International Law Journal*, vol. 32, 1997, p. 511-524.

Bassiouni, M. C., «Human Rights in the context of Criminal Justice: Identifying International Procedural Protections and Equivalent Protections in National Constitutions», *Duke Journal of Comparative and International Law*, vol. 3, 1992-1993, p. 235-297.

Bello, E. G., «The African Charter on Human and People's Rights: A Legal Analysis», *Recueil des cours*, tome 194 (1985), p. 9-268.

Boerefijn, I., «Towards a Strong System of Supervision: The Human Rights Committee's Role in Reforming the Reporting procedure under Article 40 of the Covenant on Civil and Political Rights», *Human Rights Quarterly*, vol. 17, 1995, p. 766-791.

Boisson De Chazournes, L., «Les droits intangibles face aux exigences de la protection de l'environnement», dans D. Premont, Ch. Stenersen et I. Oseredczuk (dir. publ.), *Droits intangibles et Etats d'exception*, Bruxelles, Organisation internationale et relations internationales n° 36, Association de consultants internationaux en droits de l'homme, Bruylant, 1996, p. 449-462.

Bondzie-Simpson, E., «A Critique of the African Charter on Human and Peoples'Rights», *Howard Law Journal*, vol. 31, 1998, p. 643-666.

Borowski, M., «La restricción de los derechos fundamentales», *Revista español de derecho constitucional*, n° 59, 2000, p. 56.

Buergenthal, Th., «The American Convention on Human Rights: Illusions and Hopes», *Buffalo Law Review*, vol. 21, 1971, p. 121-136.

–, «The American and European Conventions on Human Rights: Similarities and Differences», *The American University Law Review*, vol. 30, 1980, n° 1, p. 155-166.

–, «The Advisory Practice of the Inter-American Human Rights Court», *American Journal of International Law*, vol. 79, 1985, p. 1-27.

Bucherer, J., «The *Castillo Petruzzi* Case», *American Journal of International Law*, vol. 95, 2001, p. 171-178.

Cancado Trinidade, A. A., « Le système interaméricain de protection des droits de l'homme : état actuel et perspectives d'évolution à l'aube du XXIe siècle », *Annuaire français de droit international*, 2000, p. 548-577.
Farer, T., « The rise of the Inter-American Human Rights Regime : No longer a Unicorn, Not yet an Ox », *Human Rights Quarterly*, vol. 19, 1997, p. 510-546.
Faulkner, E. A., « The Right to *Habeas Corpus* only in the other Americas », *American University Journal of International Law and Policy*, vol. 9, n° 3, 1993-1994, p. 653-687.
Forsythe, D., « The United Nations and Human Rights at Fifty : An Incremental but Incomplete Revolution », *Global Governance*, vol. 1, septembre 1995, p. 297-318.
Geni-Segui, R., « L'apport de la Charte africaine des droits de l'homme et des peuples au droit international des droits de l'homme », *African Journal of International and Comparative Law*, vol. 3/4, 1991, décembre, p. 699-741.
Gittleman, R., « The African Charter on Human and Peoples'Rights : A Legal Analysis », *Virginia Journal of International Law*, vol. 22, 1981-1982, p. 667-714.
Gros Espiell, H., « Le système interaméricain comme régime régional de protection internationale des droits de l'homme », *Recueil des cours*, tome 145 (1975), p. 1-55.
–, « La Convention américaine et la Convention européenne des droits de l'homme : une analyse comparative », *Recueil des cours*, tome 218 (1989), p. 167-412.
–, « La Cour interaméricaine et la Cour européenne des droits de l'homme », dans *Liber Amicorum Marc-André Eissen*, Bruxelles, Paris, Bruylant, LGDJ, 1995, p. 233-246.
Gross, O., « Once More unto Breach : The Systematic Failure of Applying the European Convention on Human Rights to Entrenched Emergencies », *Yale Journal of International Law*, vol. 23, 1998, p. 437-502.
Harris, D., « The Right to a Fair Trial in Criminal Proceedings as a Human Right », *International and Comparative Law Quarterly*, vol. 16, avril 1967, p. 352-378.
Ibhawoh, B., « Between Culture and Constitution : Evaluating the Cultural Legitimacy of Human Rights in the African State », *Human Rights Quarterly*, vol. 22, 2000, p. 838-860.
Korkelia, K., « New Challenges to the Regime of Reservations under the International Covenant on Civil and Political Rights », *European Journal of International Law*, vol. 13, n° 2, 2002, p. 437-477.
Kutner L., et B. M. Carl, « An International Writ of *Habeas Corpus* : Protection of Personal Liberty in a World of Diverse Systems of Public Order », *University of Pittsburgh Law Review*, vol. 22, n° 3, mars 1961, p. 469-559.
Lo Prato, L., « Non-Refoulement as a Peremptory Norm of International Law *(Jus Cogens)* », *AWR Bulletin, Revue trimestrielle des problèmes des réfugiés*, 1996-III, vol. 34, p. 90-93.
Lucker-Babel, M.-F., « Les droits non-dérogeables de l'Enfant à la lumière de la Convention des Nations Unies relatives aux droits de l'enfant », dans D. Premont, Ch. Stenersen et I. Oseredczuk (dir. publ.), *Droits intangibles et Etats d'exception*, Bruxelles, Organisation internationale et relations internationales n° 36, Association de consultants internationaux en droits de l'homme, Bruylant, 1996, p. 365-387.
Lutz, E. L., « Strengthening Core Values in the Americas : Regional Commitment to Democracy and Human Rights », *Houston Journal of International Law*, vol. 19, 1996-1997, p. 643-657.
Medina C., « Toward Effectiveness in the Protection of Human Rights in the Americas », *Transnational Law and Contemporary Problems*, vol. 8, 1998, p. 337-358.
Megret, F, « Justice in Times of Violence », *European Journal of International Law*, vol. 14, n° 2, 2003, p. 327-345.
Morawa, A. H. E., « The Jurisprudence of the United Nations Human Rights

Committee and other treaty monitoring bodies», *European Yearbook of Minorities Issues*, 2001-2002, p. 461-485.
Murray, R., «International Human Rights: neglect and perspectives from African institutions», *International and Comparative Law Quarterly*, vol. 55, janvier 2006, n° 1, p. 193-204.
Mutua, M., «The African Human Rights System: A Critical Evaluation», *UNDP Human Development Report Office (HDRO) Background Paper*, 2000, http://hdr.undp.org/en/reports/global/hdr2000/papers/mutua.pdf, consulté le 10 janvier 2021.
Norris, R. E., et P. D. Reiton, «The Suspension of Guarantees: A Comparative Analysis of the American Convention on Human Rights and the Constitutions of States Parties», *The American University Law Review*, vol. 30, 1980-1981, p. 189-223.
O'boyle, M., «Torture and Emergency Powers under the European Convention on Human Rights: Ireland vs. the United Kingdom», *American Journal of International Law*, vol. 71, 1977, p. 674-705.
Okere, O., «The Protection of Human Rights in Africa and the African Charter on Human and Peoples'Rights: A Comparative Analysis with the European and American Systems», *Human Rights Quarterly*, vol. 6, 1984, p. 141-159.
Ondinkalu., C. A., «The Individual Complaints Procedures of the African Commission on Human and Peoples' Rights: A Preliminary Assessment», *Transnational Law and Contemporary Problems*, vol. 8, 1998, p. 359-405.
Opsahl, T., «The General Comments of the Human Rights Committee», dans *Des Menschen Recht zwischen Freiheit und Verantwortung Festschrift für K. J. Partsch*, Berlin, Duncker & Humblot, 1989, p. 273-286.
Plagman, H., «The Status to the Right to Life and the Prohibition of Torture under International Law: Its Implications for the United States», *Journal of the Institute of Justice and International Studies*, vol. 3, 2003, p. 172-193.
Quinn, R. J., «Will the Rule of Law End? Challenging Grants of Amnesty for the Human Rights Violations of a Prior Regime: Chile's New Model», *Fordham Law Review*, vol. 62, 1993-1994, p. 905-960.
Rigaux, F., «Les Droits des peuples en tant que droits intangibles», dans D. Premont, Ch. Stenersen et I. Oseredczuk (dir. publ.), *Droits intangibles et Etats d'exception*, Bruxelles, Organisation Internationale et Relations Internationales n° 36, Association de consultants internationaux en droits de l'homme, Bruylant, 1996, p. 523-535.
Rogriguez, R., et M. D. Seitles, «The Development of the Inter-American Human Rights System: A Historical Perspective and a Modern-Day Critique», *New York Law School Journal of Human Rights*, vol. 16, 1999-2000, p. 593-633.
Sheldon, D., «Human Rights Bodies: Decisions and Actions», *Environmental Policy and Law*, vol. 34, 2004 avril, n° 2, p. 66-72.
Sohn, L. B., «The Human Rights Law of the Charter», *Texas International Law Journal*, vol. 12, 1997, p. 129-140.
Stavros, S, «The Right to Fair Trial in Emergency Situations», *International Law and Comparative Law Quarterly*, vol. 41, 1992, p. 343-365.
Stapleton, S., «Ensuring a Fair Trial in the International Criminal Court: Statutory Interpretation and the Impermissibility of Derogation», *New York University Journal of International Law and Politics*, vol. 31, 1998-1999, p. 535-609.
Udombana Nsongurua, J., «Between Promise and Performance: Revisiting States' Obligations under the African Human Rights Charter», *Stanford Journal of International Law*, vol. 40, 2004, p. 105-142.
Vasak, K., «Les principes d'application et d'interprétation des droits de l'homme», dans B. Boutros-Ghali, *Amicorum discipulorumque liber, paix, développement et démocratie*, Bruxelles, Bruylant, 1998, p. 1419-1428.
Waldock, H. M., «The effectiveness of the System set up by the European Convention on Human Rights», *Human Rights Law Journal*, vol. 1, 1980.
Weston B. H., Lukes, R. A. Hnatt et M. Kelly, «Regional Human Rights Regimes:

A Comparison and Appraisal », *Vanderbilt Journal of Transnational Law*, vol. 20, 1987, p. 585-637.
Wet De, E., « The Prohibition of Torture as an International Norm of *Jus Cogens* and its Implications for National and Customary Law », *European Journal of International Law*, vol. 15, n° 1, 2004, p. 97-121.
Wolln, L., « Reporting to the UN Committee on the Rights of the Child : A Catalyst for Domestic Debate and Policy Change ? », *The International Journal of Children's Rights*, vol. 8, 2000, p. 71-81.
Wyngaert Van Den Ch., « Applying the European Convention on Human Rights to Extradition : Opening Pandora's Box ? », *International and Comparative Law Quarterly*, vol. 39, 1990, p. 757-779.
Wyngaert Van Den Ch., et J. Dugardn, « Reconciling Extradition with Human Rights », *American Journal of International Law,* vol. 92, 1998, p. 187-212.

E. *Sur les dérogations*

Aubert J.-F., « Limitations des droits de l'homme : le rôle respectif du législateur et des tribunaux », *La limitation des droits de l'homme en droit constitutionnel comparé*, Cowansville 1986, p. 185 ss.
Alexander G. J., « The Illusory Protection of Human Rights by National Courts During Periods of Emergency », *Human Rights Law Journal*, vol. 5, n° 11984, p. 1-65.
Aolain, Fionnuala Ni, « The Fortification of an Emergency Regime », *Albany Law Review,* vol. 59, 1995-1996, p. 1353-1387.
Baranger, D, « Quel « Etat de droit » ? Quels contrôles ? Le juge des référés et le maintien en vigueur de l'état d'urgence », *RFDA*, 2016, p. 355.
Bassiouni, M. C., « Les états d'urgence et d'exception : les violations des droits de l'homme et l'impunité sous couvert du droit », dans D. Premont, Ch. Stenersen et I. Oseredczuk (dir. publ.), *Droits intangibles et Etats d'exception*, Bruxelles, Organisation internationale et relations internationales n° 36, Association de consultants internationaux en droits de l'homme, Bruylant, 1996, p. 107-123.
Bates (dir. publ.), « A "Public Emergency Threatening the Life of the Nation?" The United Kingdom's Derogation from the European Convention on Human Rights of 18 December 2001 and the "A" Case », *British Yearbook of International Law*, vol. 77, 2006, p. 245-335.
Beaud, O., et C. Guerin-Bargues, « L'état d'urgence de novembre 2015 : mise en perspective historique et critique », *Jus Politicum*, 2016, n° 15, p. 5-10.
Beernaert, M.-A., « Renforcement de l'arsenal législatif anti-terroriste : entre symboles et prévention », *JT*, 2015, p. 833-836.
Berend, H., « The Limitation Clause of the European Convention of human Rights : A Guide for the Application of Section 1 of the Charter ? » *Yearbook of European Law*, vol. 6, issue 1, 1986, p. 1-54.
Braibant, G., « L'Etat face aux crises », *Pouvoirs*, 1979, n° 10, p. 5-11.
Buergenthal, Th., « To Respect and to Ensure State obligations and Permissible Derogations », dans L. Henkin (dir. publ.) *The International Bill of Rights : The Covenant on Civil and Political Rights*, New York, Columbia University Press, 1981, p. 72-91.
Burdeau, F., et M. Quesnet, « De l'inefficacité des pouvoirs de crise en France de la Révolution à Vichy », *Pouvoirs,* n° 10,1979, *Les pouvoirs de crise*, p. 11-20.
Burgorgue-Larsen, L., « Actualité de la Convention européenne des droits de l'homme (août-décembre 2015) », *AJDA*, Dalloz, 2018, p. 150 ss.
Castberg, F., « Le droit de nécessité en droit constitutionnel », dans *Mélanges en l'honneur de Gilbert Gidel*, Paris, Sirey, 1961, p. 105-126.
Cossalter, Ph., « Légalité de crise et état d'urgence », *Revue générale du droit, online*, 2015, n° 22919.
Coussirat-Coustere, V., « La réserve française à l'article 15 de la Convention européenne des droits de l'homme », *Clunet*, 1975, p. 269-293.
Cowell, F., « Sovereignty and the Question of Derogation : An Analysis of Article 15

of the ECHR and the Absence of a derogation Clause in the ACHPR», *Birkbeck Law Review*, vol. 1(1).
Criddle, E. J., et E. Fox-Decent, «Human Rights, Emergencies, and the Rule of Law», *Human Rights Quarterly*, vol. 34, n° 1 (février 2012), p. 39-87, pubié par *The Johns Hopkins University Press Stable* URL: https://www.jstor.org/stable/41345471.
Crysler, E., «*Brannigan and McBride v. UK*: A New Direction on Article 15 Derogations under the European Convention on Human Rights», *Nordic Journal of International Law*, vol. 65, 1996, p. 91-121.
Decaux, E., «Crise de l'Etat de droit, droit de l'Etat de crise», dans J.-L. Aujol, *et al.* (dir. publ.), *Mélanges en hommage à Louis-Edmond Pettiti*, Bruxelles, Bruylant, 1998, p. 267-287.
Daes, E.-I. A., «Restrictions and Limitations on Human Rights», dans *Mélanges René Cassin*, Paris, Pedone, tome III, 1971, p. 79-93.
Daubie, Ch., «La Convention européenne des droits de l'homme et la raison d'Etat», *Revue des droits de l'homme*, 1970, p. 247-274.
Delmas-Marty, M., «Quand l'Europe raisonne la raison d'Etat», *Revue Projet*, 2011/5 (n° 324-325), p. 16-23.
De Zayas, A., «La Dérogation et le Comité des droits de l'homme des Nations Unies», dans D. Premont, Ch. Stenersen et I. Oseredczuk (dir. publ.), *Droits intangibles et Etats d'exception*, Bruxelles, Organisation internationale et relations internationales n° 36, Association de consultants internationaux en droits de l'homme, Bruylant, 1996, p. 213-223.
Diop, M., «La Charte africaine des droits de l'homme et des peuples et l'intangibilité des droits fondamentaux», dans D. Premont, Ch. Stenersen et I. Oseredczuk (dir. publ.), *Droits intangibles et Etats d'exception*, Bruxelles, Organisation internationale et relations internationales n° 36, Association de consultants internationaux en droits de l'homme, Bruylant, 1996, p. 413-420.
Donahue, D., «Human Rights in Northern Ireland: Ireland v. United Kingdom», *Boston College International and Comparative Law Review*, 1979-1980, p. 377-432.
Drago, R., «L'état d'urgence et les libertés publiques», *RDP*, 1955, p. 670-705.
Duffy, P., «Note sur l'article 15 de la Convention européenne des droits de l'homme», dans D. Premont, Ch. Stenersen et I. Oseredczuk (dir. publ.), *Droits intangibles et Etats d'exception*, Bruxelles, Organisation internationale et relations internationales n° 36, Association de consultants internationaux en droits de l'homme, Bruylant, 1996, p. 191-201.
El Zeidy, M. M., «The ECHR and States of Emergency: Article 15- A Domestic Power of Derogation from Human Rights Obligations», *San Diego International Law Journal*, vol. 4, 2003, p. 277-318.
Feldman, W., «Theories of Emergency Powers: A Comparative Analysis of American Martial Law and the French State of Siege», *Cornell International Law journal*, vol. 38, 2005, article 17.
Fisch, W. B., «Emergency in the Constitutional Law of the United States», 38 *Am. J. Comp. L. Supp.* 389 (1990), p. 389-420.
Fitzpatrick, J., «Protection against Abuse of the Concept of Emergency», *Studies Transnational Legal Policy*, vol. 26, 1994, p. 203-228.
–, «States of Emergency in the Inter-American Human Rights System», dans D. J. Harris et S. Livingstone, *The Inter-American System of Human Rights*, Oxford, Clarendon Press, 1998, p. 371-394.
Geouffre De La Pradelle, P., «Le contrôle de l'application des conventions humanitaires en cas de conflit armé», AFDI, 1956, 2, p. 343-352.
Ghandhi, P. R., «The Human Rights Committee and Derogation in Public Emergencies», *German Yearbook of International Law*, vol. 32, 1989, p. 323-361.
Ghebali, V.-Y., «La problématique de l'état d'exception dans le cadre de l'Organisation pour la sécurité et la coopération en Europe (OSCE)», dans

D. Premont, Ch. Stenersen et I. Oseredczuk (dir. publ.), *Droits intangibles et Etats d'exception*, Bruxelles, Organisation internationale et relations internationales N°36, Association de consultants internationaux en droits de l'homme, Bruylant, 1996, p. 303-316.

Gonzales, G., « L'état d'urgence au sens de l'article 15 de la Convention européenne des droits de l'homme », *CRDF*, 2006, n° 6, p. 93-100.

Goupy, M., « Les enjeux politiques de la critique du formalisme positiviste : retour sur le rôle de l'interprétation doctrinale des lois d'habilitation dans l'avènement d'une potentielle "dictature légale" sous la République de Weimar », *Droits*, mai 2014, n° 57, p. 211-260.

Green, L. C., « Derogation of Human Rights in Emergency Situations », *Canadian Yearbook of International Law*, vol. 16, 1978, p. 92-115.

Gross, O., « "Once More unto the Breach" : The Systematic Failure of Applying the European Convention on Human Right to Entrenched Emergencies », *The Yale Journal of International Law*, Volume 23 : 436, 1998, p. 437 ss.

–, « The Normless and Exceptionless Exeption: Carl Schmitt's Theory of Emergency Powers and the "Norm – Exception" Dichotomy », *Cardozo Law Review*, vol. 21 :1825, 2000.

Gross, O., et Fionnuala Ní Aolain, « Emergency, War and International Law- Another Perspective », *Nordic Journal of International Law*, vol. 70, 2001, p. 29-63.

–, « From Discretion to Scrutiny : Revisiting the Application of the Margin of Appreciation Doctrine in the Context of Article 15 of the European Convention on Human Rights », *Human Rights Quarterly*, vol. 23, 2001, n° 3, p. 625-649.

Grossman, C., « A Framework for the Examination of States of Emergency Under the American Convention on Human Rights », *American University International Law Review* 1, n° 1 (1986), p. 35-55.

Hafner-Burton, E. M., et L. R. Helfer *et al.*, « Emergency and Escape: Explaining Derogations from Human Rights Treaties », *International Organization*, vol. 65, 2011, p. 673-707.

Hartman J. F., « Working Paper for the Committee of Experts on the Article 4 Derogation Provision », *Human Rights Quarterly*, vol. 7, 1985, p. 89-131.

–, « Derogation from Human Rights Treaties in Public Emergency », *Harvard International Law Journal*, vol., 22, 1981, p. 1-52.

Hennette Vauchez, S., M. Kalogirou, N. Klausser, C. Roulhac et S. Slama, « L'état d'urgence au prisme contentieux : analyse transversale de corpus », (Rapport de recherche), Convention n° 2016 DDD/CREDOF, *Défenseur des droits*, 2018, p. 166-260, hal-01927118.

Henning, V. H., « Anti-Terrorism, Crime and Security Act 2001 : Has the United Kingdom Made a Valid Dérogation from the European Convention on Human Rights? », *American University International Law Review*, vol. 17, n° 6, 2002.

Hervieu N., « Etat d'urgence et CEDH: de la résilience des droits de l'homme », Dalloz, 1er décembre 2015 (en ligne sur *dalloz.fr*).

Higgins R., « Derogations under Human Treaties », *British Yearbook of International Law*, 1976-1977, vol. 48, p. 281-320.

Huberlant, Ch., « Etat de siège et légalité d'exception en Belgique », dans J. Verhaegen (dir. publ.), *Licéité en droit positif et références légales aux valeurs. Contribution à l'étude juridique du règlement des conflits de valeurs en droit pénal, public et international*, Bruxelles, Bruylant, 1982, p. 385-420.

Joseph, S., « Human Rights Committee: General Comment 29 », *Human Rights Law Review*, vol. 2, n° 1, 2002, p. 81-98.

Keith, L. Camp., et S. C. Poe, « Are Constitutional State of Emergency Clauses Effective? An Empirical Exploration », *Human Rights Quarterly*, vol. 26, 2004, n° 4, p. 1071-1097.

Kelsen, H, « Derogation », dans *Essays in Legal and Moral Philosophy*, Synthese Library (Monographs on Epistemology, Logic, Methodology, Philosophy of Science, Sociology of Science and of Knowledge, and on the Mathematical

Methods of Social and Behavioral Sciences), vol. 57, Springer, Dordrecht, p. 261-275.
Kiss, A. C., « Permissible Limitations on Rights », dans L. Henkin (dir. publ.) *The International Bill of Rights: The Covenant on Civil and Political Rights*, New York, Columbia University Press, 1981, p. 290-310.
Kirchner, S., « Human Rights guarantees during States of Emergency: The European Convention on Human Rights », *Baltic Journal of Law and Politic*, 2010, vol. 3, n° 2, p. 1-25.
Klamberg, M., « Reconstructing the Notion of State of Emergency », Forthcoming, *The George Washington International Law Review*, Faculty of Law, Stockholm University Research Paper n° 66.
Kretzmer, D., « State of Emergency », *Max Planck Encyclopedia of Public International Law* (MPEPIL) 2008.
Kolb, R., « *Jus Cogens*, intangibilité, intransgressibilité, dérogation positive et négative », *Revue générale de droit international public*, vol. 109, 2005, p. 305-330.
Lambert, A., et L. Braconnier Moreno, « La marge de manœuvre de la France dans le déclenchement d'un régime dérogatoire aux libertés fondamentales, une dénaturation de l'article 15 de la CEDH ? », *La Revue des droits de l'homme* (en ligne), Actualités Droits-Libertés, mis en ligne le 22 janvier 2015, URL: http://journals.openedition.org/revdh/1778 ; DOI : 10.4000/revdh.1778.
Lebreton, G., « Les atteintes aux droits fondamentaux par l'état de siège et l'état d'urgence », *CRDF*, n° 6, 2007, p. 81-92.
Lillich, R. B., « The Paris Minimum Standards of Human Rights Norms in a State of Emergency », *American Journal of International Law*, vol. 79, 1985, p. 1072-1081.
–, « Queensland Guidelines for Bodies monitoring Respect for Human Rights during States of Emergency », *American Journal of International Law*, vol. 85, 1991, p. 716-720.
Lutz, C. A., « A Declaration of Minimum Humanitarian Standards », *American Journal of International Law*, vol. 85, 1991, p. 375-384.
Mariniello, T., « Prolonged Emergency and Derogation of Human Rights: Why the European Court Should Raise its Immunity System », *German Law Journal*, vol. 20 , issue 1, février 2019 , p. 4-71.
Mcdonald, R. St. J., « Derogations under Article 15 of the European Convention on Human Rights », *Columbia Journal of Transnational Law*, vol. 36, 1998, p. 225-267.
Mcgoldrick, D., « The Interface between Public Emergency Powers and International Law », *International Journal of Constitutional Law*, vol. 2, 2004, p. 380-429.
Maia, C., « De la signification des clauses de non-dérogation en matière d'identification des droits de l'homme impératifs », dans R. Ben Achour et S. Laghami (dir. publ.), *Les droits de l'homme: Une nouvelle cohérence pour le droit international ?*, Paris, Pedone, 2008, p. 39-61.
Mangan, B., « Protecting Human Rights in National Emergencies: Shortcomings in the European System and a Proposal for Reform », *Human Rights Quarterly*, vol. 10, 1987-1988, p. 372-394.
Marks, S., « La notion de période d'exception en matière de droits de l'homme », *Revue des droits de l'homme*, 1975, vol. 8, p. 821-858.
–, « Civil Liberties at the Margin: The UK Derogation and the European Court of Human Rights », *Oxford Journal of Legal Studies*, vol. 15, 1995, p. 70-95.
Marks, S. P., « Principles and Norms of Human Rights Applicable in Emergency Situations: Underdevelopment, Catastrophes and Armed Conflicts », dans K. Vasak et P. Alston (dir. publ.), *The International Dimensions of Human Rights*, Westport Connecticut, Greenwood Press, 1982.
Michaelsen, Ch., « Derogating form International Human Rights Obligation in the War Against Terrorism ? – A British – Australian Perspective », Terrorism and Political Violence, vol. 17, 2005, p. 131-155.

Mizock, A., « The Legality of the Fifty-Two Year State of Emergency in Israel », *University of California Davis Journal of International Law & Policy*, vol. 7:2, 2001.

Mokhtar, A., « Human Rights Obligations v. Derogations : Article 15 of the European Convention on Human Rights », *The International Journal of Human Rights*, vol. 8, 2004, p. 65-87.

Nowak, M., « Article 4, Permissible Derogations in Time of Public Emergency », dans M. Nowak, *UN Covenant on Civil and Political Rights : CCPR Commentary*, 2ᵉ éd. révisée, Kehl am Rhein, NP Engel, 2005, 1277 p. 72-93.

Oberleitner,G., « War as Emergency : Derogation », *Karl-Franzens-Universität Graz*, Austria, Cambridge University Press, https://doi.org/10.1017/CBO9781316 103869.016, p. 169-175.

O'Boyle, M., « Emergency Situations and the Protection of Human Rights : A Model Derogation Provision for a Northern Ireland Bill of Rights », *Northern Ireland Legal Quarterly*, vol., 28, n° 2, été 1997, p. 160-187.

–, « The Margin of Appreciation and Derogation under Article 15 : Ritual Incantation or Principle », *Human Rights Law Journal*, vol. 19, 1998, p. 23-29.

O'Donnell, D., « Commentary by the Rapporteur on Derogation », *Human Rights Quarterly*, vol. 7, 1985, p. 23-34.

–, « Commentary to the Syracuse Principles by the Rapporteur on Derogation, *Human Rights Quarterly*, vol. 7, 1985, p. 23-34.

–, « Les normes internationales des droits de l'homme en matière de droit pénal, de procédure et de dérogation », dans D. Premont, Ch. Stenersen et I. Oseredczuk (dir. publ.), *Droits intangibles et Etats d'exception*, Bruxelles, Organisation internationale et relations internationales n° 36, Association de consultants internationaux en droits de l'homme, Bruylant, 1996, p. 141-166.

Olivier, C., « Revisiting General Comment N°29 of the United Nations Human Rights Committee : about Fair Trial Rights and Derogations in Times of Public Emergency », *Leiden Journal of International Law*, vol. 17, 2004, p. 405-419.

Oraa, J., « The Protection of Human Rights in Emergency Situation under Customary International Law », dans G. Goodwin-Gill et S. Talmon (dir. publ.), *The Reality of International Law : Essays in Honour of Ian Brownlie*, Oxford, Clarendon Press, 2003, p. 413-437.

Ouguergouz, F., « L'absence de clause de dérogation dans certains traités relatifs aux droits de l'homme : les réponses du droit international général », *Revue générale de droit international public*, vol. 98, 1994, p. 289-336.

Paugam, G., « L'état d'exception : sur un paradoxe d'Agamben », *Labyrinthe*, vol. 3, 2004, n° 19, p. 43, en ligne : https://labyrinthe.revues.org/237.

Pavia, M.-L., « Le discours du juriste sur la notion de risque », dans A. De Raulin (dir. publ.), *Situations d'urgence et droits fondamentaux*, Paris, L'Harmattan, 2006, p. 21-36.

Quigley, J., « Israel's Forty-Five Years Emergency : Are there time limits to Derogations from Human Rights Obligations », *Michigan Journal of International Law*, vol. 15, 1993-1994, p. 491-518.

Rainer, A., « Méthodologie et mécanismes institutionnels des états d'urgence et d'exception. » *Annuaire international de justice constitutionnelle*, 24-2008, 2009. Constitution et famille(s) – Urgence, exception et Constitution. p. 417-428.

Relyea, H. C., « National Emergency Powers », *CRS Report for Congress*, mis à jour février 2019.

Reisman, M., « Sovereignty and Human Rights in Contemporary International Law », *The American Journal of International Law*, vol. 84, n° 4 (octobre 1990), p. 866-876.

–, « Souveraineté et droits de l'homme dans le droit international contemporain », article traduit par A. Bordg, dans *L'école de New Haven de droit international*, W. M. Reisman, Pedone, 2010, p. 243.

Robert, J., « Les situations d'urgence en droit constitutionnel », *Revue internationale de droit comparé*, 1990, p. 751-764.

Rousseau, D., « Un projet de révision constitutionnelle recevable mais qui doit être réécrit », *Le Monde*, 21 décembre 2015.
–, « L'état d'urgence, un état vide de droit(s) », *Revue Projet*, 2006/2 (n° 291).
Salas, D., « L'état d'urgence : poison ou remède au terrorisme ? », *Archives de politique criminelle* 2016/1 (n° 38), p. 75-87.
Scheppele, K. L., « Law in a Time of Emergency : States of Exception and the Temptations of 9/11 », *Journal of Constitutional Law*, vol. 6:5, mai 2004.
Schreuer, Ch., « Derogation of Human Rights in Situations of Public Emergency : The Experience of the European Convention on Human Rights », *The Yale Journal of World Public Order*, vol. 9, 1982-1983, p. 113-132.
Shraga, D., « Human Rights in Emergency Situation under the European Convention on Human Rights », *Israel Yearbook on Human Rights*, vol. 16, 1986, p. 217-242.
Schulhofer, S. J., « Checks and Balances in War Time : American, British and Israeli Experiences », *Michigan Law Review*, vol. 102, n° 8, août 2004.
Scott, P. Sh., « Reconceptualizing States of Emergency under International Human Rights Law : Theory, Legal Doctrine, and Politics », 34 *Mich.J. Int'l L.* 491 (2013), available at http://repository.law.umich.edu/mjil/vol34/iss3/1.
Sermet, L., « De la carence dans la Charte africaine des droits de l'homme et des peuples de la clause de dérogation aux droits de l'homme », *RGDIP*, 2005-II, vol. 109, p. 389-406.
Souty, V., « Les dérogations en cas de circonstances exceptionnelles : un régime en demi-teinte », *Rev. trim. dr. h., 2017*, Larcier, p. 98.
Sztucki, J., « *Jus cogens* and the Vienna Convention on the Law of Treaties : A Critical Appraisal », *Österreichische Zeitschrift für öffentliches Recht*, Supplementum 3, 1974, p. 68.
Sureau, F., « Les quatre piliers de la sagesse : les droits fondamentaux à l'épreuve des circonstances exceptionnelles », *La revue des droits de l'homme* (en ligne), 13, 2018, mis en ligne le 5 janvier 2018 sur http://journals.openedition.org/revdh/3626 ; DOI :10.4000/revdh.3626.
Tavernier, P., « Article 15 », dans L. E. Pettiti, E. Decaux et P.-H. Imbert (dir. publ.), *La Convention européenne des droits de l'homme : commentaire article par article*, 2ᵉ éd., Paris, Economica, 1999, 1230 p. 389-503.
Tremblay, G., « Les situations d'urgence qui permettent en droit international de suspendre les droits de l'homme », *Les cahiers de droit*, n° 18, 1977.
Troper, M., « L'état d'exception n'a rien d'exceptionnel », dans *L'exception dans tous ses états*, S. Théodorou (dir. publ.), Paris, éd. Parenthèses, 2007, p. 163-175.
Tzitzis, S., « Situation d'urgence : la crise de l'humanisme post-moderne », dans A. De Raulin (dir. publ.), *Situations d'urgence et droits fondamentaux*, Economies Plurielles, 2006.
Ullah, A., et S. Uzair, « Derogation of Human Rights under the Covenant and their Suspension during Emergency and Civil Martial Law, in India and Pakistan » *A Research Journal of South Asian Studies*, vol. 26, n° 1, janvier-juin 2011, p. 181-189.
Wachsmann, P., « L'état d'exception dans le droit commun ? », *Recueil Dalloz*, 2017.
Wessels, L., « Derogation from Human Rights : A Possible Dispensation for Africa and Southern Africa », *South African Yearbook of International Law*, vol. 27, 2002, p. 120-139.
« The Lagos Conference on the Rule of Law », *Journal of African Law*, vol. 5, n° 1, printemps 1961, p. 1-4.
« Symposium : Limitation and Derogation Provisions in the International Covenant on Civil and Political Rights », *Human Rights Quarterly*, vol. 7, 1985, p. 1-58.
« Symposium : Security of the Person and Security of the State : Human Rights and Claim of National Security », *Yale Journal of World Public Order*, vol. 9, 1982-1983.

F. *Sur le contrôle international*

Merle, M., «Le contrôle exercé par les organisations internationales sur les activités des Etats membres», *AFDI*, 1959, p. 411-431.
Monaco, R., «Le contrôle dans l'organisation internationale», Festschrift für Walter Schützel, Dusseldorf, 1960, p. 329 ss.
Van Asbeck, F., «Quelques aspects du contrôle international non judiciaire de l'application par les gouvernements de conventions internationales», dans *Mélanges J. P. A. François*, Leyde, 1959, p. 27.

G. *Articles de presse*

Jacquin, J.-B., «L'état d'urgence prolongé de trois mois, les perquisitions administratives de retour», *Le Monde*, 15 juillet 2016 (en ligne sur lemonde.fr).
Fadoul, K., «Menace terroriste: les points positifs et négatifs de la communication du gouvernement Michel», *RTBF*, 25 novembre 2015 (en ligne sur *rtbf.be*).
Guilmin, N., et M. Sirlerau, «Charles Michel ne veut pas d'un état d'urgence à la française», *RTBF*, 26 janvier 2016 (en ligne sur *rtbf.be*).
Pascual, A., «Censure de l'interdiction de manifester: une décision du Conseil constitutionnel jugée décevante», 9 juin 2017 (en ligne sur *LCI.fr*).
Vanoverbeke, D., «L'OCAM, un organisme indépendant qui travaille dans le secret», *Le Soir*, 28 novembre 2015 (en ligne sur *lesoir.be*).
Vincent, E., et J. Pascual, «Ce que l'on sait du meurtre d'un couple de policiers dans les Yvelines», *Le Monde*, 15 juin 2016 (en ligne sur *lemonde.fr*).
X. «70000 personnes ont participé aux manifestations en France, selon la préfecture», *Le Monde*, 23 juin 2016 (en ligne sur *lemonde.fr*).
X. «Les opposants à la Loi Travail défilent sous haute surveillance», *Le Monde*, 23 juin 2016 (en ligne sur lemonde.fr).

III. Textes et documents officiels

A. *Instruments universels*

Déclaration universelle des droits de l'homme, 1948.
Pacte international relatif aux droits économiques, sociaux et culturels, 1966.
Protocole facultatif se rapportant au Pacte international relatif aux droits économiques, sociaux et culturels, 2008.
Pacte international relatif aux droits civils et politiques, 1966.
Protocole facultatif se rapportant au Pacte international relatif aux droits civils et politiques, 1966.
Deuxième Protocole facultatif se rapportant au Pacte international relatif aux droits civils et politiques, visant à abolir la peine de mort, 1989.
Convention internationale sur l'élimination de toutes les formes de discrimination raciale, 1966.
Convention sur l'élimination de toutes les formes de discrimination à l'égard des femmes, 1979.
Protocole facultatif à la Convention sur l'élimination de toutes les formes de discrimination à l'égard des femmes, 1999.
Convention contre la torture et autres peines ou traitements cruels, inhumains ou dégradants, 1984.
Protocole facultatif se rapportant à la Convention contre la torture et autres peines ou traitements cruels, inhumains ou dégradants, 2002.
Convention relative aux droits de l'enfant, 1989.
Protocole facultatif à la Convention relative aux droits de l'enfant, concernant la vente d'enfants, la prostitution des enfants, et la pornographie mettant en scène des enfants, 2000.
Protocole facultatif à la Convention relative aux droits de l'enfant, concernant l'implication d'enfants dans les conflits armés, 2000.
Protocole facultatif à la Convention relative aux droits de l'enfant établissant une procédure de présentation de communications, 2011.

Convention relative aux droits des personnes handicapées, 2006.
Protocole facultatif se rapportant à la Convention relative aux droits des personnes handicapées, 2006.
Convention internationale pour la protection de toutes les personnes contre les disparitions forcées, 2006.
Déclaration et programme d'action de Vienne, 1993.
Conseil des droits de l'homme (résolution 60/251 de l'Assemblée générale des Nations Unies du 15 mars 2006).
Mise en place des institutions du Conseil des droits de l'homme (résolution 5/1 du Conseil des droits de l'homme du 18 juin 2007, annexe).

B. Instruments régionaux

1. Système européen

Convention de sauvegarde des droits de l'homme et des libertés fondamentales, telle qu'amendée par les Protocoles n°s 11 et 14, 1950.
Protocole additionnel à la Convention de sauvegarde des droits de l'homme et des libertés fondamentales, tel qu'amendé par le Protocole n° 11, 1952.
Protocole n° 4 à la Convention de sauvegarde des droits de l'homme et des libertés fondamentales, reconnaissant certains droits et libertés autres que ceux figurant déjà dans la Convention et dans le premier Protocole additionnel à la Convention, tel qu'amendé par le Protocole n° 11, 1963.
Protocole n° 6 à la Convention de sauvegarde des droits de l'homme et des libertés fondamentales concernant l'abolition de la peine de mort, tel qu'amendé par le protocole n° 11, 1983.
Protocole n° 7 à la Convention de sauvegarde des droits de l'homme et des libertés fondamentales, tel qu'amendé par le Protocole n° 11, 1984.
Protocole n° 12 à la Convention de sauvegarde des droits de l'homme et des libertés fondamentales, 2000.
Protocole n° 13 à la Convention de sauvegarde des droits de l'homme et des libertés fondamentales, relatif à l'abolition de la peine de mort en toutes circonstances, 2002.
Charte sociale européenne (révisée), 1996.
Convention européenne pour la prévention de la torture et des peines ou traitements inhumains ou dégradants, 1987, telle que modifiée par les Protocoles.

2. Système interaméricain

Convention américaine relative aux droits de l'homme, « Pacte de San José de Costa Rica », 1969.
Protocole additionnel à la Convention américaine relative aux droits de l'homme traitant des droits économiques, sociaux et culturels, « Protocole de San Salvador », 1988.
Protocole à la Convention américaine relative aux droits de l'homme traitant de l'abolition de la peine de mort, 1990.
Convention interaméricaine sur la disparition forcée des personnes, 1994.

3. Système africain

Charte africaine des droits de l'homme et des peuples, 1981.
Charte africaine des droits et du bien-être de l'enfant, 1990.
Protocole relatif à la Charte africaine des droits de l'homme et des peuples portant création d'une Cour africaine des droits de l'homme et des peuples, 1998.
Acte constitutif de l'Union africaine, 2000.
Protocole à la Charte africaine des droits de l'homme et des peuples relatif aux droits des femmes, 2003.
Charte africaine de la démocratie, des élections et de la gouvernance, 2007.
Protocole portant Statut de la Cour africaine de justice et des droits de l'homme, 2008.

4. Système arabe

Charte arabe des droits de l'homme, 2004.

5. Traités de droit international humanitaire

Convention (I) de Genève pour l'amélioration du sort des blessés et des malades dans les forces armées en campagne, 12 août 1949.

Convention (II) de Genève pour l'amélioration du sort des blessés, des malades et des naufragés des forces armées sur mer, 12 août 1949.

Convention (III) de Genève relative au traitement des prisonniers de guerre, 12 août 1949.

Convention (IV) de Genève relative à la protection des personnes civiles en temps de guerre, 12 août 1949.

Protocole additionnel aux Conventions de Genève du 12 août 1949 relatif à la protection des victimes des conflits armés internationaux (Protocole I), 8 juin 1977.

Protocole additionnel aux Conventions de Genève du 12 août 1949 relatif à la protection des victimes des conflits armés non internationaux (Protocole II), 8 juin 1977.

Instructions de 1863 pour les armées en campagne des Etats-Unis d'Amérique (Lieber Code).

Déclaration à l'effet d'interdire l'usage de certains projectiles en temps de guerre, Saint-Pétersbourg, 11 décembre 1868.

Projet d'une Déclaration internationale concernant les lois et coutumes de la guerre, Bruxelles, 27 août 1874.

Convention (II) concernant les lois et coutumes de la guerre sur terre et son Annexe : Règlement concernant les lois et coutumes de la guerre sur terre, La Haye, 29 juillet 1899.

Convention (IV) concernant les lois et coutumes de la guerre sur terre et son Annexe : Règlement concernant les lois et coutumes de la guerre sur terre, La Haye, 18 octobre 1907.

Convention sur l'interdiction ou la limitation de l'emploi de certaines armes classiques qui peuvent être considérées comme produisant des effets traumatiques excessifs ou comme frappant sans discrimination, Genève, 10 octobre 1980.

Convention sur l'interdiction de la mise au point, de la fabrication, du stockage et de l'emploi des armes chimiques et sur leur destruction, Paris le 13 janvier 1993.

Convention sur l'interdiction de l'emploi, du stockage, de la production et du transfert des mines antipersonnel et sur leur destruction, 18 septembre 1997.

Accord concernant la poursuite et le châtiment des grands criminels de guerre des Puissances européennes de l'Axe et statut du tribunal international militaire, Londres, 8 août 1945.

6. Droit international pénal

Convention sur l'imprescriptibilité des crimes de guerre et des crimes contre l'humanité, 26 novembre 1968.

Statut du Tribunal international chargé de poursuivre les personnes présumées responsables de violations graves du droit international humanitaire commises sur le territoire de l'ex-Yougoslavie, 25 mai 1993.

Statut du Tribunal criminel international chargé de juger les personnes présumées responsables d'actes de génocide ou d'autres violations graves du droit international humanitaire commis sur le territoire du Rwanda et les citoyens rwandais présumés responsables de tels actes ou violations commis sur le territoire d'Etats voisins entre le 1er janvier et le 31 décembre 1994, 8 novembre 1994.

Statut de Rome de la Cour pénale internationale, 17 juillet 1998.

Convention pour la protection des biens culturels en cas de conflit armé, La Haye, 14 mai 1954.

Protocole pour la protection des biens culturels en cas de conflit armé, La Haye, 14 mai 1954.

7. Comité des droits de l'homme

General Comment 5, Article 4 (Thirteenth session, 1981). Compilation of General Comments and General Recommendations Adopted by Human Rights Treaty Bodies, UN doc. HRI/GEN/1/Rev.1 at 5 (1994).

General Comment 6, Article 6 (Sixteenth session, 1982), Compilation of General Comments and General Recommendations Adopted by Human Rights Treaty Bodies, UN doc. HRI/GEN/1/Rev.1 at 6 (1994).

General Comment n° 7, Article 7 (Sixteenth session, 1982), Compilation of General Comments and General Recommendations Adopted by Human Rights Treaty Bodies, UN doc. HRI/GEN/1/Rev.1 at 7 (1994).

General Comment n° 20, Article 7 (Forty-fourth session, 1992), Compilation of General Comments and General Recommendations Adopted by Human Rights Treaty Bodies, UN doc. HRI/GEN/1/Rev.1 at 30 (1994).

General Comment n° 8, Article 9 (Sixteenth session, 1982), Compilation of General Comments and General Recommendations Adopted by Human Rights Treaty Bodies, UN doc. HRI/GEN/1/Rev.1 at 8 (1994).

Observation générale n° 24, les réserves formulées au moment de la ratification du Pacte ou des Protocoles facultatifs s'y rapportant, adoptée par le Comité à sa 1382e séance, cinquante-deuxième session le 2 novembre 1994, UN doc. CCPR/C/21/Rev.1/Add.6, 11 novembre 1994.

Observation générale n° 29, Dérogations pendant un Etat d'urgence (article 4), adoptée par le Comité à sa 1950e séance, le 24 juillet 2001, UN Doc. CCPR/C/21/Rev.1/Add.11, 31 août 2001.

General Comment n° 31, Nature of the General Legal Obligation on States Parties to the Covenant, UN doc. CCPR/C/21/Rev.1/Add.13 (2004).

General Comment n° 32, Article 14: Right to equality before courts and tribunals and to a fair trial, UN doc. CCPR/C/GC/32 (2007).

Examen des rapports présentés par les Etats Parties conformément à l'article 40 du Pacte, Rapports initiaux que les Etats devaient présenter en 1993, Etats-Unis d'Amérique, Additif, UN doc. CCPR/C/81/Add. 4, 24 août 1994.

Examen des rapports présentés par les Etats Parties conformément à l'article 40 du Pacte, Observations finales du comité des droits de l'homme, Royaume-Uni de Grande-Bretagne et d'Irlande du Nord et Territoires d'Outre-mer du Royaume-Uni de Grande-Bretagne et d'Irlande du Nord, Additif, soixante-dix-septième session, CCPR/CO/73/UK/Add.2-CCPR/CO/UKOT/Add.2, 4 décembre 2002.

8. Comité des droits économiques, sociaux et culturels

Observation générale n° 3 du Comité des droits économiques, sociaux et culturels, 14 décembre 1990, doc. E/1991/23.

Questions de fond concernant la mise en œuvre du Pacte international relatif aux droits économiques, sociaux et culturels: Déclaration du Comité des droits économiques, sociaux et culturels des l'Organisation des Nations Unies à la troisième Conférence ministérielle de l'Organisation mondiale du commerce, vingt-et-unième session, E/C.12/99/9, 26 novembre 1999.

9. Comité des Nations Unies contre la torture

Statement of the Committee against torture, 27e session, 12-23 novembre 2001, CAT/C/XXVII/Misc.7, 22 novembre 2001.

Examen des rapports présentés par les Etats Parties en application de l'article 19 de la Convention, trente-troisième session, 15-26 novembre 2004, CAT/C/CR/33/3, 10 décembre 2004.

10. Assemblée générale des Nations Unies

Résolutions 2674 (XXV), 2676 (XXV) et 2677 (XXV), Respect des droits de l'homme en période de conflit armé, 1922e séance, 9 décembre 1970.

Résolution 31/34, Importance, pour la garantie et l'observation effectives des droits de l'homme, de la réalisation universelle du droit des peuples à l'autodétermi-

nation et à l'octroi de l'indépendance aux pays et aux peuples coloniaux, 83ᵉ séance, 30 novembre 1976.
Resolution 39/118, *Human rights in the administration of justice*, A/RES/39/118, 14 décembre 1984.
Résolution 40/33, *Ensemble des règles minima des Nations Unies concernant l'administration de la justice pour mineurs, Règles de Beijing*, A/RES/40/33, 29 novembre 1985.
Résolution 43/173, *Ensemble de principes pour la protection de toutes les personnes soumises à une forme quelconque de détention ou d'emprisonnement*, A/RES/43/173, 76ᵉ séance, 9 décembre 1988.
Resolution 45/110, *United Nations Standard Minimum Rules for Non-custodial Measures, The Tokyo Rules*, 14 décembre 1990.
Résolution 45/113, *Règles des Nations Unies pour la protection des mineurs privés de liberté*, A/RES/45/113, 14 décembre 1990.
Résolution 47/133, *Déclaration sur la protection de toutes les personnes contre les disparitions forcées*, A/RES/47/133, 18 décembre 1992, UN doc. A/47/49 (1993).
Déclaration et Programme d'Action de Vienne, Conférence mondiale sur les droits de l'homme, 14-25 juin 1993, A/CONF/157/23, 12 juillet 1993.
Lettres identiques datées du 1ᵉʳ août 2002, adressées au Président de l'Assemblée générale et au Président du Conseil de sécurité par le Secrétaire Général, cinquante-septième session et annexe: Rapport du Groupe de réflexion sur les implications du terrorisme pour les politiques de l'ONU, A/57/273-S/2002/875, 1ᵉʳ août 2002.
Résolution 57/219, Protection des droits de l'homme et des libertés fondamentales dans la lutte antiterroriste, 77ᵉ séance, cinquante-septième session, A/RES/57/219, 18 décembre 2002.
Inadmissibilité des violations des droits de l'homme par la pratique de la détention secrète et des transferts illicites, Promotion et protection des droits de l'homme: questions relatives aux droits de l'homme, y compris les divers moyens de mieux assurer l'exercice effectif des droits de l'homme et des libertés fondamentales, soixante-et-unième session, 3ᵉ commission, A/C.3/61/L.30/Rev.1, 16 novembre 2006.
Civil and political rights, including the questions of independence of the judiciary, administration of justice and impunity, Promotion and protection of human rights: human rights questions, including alternative approaches for improving the effective enjoyment of human rights and fundamental freedoms, soixante-deuxième session, A/62/207, 6 août 2007.
Protection des droits de l'homme et des libertés fondamentales dans la lutte anti-terroriste, Rapport du Secrétaire général, Promotion et protection des droits de l'homme: questions relatives aux droits de l'homme, y compris les divers moyens de mieux assurer l'exercice effectif des droits de l'homme et des libertés fondamentales, soixante-deuxième session, A/62/298, 24 août 2007.

11. Commission du droit international

Reservations to Multilateral Conventions, Report by Mr. J. L. Brierly, Special Rapporteur, Yearbook of the International Law Commission, 1951, vol. II, Documents of the third session, A/CN.4/41, 6 avril 1951, p. 1-17.
Report on the Law of Treaties by Mr. Hersch Lauterpacht, Special Rapporteur, E/CN.4/63, 24 mars 1953, Yearbook of the International Law Commission 1953, vol. II.
Report of the International Law Commission, covering the work of its fifteenth session, 6 mai-12 juillet 1963, reproduit dans American Journal of International Law, vol. 58, 1964, p. 241-330.
Quatrième rapport sur la responsabilité des Etats, présenté par M. James Crawford, rapporteur spécial, cinquante-troisième session, A/CN.4/517, 2 avril 2001.
Texte d'articles sur la responsabilité de l'Etat pour fait internationalement illicite, A/RES/56/83, 12 décembre 2001 et commentaires.

Effets des conflits armés sur les traités : examen de la pratique et de la doctrine, Etude du Secrétariat, cinquante-septième session, mai-août 2005, A/CN.4/550, 1er février 2005.

12. Comission des droits de l'homme

Comité de rédaction de la Déclaration internationale des droits de l'homme, première session, rapport du Comité de rédaction à la Commission des droits de l'homme, E/CN.4/21, 1er juillet 1947.

Compilation of the Comments Governments on the Draft International Covenant on Human Rights and on the Proposed Additional Articles, sixième session, E/CN.4/365 and Corr.1, 22 et 29 mars 1950.

Report of the Working Group of Governmental Experts on the Right to Development, 38e session, février-mars 1982, E/CN.4/1489, 11 février 1982.

Question of the Violation of Human Rights and Fundamental Freedoms in any part of the World, with particular reference to colonial and dependent countries and territories, Preliminary Report of the Special Representative of the Commission, Mr. Andres Aquilar on the Human Rights Situation in the Islamic Republic of Iran, quarante-et-unième session, E/CN.4/ 1985/20, 1er février 1985.

Question de la violation des droits de l'homme et des libertés fondamentales où qu'elle se produise dans le monde, en particulier dans les pays et territoires coloniaux ou dépendants, Situation des droits de l'homme dans le Koweït occupé, Rapport sur la situation des droits de l'homme dans le Koweït sous occupation iraquienne, établi par M. Walter Kalin, Rapporteur spécial de la Commission des droits de l'homme, conformément à la résolution 1991/67 de la Commission, quarante-huitième session E/CN.4/1992/26, 16 janvier 1992.

Question des droits de l'homme de toutes les personnes soumises à une forme quelconque de détention ou d'emprisonnement, question des disparitions forcées ou involontaires, Rapport du Groupe de travail sur la Déclaration sur la protection de toutes les personnes contre les disparitions forcées, quarante-huitième session, E/CN.4/1992/19/Rev.1, 31 janvier 1992.

Administration de la justice, Etat de droit et démocratie, question des droits de l'homme et des états d'exception, Huitième rapport annuel et liste des Etats qui, depuis le 1er janvier 1985, ont proclamé, prorogé ou abrogé un état d'exception, présenté par M. Leandro Despouy, rapporteur spécial nommé en application de la résolution 1985/37 du Conseil économique et social, Additif, quarante-septième session, E/CN.4/Sub.2/1995/20/Add.1, 10 novembre 1995.

Promotion et protection des droits de l'homme : règles d'humanité fondamentales Rapport du Secrétaire général présenté conformément à la résolution 2000/69 de la Commission des droits de l'homme, cinquante-septième session, E/CN.4/2001/91, 12 janvier 2001.

Promotion et protection des droits de l'homme, règles d'humanité fondamentales Rapport du Secrétaire général présenté conformément à la décision 2001/112 de la Commission des droits de l'homme, cinquante-huitième session, E/CN.4/2002/103, 20 décembre 2001.

Rapport du Haut-Commissaire des Nations Unies aux droits de l'homme et suivi de la Conférence mondiale sur les droits de l'homme, cinquante-huitième session, E/CN.4/2002/18, 27 février 2002.

Droits civils et politiques, notamment la question de la torture et de la détention Rapport du Groupe de travail sur la détention arbitraire, Président-Rapporteur : M. Louis Joinet, cinquante-neuvième session, E/CN.4/2003/8, 16 décembre 2002.

Droits civils et politiques, et notamment, questions de la torture et de la détention, Rapport soumis par le Rapporteur spécial sur la torture et autres peines ou traitements cruels, inhumains ou dégradants conformément à la résolution 2002/38 de la Commission, cinquante-neuvième session, E/CN.4/2003/68, 17 décembre 2002.

Report of the High Commissioner for Human Rights and Follow-up of the World Conference on Human Rights, Written statement submitted by International

Federation for Human Rights (FIDH), cinquante-neuvième session, E/CN.4/2003/NGO/247, 5 février 2003.

Promotion and Protection of Human Rights, Fundamental Standards of Humanity, Report by the Secretary General, Commission of Human Rights, soixantième session, E/CN.4/2004/90, 25 février 2004.

Principes fondamentaux et directives concernant le droit à un recours et à réparation des victimes de violations flagrantes du droit international relative aux droits de l'homme et de violations graves du droit international humanitaire, résolution 2005/35, E/CN.4/2005/35, soixante-et-unième session, 20 avril 2005.

Administration of Justice, Rule of Law and Democracy, Working Paper on the Relationship Between Human Rights Law and International Humanitarian Law, by Françoise Hampson and Ibrahim Salama, Sub-commission on the Promotion and Protection of Human Rights, cinquante-septième session, E/CN.4/Sub.2/2005/14, 21 juin 2005.

Administration de la Justice, Etat de droit et démocratie, Question des droits de l'homme et des états d'exception, Liste des Etats qui ont proclamé ou prorogé un Etat d'exception, Rapport du Haut-Commissariat aux droits de l'homme soumis en application de la décision 1998/108 de la Commission des droits de l'homme, cinquante-septième session, E/CN.4/Sub.2 /2005/6, 7 juillet 2005.

Civil and Political Rights, including the question of torture and detention, Report of the Working Group on Arbitrary Detention, Chairperson-Rapporteur: Leïla Zerrougui, soixante-deuxième session, E/CN.4/2006/7, 12 décembre 2005.

Human Rights in the Administration of Justice: A Manual on Human Rights for Judges, Prosecutors and Lawyers, OHCHR, United Nations, New York and Geneva, 2003.

Promotion et protection des droits de l'homme: Protection des droits de l'homme et des libertés fondamentales dans la lutte anti-terroriste, Rapport du Haut-commissaire aux droits de l'homme, soixante-deuxième session, E/CN.4/2006/94, 16 février 2006.

13. Conseil des droits de l'homme

Implementation of General Assembly Resolution 60/251 of 15 March 2006 entitled «Human Rights Council», the question of death penalty, Report of the Secretary General, quatrième session, A/HRC/4/78, 13 février 2007.

Application de la Résolution 60/251 de l'Assemblée générale du 15 mars 2006 intitulée «Conseil des droits de l'homme», Rapport du Secrétaire général sur les droits de l'homme dans l'administration de la justice, en particulier la justice pour mineurs, quatrième session, A/HRC/4/102, 12 mars 2007.

14. Sous-commission de la lutte contre les mesures discriminatoires et de la protection des minorités

Observations Générales concernant la détention lorsque l'état d'urgence ou de siège est proclamé, Document présenté à la Sous-Commission à sa trentième session, août 1977 et intitulé «La question des droits de l'homme dans les cas de personnes soumises à toute forme de détention ou d'emprisonnement», résumé analytique, E/CN.4/Sub.2/394, 5 juillet 1977.

Résolution 10 (XXX), La question des droits de l'homme dans le cas de personnes soumises à toute forme de détention ou d'emprisonnement, 797e séance, trentième session, 31 août 1977, E/CN.4/1261-E/CN.4/Sub.2/399.

Etude sur les conséquences pour les droits de l'homme des situations dites d'état de siège ou d'exception, UN Doc. E/CN.4/Sub.2/1982/15, trente-cinquième session, 27 juillet 1982 présentée par le Rapporteur spécial, Mme Nicole Questiaux The Administration of Justice and Human Rights of Detainees: Implementation of the right to derogation provided for under Article 4 of the International Covenant on Civil and Political Rights and violations of Human Rights: Explanatory paper on the best way of undertaking the drawing up and updating of a list of Countries which proclaim or terminate a state of emergency each year, and the submission of an annual report to the Commission on Human Rights containing reliably attested information on compliance with the rules, internal and international, guaranteeing the legality of the introduction of a state of emergency prepared by Mr. L. Despouy (Argentina), trente-huitième session, E/CN.4/Sub.2/1985/19, 17 juin 1985.

The Individual's Duties to the Community and the Limitations on Human Rights and Freedoms under Article 29 of the Universal Declaration of Human Rights, UN doc. E/CN.4/Sub.2/432/Rev.2 (1982), report of the Special Rapporteur Erica-Irène Daes.

L'administration de la justice et les droits de l'homme des détenus: Droit à un procès équitable, rapport du Secrétaire général établi en application de la résolution 1993/26 de la Sous-Commission, quarante-sixième session, E/CN.4/Sub.2/1994/26, 13 juin 1994.

The Administration of Justice and the Human Rights of Detainees: Question of Human Rights and States of Emergency, Eighth Annual Report and List of States, which since 1st January 1985, have proclaimed, extended or terminated a state of emergency, presented by Mr. Leandro Despouy, Special Rapporteur, quarante-septième session, E/CN.4/Sub.2/1995/20 et Add.1, 26 juin 1995.

Résolution 1995/33, Question des droits de l'homme et des états d'exception, quarante-septième session, juillet-août 1995, E/CN.4/1996/2-E/CN.4/Sub.2/1995/51.

Règles humanitaires minimales, Rapport soumis par le Secrétaire Général en application de la Résolution 1997/21 de la Commission des droits de l'homme, cinquante-quatrième session de la Commission des droits de l'homme, 5 janvier 1998, E/CN.4/1998/87.

15. Institutions européennes

Dérogations en cas d'état d'urgence, Cour européenne des droits de l'homme, https://www.echr.coe.int/Documents/FS_Derogation_FRA.pdf.

Travaux préparatoires de l'Article 15 de la Convention européenne des droits de l'homme, Document d'information établi par le Secrétariat de la Commission, 22 mai 1956, Strasbourg, DH (56) 4, Commission européenne des droits de l'homme, Conseil de l'Europe.

Travaux préparatoires de l'Article 6 de la Convention Européenne des droits de l'homme, document d'information établi par le Secrétariat de la Commission, 9 août 1956, Strasbourg, DH (56) 11, Commission européenne des droits de l'homme, Conseil de l'Europe.

Problèmes découlant de la coexistence des Pactes des Nations Unies relatifs aux droits de l'homme et de la Convention Européenne des droits de l'homme, Différences quant aux droits garantis, rapport du Comité d'experts en matière de droits de l'homme au Comité des Ministres, H(70)7, Strasbourg, 25 septembre 1970, Collected Edition of the «Travaux Préparatoires» of the European Convention on Human Rights/ Recueil des Travaux Préparatoires de la Convention européenne des droits de l'homme, Direction des droits de l'homme, Conseil de l'Europe, La Haye, Martinius Nijhoff, 1975 ss.

Universalité des droits de l'homme dans un monde pluraliste : actes du colloque organise par le Conseil de l'Europe en collaboration avec l'Institut des droits de l'homme, Strasbourg, avril 1989, Kehl am Rhein, Strasbourg, N. P. Engel, 1990.

5e colloque international sur la Convention européenne des droits de l'homme : actes : organisé conjointement par le Gouvernement de la République Fédérale d'Allemagne et par le Secrétariat général du Conseil de l'Europe : Francfort, avril 1980, Paris, Pedone, 1982.

7e colloque international sur la Convention européenne des droits de l'homme, organisé par le Secrétariat général du Conseil de l'Europe : Oslo, Lund, mai 1990, Rapport final du Colloque, Strasbourg, Editions du Conseil de l'Europe, 1990.

8ᵉ colloque international sur la Convention européenne des droits de l'homme : actes : Budapest, septembre 1995, organisé par le Secrétariat général du Conseil de l'Europe, Strasbourg, éd. du Conseil de l'Europe, 1996.

Hampson, Françoise J., *Study on Human Rights during Situations of Armed Conflict, Internal Disturbances and Tensions*, CCDH (2001)02rev, Council of Europe Steering Committee for Human Rights, 16ᵗʰ Meeting, janvier 2001.

Opinion of the Commissioner for human rights, Mr. Alvaro Gil-Robles, on certain aspects of the United Kingdom 2001 derogation from Article 5 par. 1 of the European Convention on Human Rights, CommDH(2002)7, Strasbourg, 28 août 2002, https://wcd.coe.int, consulté le 17 mars 2008.

Guidelines on human rights and the fight against terrorism, adopted by the Committee of Ministers on 11 July 2002 at the 804ᵗʰ meeting of the Ministers'Deputies, Directorate General of Human Rights, décembre 2002.

16. Institutions interaméricaines des droits de l'homme

Report on the Status of Human Rights in Chile, Commission interaméricaine des droits de l'homme, OEA/Ser.L/V/II.34, 25 octobre 1974.

Development of the Situation of Human Rights in Paraguay, Commission interaméricaine des droits de l'homme, 1978.

Report on the Situation of Human Rights in Paraguay and Uruguay, Commission interaméricaine des droits de l'homme, OEA/Ser.L/V/II.43, 31 janvier 1978.

Report on the Situation of Human Rights in Argentina, Commission interaméricaine des droits de l'homme, OEA/Ser.L/V/II. 49, 11 avril 1980.

Annual Report 1980-1981 : General Situation of Human Rights in the Member States of the OAS, Commission interaméricaine des droits de l'homme OEA/Ser.L/V/II.54, 16 octobre 1981.

Report on the Situation of Human Rights in Chile, Commission interaméricaine des droits de l'homme, OEA/Ser.L/V/II.66, 9 septembre 1985.

Annual Report 1985-1986 : Situation of Human Rights in several States, Commission interaméricaine des droits de l'homme.

Report on the Situation of Human Rights in Paraguay, Commission interaméricaine des droits de l'homme, OEA/Ser.L/V/II.71, 28 septembre 1987.

Annual Report 1987-1988 : Paraguay, Commission interaméricaine des droits de l'homme, OEA/Ser.L/V/II.74, 16 septembre 1988.

Report on Terrorism and Human Rights, OEA/Ser.L/V/II.116, 22 octobre 2002, Commission interaméricaine des droits de l'homme.

Precautionary Measures in Guantanamo Bay, Cuba, 13 mars 2002, www1.umn.edu/humanrts/iachr/guantanamomeasures2002.html, consulté le 17 mars 2021.

Résolution 19/04 (XXXII-O/02), Promotion and respect of international humanitarian law, 4 juin 2002, Assemblée générale de l'Organisation des Etats Américains, quatrième session plénière.

Résolution 19/06 (XXXII-O/02), Human Rights and Terrorism, 4 juin 2002, Assemblée générale de l'Organisation des Etats Américains, quatrième session plénière.

Résolution 19/07 (XXXII-O/02), Promotion of Democracy, 4 juin 2002, Assemblée générale de l'Organisation des Etats Américains, quatrième session plénière.

17. Institutions africaines des droits de l'homme

African Human Rights Law Reports 2005, Pretoria University Law Press, 2007.

18. Comité international de la Croix-Rouge

Commission I : Victimes de la guerre et respect du droit international humanitaire, XXVIᵉ Conférence internationale de la Croix-Rouge et du Croissant-Rouge, Rapport sur le suivi de la Conférence internationale pour la protection des victimes de la guerre, in *Revue Internationale de la Croix-Rouge*, n° 817, 1996, p. 38-44.

International Humanitarian Law and Other Legal Regimes : Interplay in Situations

of Violence, Report prepared by the ICRC, XXVIIth Round Table on Current Problems of International Humanitarian Law, in collaboration with the International Institute of Humanitarian Law, San Remo, novembre 2003.
Etude sur le droit humanitaire coutumier, L. Doswald-Beck et J.-M. Henckaerts, Bruxelles, Bruylant, 2006.

C. Textes internes

Textes officiels de la France.
Déclaration des droits de l'homme et du citoyen de 1789.
Constitution française du 4 octobre 1958.
Code pénal.
Code de la sécurité intérieure.
Code des relations entre le public et l'administration.
Loi n° 55-385 du 3 avril 1955 instituant un état d'urgence et en déclarant l'application en Algérie, *JORF*, 7 avril 1955.
Décret n° 2005-1386 du 8 novembre 2005 portant application de la loi n° 55-385 du 3 avril 1955, *JORF*, 9 novembre 2005.
Décret n° 2015-1475 du 14 novembre 2015 portant application de la loi n° 55-385 du 3 avril 1955, *JORF*, 14 novembre 2015.
Loi n° 2015-1501 du 20 novembre 2015 prorogeant l'application de la loi n° 55-385 du 3 avril 1955 relative à l'état d'urgence et renforçant l'efficacité de ses dispositions, *JORF*, 21 novembre 2015.
Loi n° 2016-987 du 21 juillet 2016 prorogeant l'application de la loi n° 55-385 du 3 avril 1955, relative à l'état d'urgence et portant mesures de renforcement de la lutte antiterroriste, *JORF*, 22 juillet 2016.
Loi n° 2016-1767 du 19 décembre 2016 prorogeant l'application de la loi n° 55-385 du 3 avril 1955 relative à l'état d'urgence, *JORF*, 20 décembre 2016.
Loi n° 2017-1154 du 11 juillet 2017 prorogeant l'application de la loi n° 55-385 du 3 avril 1955 relative à l'état d'urgence, *JORF*, 12 juillet 2017.
Loi n° 2017-1510 du 30 octobre 2017 renforçant la sécurité intérieure et la lutte contre le terrorisme, *JORF*, 31 octobre 2017.

Documents du Parlement français

Rapport de l'Assemblée nationale n° 3237 de J.-J. Urvoas fait au nom de la commission des lois constitutionnelles, de la législation et de l'administration générale de la République sur le projet de loi n° 3225, après engagement de la procédure accélérée, prorogeant l'application de la loi n° 55-385 du 3 avril 1955 relative à l'état d'urgence et renforçant l'efficacité de ses dispositions, *Assemblée nationale*, 19 novembre 2015.
Rapport de l'Assemblée nationale n° 3753 de P. Popelin fait au nom de la Commission des lois constitutionnelles, de la législation et de l'administration générale de la République sur le projet de loi n° 4245 prorogeant l'application de la loi n° 55-385 du 3 avril 1955 relative à l'état d'urgence, *Assemblée nationale*, 17 mai 2016.
Rapport de l'Assemblée nationale n° 3922 de S. Pietrasanta fait au nom de la Commission d'enquête relative aux moyens mis en œuvre par l'Etat pour lutter contre le terrorisme depuis le 7 janvier 2015, tome II : comptes-rendus des auditions, *Assemblée nationale*, 5 juillet 2016, p. 533.
Exposé des motifs, loi n° 2016-1088 du 8 août 2016 relative au travail, à la modernisation du dialogue social et à la sécurisation des parcours professionnels, *JORF*, 9 août 2016.
Rapport d'information de l'Assemblée nationale n° 4281 présenté par D. Raimbourg et J. F. Poisson au nom de la commission des lois constitutionnelles, de la législation et de l'administration générale de la République, sur le contrôle parlementaire de l'état d'urgence, *Assemblée nationale*, 6 décembre 2016.
Projet de loi renforçant la sécurité intérieure et la lutte contre le terrorisme, *Sénat*, 18 juillet 2017.
Autres textes.

Europe

Assemblée parlementaire, résolution 2209 (2018), Etat d'urgence: questions de proportionnalité relatives à la dérogation prévue à l'article 15 de la Convention européenne des droits de l'homme.

Cour européenne des droits de l'homme, Sécurité nationale et jurisprudence de la Cour européenne des droits de l'homme.

Guide sur l'article 15 de la Convention européenne des droits de l'homme, Division de recherche et de bibliothèque de la Cour européenne des droits de l'homme, 2017.

The Paris Minimum Standards of Human Rights Norms in a State of Emergency.

IV. Jurisprudence et décisions des organes de protection des droits de l'homme

Comité des droits de l'homme

William Torres Ramirez v. *Uruguay*, Communication 4/1977 (26 janvier 1978), UN doc. CCPR/C/OP/1 (1984), 26 janvier 1978.

Beatriz Weismann and Alcides Lanza Perdomo v. *Urugay*, Communication 8/1977, UN doc.CCPR/C/9/D8/1977, 3 avril 1980.

Jorge Landinelli Silva et al. v. *Uruguay*, Communication 34/1978, UN doc. CCPR/C/OP/1 (1984), 8 avril 1981.

Sergio Euben Lopez Burgos v. *Uruguay*, Communication R.12/52 (6 juin 1979), UN doc. Supp. n° 40(A/36/40), (1981), 29 juillet 1981.

Delia Saldias de Lopez v. *Uruguay*, Communication 52/1979, UN doc. CCPR/C/OP/1 (1984), 29 juillet 1981.

Lilian Celiberti de Casariego v. *Uruguay*, Communication 56/1979, UN doc. CCPR/C/OP/1 (1984), 29 juillet 1981.

Consuelo Salgar de Montejo v. *Colombia*, Communication 64/1979, UN doc. CCPR/C/OP/1 (1985), 24 mars 1982.

Pedro Pablo Camargo v. *Colombia*, Communication 45/1979, UN doc. CCPR/C/OP/1 (1985), 31 mars 1982.

David Alberto Cámpora Schweizer v. *Uruguay*, Communication 66/1980, UN doc. CCPR/C/OP/2 (1990), 12 octobre 1982.

Miguel Angel Estrella v. *Uruguay*, Communication 74/1980, UN doc. CCPR/C/OP/2 (1990), 29 mars 1983.

María del Carmen Almeida de Quinteros et al. v. *Uruguay*, Communication 107/1981, UN doc. CCPR/C/OP/2 (1990), 21 juillet 1983.

Tshitenge Muteba v. *Zaire*, Communication 124/1982 (25 mars 1983), UN doc. Supp. n° 40 (A/39/40) (1984), 24 juillet 1984.

Khemraadi Baboeram, J., A. Kamperveen, C. Harold Riedewald, G. Leckie, H. Sugrim Oemrawsingh, S. Robby Sohansingh, L. P. Rahman et E. Alexander Hoost. v. *Suriname*, Communication 146/1983 and 148 to 154/1983, UN doc. Supp. n° 40 (A/40/40) (1985), 4 avril 1985.

Smith v. *Jamaica*, Communication 282/1988, UN doc. CCPR/C/47/D/282/1988 (1993), 15 février 1988.

Cañón García v. *Ecuador*, Communication 319/1988, UN doc. CCPR/C/43/D/319/1988 (1991), 4 juillet 1988.

Antti Vuolanne v. *Finlande*, Communication 265/1987, UN doc. Supp. n° 40 (A/44/40) (1989), 8 juillet 1988 (admissibilité).

Karnel Singh Bhinder v. *Canada*, Communication 208/1986, UN doc. CCPR/C/37/D/208/1986 (1989), 25 octobre 1988.

Mario Inés Torres v. *Finlande*, Communication 291/1988, CCPR/C/38/D/291/1988 (1989), 30 mars 1989.

Hugo van Alphen v. *The Netherlands*, Communication 305/1988, UN doc. CCPR/C/39/D/305/1988 (1990), 23 juillet 1990.

Kindler v. *Canada*, Communication 470/1991, UN doc. CCPR/C/48/D/470/1991 (1993), 30 juillet 1993.

Chitat Ng v. *Canada*, Communication 469/1991, UN doc. CCPR/C/49/D/469/1991 (1994), 5 novembre 1993.
Rodríguez v. *Uruguay*, Communication 322/1988, UN doc. CCPR/C/51/D/322/1988 (1994), 19 juillet 1994.
Blancov v. *Nicaragua*, Communication 328/1988, UN doc. CCPR/C/51/D/328/1988 (1994), 20 juillet 1994.
A v. *Australie*, Communication 560/1993, CCPR/C/59/D/560/1993 (1997), 4 avril 1995.
Nabil Sayadi and Patricia Vinck v. *Belgique*, Communication 1472/2006, UN doc. CCPR/C/89/D/1472/2006, 22 octobre 2008.

B. *Comité des Nations Unies contre la torture*

Ismaël Alan v. *Suisse*, Communication 21/1995, CAT/C/16/D/21/1995, 31 janvier 1995.

C. *Organismes régionaux de protection des droits de l'homme*

1. *Cour européenne des droits de l'homme*

Affaire *Lawless* v. *Irlande*, requête 332/57, arrêt Strasbourg, 1er juillet 1961.
Affaire *de Becker* v. *Belgique*, requête 214/56, arrêt Strasbourg, 27 mars 1962.
Affaire *Ringeisen* v. *Autriche*, requête 2614/65, arrêt Strasbourg, 16 juillet 1971.
Affaire *Golder* v. *Royaume-Uni*, requête 4451/70, arrêt, Strasbourg, 21 février 1975.
Affaire *Engel* et al. v. *Pays-Bas*, requêtes 5100/71, 5101/71, 5102/71, 5354/72 et 5370/72, arrêt, Strasbourg, 8 juin 1976.
Affaire *Handyside* v. *Royaume-Uni*, requête 5493/72, arrêt, Strasbourg, 7 décembre 1976.
Affaire *Irlande* v. *Royaume-Uni*, requête 5310/71, arrêt, Strasbourg, 18 janvier 1978.
Affaire *Tyrer* v. *Royaume-Uni*, requête 5856/72, arrêt, Strasbourg, 25 avril 1978.
Affaire *Klass* v. *Allemagne*, requête 5029/71, arrêt, Strasbourg, 6 septembre 1978.
Affaire *Airey* v. *Irlande*, requête 6289/73, arrêt, Strasbourg, 9 octobre 1979.
Affaire *Piersack* v. *Belgique*, requête 8692/79, arrêt, Strasbourg, 1er octobre 1982.
Affaire *Campbell et Fell* v. *Royaume-Uni*, requêtes 7819/77 et 7878/77, arrêt, Strasbourg, 28 juin 1984.
Affaire *Sramek* v. *Autriche*, requêtes 8790/79, arrêt, Strasbourg, 22 octobre 1984.
Affaire *Abdulaziz, Cabales et Balkandali* v. *Royaume-Uni*, requêtes 9214/80, 9473/81 et 9474/81, arrêt Strasbourg, 28 mai 1985.
Affaire *Unterpertinger* c. *Autriche*, requête 9120/80, arrêt Strasbourg, 24 novembre 1986.
Affaire *H.* v. *Belgique*, requête 8950/80, arrêt Strasbourg, 30 novembre 1987.
Affaire *Bozano* c. *France*, requête 9990/82, arrêt Strasbourg, 18 décembre 1986.
Affaire *Belilos* v. *Suisse*, requête 10328/83, arrêt Strasbourg, 29 avril 1988.
Affaire *Brogan* et al. c. *Royaume-Uni*, requêtes 11209/84, 11234/84, 11266/84, 11386/85, arrêt Strasbourg, 29 novembre 1988.
Affaire *Soering* v. *Royaume-Uni*, requête 14038/88, arrêt Strasbourg, 7 juillet 1989.
Affaire *Bricmont* v. *Belgique*, requête 10857/84, arrêt Strasbourg, 7 juillet 1989.
Affaire *Kostovski* v. *Pays-Bas*, requête 11454/85, arrêt Strasbourg, 20 novembre 1989.
Affaire *Fox, Campbell et Hartley* v. *Royaume-Uni*, requêtes 12244/86, 12245/86 et 12383/86, arrêt, Strasbourg, 30 août 1990.
Affaire *Delta* v. *France*, requête 11444/85, arrêt Strasbourg, 19 décembre 1990.
Affaire *Stocké* v. *Allemagne*, requête 11755/85, arrêt, Strasbourg, 18 février 1991.
Affaire *Cruz Varas* v. *Suède*, requête 15576/89, arrêt, Strasbourg, 20 mars 1991.
Affaire *Vilvarajah* et al. v. *Royaume-Uni*, requêtes 13163/87, 13164/87, 13165/87, 13447/87 et 13448/87, arrêt Strasbourg, 30 octobre 1991.
Affaire *Tomasi* v. *France*, requête 12850/87, arrêt Strasbourg, 27 août 1992.
Affaire *Al-Adsani* v. *Royaume-Uni*, requête 35763/97, arrêt Strasbourg, 21 novembre 2001.

Affaire *Costello-Roberts* v. *Royaume-Uni*, requête 13134/87, arrêt, Strasbourg, 25 mars 1993.
Affaire *Brannigan and McBride* v. *Royaume-Uni*, requêtes 14553/89 et 14554/89, arrêt, Strasbourg, 26 mai 1993.
Affaire *Jersild* v. *Danemark*, requête 15890/89, arrêt, Strasbourg, 23 septembre 1994.
Affaire *Beaumartin* v. *France*, requêtes 15287/89, arrêt, Strasbourg, 24 novembre 1994.
Affaire *McCann* et al. v. *Royaume-Uni*, requête 18984/91, arrêt, Strasbourg, 5 septembre 1995.
Affaire *Singh* v. *Royaume-Uni*, requête 23389/94, arrêt Strasbourg, 26 février 1996.
Affaire *Chahal* v. *Turquie*, requête 22414/93, arrêt, Strasbourg, 25 octobre 1996.
Affaire *Aksoy* v. *Turquie*, requête 21987/93, arrêt, Strasbourg, 26 novembre 1996.
Affaire *Loizidou* v. *Turquie*, requête 15318/89, arrêt, Strasbourg, 18 décembre 1996.
Affaire *Aydin* c. *Turquie*, requête 23178/94, arrêt Strasbourg, 25 septembre 1997.
Affaire *Sakik* et al. v. *Turquie*, requêtes 23878/94, 23879/94, 23880/94, arrêt, Strasbourg, 26 novembre 1997.
Affaire *Selçuk et Asker* v. *Turquie*, requêtes 23184/94, 23185/94, arrêt Strasbourg, 24 avril 1998.
Affaire *Kurt* v. *Turquie*, requête 15/1997/799/1002, arrêt Strasbourg, 25 mai 1998.
Affaire *Incal* v. *Turquie*, requête 24276/94, arrêt Strasbourg, 9 juin 1998.
Affaire *Ciraklar* v. *Turquie*, requête 19601/92, arrêt Strasbourg, 28 octobre 1998.
Affaire *Selmouni* v. *France*, requête 25803/94, arrêt Strasbourg, 28 juillet 1999.
Affaire *Salman* v. *Turquie*, requête 21986/93, arrêt Strasbourg, 27 juin 2000.
Affaire *Khan* v. *Royaume-Uni*, requête 35394/97, arrêt Strasbourg, 12 mai 2000, définitif 4 octobre 2000.
Affaire *Streletz, Kessler et Krentz* v. *Allemagne*, requêtes 34044/96, 35532/97 et 44801/98, 22 mars 2001.
Affaire *Chypre* v. *Turquie*, requête 25781/94, arrêt Strasbourg, 10 mai 2001.
Affaire *Bankovic* et al. v. *Belgique et 16 autres Etats Contractants*, requête 52207/99, décision sur la recevabilité de la requête (Grande Chambre), Strasbourg, 19 décembre 2001.
Affaire *Hilal* v. *Turquie*, requête 45276/99, arrêt Strasbourg, 6 juin 2001.
Affaire *Pretty* v. *Royaume-Uni*, requête 2346/02, arrêt Strasbourg, 29 avril 2002.
Affaire *Al-Nashif* v. *Bulgarie*, requête 50963, arrêt Strasbourg, 20 juin 2002, définitif 20 septembre 2002.
Affaire *Kalogeropoulou* et al. v. *Grèce et Allemagne*, requête 59021/00, décision sur la recevabilité, 12 décembre 2002.
Affaire *Öcalan* v. *Turquie*, requête 46221/99, arrêt Strasbourg, 12 mars 2003 et mai 2005.
Affaire *Mehdi Zana* v. *Turquie*, requête 26982/95, arrêt Strasbourg, 6 avril 2004, définitif 6 juillet 2004.
Affaire *Behrami et Behrami* v. *France et Saramati v. France, Allemagne et Norvège*, requêtes 71412/01 et 78166/01, décision sur la recevabilité, 2 mai 2007.
Beric et al. v. *Bosnie-Herzégovine*, requêtes 36357/04, 36360/04, 38346/04, 41705/04, 45190/04, 45578/04, 45579/04, 45580/04, 91/05, 97/05, 100/05, 101/05, 1121/05, 1123/05, 1125/05, 1129/05, 1132/05, 1133/05, 1169/05, 1172/05, 1175/05, 1177/05, 1180/05, 1185/05, 20793/05 and 25496/05, décision sur la recevabilité, 16 octobre 2007.
Affaire *Al-Jedda* v. *Royaume-Uni*, requête 27021/08, arrêt Strasbourg, 7 juillet 2011.
Affaire *Othman (Abu Qatada* v. *Royaume-Uni*, arrêt Strasbourg, 17 janvier 2012, n° 8139/09, http://hudoc.echr.coe.int/eng?i=001-108629.
Affaire *Stamose* c. *Bulgarie*, 27 novembre 2012, n° 29713/05, http://hudoc.echr.coe.int/eng?i=001-115163.
Affaire *Del Rio Prada* c. *Espagne*, 21 octobre 2013, n° 42750/09, http://hudoc.echr.coe.int/eng?i=001-127680.

Affaire *Öcalan c. Turquie (No. 2)*, 13 octobre 2014, n° 24069/03 ; 197/04 ; 6201/06 et 10464/07, http://hudoc.echr.coe.int/fre?i=001-142086.
Affaire *Alparslan Altan c. Turquie* du 16 avril 2019, requête n° 12778/17.

2. Commission européenne des droits de l'homme

Linguistiques Belges, requêtes 1474/62, 1677/62, 1961/62, 1769/63, 1994/63, 2126/62, rapport de la Commission, 24 juin 1965.
Sergio Bonzi v. *Suisse*, requête 7854/77, décision du 12 juillet 1978 sur l'admissibilité de la requête.
Chypre v. *Turquie*, requête 8007/77, décision du 18 juillet 1978 sur l'admissibilité de la requête.
Sutter v. *Suisse*, requête 8209/78, décision du 11 juillet 1979 sur l'admissibilité de la requête.
X v. *Danemark*, requête 9974/82, décision du 2 mars 1983 sur l'admissibilité de la requête.
X v. *Suède*, requête 10230/82, décision du 11 mai 1983 sur l'admissibilité de la requête.
France, Norvège, Danemark, Suède, Pays-Bas v. *Turquie*, requêtes 9940-9944/82, Décision du 6 décembre 1983 sur la recevabilité de la requête.
Can v. *Autriche*, requêtes 9300/81, décision du 14 décembre 1983 sur l'admissibilité de la requête.
Joy Aylor-Davis v. *France*, requête 22742/93, décision du 20 janvier 1994 sur l'admissibilité de la requête.

3. Communautés européennes

Yassin Abdullah Kadi v. *Conseil de l'Union européenne*, affaire T-315/01, Tribunal de première instance, jugement du 21 septembre 2005.
Hassan v. *Conseil de l'Union européenne et Commission des Communautés européennes*, affaire T-403/06, Tribunal de première instance, jugement du 12 juillet 2006.
Ayadi v. *Conseil de l'Union européenne*, affaire T-49/04, Tribunal de première instance, jugement du 12 juillet 2006.
Organisation des Moudjahidines du peuple d'Iran v. *Conseil de l'Union européenne*, affaire T-228/02, Tribunal de première instance, jugement du 12 décembre 2006.
Stichting Al-Aqsa v. *Conseil de l'Union européenne*, affaire T-327-03, Tribunal de première instance, jugement du 11 juillet 2007.
Sison v. *Conseil de l'Union européenne*, affaire T-47/03, Tribunal de première instance, jugement du 11 juillet 2007.
Yassin Abdullah Kadi et Al Barakaat International Foundation v. *Conseil de l'Union européenne et Commission des Communautés européennes*, affaires jointes C-402/05 et C-415/05, arrêt de la Grande Chambre du 3 septembre 2008.
Yassin Abdullah Kadi v. *Commission européenne*, affaire T-85/09, arrêt du Tribunal, des Communautés européennes, arrêt du 30 septembre 2010.

4. Commission africaine des droits de l'homme et des peuples

Constitutional Rights Project v. *Nigeria*, Communication 60/91, 1995.
Civil liberties organisation v. *Nigeria*, Communication 129/94, mars 1995.
Commission nationale des droits de l'homme et des libertés v. *Tchad*, Communication 74/92, octobre 1995.
Organisation Mondiale contre la Torture et al. v. *Rwanda*, Communications 27/89, 46/91, 49/91, 99/93, octobre 1996.
Annette Pagnoulle on behalf of Abdoulaye Mazou v. *Cameroon*, Communication 39/90, avril 1997.
International Pen, Constitutional Rights Project, Interights on behalf of Ken Saro-Wiwa Jr. and Civil Liberties Organisation, Nigeria, Communications 137/94, 139/94, 154/96, 161/97, 31 octobre 1998.
Media Rights Agenda et al. v. *Nigeria*, Communications 105/93, 128/94, 130/94, 152/96, 31 octobre 1998.

Amnesty International et al. v. *Sudan*, Communications 48/90, 50/91, 52/91, 83/93, 1999.
Constitutional Rights Project, Civil Liberties Organisation and Media Rights Agenda v. *Nigeria*, Communications 140/94, 141/94, 145/95, 15 novembre 1999.
Dawda Jawara v. *Gambia*, Communications 147/95, 149/96, 11 mai 2000.
Malawi African Association and Others v. *Mauritania*, Communication 54/91, 61/91, 98/93, 164/97, 196/97, 210/98, 11 mai 2000.
John K. Modise v. *Botswana*, Communication 97/93, novembre 2000.
Forum of Conscience v. *Sierra Leone*, Communication 223/98, novembre 2000.
Huri-Laws v. *Nigeria*, Communication 225/98, novembre 2000.
Civil Liberties Organisation, Legal Defence Centre, Legal Defence and Assistance Project v. *Nigeria*, Communication 218/98, avril-mai 2001.
The Social and Economic Rights Action Center and the Center for Economic and Social Rights v. *Nigeria*, Communication 155/96, octobre 2001.
Purohit and Moore v. *Gambia*, Communication 241/2001, mai 2003.
Curtis Francis Doebbler v. *Soudan*, Communication 236/2000, mai 2003.

5. *Organes interaméricains de protection des droits de l'homme*

   a) *Commission interaméricaine des droits de l'homme*

Disabled Persons International v. *United States of America*, 1986.
Case Lopez v. *Argentina*, Resolution 15/87, 30 juin 1987, Case 9635.
Case Roach and Pinkerton v. *United States of America*, Report n° 3/87, case 96-47, 1987.
Case Lopez v. *Argentina*, Resolution 25/88, 13 septembre 1988, Case 9635, Annual Report of the Inter-American Commission on Human Rights 1987-1988.
Case of Lopez Aurelli v. *Argentina*, Resolution 22/88, 23 mars 1988, Case 9850, Annual Report of the Inter-American Commission on Human Rights, 1990-1991, *Argentina, Report n° 28/92*, Cases 10.147, 10.181, 10.240, 10.262, 10.309 and 10.311, 2 octobre 1992.
Case of Neira-Alegria et al. v. *Peru*, Jugement, 19 janvier 1995, Series C, 20.
Uruguay, Report n° 29/92, Cases 10.029, 10.036, 10.145, 10.305, 10.372, 10.373, 10.374 and 10.375, 2 octobre 2002.
Case of the Victims of the Tugboat «13 de Marzo» v. *Cuba*, Report 47/96, Case 11.436, 16 octobre 1996.
Juan Carlos Abella v. *Argentina*, Report n° 55/97, Case 11.137, OEA/Ser.L/V/II.95 Doc. 7 rev., 18 novembre 1997.
Case of Coard et al. v. *United States of America*, Report 109/99, Case 10.951, 29 septembre 1999.
Case of Michael Domingues v. *United States of America*, Report 62/02, Case 12.285, 22 octobre 2002.

   b) *Cour interaméricaine des droits de l'homme*

Advisory Opinion OC-2/82, The effect of reservations on the entry into force of the American Convention on human rights, requested by the Inter-American Commission on Human Rights, 24 septembre 1982.
Advisory Opinion OC-3/83, Restrictions to the death penalty, Articles 4 (2) and 4 (4) of the American Convention on human rights, requested by the Inter-American Commission on Human Rights, 8 septembre 1983.
Advisory Opinion OC-8/87, *Habeas Corpus* in Emergency Situations, Articles 27 (2), 25 (1) and 7 (6) of the American Convention on human rights, requested by the Inter-American Commission on Human Rights, 30 janvier 1987.
Advisory Opinion OC-9/87, Judicial Guarantees in States of Emergency, Articles 27 (2), 25 and 8 of the American Convention on Human Rights, requested by the Government of Uruguay, 6 octobre 1987.
Advisory Opinion OC-10/89, Interpretation of the American Declaration of the Rights and Duties of Man within the framework of article 64 of the American

Convention on Human Rights, requested by the Government of the Republic of Columbia, 14 juillet 1989.
Advisory Opinion OC-18/03, Juridical Condition and Rights of the Undocumented Migrants, requested by the United Mexican States, 17 septembre 2003 at http://www.iachr.org/Migrantes/seriea_18_ing.doc.
Case of Velásquez-Rodríguez v. *Honduras*, jugement du 29 juillet 1988, Séries C, n° 4, 1988.
Case of Godínez Cruz v. *Honduras*, jugement du 21 juillet 1989, Séries C, n° 8 (1989).
Case of Fairén Garbi and Solís Corrales v. *Honduras*, jugement du 15 mars 1989, Séries C, n° 6 (1989).
Case of Aloeboetoe et al. v. *Suriname*, jugement du 10 septembre 1993, Séries C, n° 15 (1993).
Case of Caballero Delgado and Santana v. *Colombia*, jugement du 8 décembre 1995, Séries C, n° 22 (1995).
Case of Genie Lacayo v. *Nicaragua*, jugement du 29 janvier 1997, Séries C, n° 30 (1997).
Case of Blake v. *Guatemala*, jugement du 24 janvier 1998.
Case of Bámaca Velásquez v. *Guatemala*, Order of the Court 29 août 1988, Séries E, n° 2 (1998), 18 juin 1998.
Case of Loayza Tamayo v. *Peru*, Order of the Court, 29 août 1988, reprinted in 1998 Annual Report of the Inter-American Court of Human Rights OEA/Ser.L/V/III.43, doc. 11 (1999).
Case of Castillo Petruzzi et al. v. *Peru*, jugement du 30 mai 1999, Merits, Reparations and Costs.
Case of Barrios Altos v. *Peru*, jugement du 14 mai 2001, séries C, n° 75 (2001), 14 mars 2001.
Case of Cesti Hurtado v. *Peru*, jugement du 31 mai 2001, Séries C, n° 78 (2001).
Case of Cantoral Benavides v. *Peru*, jugement du 3 décembre 2001, Séries C, n° 88 (2001).
Case of Durand and Ugarte v. *Peru*, jugement du 3 décembre 2001, Séries C, n° 89 (2001).
Case of Ivcher Bronstein v. *Peru*, jugement du 6 février 2001, Séries C, n° 74 (2001).
Case of Las Palmeras v. *Columbia*, jugement du 6 décembre 2001, Séries C, n° 90 (2001).
Case of Goiburu v. *Paraguay*, jugement du 22 septembre 2006, Séries C, n° 153.
Case of Buenos-Alves v. *Argentine*, jugement du 11 mai 2007, séries C, n° 164 (2007).

6. *Jurisprudence des tribunaux internes*

Royaume-Uni

B. R. v. *Bow Street Metropolitan Stipendiary Magistrate*, ex parte Pinochet Ugarte, House of Lords, 25 novembre 1998.
Secretary of State For The Home Department v. *Rehman (AP)*, House of Lords, Opinion of the Lords of Appeal, 11 octobre 2001.
Abbasi and another v. *Secretary of State for Foreign and Commonwealth Affairs & Secretary of State for the Home Department*, Supreme Court of Judicature, Court of Appeal Divisions on appeal from High Court of Justice Queen's Bench Division Administrative and Divisional Court, 6 novembre 2002.
A (FC) and others (FC) (Appellants) v. *Secretary of State for the Home Department (Respondent)* ; *X (FC) and another (FC) (Appellants)* v. *Secretary of State for the Home Department (Respondent)*, 30 juillet 2002, Special Immigration Appeals Commission, Appeal no SC/1-7/2002 et House of Lords, Opinions of the Lords of Appeal, 16 décembre 2004.
Regina v. *Secretary of State for the Home Department* ex parte *Khadir (FC)*, House of Lords, Opinion of the Lords of Appeal, 16 juin 2005.

Opinions of the Lords of Appeal for Judgment in the Cause R (on the Application of Al-Jedda) (FC) (Appellant) v. *Secretary of State for Defence (Respondent)*, (ci-après Al-Jedda), Chambre des Lords, Appellate Committee, 2007, UKHL 58, 12 décembre 2007.

Her Majesty's Treasury (Respondent) v. *Mahammed Jabar Ahmed* et al. (FC) (Appellants), *Her Majesty's Treasury (Respondent)* v. *Mohammed al-Ghabra (FC) (Appellant), R. (on the Application of Hani El Sayed Sabaei Youssef (Respondent)* v. *Her Majesty's Treasury (Appellant)* (ci-après Ahmed), Cour suprême du Royaume-Uni, arrêt du 27 janvier 2010, 2010, UKSC 2, on appeal from (2008) EWCA Civ. 1187.

Etats-Unis d'Amérique

Roe v. *Wade*, Supreme Court of the United States, Appeal from the United States District Court for the Northern District of Texas, 22 janvier 1973.

Harris v. *MacRae,* Supreme Court of the United States, Appeal from the United States District Court for the Eastern District of New York, 30 juin 1980.

Isabel Morel De Letelier et al. v. *The Republic of Chile* et al., Defendants Memorandum Opinion, United States District Court for the District of Columbia, Civil Action n° 78-1477, 11 mars 1980.

Committee of US Citizens living in Nicaragua v. *President Reagan,* United States Court of Appeals District of Columbia Circuit, 859 Fed. Rptr.2d 929, 1988.

Argentina Republic v. *Amerada Hess Shipping Corp.* et al., US Court of Appeal for the Second Circuit, 23 janvier 1989.

Siderman de Blake v. *Republic of Argentina*, U.S. 9th Circuit Court of Appeal, 22 mai 1992.

Planned Parenthood of South-Eastern Pennsylvania et al. v. *Robert P. Casey* et al., Supreme Court of the United States, 29 juin 1992.

Saudi Arabia v. *Nelson*, Supreme Court of the United States, 23 mars 1993.

Hugo Princz v. *Federal Republic of Germany*, U.S Court of Appeal of the District of Columbia Circuit, 1995.

Smith v. *The Socialist People's Libyan Arab Jamahiriya* et al., United State District Court, ED New York, 17 mai 1995.

Daryl Renard Atkins v. *Virginia*, Supreme Court of the United States, 20 février 2002.

Coalition of Clergy, Lawyers and Professors v. *Bush*, United States Court of Appeal for the Ninth District Circuit, Central District of California, 8 juillet 2002.

North Jersey Media Group Inc. and New Jersey Law Journal v. *John Ashcroft*, Attorney General of the United States and Michael Creppy, Chief Immigration Judge of the United States, United States Court of Appeal for the Third Circuit, 8 octobre 2002.

Khaled A. F. Al Odah et al. v. *United States of America* et al., United States Court of Appeal, District of Columbia Circuit, 11 mars 2003.

Center for National Security Studies et al. v. *Department of Justice*, United States Court of Appeal, District of Columbia Circuit, 17 juin 2003.

France

Décisions du Conseil constitutionnel

CC, n° 2017-684 QPC du 11 janvier 2018 *Associations La cabane juridique/ Legal Shelter et autre (Zones de protection ou de sécurité dans le cadre de l'état d'urgence).*

CC, n° 2017-624 QPC, 16 mars 2017, *M. Sofiyan I. (Assignations à résidence dans le cadre de l'état d'urgence II).*

CC, n° 2017-635 QPC, 9 juin 2017, *M. Emile L. (Interdiction de séjour dans le cadre de l'état d'urgence).*

CC, n° 2017-674 QPC, 1ᵉʳ décembre 2017, *M. Kamel D. (Assignation à résidence de l'étranger faisant l'objet d'une interdiction du territoire ou d'un arrêté d'expulsion).*

CC, n° 2017-677 QPC du 1ᵉʳ décembre 2017 *Ligue des droits de l'homme (Contrôles d'identité, fouilles de bagages et visites de véhicules dans le cadre de l'état d'urgence).*
CC, n° 2016-536 QPC, 19 février 2016, *Ligue des droits de l'homme (Perquisitions et saisies administratives dans le cadre de l'état d'urgence).*
CC, n° 2016-567/568, QPC, 23 septembre 2016, *M. Georges F. et autre (Perquisitions administratives dans le cadre de l'état d'urgence II).*
CC, n° 85-187 DC du 25 janvier 1985, *Loi relative à l'état d'urgence en Nouvelle-Calédonie et dépendances.*
CC, n° 2015-527 QPC du 22 décembre 2015, *M. Cédric D. (Assignations à résidence dans le cadre de l'état d'urgence).*

Décisions du conseil d'Etat

CE, fr, ordonnance 22 janvier 2016, *M. B.*
CE, fr, ordonnance 27 janvier 2016, *Ligue des droits de l'homme* et al.
CE, fr., référé, 14 novembre 2005, *Rolin*, n° 286835.
CE, fr., référé, 9 décembre 2005, *Allouache*, n° 287777.
CE, fr., 11 décembre 2015, *M. H... X...*, n° 395009.
CE, fr., référé, 27 janvier 2016, *Ligue des droits de l'homme*, n° 396220.
TA, Paris, 17 mai 2016, n° 1607416/9.
TA, Paris, 17 mai 2016, n° 1607418/9.
CAA, Paris, 20 juin 2016, *El Habib B.*
CAA, Paris, 20 juin 2016, *Mickaël L.*

Autres textes et documents exploités

La protection internationale dans le cadre européen : Travaux du Colloque sur la Convention européenne des droits de l'homme, organisé par la Faculté de droit et des sciences économiques et politiques de Strasbourg, en liaison avec la Direction des droits de l'homme du Conseil de l'Europe, 14-15 novembre 1960, Paris, Dalloz, 1961.
Respect des droits de l'homme en période de conflit armé. Résolution XXIII adoptée par la Conférence internationale des droits de l'homme, Téhéran, 12 mai 1968.
Diplock Report, Report of the Commission to Consider Legal Procedures to deal with Terrorist Activities in Northern Ireland, presented to British Parliament by the Secretary of State for Northern Ireland by Command of Her Majesty, décembre 1972.
New Problems of extradition, Twelfth Commission, Rapporteur : Mr Karl Doehring, Session of Cambridge 1983, Institute of International Law.
Human Rights and States of Emergency, Report of the Committee on the Enforcement of Human Rights Law to the 60ᵗʰ Conference, International Law Association, Montreal, 1982
Les clauses échappatoires en matière d'instruments internationaux relatifs aux droits de l'homme, Quatrième Colloque du Département des droits de l'homme, Université Catholique de Louvain, Bruxelles, Bruylant, 1982.
States of Emergency : Their Impact on Human Rights : A Study prepared by the International Commission of Jurists, Geneva, ICJ, 1983, reproduit dans Human Rights Quarterly, vol. 6, 1984, p. 125-142.
Syracusa Principles on the Limitation and Derogation Provisions in the International Covenant on Civil and Political Rights, elaborated by an international group of experts in a Symposium held in Syracuse in 1984, reproduit in Human Rights Quarterly, vol. 7, 1985, p. 3-14.
Basic Principles on the Independence of the Judiciary, adopted by the Seventh United Nations Congress on the Prevention of Crime and the Treatment of Offenders held at Milan from 26 August to 6 September 1985 and endorsed by General Assembly resolutions 40/32 of 29 November 1985 and 40/146 of 13 December 1985.

Human Rights: Status of International Instruments, Centre for Human Rights, Geneva, New York, United Nations, 1987.
Oslo Statement on Norms and Procedures in Times of Public Emergency or Internal Violence, 17 juin 1987, reproduit dans Netherlands Journal on Human Rights,, vol. 3, 1987.
Basic Principles on the Role of Lawyers, adopted by the Eighth United Nations Congress on the Prevention of Crime and the Treatment of Offenders, Havana, Cuba, 27 August to 7 September 1990.
Declaration of Minimum Humanitarian Standards, Turku/Abö, 2 décembre 1990, web.abo.fi/instut/imr/publications/publications_online_text.htm, consulté le 29 février 2008.
Human Rights: The New Consensus, Regency Press Humanity in association with the United Nations High Commissioner for Refugees, Londres, Regency Press, 1994.
Rapport de la Réunion d'Experts sur les droits non susceptibles de dérogation dans les Etats ou situations d'exception, Annexe 1 du 8e Rapport annuel et liste des Etats qui, depuis le 1er janvier 1985, ont proclamé, prorogé ou abrogé un état d'exception, E/CN.4Sub.2/1995/20, présenté par M. Leandro Despouy, Rapporteur Spécial à la quarante-septième session de la Sous-Commission de la lutte contre les mesures discriminatoires et de la protection des minorités, 31 juillet-25 août 1995, reproduit dans D. Premont, C. Stenersen et I. Oseredczuk (dir. publ.), *Droits intangibles et Etats d'exception*, Bruxelles, Organisation Internationale et Relations Internationales n° 36, Association de Consultants Internationaux en droits de l'homme, Bruylant, 1996, p. 1-25.
Administration of the death penalty in the United States, International Commission of Jurists, Report 1997, reproduit dans *Human Rights Quarterly*, vol. 19, 1997, p. 165-213.
L'application du droit international humanitaire et des droits fondamentaux de l'homme dans les conflits armés auxquels prennent part des entités non étatiques, Résolution de Berlin du 25 août 1999, 14e Commission, Session de Berlin 1999, Rapporteur Milan Sahovice, Institut de Droit International.
The African Court on Human Rights: Presentation, Analysis and Commentary: the Protocol to the African Charter on Human and Peoples'Rights establishing the Court, Association for the Prevention of Torture, 2000.
The Impact of Al-Adsani v. the United Kingdom, Towards an Effective and Enforceable Civil Remedy for Reparation for Torture in the United Kingdom, Report of a meeting convened by Redress at the House of Lords on 13 February 2002, Redress.
Human Rights in the Administration of Justice, A Manual on Human Rights for Judges, Prosecutors and Lawyers, Chapter 16: The administration of justice during States of Emergency, Professional Training Series no 9, Office of the High Commissioner for Human Rights in association with the International Bar Association, Genève/New-York, 2003.
Expert Meeting on the Right to Life in Armed Conflicts and situations of Occupation, University Centre of International Humanitarian Law, 1-2 septembre 2005.

Thèses

Bar-Yaacov, N., *Derogations from Human Rights Obligations under the European Convention on Human Rights,* Florence, European University Institute, 1990.
Fournier, A, *Le contrôle international de la lutte contre le terrorisme*, thèse de doctorat en droit international et relations internationales, soutenue le 15 avril 2011, à Lyon III, dans le cadre de l'Ecole doctorale de droit (Lyon).

LEGAL FICTIONS IN THE LANGUAGE OF INTERNATIONAL ARBITRATION

by

EDUARDO SILVA ROMERO

E. SILVA ROMERO

TABLE OF CONTENTS

Chapter I. Introduction	309
A. Legal fictions	310
B. The fragility of international arbitration	316
Chapter II. Legal fictions to safeguard the existence of international arbitration	319
A. Fictions serving as foundations for international arbitration	320
1. Theorisation of the advantages of international arbitration	320
2. The foundational theory of the arbitral legal order	322
(a) The foundational premises of the arbitral legal order under French international arbitration law	326
(b) The operational legal fictions in the language of French international arbitration law	337
3. Arbitration as a "form of life"	347
(a) From arbitration's form of life to its language-game	353
(b) From arbitration's language-game to arbitration's form of life	373
B. Fictional assimilation between international arbitrators and state judges	382
1. Situations exploited by the perverse strain of proactive co-arbitrators	388
2. The need for a solution to the problem of the perverse strain of proactive co-arbitrators	390
(a) Replacing the system of unilaterally appointing arbitrators as an antidote against negative co-arbitrator proactivity	391
(b) Guidelines and best practices to counter negative co-arbitrator proactivity	395
C. Legal fictions asserting the autonomy of international arbitration	400
Chapter III. Legal fictions aimed at ensuring access to international arbitration	404
A. Legal fictions that create legal rules ensuring access to international arbitration	404
1. Legal fictions that create rules ensuring access to international commercial arbitration	407
2. Legal fictions that create rules to ensure access to investment arbitration	416
B. Legal fictions that interpret rules to ensure access to international arbitration	419
Chapter IV. Conclusions	422

BIOGRAPHICAL NOTE

Eduardo Silva Romero, born 2 August 1971, in Bogotá, Colombia.

Studied Law at Rosario University in Bogotá; Private International Law and Philosophy of Law at Panthéon-Assas (Paris II) University; PhD from Panthéon-Assas (Paris II) University (2000) (Thesis: *Philosophes du langage et droit*).

Professor of International Law at Rosario University since 2005; Emeritus Professor of Law at Rosario University since 2019; Lecturer of Arbitration Law at Paris-Dauphine University since 2003; Lecturer of International Contracts, International Arbitration and Jurisprudence at Sciences Po since 2003; Professor of International Arbitration in Latin America at MIDS in Geneva since 2012; and lecturer on International Arbitration at Panthéon-Assas (Paris II) University since 2019.

PRINCIPAL PUBLICATIONS

Books

Teoría del arbitraje, Spanish translation of *Théorie de l'arbitrage* by B. Oppetit, Bogotá, Legis, 2006 (translator, with F. Matilla Espinosa and J. J. Caicedo Demoulin).

El Contrato de Arbitraje, Bogotá, Legis, 2005 (Academic editor).

Wittgenstein et la philosophie du droit, Collection Droit Ethique Société, series editors F. Terré and M.-A. Frison-Roche, Paris, Presses Universitaires de France (PUF), 2002.

Articles

"Challenging the Premises of Diversity: Opening Speech – PAW 2021", *ICC Dispute Resolution Bulletin*, 2021, Issue 3.

"Managing the COVID-19 Pandemic and Investor-State Arbitration", *Rivista dell' arbitrato*, 2021, Issue 2.

"Arbitration, a *Form of Life*", in A. Dimolitsa and E. Silva Romero (eds.), *Arbitration and beyond . . . Une forme de vie?*, Liber Amicorum Yves Derains, Pedone, 2021.

"Les 'fictions juridiques' dans le langage du droit français de l'arbitrage international", *Revue de l'arbitrage*, 2021, Issue 2.

"'Legal Fictions' in the Languages of International Commercial Arbitration Involving States and State Entities", *Revue des Juristes de Sciences Po*, 2021, Issue 20.

"Le règlement d'arbitrage de la Chambre de commerce internationale (CCI) de 2021", *Revue de l'arbitrage*, 2020, Issue 4.

"The Originality of French International Arbitration Law", *Law Review H. Capitant*, 2020, Issue 14.

"*Churchill Mining PLC and Planet Mining Pty Ltd* v. *Republic of Indonesia*", *ICSID Reports*, Vol. 18, 2020 (with D. L. Attanasio, J. Echeverri Díaz, and R. Esanu).

"Mining Arbitration in Latin America: Social and Environmental Issues in Investment Arbitration Cases", in J. Fry and L.-A. Bret (eds.), *The Guide to Mining Arbitrations*, London, Law Business Research, 2019 (with A. Ali, E. Franzetti and J. Manuel García Represa).

"L'annulation des sentences CIRDI impliquant un Etat d'Afrique", in W. Ben Hamida, J.-B. Harelimana and W. Ngwanza (eds.), *Un demi-siècle africain d'arbitrage d'investissement CIRDI: Regards rétrospectifs et prospectifs*, Paris, LGDJ, 2019 (with Audrey Caminades).

"Arbitrage et normes en danger", in S. Laval (ed.), *Contournement, optimisation, évasion: les normes en danger?*, Paris, Institut Universitaire Varenne, 2019 (with Audrey Caminades).

France profile under "Sovereign Immunity 2019", in *Lexology: Getting The Deal Through*, https://www.lexology.com/gtdt/ (with Xavier Nyssen and Audrey Caminades).

"Energy Investor-State Disputes in Latin America", in M. Scherer (ed.), *International Arbitration in the Energy Sector*, Oxford, Oxford University Press, 2018.

Book review of J. D. Amado, J. Shaw Kern and M. Doe Rodríguez, *Arbitrating the Conduct of International Investors*, *ICSID Review – Foreign Investment Law Journal*, Vol. 33, 2018, Issue 2.

"Arbitral proceedings in France", Lexology, 2018, https://www.lexology.com/library/detail.aspx?g=e24b7472-a3e3-4523-9408-d7e21ebe60ce (with X. Nyssen and A. Caminades).

"La extensión del convenio arbitral a partes no signatarias en Europa: ¿un enfoque uniforme?", *Arbitraje PUCP*, 2017, Issue 7 (with L. Miguel Velarde Saffer).

"The Extension of the Arbitral Agreement to Non-Signatories in Europe: A Uniform Approach?", *American University Business Law Review*, Vol. 5, 2016, Issue 2.

Commentary on Final Award in ICC Case No. 13997, in "Chronique des sentences arbitrales de la Chambre de Commerce Internationale", *Journal du droit international (Clunet)*, 2016, Issue 2 (in French).

"Aux origines de l'arbitrage commercial contemporain: L'émergence de l'arbitrage CCI (1920-1958)", *Revue de l'arbitrage*, 2016, Issue 2 (with F. Grisel and E. Jolivet).

"Some Remarks on the Contribution of ICC Arbitrators to the Development of International Commercial Arbitration Involving States and State Entities", in A. Carlevaris, L. Lévy, A. Mourre and E. A. Schwartz (eds.), *International Arbitration Under Review*, Paris, ICC, 2015.

"Consolidation and Parallel Proceedings", in M. Kinnear, G. R. Fischer, J. Minguez Almeida, L. F. Torres and M. Uran Bidegain (eds.), *Building International Investment Law: The First 50 Years of ICSID*, Alphen aan den Rijn, Kluwer Law International, 2015.

"Actualité des clauses de stabilisation", in A. Ngwanza and G. Lhuilier (eds.), *Le contentieux extractif*, Paris, ICC, 2015 (with A. Caminades).

"Continent latino-américain", *Paris Journal of International Arbitration/Cahiers de l'arbitrage*, 2014 (with F. Mantilla Serrano).

"Introduction note to the Declaration of the 1st Ministerial Meeting of the Latin American States Affected by the Transnational Interests", *International Legal Materials*, 2013, Issue 6 (with A. Carolina Simoes E Silva).

Commentary on Partial Award in ICC Case No. 16056, in "Chronique des sentences arbitrales de la Chambre de Commerce Internationale", *Journal du droit international (Clunet)*, 2014, Issue 1 (in French).

"Confidencialidad y transparencia en el arbitraje internacional", *Lima Arbitration*, 2012/2013, Issue 5.

"De la confidencialidad del arbitraje internacional y materias aledañas", in D. Fernández Arroyo and E. Gaillard (eds.), *Cuestiones Claves del Arbitraje Internacional*, Bogotá, Universidad del Rosario, 2013.

"De la calificación del arbitraje de internacional en el Estatuto de Arbitraje Nacional e Internacional colombiano", in *Estatuto Arbitral Colombiano: Análisis y aplicación de la Ley 1563 de 2012*, Bogotá, Legis, 2013.

Commentary on Final Award in ICC Case No. 12553, in "Chronique des sentences arbitrales de la Chambre de Commerce Internationale", *Journal du droit international (Clunet)*, 2013, Issue 1 (in French).

"Immunity and Liability of Arbitrators: What is the Proper Balance?", in B. Hanotiau and A. Mourre (eds.), *Players' Interaction in International Arbitration*, Dossier IX, ICC Institute of World Business Law, 2012.

"Le nouveau règlement d'arbitrage de la Chambre de commerce internationale (CCI)", *Revue de l'arbitrage*, 2011, Issue 4 (with P. Mayer).

Commentary on Final Award in ICC Case No. 14470, in "Chronique des sentences arbitrales de la Chambre de Commerce Internationale", *Journal du droit international (Clunet)*, 2011, Issue 4 (in French).

"La nouvelle loi costaricienne sur l'arbitrage commercial international du 25 mai 2011", *Revue de l'arbitrage*, 2011, Issue 3.

"El artículo 14 de la nueva Ley Peruana de Arbitraje: Reflexiones sobre el contrato de arbitraje – realidad", *Lima Arbitration*, 2010/2011, Issue 4.

"Quel arbitrage d'investissement (institutionnel ou ad hoc)?", in C. Kessedjian (ed.), *Le droit européen et l'arbitrage d'investissement*, Paris, Editions Panthéon Assas, 2011 (with A. Caminades).

"L'arbitrage CIRDI et les contrats de nature publique passés avec un Etat ou une entité étatique", in M. Audit (ed.), *Contrats publics et arbitrage international*, Bruylant, 2011 (with A. C. Simoes E Silva).

"Observations sur la notion d'investissement après la sentence Phoenix", *Paris Journal of International Arbitration/Cahiers de l'arbitrage*, 2010, Issue 4.

Legal Fictions in the Language of International Arbitration 303

"São os Estados responsáveis pelas condutas de suas instrumentalidades? Um estudo sobre a jurisprudência da CCI", in C. A. Guimarães Pereira and E. Talamini (eds.), *Arbitragem e Poder Público*, São Paulo, Saraiva, 2010.

Commentary on Final Award in ICC Case No. 12456, in "Chronique des sentences arbitrales de la Chambre de Commerce Internationale", *Journal du droit international (Clunet)*, 2010, Issue 4 (in French).

"Por un regreso al sentido ordinario de la palabra 'inversión'", *Revista Ecuatoriana de Arbitraje*, No. 1, 2009.

"El mito del carácter ilimitado del derecho a la propiedad de los inversionistas", in F. J. Peláez Sanz and M. Griñó Tomas (eds.), *El arbitraje internacional: cuestiones de actualidad*, Barcelona, Bosch, 2009.

Commentary on Final Award in ICC Case No. 12827, in "Chronique des sentences arbitrales de la Chambre de Commerce Internationale", *Journal du droit international (Clunet)*, 2009, Issue 4 (in French).

"Are States Liable for the Conduct of Their Instrumentalities? ICC Case Law" in E. Gaillard and J. Younan (eds.), *State Entities in International Arbitration*, London, Juris, 2008.

"Panorama de jurisprudence latino-américaine", *Gazette du Palais/Cahiers de l'arbitrage*), 2008 (with F. Mantilla Serrano).

"A propos de l'inexorable collision de philosophies dans la constitutionnalisation de l'arbitrage en Amérique latine", in B. Fauvarque-Cosson and A. Wald (eds.), *L'arbitrage en France et Amérique latine à l'aube du XXIe siècle: aspects de droit comparé*, Paris, Société de législation comparée, 2008.

"De la inexorable colisión de filosofías en la constitucionalización del arbitraje internacional en América Latina", in C. Larroumet and S. Ríos Labbé (eds.), *Constitucionalización del Derecho Privado*, Bogotá, Fundación Universidad Externado de Colombia, 2007.

Commentary on Final Award in ICC Case No. 12193, in "Chronique des sentences arbitrales de la Chambre de Commerce Internationale", *Journal du droit international (Clunet)*, 2007, Issue 4 (in French).

"Las tensiones del arbitraje internacional", in F. Mantilla-Serrano (ed.) *El Arbitraje Internacional: Tensiones Actuales*, Bogotá, Legis, 2007.

"Panorama de jurisprudence latino-américaine", *Gazette du Palais/Cahiers de l'arbitrage*), 2007 (with F. Mantilla Serrano).

"El arbitraje institucional y sus contratos aledaños", in F. Mantilla and F. Ternera Barrios (ed.), *Los Contratos en el Derecho Privado*, Bogotá, Legis, 2007.

Commentaries on Final Awards in ICC Cases Nos. 10671 and 11426, in "Chronique des sentences arbitrales de la Chambre de Commerce Internationale", *Journal du droit international (Clunet)*, 2006, Issue 4 (in French).

"Panorama de jurisprudence latino-américaine", *Gazette du Palais/Cahiers de l'arbitrage*), 2005 (with F. Mantilla Serrano).

"Quelques brèves observations du point de vue de la Cour internationale d'arbitrage de la Chambre de Commerce Internationale", in C. Leben (ed.), *Le contentieux arbitral transnational relatif à l'investissement*, Louvain-la-Neuve, Anthemis, 2006.

Commentary on Interim Award on Jurisdiction in ICC Case No. 10671, in "Chronique des sentences arbitrales de la Chambre de Commerce Internationale", *Journal du droit international (Clunet)*, 2005, Issue 4 (in French).

"Requiem for the Rules of Article 177(2) of the Swiss Private International Law Act ?", in G. Aksen, K.-H. Böckstiegel, M. J. Mustill, P. M. Patocchi and A. M. Whitesell (eds.), *Global Reflections on International Law, Commerce and Dispute Resolution: Liber Amicorum in honour of Robert Briner*, Paris, ICC, 2005.

"Brèves observations sur l'opinion dissidente", in J. Rosell (ed.), *Les Arbitres internationaux*, Paris, Société de législation comparé, 2005.

"International Arbitration Involving State Parties: Observations on the Applicable Law in State Contract Arbitration", *Revista de Arbitragem e Mediação*, No. 6, 2005.

"La circulation des conventions d'arbitrage dans les droits d'Amérique latine", in L. Cadiet, T. Clay and E. Jeuland (eds.), *Médiation et arbitrage, Alternative dispute resolution: Alternative à la justice ou justice alternative? Perspectives comparatives*, Paris, Litec, 2005.

"Crónica sobre jurisprudencia en materia de arbitraje", *Revista Internacional de Arbitraje*, No. 3, 2005.

"Brief Report on Counterclaims and Cross-Claims: The ICC Perspective", in CEPANI (ed.), *Arbitral Procedure at the Dawn of the New Millennium: Reports of the International Colloquium of CEPANI, October 15 2004*, Brussels, Bruylant, 2005.

"Les apports de la doctrine et de la jurisprudence françaises à l'arbitrage de la Chambre de commerce internationale (CCI)", *Revue de l'arbitrage*, 2005, Issue 2.

"Arbitrage institutionnel et investissements internationaux", *Revista de Arbitragem e Mediação*, 2005, Issue 2.

"ICC Alternative Dispute Resolution and Transition Countries", in M. Andenas and G. Sanders (eds.), *Enforcing Contracts in Transition Economies: Contractual Rights and Obligations in Central Europe and the Commonwealth of Independent States*), London, British Institute of International and Comparative Law, 2005.

"The Dialectic of International Arbitration Involving State Parties", *ICC International Court of Arbitration Bulletin*, Vol. 15 (2), 2004.

"Algunas observaciones sobre el reconocimiento y la ejecución de laudos arbitrales extranjeros en América Latina", *Revista de Arbitragem e Mediação*, 2004, Issue 3.

"Breves observaciones sobre la 'modernidad' del arbitraje internacional: A propósito de la nueva Ley Española de Arbitraje", Actualidad Jurídica Uría & Menéndez, No. 9, 2004.

"América Latina como sede de arbitrajes comerciales internacionales: La experiencia de la Corte Internacional de Arbitraje de la CCI", in A. Dreyzin de Klor and D. Fernandez Aroyo (eds.), *DeCITA 02.2004: Derecho del comercio internacional – Temas y actualidades – Arbitraje*, Buenos Aires, Zavalía, 2004.

"La Distinción entre 'Estado' y 'Administración' y el Arbitraje Resultante de 'Contratos de Estado'", *Revista Brasileira de Arbitragem*, 2004, Issue 1.

"América Latina como sede de arbitrajes comerciales internacionales", in *Revista de Arbitragem e Mediação*, 2004, Issue 1.

Book Review, "Csaga Varga, Lectures on the Paradigms of Legal Thinking, Budapest, Akadémiai Kiadó (Collection Philosophiae Iuris), 1999, translation from Hungarian into English by Emese Gáll (Chapters 1-7) and by Csaba Varga (Appendixes)", *La mondialisation entre illusion et utopie*, Archives de philosophie du droit, Vol. 47, Paris, Dalloz, 2003.

"La 'jurisprudencia' arbitral de la Cámara de Comercio Internacional en materia de derecho aplicable a los contratos internacionales de distribución: Breve contribución al derecho internacional privado colombiano", in A. Zapata de Arbeláez (ed.), *Derecho Internacional de los Negocios: Alcances*, Bogotá, Universidad Externado de Colombia, 2003.

"Multiparty and Multicontract Arbitration: Recent ICC Experience", in *Complex Arbitrations: Perspectives on their Procedural Implications*, Special Supplement, ICC International Court of Arbitration Bulletin, Paris, ICC, 2003 (with A.-M. Whitesell).

"La sede del arbitraje comercial internacional: La perspectiva de la Corte Internacional de Arbitraje de la Cámara de Comercio Internacional", *Revista de Derecho de la Facultad de Derecho de la Universidad de Montevideo*, 2003, Issue 4.

"Reflexiones sobre el contrato de arbitraje: Algunas confusiones conceptuales en derecho colombiano", in E. Cortés, *Estudios de Derecho Civil: Obligaciones y Contratos; Libro Homenaje a Fernando Hinestrosa*, Bogotá, Universidad Externado de Colombia, 2003.

"Crónica de jurisprudencia arbitral de la CCI", *Revista de Derecho Internacional y del Mercosur*, 2002.

"La filosofía del sistema de arbitraje de la Cámara de Comercio Internacional", *Revista "Impulso"*, Boletín de la Cámara de Comercio e Integración Colombo-Mexicana, 2002.

"El sistema de arbitraje de la Cámara de Comercio Internacional y la situación del arbitraje institucional en Colombia", in *Foro del Jurista – Métodos alternativos de solución de conflictos, Revista de la Cámara de Comercio de Medellín para Antioquia*, No. 23, 2002.

"Las normas jurídicas aplicables en el arbitraje comercial internacional: Breve contribución al derecho internacional privado colombiano", *Revista de Derecho Privado*, No. 28, 2002.

"Arbitration of the International Chamber of Commerce and State Contracts", *ICC International Court of Arbitration Bulletin*, Vol. 13 (1), 2002.

"The Application of Philosophy of Law's Method in International Commercial Arbitration", *Vindobona Journal of International Commercial Law and Arbitration*, Vol. 5 (1), 2001.

Pour B.

CHAPTER I

INTRODUCTION

1. *Prologue.* And humanity created arbitration. It did so to provide an alternative dispute resolution mechanism (in preference to state court proceedings). To ensure its effectiveness and success (not to say its existence in what has been a struggle for survival [1]), arbitration was fashioned so as to be a match for court proceedings. Steps were taken to protect it from interference by its principal competitor, the judiciary. Specifically:

- The effectiveness, success and survival of arbitration would be compromised if arbitrators were to surrender jurisdiction over a dispute to state courts in the face of a claim that the main contract (which contained the arbitration agreement or to which the arbitration agreement was linked) was inexistent or somehow invalid. To guard against that risk, a legal fiction known as the rule of the autonomy or separability of the arbitration agreement was created.
- The effectiveness, success and survival of arbitration would also be compromised if arbitrators were to surrender jurisdiction over a dispute to state courts in the face of a claim that the arbitration agreement itself was inexistent or somehow invalid. To prevent that danger, a second legal fiction known as the *Kompetenz-Kompetenz* principle was created.

Arbitration was afforded further protection through measures guaranteeing access to it. Specifically:

- The effectiveness, success and survival of arbitration would be compromised if the arbitration agreement were not binding upon a party that, despite not having signed the main contract containing or related to the arbitration agreement, participated in the negotiation, execution, performance or termination of that contract in such a way as to be deemed by any reasonable person to have implicitly consented to the arbitration agreement. The theories of the extension of the arbitration agreement to non-signatories were invented to overcome that threat.

---

1. See Sec. B below.

– The effectiveness, success and survival of arbitration would likewise be compromised if investors that have concluded contracts with host states were prevented from commencing investment treaty arbitration. To eliminate this pitfall, a distinction was created between treaty claims and contract claims, and umbrella clauses were introduced into investment treaties.
– The effectiveness, success and survival of arbitration would once more be compromised if foreign investors that have set up a corporate vehicle bearing the nationality of the host state were prevented from commencing investment treaty arbitration. To avoid this obstacle, a broad definition of investor was forged.

And, at a more abstract level, foundational theories aimed at bolstering the legitimacy of international arbitration generally were developed. Specifically:

– The effectiveness, success and survival of arbitration would be better secured through the construct of an arbitral legal order.
– The effectiveness, success and survival of arbitration would be better protected through the recognition and enforcement in state legal systems of a fundamental right to arbitrate.

These and other legal fictions have not only made arbitration more effective and successful, but have proved indispensable in its struggle for survival. In arbitration, as in law more generally, legal fictions have been and still are a necessity. By way of introduction, Sections A and B below will describe respectively the characteristics of legal fictions and the fragility of international arbitration.

A. Legal fictions

2. *Law is fiction.* From a certain viewpoint at least, law is fiction. This begs the question, what is fiction? The word "fiction" naturally brings to mind literature or even the cinema. A philosophical study on the notion of fiction recalls that "Walton proposed a highly promising characterization of fiction. Works of fiction (literary or otherwise) can in his view be defined as 'works whose function is to serve as props in games of make-believe' . . ."[2]. In literature, this is achieved by using words as the medium, and in the cinema, chiefly through the use of

---

2. L. Menoud, *Qu'est-ce que la fiction*, Vrin, 2005, p. 22 (our translation).

images. In works of fiction, words and images are thus used to create a pretence, to play-act.

3. *The language of arbitration law is fiction.* What we know as objective law [3] is in fact a piece of work, a creation of the human mind, a mental tool built of words, the purpose of which, we are told, is to "measure human behaviour" [4]. Thus, legal language is but a body of terms created by human beings, always with the intention of *representing* a certain reality (legal reality included) in one way or another. Legal reality, as we will see, is a rather unclear notion. It is as a mental tool or representation [5] of a certain reality, including legal reality, that the language of arbitration law can be said to be fiction in the broadest sense.

4. *The legal fictions of the language of arbitration law.* But we are not interested here in the language of arbitration law as seen through the prism of the widest possible conception of fiction. The fact that law originates from the human imagination is of little interest. What interests us is rather arbitration as a language that is based on, or embodies, legal fictions.

5. *Confusion surrounding the notion of legal fiction.* The notion of legal fiction has its weaknesses, however. It is defined in diverse ways [6]. Further, it tends to be confused with the notions of legal presumption, legal metaphor or even analogy [7]. We believe this confusion to be due to the fact that the origin and functions of legal fictions are poorly understood, as they are rarely analysed, and then often only cursorily [8]. It is true that, from the perspective of omnipresent pragmatism, the study of legal fictions would doubtless be dismissed as a mere pastime

---

3. See, e.g., F. Terré and N. Molfessis, *Introduction générale au droit*, 11th ed., Dalloz, 2019, pp. 26, 27.

4. See, e.g., P. Amselek, Ecrits de philosophie du droit, Editions Panthéon-Assas, 2019, pp. 269 *et seq.*, 273 *et seq.*

5. See Menoud (note 2), p. 24 ("for Walton, the terms fiction and representation are interchangeable. What all representations have in common is a role in make-believe" (our translation)).

6. On definitions of legal fiction, see, e.g., M. Del Mar and W. Twining (eds.), *Legal Fictions in Theory and Practice*, Springer, 2015.

7. On the distinction between legal fiction and legal presumption, see, e.g., A.-J. Arnaud (ed.), *Dictionnaire encyclopédique de théorie et de sociologie du droit*, 2nd ed., LGDJ, 1993, pp. 259-261. See also C. Perelman and P. Foriers (eds.), *Les présomptions et les fictions en droit*, Bruylant, 1974.

8. Most works relating to legal fictions are proceedings of symposia on the subject. See, e.g., Perelman and Foriers (note 7); A.-B. Caire (ed.), *Les fictions en droit: Les artifices du droit; les fictions*, LGDJ, 2015; Del Mar and Twining (note 6); F.-X. Roux-Demare and M.-Ch. Dizès (ed.), *Les fictions du droit*, Institut Universitaire de Varenne, 2018.

without much practical relevance. *Yet the fact that legal fictions exist in legal language shows us something fundamental about the nature of law.*

6. *Definition of legal fiction.* Although there are numerous definitions of legal fiction, especially in English-language literature on the philosophy of law [9], we must logically adopt one of them. For present purposes, therefore, legal fiction will be understood as "an assumption that something is true even if it may be untrue, made especially in judicial reasoning to alter how a legal rule operates" [10]. Barring a few minor differences, this definition corresponds to that proposed by Henri Duméril in the nineteenth century. According to Duméril, "in relation to law, fiction is understood broadly as the supposition, contrary to reality, of a fact or an attribute with the intention of producing certain legal effects" [11]. It would thus seem that legal fictions are also make-believe. Be that as it may, these definitions explain four corollaries which are essential to understanding legal fiction both as a concept and as a technique.

7. *As if. (i)* First of all, legal fiction assumes that a thing is real or an idea true, even if they are not. Several legal theorists thus argue that legal fictions operate *as if* they were real or true [12]. In other words, the expression "as if" clearly reveals the nature of legal fictions: they pretend to be something that, in truth and in reality, they are not.

8. *The legal fiction of the autonomy of the arbitration agreement.* This first corollary of the definition of legal fiction can be illustrated by an example taken from the language of arbitration law. It is the rule referred to as the autonomy or separability of the arbitration agreement [13]. Legal practice, on the one hand, shows that arbitration agreements, especially when in the form of an arbitration clause concluded before a dispute arises, are negotiated and accepted at the same time as the other clauses in what is often referred to as the main contract. As the parties sign only once, the reality thus indicates that the contract forms a single unit. The language of French arbitration law, on the other hand, states: "The arbitration agreement is independent of the contract to which it relates.

---

9. See, e.g., Del Mar and Twining (note 6).
10. B. A. Garner (ed.), *Black's Law Dictionary*, 7th ed., West Group, 1999, p. 904.
11. H. Duméril, *Les fictions juridiques*, Ernest Thorin, 1882, p. 5.
12. See, e.g., H. Kelsen, "On the Theory of Juridic Fictions: With Special Consideration of Vaihinger's Philosophy of the As-If", translated from the German by C. Kletzer, in Del Mar and Twining (note 6), p. 3 *et seq.*
13. "Autonomy of the arbitration agreement" is the expression that will be used hereinafter.

It is not affected by the latter's unenforceability" [14]. In other words, the language of arbitration law treats the arbitration agreement *as if* it were independent of the main contract. Furthermore, as mentioned later, this supposition produces legal effects that are far from inconsequential.

9. *The function of legal fictions. (ii)* The insertion of legal fictions in legal language is never done arbitrarily. There is always an underlying purpose, be it the interpretation of an existing rule of law or the creation of a new rule of law.

10. *Legal fiction as a tool for interpreting an existing rule of law.* To use the words of the definition adopted above, the function of legal fiction is "to alter how a legal rule operates" [15]. The function of a legal fiction could therefore be to interpret a rule of law by broadening its scope, for example. The praetorian law of Ancient Rome contained many legal fictions of this kind [16]. In English law, a very telling example is found in the case *Mostyn* v. *Fabrigas*:

> "Fabrigas, a resident of the Mediterranean island of Minorca then occupied and controlled by England, was imprisoned by Mostyn, at the time the governor of the island. Because no suit could be brought against Mostyn in Minorca without the approval of the governor, and because the governor was the defendant in the very lawsuit Fabrigas wished to pursue, Fabrigas sued instead in the Court of Common Pleas in London for trespass and false imprisonment, and proceeded to win a jury verdict of 3,000. On appeal, Mostyn claimed, correctly, that the trial court had been granted jurisdiction only in cases brought by residents of London, but Lord Mansfield, recognizing that denying jurisdiction here would leave someone who was plainly wronged without a legal remedy, concluded that Minorca was part of London for purposes of this action. That conclusion was plainly false and equally plainly produced a just result, and thus Mostyn v. Fabrigas represents the paradigmatic example of using a fiction to achieve what might in earlier days have been done through the vehicle of equity." [17]

---

14. French Code of Civil Procedure, Art. 1447 (our translation).
15. See para. 6 above.
16. See, e.g., Duméril (note 11), p. 5 ("Anyone who has studied – even superficially – Roman legislation will know that fictions played a considerable role therein, especially during the period of the formulary system" (our translation)).
17. F. Schauer, "Legal Fictions Revisited", in Del Mar and Twining (note 6), p. 122.

The appeal court's holding that, for the purposes of the action brought in this case, Minorca was part of London is noteworthy enough, but even more so is the use of legal fictions to avoid a denial of justice, as we shall see below [18].

11. *Legal fiction as a remedy against legal formalism.* Duméril wrote that the emergence of legal fictions in the Roman and English legal systems is explained by the formalism of those two systems [19]. We may therefore ask ourselves whether the inclusion of legal fictions in the language of arbitration law is likewise a reaction against a certain legal formalism. This could well be the case. Let us return to the example of the legal fiction of the autonomy of the arbitration agreement, which would seem to offer a means of circumventing the formalism of the rules on consent in contract law. Note that by formalism, we do not mean the opposite of consensualism. Rather, in the context of legal fictions, formalism means basic legal reality, or traditional law with its rigidity and injustices. Thus, through two of its functions, a legal fiction offers a way of overcoming the rigidity of traditional law and, after the manner of equity, correcting those injustices.

12. *Interpretative legal fictions in investment arbitration.* It is in the language of investment arbitration that the greatest number of legal fictions interpreting an existing legal rule are, in our view, to be found. Notable examples are the legal fictions embodied in the notion of investment as defined by bilateral treaties on the promotion and protection of investments [20]; the treating of companies bearing

---

18. See, e.g., para. 86 *et seq.* below.
19. See Duméril (note 11).
20. See, e.g., Agreement between the United Kingdom and the Republic of Turkey for the Promotion and Protection of Investments, 15 March 1991, Art. 1 *(a)* ("'investment' means every kind of asset and in particular, though not exclusively, includes: *(i)* movable or immovable property and any other property rights . . .; *(ii)* shares in and stock and debentures of a company . . .; *(iii)* claims to money . . .; *(iv)* industrial and intellectual property rights, technical processes, knowhow and goodwill; *(v)* business concessions . . ."). For an example of an award correcting the legal fiction that assimilates investments and invested objects, see *Saba Fakes* v. *Republic of Turkey*, ICSID Case No. ARB/07/20, Award, 14 July 2010, para. 110:

> "[T]he criteria of *(i)* a contribution, *(ii)* a certain duration, and *(iii)* an element of risk, are both necessary and sufficient to define an investment . . . These three criteria derive from the ordinary meaning of the word 'investment', be it in the context of a complex international transaction or that of the education of one's child: in both instances, one is required to contribute a certain amount of funds or know-how, one cannot harvest the benefits of such contribution instantaneously, and one runs the risk that no benefits would be reaped at all, as a project might never be completed or a child might not be up to his parents' hopes or expectations."

the nationality of the state where the investment takes place as if they were foreign companies [21]; and the distinguishing of treaty claims from contract claims [22]. From there, it is but a short step to concluding that the surprising abundance of legal fictions in the language of investment arbitration can help to explain the crisis that this system of dispute resolution is experiencing. We will return to this later [23].

13. *Legal fiction as a tool for creating new rules of law.* The legal fictions underlying international commercial arbitration, on the other hand, are those that have as a corollary the creation of new legal rules. This is well illustrated by the legal fiction of the arbitral legal order and the corollary principle of the validity of the arbitration agreement. The rule of the autonomy of the arbitration agreement is also helpful in clarifying the function of this kind of legal fiction, showing that it serves as a means of empowering the arbitral tribunal to determine any dispute over the existence, validity or scope of the so-called main contract.

14. *Misuse of legal fictions. (iii)* It should be added, as a third corollary to the definition of legal fiction adopted above [24], that there is a tendency for legal fictions to be misused. The make-believe of legal fictions can be deceptive. It should be made clear from the outset that, by their very nature, legal fictions are not logical propositions. In a way, legal fictions come into play in legal language precisely at the point where reasoning based on legal logic reaches its limits.

---

21. See, e.g., United Kingdom Model Bilateral Investment Treaty, 2008, Art. 8 (2):

"A company which is incorporated or constituted under the law in force in the territory of one Contracting Party and in which before such a dispute arises the majority of shares are owned by nationals or companies of the other Contracting Party shall in accordance with Art. 25 (2) *(b)* of the Convention be treated for the purposes of the Convention as a company of the other Contracting Party."

22. See, e.g., *Compañiá de Aguas del Aconquija SA and Vivendi Universal SA* v. *Argentine Republic*, ICSID Case No. ARB/97/3, Decision on Annulment, 3 July 2002, para. 113:

"A treaty cause of action is not the same as a contractual cause of action; it requires a clear showing of conduct which is in the circumstances contrary to the relevant treaty standard. The availability of local courts ready and able to resolve specific issues independently may be a relevant circumstance in determining whether there has been a breach of international law (especially in relation to a standard such as that contained in Art. 3). But it is not dispositive, and it does not preclude an international tribunal from considering the merits of the dispute."

On the distinction between contract claims and treaty claims, see, e.g., J. Crawford, "Treaty and Contract in Investment Arbitration", *Arbitration International*, Vol. 24 (2008), p. 351 *et seq.*

23. See Sec. B below.
24. See para. 6 above.

15. *Misuse of the legal fiction of the autonomy of the arbitration agreement.* Legal fictions are nonetheless sometimes mistakenly treated as if they were logical propositions. To return to the example introduced earlier [25], the rule of the autonomy of the arbitration agreement falls victim to such misuse when it is understood in a way that goes beyond its function. This happens particularly when autonomy is used as a reason for requesting that the arbitration agreement be assigned separately from the main contract. However, the function of the rule of the autonomy of the arbitration agreement is not to render the arbitration agreement independent of the main contract for all purposes; its sole purpose is to accord the arbitral tribunal the power to rule on any dispute concerning the existence, validity or scope of the main contract.

16. *Typology of legal fictions in the language of arbitration law. (iv)* Numerous categories of legal fictions have been identified by scholars [26]. We believe the most instructive classification of legal fictions in the language of arbitration law is one based on their function. Although they may well have other functions, the main function of legal fictions in this context is twofold: to provide a theoretical foundation for this linguistic system and to determine certain components of that system, both with a view to offsetting the fragility of international arbitration in its struggle for survival.

B. *The fragility of international arbitration*

17. *The fragility of arbitration and its legal fictions.* Arbitration has always been, and still is, a fragile legal institution. Legal fictions have been introduced into legal language to buttress the constructions of fragile legal systems and institutions. What could be called the theory or system of international arbitration is accordingly made up of several propositions that seem at first sight logical, precisely because they are legal fictions. The international arbitration system, in other words, is built around multiple legal fictions. In a sense, the present discussion starts from the somewhat extraordinary proposition that the legal discourse of international arbitration deliberately defies logic. As we shall see, it is a proposition borne out by fact.

18. *Arbitration has always been under attack. (i)* On the one hand, the history of arbitration shows that this method of dispute resolution has always been, and still is, under attack. Arbitration has always struggled, and is still struggling, for survival. The disappearance of arbitration in

---

25. See para. 8 above.
26. See, e.g., Arnaud (note 7) pp. 259-61.

France for more than eighty years after the Court of Cassation's *Prunier* judgment in 1843 [27] provides eloquent testimony of the seriousness of that unrelenting onslaught. It took the entry into force of the Geneva Protocol of 1923 and the enactment of new legislation in France, recognising the validity of arbitration clauses in 1925 for arbitration to reappear in the landscape of French dispute resolution. To properly understand the context, it is worth recalling what Judge Troplong, one of the judges of the Court of Cassation, wrote at the time:

> "[L]'arbitrage est une manière de juger si défectueuse, si dépourvue de garanties, qu'on aurait dû laisser les parties maîtresses d'y recourir ou de le répudier, suivant les occasions. Quant à moi qui a été arbitre quelque fois, je déclare, par expérience, que, dans un procès de quelque gravité, je ne conseillerais à personne de se faire juger par des arbitres; un tribunal, qui se croit le droit d'être plus équitable que les lois les plus équitables du monde, me paraît ne pouvoir s'adapter qu'à un petit nombre de questions de fait et à des intérêts médiocres" [28].

19. *Achmea*. More recently, the stance adopted by the European Union towards investment arbitration provides us with yet another example of the fragility of arbitration. It crystallised in the European Court of Justice's *Achmea* ruling, which effectively banished intra-EU investment arbitration [29]. Acceptance by public authorities is vital to arbitration's very existence. Without the recognition and support of international organisations, and especially state legislatures, governments and judiciaries, arbitration would be impossible. It has after all to be conceded that, for better or worse, legal power on Earth continues to lie predominantly with states, prevailing over universalism and internationalism. It should be noted that the line taken

---

27. Cour de cassation (Cass.) civ., 10 July 1843, *Compagnie l'Alliance* v. *Prunier*, in I. Fadlallah and D. Hascher, *Les grandes décisions du droit de l'arbitrage commercial*, Dalloz, 2019, p. 3 *et seq.*
28. R.-T. Troplong, *Du contrat de société civile et commerciale, ou Commentaire du titre IX du livre III du Code civil*, Vol. 2, Paris, 1843, para. 520, cited in Fadlallah and Hascher (note 27), p. 6. (Our translation: as a method of judging, arbitration is so flawed, so lacking in safeguards, that the parties should have been given the freedom to accept or repudiate it depending on the circumstances. As one who has been an arbitrator on occasion, I affirm from experience that in a trial of any consequence I would never advise anyone to be judged by arbitrators. In my view, a tribunal that considers itself vested with the right to be fairer than the fairest laws in the world can be used for only a small number of factual questions and minor interests.)
29. European Court of Justice, *Slovak Republic* v. *Achmea BV*, Case C-284/16, Judgment, 6 March 2018.

by the European Court of Justice in *Achmea* was recently maintained in *Komstroy* [30] and *PL Holdings* [31].

20. *States as users of arbitration.* A problem that has come increasingly to the fore in recent years (and has no doubt existed since states and state entities first started using international arbitration as a mechanism for resolving disputes) is that the very bodies on which the survival of arbitration depends – that is to say, states and their instrumentalities – are also its main (and often most dissatisfied) users. It is no secret that states and state entities are among the most frequent users of arbitration. Like any other user, a state will have difficulty appreciating the advantages of arbitration if it is the loser. It is a fact of life that abstract reasoning founders under the blow of tangible misfortune. Yet, unlike any other users, states dissatisfied with the outcome of an international arbitration have the power to take measures to limit the scope of the institution. A state may choose to remove arbitration from its legal system, withdraw from a treaty that provides for arbitration as a dispute mechanism or, within a specific arbitral proceeding, attempt to escape the effects of an international arbitration agreement or the enforcement of an arbitral award. Hence, common sense calls for the creation of legal tools in the language of international arbitration involving states and state entities that will protect private entities' right to arbitration against the possibility of states and state entities taking such measures or abusing their power. These tools, as we will see below, are legal fictions.

21. *Structure.* Legal literature contains several typologies of legal fictions. In France, for instance, a distinction is drawn between legal fictions aimed at creating new legal rules and legal fictions aimed at interpreting existing legal rules [32]. The legal fictions in the language of international arbitration may also be classified in several ways. In our experience, the most instructive typology of legal fictions in the language of international arbitration is that which distinguishes between legal fictions aimed at safeguarding the existence of international arbitration (Chapter II), and legal fictions aimed at ensuring access to international arbitration (Chapter III). Both, it may be added, underpin international arbitration's struggle for survival.

---

30. European Court of Justice, *Republic of Moldavia* v. *Komstroy LLC*, Case C-741/19, Judgment, 2 September 2021.
31. European Court of Justice, *Republic of Poland* v. *PL Holdings Sarl*, Case C-109/20, Judgment, 26 October 2021.
32. See Arnaud (note 7), pp. 259-61.

CHAPTER II

LEGAL FICTIONS TO SAFEGUARD THE EXISTENCE OF INTERNATIONAL ARBITRATION

22. *State court proceedings as the dominant paradigm.* We are educated to think of the state's judicial system as a paradigm for the administration of justice [33]. This is why, in its struggle for survival, international arbitration has always sought approximation to judicial process. Expressions likening arbitrators to judges, arbitral proceedings to lawsuits and arbitral awards to court judgments are very common in the language of international arbitration. Their aim is to defy *Prunier* by gainsaying Troplong and suggesting that arbitration cannot be too bad if it is so similar to the judicial process we all cherish.

23. *Arbitration's likeness to judicial process.* It is, in our view, through this attempt to resemble the judicial paradigm that international arbitration has secured its efficiency and autonomy – the two attributes indispensable for it to operate as an effective means of resolving disputes. The five aspects of the judicial process that international arbitration has always tried to emulate in its fight for survival are: a foundational theory (A); the assimilation of international arbitrators to state judges (B); the modelling of arbitral proceedings on court processes; the equating of arbitral awards with the judgments of state courts; and the autonomy of international arbitral justice (C).

24. *Proceedings and decisions.* These two aspects are largely self-explanatory and require little comment. The modelling of arbitral proceedings on court processes is necessary for the former to be perceived as a procedure that, at the very least, conforms to the principle of due process of law; while the need for arbitral awards to be equatable with state court judgments is so that they produce similar legal effects in relation to *res judicata* and enforceability. Without these two fictional alignments, international arbitration would be ineffective as a means of dispute resolution, and thus unviable.

---

33. See, e.g., M. Weber, *Sociologie du droit*, PUF, 1986, esp. p. 207 *et seq.*

A. Fictions serving as foundations for international arbitration

25. *The need for a foundational theory.* Primordially, a foundational theory needs to answer the question, whence does international arbitration derive its legitimacy? That theory will perforce be a legal fiction or even a legal myth. From a French perspective, for instance, the State and its judicial process have their roots in the fictional notion of social contract *(contrat social)*[34]. It is fictional because it does not correspond to a contract negotiated around a table, but is rather an understanding reached implicitly between members of a society. International arbitration has several foundational theories of this kind, of which three are, in our view, particularly interesting and will be described in Sections 1-3 below.

1. Theorisation of the advantages of international arbitration

26. *The foundational theory of the advantages of international arbitration.* The first legal fiction or foundational theory frequently relied upon in arbitration's fight for survival is one affirming that international arbitration has many advantages over other dispute resolution methods and its use is justified by those advantages. In sum, the affirmation argues that international arbitration is better than other methods of dispute resolution, the judicial process of state courts included. Yet there is a paradox in this affirmation: arbitration is said to be better than the judicial process, yet it aspires to resemble the judicial process in its fight for survival. That this contradiction is so often overlooked is, in our view, due to the fragmentation of the human mind, which fails to see the big picture.

27. *A marketing strategy?* It is not unusual for books on international arbitration[35] to begin by setting out – normally just before or after the definition of arbitration – a long list of arbitration's so-called advantages. They generally include the neutrality of the procedure; the expertise or specialisation of arbitrators; efficiency, in terms of both time and cost; and confidentiality. It is widely known that these and many other advantages have been attacked and criticised in recent years. What interests us here, however, is that such lists contain affirmations with no demonstration of their truthfulness. The so-called advantages

---

34. See, e.g., L. Althuser, *Sur le contrat social*, Manucius, 2009.
35. See, e.g., G. Born, *International Commercial Arbitration*, Vol. I, Kluwer, 2009, esp. p. 71 *et seq*.

of international arbitration are not supported by empirical evidence, but instead are rather blunt statements traditionally believed in by arbitration practitioners. Believing in the advantages of international arbitration is thus tantamount to an act of faith.

28. *The fictitiousness of the theory of the advantages of international arbitration.* Why is it a legal fiction to proclaim the advantages of international arbitration? Three reasons may be given. First, such a proclamation is based on the fictive premise that, in the abstract, international arbitration is better than other mechanisms of dispute resolution. Arbitration is treated *as if* it were better than the judicial process. Yet a comparison of this kind can be plausible only if it is based on actual cases. Second, the so-called arbitration community traditionally takes those advantages for granted. It treats them *as if* they were axioms of arbitration geometry, whereas they in fact assume as true or real what has not been empirically established as such. Third, it is clear that the advantages of international arbitration have been put together for the purpose of defending arbitration in its struggle for survival. The true nature of those advantages is revealed in expressions that insist on the need to believe in them, as opposed to demonstrating their existence.

29. *The example of confidentiality.* One of the advantages of international arbitration most highly touted in the language of international commercial arbitration has been its purported confidentiality. Countless times, arbitration practitioners have affirmed that international arbitration is confidential, without providing any proof to back up that proposition. The unproven theory underlying the proposition used to be that confidentiality is an implied term contained in (or an inherent principle of) an international commercial arbitration agreement. We now know, however, that in many jurisdictions there was no legal basis for such an affirmation. There is, in fact, no universal, inherent principle of confidentiality in international arbitration, be it commercial or otherwise. On the contrary, we live in a society that increasingly insists on transparency [36], as is clear from the trend towards transparency in investment arbitration.

30. *Shrinkage in the advantages of international arbitration.* The foundational theory of the advantages of international arbitration has changed over time. Twenty years ago, international arbitration was

---

36. See, e.g., Byung-Chul Han, *The Transparency Society*, tr. Erik Butler, Stanford University Press, 2015.

presented in a much better light than today. Perhaps it had to be to secure a footing amid fierce competition. Since then, however, incessant aggressive attacks against the institution of arbitration have left many wounds. The list of advantages for which it is promoted has shrunk in the last two decades, leaving just neutrality, expertise/specialisation and some efficiency as its surviving hallmarks [37].

31. *The downsides of international arbitration.* Interestingly, textbooks on arbitration have recently started to introduce sections on the problems or downsides of arbitration [38]. Does this extraordinary development herald the demise of the legal fiction consisting in the advantages of international arbitration? No, it seems rather that, by conceding defeat over some of arbitration's purported advantages, the arbitration community is cleverly attempting to convey the impression that the advantages that are left are the true and real advantages of arbitration. In other words, international arbitration practitioners are distancing themselves from an irrational belief in the goodness of arbitration; displaying some moderate *esprit critique* is always a good marketing ploy and more likely to win over potential users. That said, whatever advantages are claimed for arbitration, their promotion alone has not sufficed in arbitration's struggle for survival. Reliance has also had to be placed on abstract theories, such as that of the arbitral legal order.

2. The foundational theory of the arbitral legal order

32. *The arbitral legal order.* The second legal fiction/foundational theory of international arbitration which calls for comment is one proclaiming the existence of an autonomous arbitral legal order. This foundational theory is complex, for it is based on many premises and may have several corollaries. It is a foundational theory that lies at the core of French international arbitration law.

33. *The implicit premises of the arbitral legal order.* The three premises underlying this second foundational theory of international arbitration are the following:

– There exists a society of international merchants to which some authors seek to lend credence by designating it a *societas mercatorum*. It is characterised by the fact that its members trade and conduct

---

37. See, e.g., Born (note 35).
38. See, e.g., J.-B. Racine, *Droit de l'arbitrage*, PUF, p. 85 *et seq.*

business. Interestingly, some investment arbitral decisions and awards refer to the existence of a community of investors and states hosting investments [39], a notion somewhat akin to that of a *societas mercatorum*.

- Any society must have its law *(ubi societas, ibi ius)*, which, in the case of the *societas mercatorum*, is the *lex mercatoria*.
- Any society must have a natural judge, who, in the case of the *societas mercatorum*, is the international arbitrator.

34. *The premises of the arbitral legal order are legal fictions.* Appealing though these premises may be – especially with the gravitas lent by the Latin expressions – they are legal fictions, if not indeed legal myths, for the following reasons:

- International merchants are not organised as a society (nor, for that matter, are host states and investors). In other words, this second foundational theory of international arbitration operates *as if* international merchants interacted with each other like the members of a society. As make-believe, the *societas mercatorum* is thus a legal fiction.
- *Lex mercatoria*, for its part, is an invention of some clever professors that has not been universally recognised as a legal order. As a consequence, this premise operates *as if (a)* there were such a thing as a *societas mercatorum* and *(b)* it had a legal order of its own – namely, *lex mercatoria* [40]. Hence, *lex mercatoria* is yet another legal fiction.
- It is also make-believe to think that international arbitrators are the natural judges of a supposed *societas mercatorum*. After all,

---

39. See, e.g., *Burlington Resources Inc.* v. *Republic of Ecuador*, ICSID Case No. ARB/08/5, Decision on Liability, 14 December 2012, para. 187:

"As stated in the Decision on Jurisdiction, the Tribunal considers that it is not bound by previous decisions. Nevertheless, the majority considers that it must pay due regard to earlier decisions of international courts and tribunals. It believes that, subject to compelling contrary grounds, it has a duty to adopt solutions established in a series of consistent cases. It further believes that, subject to the specifics of a given treaty and of the circumstances of the actual case, it has a duty to seek to contribute to the harmonious development of investment law, and thereby to meet the legitimate expectations of the community of States and investors towards the certainty of the rule of law. Arbitrator Stern does not analyze the arbitrator's role in the same manner, as she considers it her duty to decide each case on its own merits, independently of any apparent jurisprudential trend."

40. See, e.g., B. Goldman, "Frontières du droit et *'lex mercatoria'*", in *Le droit subjectif en question (Archives de philosophie du droit*, Vol. 9), Sirey, 1964, p. 177 *et seq.*

international arbitration does not apply automatically to disputes arising out of international commerce and investment. Rather, by including a dispute resolution clause in an international contract or opting to rely on a bilateral investment treaty, players in international commerce or investment are able to choose arbitration as the dispute resolution forum to which potential disputes will be submitted. But state judges remain the natural judges, because their jurisdiction applies to disputes arising within the territory of the state to which they belong by operation of the law. Hence, it is a metaphor to speak of international arbitrators as the natural judges of the *societas mercatorum*.

35. *The basis of the arbitral legal order.* Be that as it may, these three legal fictions form the basis for the existence of an arbitral legal order. It is reasoned that the *societas mercatorum* has its own substantive law *(lex mercatoria)* and its own natural judges, who operate in a legal order of their own, the so-called arbitral legal order. It is from this legal order, independent of any national legal order, that international arbitration is said to derive its validity/legal force. The theory of the arbitral legal order is above all a product of French case law and scholarship.

36. *The arbitral legal order in French case law.* The most famous French decision on the notion of arbitral legal order is perhaps that delivered in the *Putrabali* case, in which the Court of Cassation held that "la sentence internationale, qui n'est rattachée à aucun ordre juridique *étatique*, est une décision de justice internationale"[41]. Although this pronouncement does not use the words arbitral legal order, they are unequivocally implicit in its characterisation of an international award as a decision of international justice.

37. *French scholarship on the arbitral legal order.* The Hague Academy course given by Professor Emmanuel Gaillard deserves special mention here. This is how Professor Gaillard described the arbitral legal order:

> "La troisième représentation de l'arbitrage est celle qui accepte de considérer que la juridicité de l'arbitrage puisse être puisée non dans un ordre juridique étatique, qu'il s'agisse de celui du siège ou de celui du ou des lieux d'exécution, mais dans un ordre juridique tiers, susceptible d'être qualifié d'ordre juridique arbitral. Elle

---

41. Cass. 1re civ., 29 June 2007, *Sté PT Putrabali Adyamula* v. *Sté Rena Holding*, in Fadlallah and Hascher (note 27), p. 325. (Our translation: an arbitral award, which is not connected to any state legal order, is a decision of international justice.)

correspond à la perception forte chez les arbitres du commerce international qu'ils ne rendent pas la justice au nom d'un Etat quelconque, mais qu'ils n'en exercent pas moins une fonction juridictionnelle au service de la communauté internationale. Compte tenu du vaste mouvement de reconnaissance du bien-fondé du recours à l'arbitrage international comme mode de règlement des différends du commerce international, la légitimité de l'exercice de cette fonction n'est pas douteuse." [42]

"International community" as used here is a synonym for *societas mercatorum*.

38. *The arbitral legal order is a legal fiction.* There are three main reasons for considering the arbitral legal order as yet another legal fiction:

- All the premises (*societas mercatorum*, *lex mercatoria*, international arbitrators as natural judges for the international commercial society) upon which the proposition of an arbitral legal order is based are themselves legal fictions.
- The theory of the arbitral legal order has some corollaries that likewise are legal fictions. These corollaries are: *(a)* the principle of the validity of an international arbitration agreement (see, e.g., the Court of Cassation's *Dalico* and *Zanzi* decisions); and *(b)* the possibility of enforcing arbitral awards set aside in their country of origin (see, e.g., the Court of Cassation's *Putrabali* decision) [43].
- The foundational theory of the arbitral legal order has not won worldwide recognition.

---

42. E. Gaillard, *Aspects philosophiques du droit de l'arbitrage international*, Martinus Nijhoff, 2008, p. 60. (Our translation: The third representation of arbitration is one which accepts that arbitration can be considered as deriving its juridical nature not from the legal order of a state – whether it be that of the seat or of any place of enforcement – but in a distinct legal order, which could be designated the arbitral legal order. It corresponds to the strong belief held by international commercial arbitrators that they do not render justice in the name of a particular state, but nonetheless perform a jurisdictional function for the international community. Given the widespread recognition of the well-foundedness of recourse to international arbitration as a method of resolving international commercial disputes, there can be no doubt about the legitimacy of exercising this function.)

43. Cass. 1re civ., 20 December 1993, *Comité populaire de la municipalité de Khoms El Mergeb* v. *Dalico Contractors*, in Fadlallah and Hascher (note 27), p. 22; Cass. 1re civ., 5 January 1999, *M. Zanzi* ès *qualités* v. *M. de Coninck et autres*, in Fadlallah and Hascher (note 27), p. 23; *Sté PT Putrabali Adyamula* v. *Sté Rena Holding* (note 41), p. 325.

To properly understand the theory of the arbitral legal order, it will be instructive to examine its adoption and foundational premises (Section *(a)*) and its corollaries (Section *(b)*) under French international arbitration law.

(a) *The foundational premises of the arbitral legal order under French international arbitration law*

39. *The arbitral legal order as recognised by the French courts.* French courts, when rendering their decisions, and then the French Legislature, when enacting the Code of Civil Procedure's provisions on arbitration, seem to have taken a theoretical construct – what Emmanuel Gaillard called a "representation" [44] – as their reference. That construct – the arbitral legal order – can therefore be considered a founding legal fiction, a bedrock principle of French international arbitration law.

40. *Putrabali.* As mentioned earlier, the most famed and acclaimed – not to say most consummate – illustration of this phenomenon is the *Putrabali* judgment, in which the Court of Cassation famously held that, as a judgment disconnected from any state legal order, an international award is a decision of international justice [45]. This is not the only court ruling in which such a pronouncement was made; it is also found in the *Ryanair* judgment of 8 July 2015 [46].

41. *Origins of the construct of an arbitral legal order.* The origins of the theoretical construct of an arbitral legal order appear to long predate the *Putrabali* judgment. As far back as 7 May 1963, the *Gosset* ruling, also by the Court of Cassation, held that

> "[i]n international arbitration the agreement to submit a dispute to arbitration, whether concluded separately or as part of the instrument to which it relates, always enjoys total legal autonomy – save special circumstances not alleged in the claim – which means that it remains unaffected should that instrument be found to be null and void" [47].

In his annotation on the judgment, Henri Motulsky proclaimed what today seems self-evident – that "*Gosset* will take its place alongside

---

44. See Gaillard (note 42). As used by Gaillard, the term "representation" is synonymous with "fiction".
45. See note 42 above.
46. Cass. 1re civ., 8 July 2015, *Sté Ryanair* et al. v. *Syndicat mixte des aéroports de Charente (SMAC)* et al., www.courdecassation.fr.
47. Cass. 1re civ. 1re, 7 May 1963, *Etablissements Gosset* v. *Carapelli*, in Fadlallah and Hascher (note 27), p. 14.

those judgments that contribute to the emergence of an international legal order"[48].

42. *The arbitral legal order as a "representation"*. Qualifying the arbitral legal order as a "representation" – in other words, a legal fiction – Emmanuel Gaillard, as already recalled it, described it as follows:

> "La troisième représentation de l'arbitrage est celle qui accepte de considérer que la juridicité de l'arbitrage puisse être puisée non dans un ordre juridique étatique, qu'il s'agisse de celui du siège ou de celui du ou des lieux d'exécution, mais dans un ordre juridique tiers, susceptible d'être qualifié d'ordre juridique arbitral. Elle correspond à la perception forte chez les arbitres du commerce international qu'ils ne rendent pas la justice au nom d'un Etat quelconque, mais qu'ils n'en exercent pas moins une fonction juridictionnelle au service de la communauté internationale. Compte tenu du vaste mouvement de reconnaissance du bien-fondé du recours à l'arbitrage international comme mode de règlement des différends du commerce international, la légitimité de l'exercice de cette fonction n'est pas douteuse."[49]

43. *Consequences of the notion of an arbitral legal order.* Picturing international arbitration as being grounded in an arbitral legal order, as in French law, is by no means inconsequential. In the words of Emmanuel Gaillard once again:

> "[q]ue ce soit pour les arbitres eux-mêmes ou pour les juridictions étatiques saisies de questions relatives à l'arbitrage international, le choix de l'une ou de l'autre des représentations qui structurent la matière emporte des conséquences pratiques majeures. Pour abstraites qu'elles puissent paraître, les questions relatives à la source du pouvoir de juger des arbitres, aux rapports qu'entretiennent, en matière d'arbitrage, les ordres juridiques étatiques et à l'existence d'un ordre juridique arbitral,

---

48. H. Motulsky, *Ecrits, études et notes sur l'arbitrage*, Dalloz, 2010, p. 343.
49. Gaillard (note 42), p. 60. (Our translation: The third representation of arbitration is one which accepts that the arbitration can be considered as deriving its juridical nature not from the legal order of a state – whether it be that of the seat or of any place of enforcement – but in a distinct legal order, which could be designated the arbitral legal order. It corresponds to the strong belief held by international commercial arbitrators that they do not render justice in the name of a particular state, but nonetheless perform a jurisdictional function for the international community. Given the widespread recognition of the well-foundedness of recourse to international arbitration as a method of resolving international commercial disputes, there can be no doubt about the legitimacy of exercising this function.)

commandent directement la solution de nombreux litiges. Les enjeux qui s'attachent à ces interrogations fondamentales de théorie juridique concernent l'ensemble de la matière arbitrale. Ils portent aussi bien sur le pouvoir de juger des arbitres que sur la décision que ceux-ci sont appelés à rendre et sur le sort qu'il y a lieu de réserver, dans chacun des autres ordres juridiques, à la sentence" [50].

Indeed, a good theory is nothing if not practical.

44. *The dogmatism of French arbitration law.* The legal fiction of the arbitral legal order, based as it is on several axioms, gives French law on international arbitration a dogmatic character. From those axioms a fundamental principle and a number of essential rules, including some legal fictions, are derived to form the basis of France's international arbitration regime.

45. *The axioms of French arbitration law.* The French *Petit Robert* dictionary defines axiom as referring, in philosophical language, to a "[v]érité indémontrable mais évidente pour quiconque en comprend le sens (principe premier), et considérée comme universelle" [51] and, in general language usage, as a "[p]roposition admise par tout le monde sans discussion (incluant le postulat)" [52]. We consider the theoretical construct of the arbitral legal order to be based on several axioms – that is, undemonstrable truths considered (at least by some) as universal and accepted (again by some) without question (including the postulate). Emmanuel Gaillard's description of the representation of the arbitral legal order immediately suggests what can be considered its three fundamental premises, that is to say the axioms logically necessary to its existence. The following description of each will reveal the fictional nature of these axioms and, hence, of the arbitral legal order.

---

50. *Ibid.*, p. 101. (Our translation: whether for the arbitrators themselves or for the state courts seized with questions relating to international arbitration, the choice of one or other of the representations that structure the subject has important practical consequences. Although seemingly abstract, questions relating to the source of the arbitrators' power to judge, the relations between state legal orders in respect of arbitration, and the existence of an arbitral legal order directly determine the way in which many disputes are resolved. The issues linked to these fundamental questions of legal theory cover the entire field of arbitration. They concern not just the arbitrators' power to judge but also the decisions they render and the treatment to be given to the awards in the different legal orders.)

51. P. Robert, J. Rey-Debove and A. Rey, *Le Petit Robert de la langue française*, Le Robert, 2015, p. 201. (Our translation: truth that is not demonstrable but evident for anyone who understands its sense (first principle) and that is considered as universal.)

52. *Ibid.* (Our translation: a proposition that everyone accepts without question (including the postulate).)

46. *Societas mercatorum*. First of all, the arbitral legal order cannot logically exist without an international community (first axiom). This precondition inevitably calls to mind the notion of *societas mercatorum* advanced in former times by the proponents of the theory of *lex mercatoria*. It is no coincidence that one of the first authors to anticipate the emergence of an arbitral legal order was *lex mercatoria*'s principal torchbearer, Berthold Goldman [53]. The axiom of the existence of an international community is indispensable to the legal fiction of the arbitral legal order, as there can be no legal order without an underlying society. *Ubi societas ibi ius*. One of the purposes of law, after all, is to regulate relations between the members of a society.

47. *The fictional nature of the* societas mercatorum. The follow-on question is whether, underlying the arbitral legal order, there is indeed a group of humans that functions like a society. The answer would seem to be no. There can be no society unless the human grouping is institutionalised and permanent [54]. It would therefore seem to be illusory – or, in the language of legal theory, a legal fiction – to qualify a depoliticised and essentially episodic grouping of international merchants as a society. In the final analysis, the idea of a *societas mercatorum* or international community seems to strongly resemble the fiction (or axiom) of a social contract [55].

48. *The legal fiction of a community of investors and host states.* Some awards rendered in investment arbitrations point to the existence of a community of investors and states that host investments. This investment society, too, is an illusion – that is to say, a legal fiction. Here, the axiom has led some arbitrators to claim that, in addition to fulfilling their mission of deciding the dispute with which they have been entrusted, they must try and protect the coherence of the investment arbitration system [56]. This is a position that deserves approval, for if arbitrators were aware that they are responsible for the investment dispute resolution system and, consequently, for maintaining its coherence, then investment arbitration could, through the informal development of consistent case law, be better placed to fend off the most serious criticisms levelled against it and thereby ensure its own

---

53. On *lex mercatoria*, see. e.g., Goldman (note 40).
54. See, e.g., G. Gurvitch, Éléments de sociologie juridique, Dalloz, 2012, pp. 146-67.
55. See, e.g., Althuser (note 34).
56. See, e.g., *Burlington Resources Inc.* v. *Republic of Ecuador* (note 39), para. 187.

survival. As we shall see [57], arbitration has always had to fight for its survival and continues to do so.

49. *As if the international community existed.* Ultimately, the theoretical construct of an arbitral legal order operates *as if* a *societas mercatorum* or international community, including a community of investors and investment host states, existed.

50. *International arbitrators as the* societas mercatorum's *natural judges.* Next, there can be no society without a system of administering justice. Hence, the arbitral legal order requires there to be a judge for the international community (second axiom). Its natural judge, we are told, is the international arbitrator – the person who enjoys very wide recognition among all states throughout the world [58]. This second axiom, or legal fiction, calls for two comments.

51. *The fictional nature of the characterisation of international arbitrators as the* societas mercatorum's *natural judges.* For one thing, it is inaccurate to call an international arbitrator a natural judge. The term "natural judge" evokes a state judge, whose jurisdiction to decide disputes derives from the law. International arbitration, on the other hand, comes about only if two or more parties choose it. There can be no international arbitration without an international arbitration agreement. The inexactness of referring to an international arbitrator as a natural judge is demonstrated, moreover, by the decisions of all the courts that have set aside arbitral awards on the grounds of a *void* arbitration agreement. All these decisions, albeit implicitly, make it clear that the state judge is the general rule – that is to say, the natural judge – while the international arbitrator is the exception, an exception that can materialise only if two or more parties conclude a *valid* international arbitration agreement.

52. *The tension between the arbitral legal order and state sovereignty.* Besides, the fact that numerous states recognise the legitimacy of international arbitrators is no proof of their status as the international community's natural judges. On the contrary, such recognition seems to prove that without such endorsement, notably through legislation, international arbitration could not be a special method of administering justice – that is to say, one that derogates from the general rule of state justice, the state judge being the true natural judge. In other words, states' recognition of international arbitration does not delocalise it

---

57. See paras. 17 *et seq.* above.
58. See Gaillard (note 42), p. 60.

but, on the contrary, localises it within their legal orders as a permitted exception to the jurisdiction of their courts.

53. *A profound conviction held by international arbitrators.* According to Emmanuel Gaillard, the necessity of the theory of the arbitral legal order reflects the strength with which arbitrators in international commerce believe that, even if they cannot be said to render justice in the name of a particular state, they nonetheless perform a jurisdictional function for the international community [59]. The dogmatism of French international arbitration law results in international commercial arbitrators being regarded *as if* they were the *societas mercatorum*'s natural judges.

54. Lex mercatoria. Lastly, the arbitral legal order could not exist on logical grounds unless it were part of a system of law of an international nature (third axiom). The law of the international community, whose application is regarded as incumbent on international arbitrators, cannot be a system of law of purely state origin. In this light, the arbitral legal order could be considered to constitute the procedural arm of *lex mercatoria*. It was at any rate in connection with an international arbitration conducted under the auspices of the International Chamber of Commerce (ICC) that, with an implicit reference to the arbitral legal order, the French Court of Cassation upheld an arbitral tribunal's decision to resolve the dispute before it by applying *lex mercatoria*: "qu'en se référant à 'l'ensemble des règles du commerce international dégagées par la pratique et ayant reçu la sanction des jurisprudences nationales', l'arbitre a statué en droit ainsi qu'il en avait l'obligation conformément à l'acte de mission" [60].

55. *The development of substantive rules of private international law.* It should be said that the indispensable internationality of the arbitral legal order recalls the use of substantive rules in French private international law. It is important to point out that French international

---

59. *Ibid.* "la perception forte chez les arbitres du commerce international qu'ils ne rendent pas la justice au nom d'un Etat quelconque, mais qu'ils n'en exercent pas moins une fonction juridictionnelle au service de la communauté internationale". (Our translation: the strong view held by international arbitrators that they do not render justice in the name of any state, but nonetheless perform a juridical function for the international community.)

60. Cass. 1e civ., 22 October 1991, *Compañía Valenciana de Cementos Portland S.A.* v. *Primary Coal*, in Fadlallah and Hascher (note 27), p. 235. (Our translation: in referring to "the body of rules of international commerce deriving from practice and sanctioned by national courts", the arbitral tribunal ruled at law, as the terms of reference required it to do.)

arbitration case law is composed of substantive rules, as opposed to conflict of law rules. By way of example, Motulsky wrote that

> "[u]ne manière de différencier les rapports juridiques internationaux des rapports internes consiste à appliquer des *règles de droit spéciales* à des telles situations. C'est M. Francescakis qui a récemment attiré l'attention sur le fait que 'le droit international privé ne saurait être tout entier contenu dans des règles de conflit', et qu'il existe des normes internes réglementant d'une façon particulière des relations juridiques ayant un caractère international. Le 'cas-type' est constitué par le traitement de faveur dont a bénéficié, au regard de l'interdiction des *clauses or*, le 'règlement international': prohibé dans les rapports internes, cette clause a été validé pour les rapports internationaux; et une plume autorisée a indiqué qu'il s'agissait bien, pour la jurisprudence, de consacrer une 'notion française d'un ordre juridique propre aux règlements ... internationaux' ... Dans le domaine de l'arbitrage international, ces deux 'marques de spécificité' ont imprégné la jurisprudence récente ..."[61].

56. *The language of the Court of Cassation.* The expressions used by the Court of Cassation in this regard are far from innocent. In the recitals of several major decisions the Court refers, for example, to *(i)* "the subject of international arbitration"[62]; *(ii)* the "international nature of the contract"[63]; *(iii)* "a substantive rule of international arbitration law"[64]; *(iv)* "international public policy"[65]; *(v)* "conditions

---

61. Motulsky (note 48), p. 321. (Our translation: one way of distinguishing international legal relations from internal relations is to apply special rules to such situations. It was Mr Francescakis who recently drew attention to the fact that "private international law cannot be completely covered by rules of conflict of law", that there are internal rules governing legal relations of an international nature in particular ways. The typical case is the favourable treatment given to international settlements when it comes to the prohibition of gold clauses: although prohibited in internal relations, such clauses have been validated for international relations; and one authority has indicated that, for the courts, this was the consecration of a "French notion of legal order peculiar to international ... settlements" ... In the field of international arbitration, these two 'marks of specificity' have permeated recent case law ...)

62. See, e.g., *Etablissements Gosset* v. *Carapelli* (note 47); Cass. 1re civ., 9 November 1993, *Bomar Oil* v. *E.T.A.P.*, in Fadlallah and Hascher (note 27); Cass. 1re civ., 25 May 1992, *Fougerolle* v. *Procofrance*, in Fadlallah and Hascher (note 27), p. 276.

63. Cass. 1re civ., 4 July 1972, *Hecht* v. *Sté Buisman's*, in Fadlallah and Hascher (note 27), p. 22; Cass. 1re civ., 14 June 1964, *Office national interprofessionnel des céréales* v. *Capitaine du S/S San Carlo*, in Fadlallah and Hascher (note 27), p. 54.

64. *Comité populaire de la municipalité de Khoms El Mergeb* v. *Dalico Contractors* (note 43), in Fadlallah and Hascher (note 27), p. 22.

65. *Office national interprofessionnel des céréales* v. *Capitaine du S/S San Carlo* (note 63).

in conformity with the customs of the sea" [66]; *(vi)* the "international subject matter" [67]; *(vii)* the "international arbitration clause" [68]; *(viii)* the "principles of international arbitration" [69]; or *(ix)* "international award which, as an international judicial decision, is not connected to any state legal order" [70]. The purpose of these formulae seems to have evolved over time. We believe there to be two main phases in this evolution.

57. *The Court of Cassation's distinction between internal and international.* Initially, these recitals sought to draw a distinction between the internal and international fields, so as not to apply to the latter the more restrictive rules applicable to internal matters. The *San Carlo* [71] and *Galakis* [72] rulings are perfect illustrations of this approach. In these cases, the Court of Cassation put aside the so-called internal prohibition that made it impossible for disputes involving public law corporations to be submitted to arbitration, making it possible in international matters. This initial approach would seem to apprehend the arbitral legal order as a branch of French private international law.

58. *The Court of Cassation's recognition of the existence of an arbitral legal order.* During the second phase, the Court of Cassation's formulae listed above were aimed at distinguishing between the state and international spheres, so as to make it clear that the source of international arbitration is not a branch of French private international law, but rather a non-state legal order of an international or transnational nature – namely, the arbitral legal order. This second approach can be seen particularly in the Court of Cassation's judgments authorising the enforcement in France of a foreign arbitral award that had been set aside in the country of the seat of the arbitration, notably *Putrabali* and *Ryanair* [73]. Like *lex mercatoria*, the arbitral legal order is said to be of a truly international nature.

---

66. Cass. 1ʳᵉ civ., 2 May 1966, *Trésor public* v. *Galakis*, in Fadlallah and Hascher (note 27), p. 55.
67. Cour d'appel [CA] Paris, 19 May 1993, *Labinal* v. *Mors et Westland*, in Fadlallah and Hascher (note 27), p. 76.
68. Cass. 1ʳᵉ civ., 6 February 2001, *Peavy Company* v. *Organisme général pour les fourrages et autres*, in Fadlallah and Hascher (note 27), p. 115.
69. Cass. 1ʳᵉ civ., 1 February 2005, *NIOC* v. *Etat d'Israël*, in Fadlallah and Hascher (note 27), p. 152.
70. *Sté PT Putrabali Adyamula* v. *Sté Rena* (note 41); *Sté Ryanair et al.* v. *Syndicat mixte des aéroports de Charente (SMAC) et al.* (note 46).
71. *Office national Interprofessionnel des Céréales* v. *Capitaine du S/S San Carlo* (note 63).
72. *Trésor public* v. *Galakis* (note 66).
73. *Sté PT Putrabali Adyamula* v. *Sté Rena* (note 41); *Sté Ryanair et al.* v. *Syndicat mixte des aéroports de Charente (SMAC) et al.* (note 46).

59. *Criticisms directed at the arbitral legal order.* The Court of Cassation's policy of distinguishing between domestic and international arbitration could be criticised, given that the prohibition on public law corporations submitting to arbitration, as laid down in the Civil Code [74], makes no distinction between the domestic and international spheres. Its distinction between the state and international spheres has in particular been criticised on the grounds that the Court of Cassation has no authority to create international legal rules [75]. One may rightly question on what legal basis the French Court of Cassation could establish an international or transnational arbitral legal order. Such criticism is unjustified, however, as it projects onto the language of the arbitral legal order a viewpoint taken from a different, more traditional, state-oriented language.

60. *The arbitral legal order does not derive from an international custom.* An idea put forward in some quarters is that in rulings like *Putrabali* and *Ryanair* the French Court of Cassation is merely confirming a pre-existing rule of international law [76]. The existence of an arbitral legal order is in this case considered to derive from an international custom. However, such a position is not backed up by a rigorous demonstration in terms of international law. We are not aware of anyone having provided empirical proof that an arbitral legal order results from repeated state recognition of the existence of such an order forming a practice that states consider to be binding on them *(opinio juris)*. In our view, this lack of practical proof exposes the fictional nature of the arbitral legal order.

61. *Axioms that alter reality.* In the end, the three axioms underlying case law's assertion of an arbitral legal order can be characterised as legal fictions, for they alter reality in order to construct a theoretical

---

74. Code civil, Art. 2060:

"On ne peut compromettre sur les questions d'état et de capacité des personnes, sur celles relatives au divorce et à la séparation de corps ou sur les contestations intéressant les collectivités publiques et les établissements publics et plus généralement dans toutes les matières qui intéressent l'ordre public. ... Toutefois, des catégories d'établissements publics à caractère industriel et commercial peuvent être autorisées par décret à compromettre."

(Our translation: No agreement can be made to submit to arbitration questions concerning the status and capacity of persons or divorce and legal separation, nor disputes concerning bodies governed by public law or, more generally, any matter concerning public policy . . . However, public law corporations of an industrial or commercial nature can be authorized by decree to enter into arbitration agreements.)

75. See, e.g., P. Mayer, Note on *Dalico, Revue critique de droit international privé* (1994), p. 663 *et seq.*

76. See, e.g., Fadlallah and Hascher (note 27), p. 30.

basis for French international arbitration law. Hence, the arbitral legal order itself can also be considered a legal fiction – a theoretical means (or "representation") of explaining legal precepts so that they can be generalised and classified.

62. *The arbitral legal order as an act of faith.* In addition to being of a fictional nature, the arbitral legal order can be considered an act of faith. Emmanuel Gaillard concluded:

> "[E]n présence de trois conceptions de l'arbitrage international qui, toutes, ont vocation à expliquer l'entier phénomène, on pourrait être tenté de se demander suivant quels critères il y aurait lieu de les départager. Une telle question n'aurait en réalité aucun sens s'agissant de représentations, de visions de l'institution qui, en tant que telles, relèvent du domaine de la croyance, sinon de la foi, et non de celui de la vérité scientifique. On n'insistera jamais assez sur le fait que, dans ce registre, il ne saurait être question de vrai ou de faux mais seulement de cohérent ou d'incohérent, d'efficace ou d'inefficace." [77]

63. *Faith.* If the representation of the arbitral legal order is to be considered a matter of belief or even faith, rather than scientific truth, then we first need to ponder the use of this word in the text quoted above. Indeed, an exploration of the concept of faith seems crucial to understanding Professor Gaillard's work more broadly. What exactly does faith mean in this context?

64. *Belief versus truth.* A good place to start is with a dictionary definition. The *Collins English Dictionary*, for instance, describes the word "faith" as "1. strong or unshakeable belief in something, esp. without proof or evidence" and "2. a specific system of religious beliefs" [78]. In contrast to scientific matters, where truth depends on proof or evidence, the representation of the arbitral legal order is to be considered a matter of "strong or unshakeable belief". From this it may be inferred that Professor Gaillard concludes his book by affirming his strong belief in the arbitral legal order.

---

77. See Gaillard (note 42), p. 209. (Our translation: faced with three conceptions of international arbitration all intended to explain the entire phenomenon, one is tempted to ask what criteria should be used to decide between them. There is in fact no point in asking such a question of representations, of visions of the institution, which belong to the realm of beliefs, if not indeed faith, and not to that of scientific truth. It cannot be emphasized enough that, in this register, there can be no question of what is true or false, but only of what is coherent or incoherent, effective or ineffective.)

78. *Collins English Dictionary*, 13th ed. (2018), p. 706.

65. *Arbitral legal order as a legal reality.* Such an affirmation may seem surprising, for we may have had the impression that the arbitral legal order is a reality or, at the very least, the outcome of an empirical demonstration. Professor Gaillard, however, seems to be telling his reader that it would be wrong to think so. The arbitral legal order can at best be a legal reality in the eyes of French international arbitration law, but not through empirical demonstration. Rather, it is the product of a theoretical construction, akin to the constructions one finds in philosophy or geometry.

66. *Corollaries of the nature of the arbitral legal order.* Based on these premises, Professor Gaillard infers four corollaries from the nature of the arbitral legal order.

- First, a representation of international arbitration such as the arbitral legal order cannot be right or wrong; there is no such thing as a *right* representation of international arbitration. More generally, the law and its concepts do not belong to the realm of natural science.
- Second, rather than being right or wrong, a representation of international arbitration such as the arbitral legal order can be coherent or incoherent; in other words, a representation of international arbitration is ultimately a legal theory built on premises that may be consistent or inconsistent with each other. Implicit in Professor Gaillard's concluding statement is that a coherent representation of international arbitration, such as is embodied in the arbitral legal order, is to be preferred to one that is incoherent.
- Third, rather than being right or wrong, a representation of international arbitration such as the arbitral legal order can be efficient or inefficient. Turing again to our dictionary, we find that "efficient" is defined as "functioning or producing effectively and with the least waste of effort; competent"[79]. The efficiency of a representation of international arbitration could, and perhaps should, be measured against its ability to strengthen international arbitration in its struggle for survival.
- Fourth, Professor Gaillard suggests that arbitration laws should come to embrace the representation of the arbitral legal order. This may betray some bias on his part, but that, in our view, is inevitable: most biases are after all brought on by our beliefs and, crucially, beliefs are inexorably part of the human condition.

---

79. *Ibid.*, p. 631.

67. *An act of belief entailing practical consequences.* Be that as it may, a good way of assessing the effects of this act of faith is to turn to the operational legal fictions that are the corollaries of the foundational premises underlying the theory of the arbitral legal order.

(b) *The operational legal fictions in the language of French international arbitration law*

68. *A principle and several rules.* To be effective, the arbitral legal order needs to have content that can be applied in specific cases. Developments in French case law on international arbitration would seem to indicate that the arbitral legal order consists of a principle and several essential rules deriving from that principle. It should be pointed out, however, that the distinction the French courts draw between *principe* and *règles* does not correspond to that found in the works of legal theorists. Rather, it reflects the importance of the principle, from a pragmatic standpoint, compared to the rules derived from it.

69. *The principle of the validity of an international arbitration agreement.* To begin with, the principle around which the content of the arbitral legal order turns is that of the validity of international arbitration agreements. The content of this principle was defined by the Court of Cassation even before its name was coined.

70. *The content of the principle of the validity of an international arbitration agreement in French law.* The content of this principle was defined by the Court of Cassation in its *Hecht* and *Dalico* judgments. The *Hecht* ruling stated:

> "ayant relevé le caractère international du contrat qui liait les parties et rappelé qu'en matière d'arbitrage international l'accord compromissoire présente une complète autonomie, l'arrêt attaqué en a justement déduit que la clause litigieuse devait en l'espèce recevoir application" [80].

The *Dalico* judgment, on the other hand, went much further and explained:

> "en vertu d'une règle matérielle du droit international de l'arbitrage, la clause compromissoire est indépendante juridiquement du

---

80. *Hecht* v. *Sté Buisman's* (note 63), pp. 21, 22. (Our translation: having noted the international nature of the contact between the parties and recalled that in international arbitration the agreement to submit to arbitration is completely autonomous, the challenged judgment correctly concluded that the clause at issue in this case should be applied.)

contrat principal qui la contient directement ou par référence et que son existence et son efficacité s'apprécient, sous réserve des règles impératives du droit français et de l'ordre public international, d'après la commune intention des parties, sans qu'il soit nécessaire de se référer à une loi étatique" [81].

According to this case law, the principle of the validity of an international arbitration agreement thus means that an international arbitration agreement is presumed to be valid unless one of the parties shows that it is contrary to *(i)* the common will of the parties, *(ii)* mandatory provisions of French law or *(iii)* international public policy.

71. *The principle of the validity of an international arbitration agreement as a legal fiction.* If the principle of the validity of international arbitration agreements is a legal fiction, then it would seem that this legal fiction can be likened to a legal presumption, more specifically a *praesumptio juris tantum*, since the application of the principle can be rebutted if one of the parties shows that the international arbitration agreement is contrary to *(i)* the common will of the parties, *(ii)* mandatory provisions of French law or *(iii)* international public policy.

72. *The principle's designation.* It was on 5 January 1999 in the Court of Cassation's ruling in *Zanzi* that the principle was first given a name, in the following terms:

"Vu le principe de validité de la clause d'arbitrage international, sans condition de commercialité, et celui selon lequel il appartient à l'arbitre de statuer sur sa propre compétence." [82]

73. *The foundation stone of French international arbitration.* Hence, leaving aside the axioms described above [83], the foundation stone of French international arbitration law is the legal fiction according to which, save in exceptional circumstances, an international arbitration

---

81. *Comité populaire de la municipalité de Khoms El Mergeb* v. *Dalico Contractors* (note 43), pp. 22, 23. (Our translation: by virtue of a substantive rule of international arbitration law, the arbitration clause is legally separate from the main contract in which it is incorporated directly or by reference, and its existence and effectiveness are judged, subject to the mandatory rules of French law and international public policy, in the light of the common intent shared by the parties and without any need to refer to state law.)

82. *M. Zanzi ès qualités* v. *M. de Coninck et autres* (note 43), p. 23. (Our translation: Given the principle of the validity of an international arbitration clause, without any commercial conditions, and the principle according to which it is for arbitrators to rule on their own jurisdiction.)

83. See paras. 39-67 above.

agreement is always valid. It would seem that the word "principle" is used here to dogmatic ends.

74. *The fundamental rules of the arbitral legal order.* Secondly, according to French case law, the fundamental rules of the arbitral legal order, whether they be understood as logical presuppositions or as corollaries of the principle of the validity of an international arbitration agreement, include: *(i)* the autonomy or separability of an international arbitration agreement [84]; *(ii)* the principle of *Kompetenz-Kompetenz* [85]; *(iii)* the capability of public law corporations to submit to arbitration, otherwise referred to as subjective arbitrability [86]; *(iv)* the validity of

---

84. *Etablissements Gosset* v. *Carapelli* (note 47), p. 14:

"en matière d'arbitrage international, l'accord compromissoire, qu'il soit conclu séparément ou inclus dans l'acte juridique auquel il a trait, présente toujours, sauf circonstances exceptionnelles qui ne sont pas alléguées en la cause, une complète autonomie juridique, excluant qu'il puisse être affecté par une éventuelle invalidité de cet acte".

Hecht v. *Sté Buisman's* (note 63), p. 22:

"ayant relevé le caractère international du contrat qui liait les parties et rappelé qu'en matière d'arbitrage international l'accord compromissoire présente une complète autonomie";

Comité populaire de la municipalité de Khoms El Mergeb v. *Dalico Contractors* (note 43), p. 22:

"en vertu d'une règle matérielle du droit international de l'arbitrage, la clause compromissoire est indépendante juridiquement du contrat principal qui la contient directement ou par référence et que son existence et son efficacité s'apprécient, sous réserve des règles impératives du droit français et de l'ordre public international, d'après la commune volonté des parties, sans qu'il soit nécessaire de se référer à une loi étatique".

85. *M. Zanzi ès qualités* v. *M. de Coninck et autres* (note 43), p. 23:

"Vu le principe de validité de la clause d'arbitrage international, sans condition de commercialité, et celui selon lequel il appartient à l'arbitre de statuer sur sa propre compétence ... il en résulte que la juridiction étatique est incompétente pour statuer, à titre principal, sur la validité de la clause d'arbitrage, et que l'article 2061 du Code civil est sans application dans l'ordre international."

86. *Office national interprofessionnel des céréales* v. *Capitaine du S/S San Carlo* (note 63), p. 54:

"si la prohibition résultant des articles 83 et 1004 du code de procédure civile est d'ordre public interne, elle n'est pas d'ordre public international et ne met pas obstacle à ce qu'un établissement public soumette, comme pourrait le faire tout autre contractant, la convention de droit privé qu'il passe à une loi étrangère admettant la validité de la clause compromissoire, lorsque ce contrat revêt le caractère d'un contrat international";

Trésor public v. *Galakis* (note 66), p. 55:

"la prohibition dérivant des articles 83 et 1004 du Code de procédure civile ne soulève pas une question de capacité au sens de l'article 3 du Code civil; ... la cour d'appel avait seulement à se prononcer sur le point de savoir si cette règle, édictée pour les contrats internes, devait s'appliquer également à un contrat international

an arbitration agreement by reference [87]; *(v)* the transferability of an arbitration agreement [88]; *(vi)* the preclusion of any denial of justice [89]; *(vii)* the possibility of requesting that an award resulting from an international arbitration be amended [90]; and *(viii)* the possibility of enforcing in France a foreign arbitral award that has been set aside in its country of origin [91]. The fictional nature of four of these rules calls for some brief comments.

---

passé pour les besoins et dans des conditions conformes aux usages du commerce maritime; ... l'arrêt attaqué décide justement que la prohibition susvisée n'est pas applicable à un tel contrat et que, par suite, en déclarant valable la clause compromissoire souscrite ainsi par une personne morale de droit public, la cour d'appel ... a légalement justifié sa décision".

87. *Bomar Oil* v. *E.T.A.P.* (note 63), p. 93:

"en matière d'arbitrage international, la clause compromissoire par référence écrite à un document qui la contient, par exemple des conditions générales ou un contrat-type, est valable, à défaut de mention dans la convention principale, lorsque la partie à laquelle la clause est opposée, a eu connaissance de la teneur de ce document au moment de la conclusion du contrat, et qu'elle a, fût-ce par son silence, accepté l'incorporation du document au contrat".

88. *Peavy Company* v. *Organisme général pour les fourrages et autres* (note 68), p. 115:

"Vu l'article 1492 du nouveau Code de procédure civile ... dans une chaîne homogène de contrats translatifs de marchandises, la clause d'arbitrage international se transmet avec l'action contractuelle, sauf preuve de l'ignorance raisonnable de l'existence de cette clause."

89. *NIOC* v. *Etat d'Israël* (note 69), p. 152:

"l'impossibilité pour une partie d'accéder au juge, fût-il arbitral, chargé de statuer sur sa prétention, à l'exclusion de toute juridiction étatique, et d'exercer ainsi un droit qui relève de l'ordre public international consacré par les principes de l'arbitrage international et l'article 6.1 de la Convention européenne de droits de l'homme, constitue un déni de justice qui fonde la compétente internationale du président du tribunal de grande instance de Paris, dans la mission d'assistance et de coopération du juge étatique à la constitution d'un tribunal arbitral, dès lors qu'il existe un rattachement avec la France".

90. *Fougerolle* v. *Procofrance* (note 62), p. 276:

"il résulte des principes généraux du droit en matière de fraude que, nonobstant l'exclusion du recours en révision par l'article 1507 du nouveau Code de procédure civile, la rétractation d'une sentence rendue en France en matière d'arbitrage international doit être, exceptionnellement, admise en cas de fraude lorsque le tribunal arbitral demeure constitué après le prononcé de la sentence (ou peut être à nouveau réuni)".

91. *Sté PT Putrabali Adyamula* v. *Sté Rena* (note 41), p. 325:

"la sentence internationale, qui n'est rattachée à aucun ordre juridique étatique, est une décision de justice internationale dont la régularité est examinée au regard des règles applicables dans le pays où sa reconnaissance et son exécution sont demandées; qu'en application de l'article VII de la Convention de New York du 10 janvier 1958, la société Rena Holding était recevable à présenter en France la sentence rendue à Londres le 10 avril 2001 conformément à la convention d'arbitrage et au règlement de l'IGPA, et fondée à se prévaloir des dispositions

75. *The legal fiction of the autonomy of the arbitration agreement.* Firstly, as already demonstrated [92], the rule of the autonomy of arbitration agreements is a legal fiction: it assumes that the arbitration agreement is a contract separate from the main contract, even though it is not.

76. *Misuse of the legal fiction of the autonomy of the arbitration agreement.* Moreover, the question of misuse of this legal fiction – that is to say, its use outside or beyond its purpose – has already been resolved by the French courts. In its *ABS* judgment, for example, the Court of Cassation held that the autonomy of the arbitration agreement does not mean that an arbitration clause contained in the main contract must be assigned separately from the main contract. In the words of the Court,

> "dans une chaîne de contrats translatifs de propriété, la clause compromissoire est transmise de façon automatique en tant qu'accessoire du droit d'action, lui-même accessoire du droit substantiel transmis, sans incidence du caractère homogène ou hétérogène de cette chaîne" [93].

The adage "the accessory follows the fate of the principal" can therefore be considered a check on misuse of the legal fiction of the autonomy of the arbitration agreement.

77. *The legal fiction of the principle of* Kompetenz-Kompetenz. Next, there can be no doubt that, as a means of strengthening the independence of the arbitral system of justice – that is to say, protect it against interference from the state system of justice – the rule of the autonomy of the arbitration agreement is not enough. After all, a party wishing to obstruct arbitral justice would simply need to argue that the arbitration agreement itself (and not just the main contract) was non-existent or void. Hence, as a complement to the rule of the autonomy of the arbitration agreement, the rule (French courts prefer the term "principle" [94]) of *Kompetenz-Kompetenz* gives arbitrators the power to

---

du droit français de l'arbitrage international, qui ne prévoit pas l'annulation de la sentence dans son pays d'origine comme cause de refus de reconnaissance et d'exécution de la sentence rendue à l'étranger".

92. See para. 8 above.
93. Cass. 1re civ., 27 March 2007, *Revue de l'arbitrage*, 2007, p. 785, note J. El Adhab. (Our translation: in a chain of contracts assigning ownership, an arbitration clause is automatically transferred as an adjunct to the cause of action, which is itself an adjunct to the substantive right assigned, regardless of the chain's homogeneity or heterogeneity.)
94. *M. Zanzi ès qualités* v. *M. de Coninck et autres* (note 43), p. 23:
> "Vu le principe de validité de la clause d'arbitrage international, sans condition de commercialité, et celui selon lequel il appartient à l'arbitre de statuer sur sa

decide any dispute relating to the existence, validity or scope of the arbitration agreement itself.

78. *The fictional nature of the principle of* Kompetenz-Kompetenz. The so-called *Kompetenz-Kompetenz* principle is a legal fiction, for if, as is maintained, the source of the arbitrators' powers lies in the will of the parties expressed in the arbitration agreement, then how can arbitrators decide disputes concerning the existence or validity of the very source of their powers? The language of arbitration law acts *as if* the arbitrators' powers flowed from the arbitration agreement, but this is not the case with the *Kompetenz-Kompetenz* principle, which in fact is established by law and does not derive from the arbitration agreement. In the field of arbitration, the autonomy of the will is not absolute but has the value given to it by the law. It is in the end difficult for the arbitration agreement to escape the confines of the rather rigid notion of contract.

79. *The paradox of legal fictions.* It is remarkable, to say the least, that the language of international arbitration should need to resort to the detour of legal fictions such as the autonomy or separability of the arbitration agreement or the *Kompetenz-Kompetenz* principle in order to establish the power of arbitrators to decide all disputes pertaining to the existence, validity or scope of both the main contract and the arbitration agreement itself. Would it not have been easier simply to affirm that power directly?

80. *The legal fiction of subjective arbitrability.* Further, the solution the *Galakis* judgment found to the question of the capability of public law corporations to submit to arbitration is highly ingenious, due to the legal fiction on which it is premised.

81. *The basic legal reality concerning the capability of public law corporations to submit to arbitration*[95]. In some national legal systems, the capability of public law corporations to submit to arbitration is legally framed as a question of capacity. This is dictated by the formalism of contract law. It means that, when faced with allegations that such entities are incapable of submitting to arbitration, it is necessary to apply the personal status of those entities – that is, the law of the state

---

propre compétence ... il en résulte que la juridiction étatique est incompétente pour statuer, à titre principal, sur la validité de la clause d'arbitrage, et que l'article 2061 du Code civil est sans application dans l'ordre international."

95. On legal fictions relating to international commercial arbitrations involving public sector legal entities, see, e.g., E. Silva Romero, "'Legal Fictions' in the Language of International Commercial Arbitration Involving States and State Entities", *Revue des juristes de Sciences Po*, No. 20, 2021, p. 118 *et seq*.

whose nationality they hold or in which they are established. Needless to say, in practice, when the law governing public law corporations was applied to such allegations, it invariably led to the arbitration agreement being found void and, thus, to a finding that the arbitral tribunal lacked jurisdiction.

82. *The creation of a legal fiction through a different legal characterisation of the problem posed.* Once the capability of public law corporations to submit to arbitration is understood not as a matter of capacity but as one of subjective arbitrability [96], the law applicable to allegations of the public law corporation's incapability of submitting to arbitration can be a different law from that of the state whose nationality the corporation possesses. Characterising the matter as a question of subjective arbitrability leads to the finding – favourable to international arbitration – that the law applicable to its resolution is the law governing the arbitration agreement. If that law turns out to be different from the law of the state whose nationality the public law corporation possesses, it is feasible that the arbitral tribunal could dismiss the allegations of the corporation's incapability of submitting to arbitration. Subjective arbitrability can in this respect be considered a strategic notion.

83. *The fictional nature of the strategy of recharacterising the question of the capability of public law corporations to submit to arbitration.* The word "strategic" immediately brings to mind the fictional nature of subjective arbitrability. As previously described, subjective arbitrability is indeed a legal fiction insofar as the revised characterisation of the question of the capability of public law corporations to submit to arbitration denies the legal reality according to which, under contract law, the question is a problem of capacity. In other words, creating a category labelled "subjective arbitrability" flies in the face of the legal characterisation to which reference would normally be made when addressing the problem of the capability of public law corporations to submit to arbitration.

84. *The rule of good faith.* Just as the principle of *Kompetenz-Kompetenz* complements the rule of the autonomy of the arbitration agreement, so subjective arbitrability is complemented by the rule preventing a public law corporation from relying on its own law (or its domestic law) to avoid being bound by an international arbitration

---

96. See, e.g., E. Gaillard and J. Savage, *Fouchard Gaillard Goldman on International Commercial Arbitration*, Kluwer Law International, 1999, p. 313 *et seq.*

agreement[97]. It may happen that a public law corporation has the nationality of the state in which the arbitration is seated and that, as a result, the law applicable to its capacity and the law applicable to the arbitration agreement, and thus to subjective arbitrability, are one and the same. Hence the need for this so-called good faith rule.

85. *The fictional nature of the good faith rule.* The good faith rule is fictional, not only on account of its basis but also with respect to its application. As regards its application, it is a legal fiction insofar as it seems to establish an unrebuttable, or *juris et de jure*, presumption. Yet, what if the private party against which a provision of domestic law prohibiting the public law body from submitting to arbitration is invoked knew, or should have known, of the existence of such a prohibition? Would it not be a misuse of the good faith rule to treat the legal fiction as an unrebuttable, or *juris et de jure*, presumption? As far as its basis is concerned, ICC arbitral awards are notably undecided when it comes to determining the basis of the good faith rule[98]. While for some arbitral tribunals this rule has its basis in international public policy, for others, more faithful to the idea of *lex mercatoria*, the basis of the rule whereby a public law corporation cannot invoke its own law (or domestic law) in order not to be bound by an arbitration agreement could not be anything other than the good faith principle. In any event, the expressions "the rule forms part of international public policy" and "the rule derives from the good faith principle" are both of a fictional nature insofar as, to our knowledge, neither has been proven as legal reality.

86. *The fight against denials of justice.* Lastly, the French arbitral legal order's hostility to denials of justice is interesting to note. The *NIOC* judgment laid down the rule that denials of justice should be avoided to every possible extent. It is worth noting that in this respect

---

97. On this legal presumption, see, e.g., European Convention on International Commercial Arbitration, Geneva, 21 April 1961, Art. II; J. Paulsson, "May a State Invoke its Internal Law to Repudiate Consent to International Commercial Arbitration? Reflections on the *Benteler* v. *Belgium* Preliminary Award", *Arbitration International*, Vol. 2 (1986), p. 90; CA Paris, 17 December 1991, *Sté Gatoil* v. *NIOC*, *Revue de l'arbitrage*, 1993, p. 281, note H. Synvet; Swiss Private International Law Act, 18 December 1987, Art. 177 (2).

98. See, e.g., E. Silva Romero, "Some Remarks on the Contribution of ICC Arbitrators to the Development of International Commercial Arbitration Involving States and State Entities", in A. Carlevaris, L. Lévy, A. Mourre and E. Schwartz (eds.), *International Arbitration Under Review: Essays in Honour of John Beechey*, ICC, 2015.

the legal fiction of the arbitral legal order seems to fulfil the role of equity.

87. *The rule of the arbitration agreement's extension to non-signatory parties.* Indeed, one may well wonder whether France's renowned case law on the extension of the arbitration agreement to parties that have not signed it could – especially in its most recent iteration – be considered a legal fiction created pursuant to this essential rule of the arbitral legal order that seeks to prevent denials of justice [99].

88. *The fictional nature of the arbitration agreement's extension to non-signatory parties.* It is precisely the word "extension" that reveals the fictional nature of the extension of the arbitration agreement to parties that have not signed it. It would appear to contradict legal reality, for *sensu stricto* there can be no extension of a contract to a non-signatory party: either a party is party to the contract, or it is not [100].

89. *Legal fictions aimed at reinforcing the language of arbitration.* It should be noted that the four corollaries described above seek to extend the scope of arbitration and, in so doing, to strengthen it. At the end of the day, if the arbitral legal order is considered as the procedural arm of *lex mercatoria*, then its principle and its essential rules can arguably be considered corollaries of the two major principles of *lex mercatoria* – namely, *pacta sunt servanda* and good faith [101].

90. *Are the legal fictions in the language of French arbitration law necessary?* There is no denying that legal fictions are in part arbitrary, for they are linguistic remedies which, with no apparent logic, maladroitly fill gaps or unashamedly correct injustices. Despite their imperfections [102], these legal fictions in the language of French arbitration law nonetheless seem to play a necessary role in consolidating so fragile an institution as arbitration. In other words, the defence of arbitration [103] inexorably requires the creation of legal fictions.

91. *Legal fictions as a means of fighting for arbitration's survival.* For instance, after *Prunier* it was necessary, not just for time to pass, but for France to ratify the Geneva Protocol of 1923 on the validity

---

99. See, e.g., P. Mayer, "The Extension of the Arbitration Clause to Non-Signatories: The Irreconcilable Positions of French and English Courts", *American University International Law Review*, Vol. 27 (2012), p. 831 *et seq.*
100. See B. Hanotiau, *Complex Arbitrations: Multi-Party, Multi-Contract and Multi-Issue*, 2nd ed., Kluwer Law International, 2020, para. 7.
101. See, e.g., Fadlallah and Hascher (note 27), p. 241 (Note on *Valenciana*).
102. See Duméril (note 11), p. 16.
103. On the philosophy of living law, see, e.g., R. von Jhering, *La lutte pour le droit*, Dalloz, 2006, pp. 1-15.

of arbitration clauses and for new legislation to be enacted before arbitration reappeared in the French legal order. Arbitration has always had to fight for its survival in a world where states have a monopoly on the administration of justice and are thus alone in being able to help or hinder international arbitration through their legislative, executive and judicial bodies. The international or transnational nature of the arbitral legal order serves to protect international arbitration against attacks from the public powers of states, for if the arbitral legal order is international or transnational, then it remains unaffected by state laws, decrees and judicial decisions. In this respect, the theoretical construct of the arbitral legal order proves to be a highly effective act of faith.

92. *Legal fiction and aesthetics.* Such an act of faith belongs to the realm of imagination. It has to be acknowledged that of the various theoretical constructs potentially underlying arbitration law, the construct of the arbitral legal order, with its axioms, its principle, and its rules, including its legal fictions, is doubtless the most aesthetic, distinguished by its finesse. It is our view for this reason that a fair number of international arbitration practitioners have espoused it in their endeavour to defend the institution of international arbitration in its constant struggle for survival.

93. *The contrasting ICSID arbitral legal order.* If there is one arbitration system to which the theory of the arbitral legal order lends itself particularly well, it is that of the International Centre for Settlement of Investment Disputes (ICSID). As a matter of positive law, the ICSID Convention establishes an autonomous arbitration system (including an annulment proceeding) that derives its legal force from an international treaty. By contrast, France's arbitral legal order has been developed through case law and jurisprudence. From a positive law perspective, it therefore lacks a clear codified source. A comparison between the arbitral legal orders of ICSID and the French international arbitration regime shows that, from a positive law perspective, the latter lacks a clear source insofar as it has been developed through case law and jurisprudence. As already indicated [104], it is questionable whether the French Court of Cassation is vested with the power to create an autonomous arbitral legal order.

94. *Legal fiction turned myth.* The history of international arbitration is marked by the institution's struggle for survival. It is arguable that the best defence against the many attacks from its opponents, and

---

104. See para. 59 above.

especially state powers, is for it to detach itself from national legal orders. By creating a legal order of its own, the institution gives itself independence *vis-à-vis* the public powers of hostile states and the actions they might undertake to oppose it, such as the setting aside of arbitral awards by national courts for far-fetched or egregious reasons. A legal fiction vested with the power of a myth, the theory of the arbitral legal order works to elevate international arbitration and the awards it produces into a self-contained sphere where their validity is all but assured. The theory could, we believe, be further reinforced if it were combined with Wittgenstein's concept of "form of life".

3. Arbitration as a "form of life"

95. *Arbitration, a "form of life".* We postulate that Wittgenstein's notion of "form of life" may serve as a more convincing axiom to underpin the concept of an arbitral legal order than are the combined theories of the *societas mercatorum*, *lex mercatoria*, and international arbitrators as the natural judges of the *societas mercatorum*. Wittgenstein's form of life would seem to provide an appropriate context for explaining the conceptualisation of an arbitral legal order.

96. *The context of international arbitration.* According to Wittgenstein, context is everything[105]. To illustrate this, let us imagine the proverbial Ancient Man magically transplanted into the arbitration world[106]. Besides his surprise at seeing how the members of the arbitration community look and, more generally, interact[107], the Ancient Man is particularly bewildered by the language they use so insistently[108]. For the Ancient Man, the words, sentences and propositions delivered with so much aplomb by the members of that community are mere noise; he simply cannot attribute any meaning to the utterances he hears, like "arbitration", "arbitrator", "arbitration agreement", "autonomy of

---

105. See, e.g., L. Wittgenstein, *Philosophical Investigations*, Blackwell, 1998, paras. 181, 334, 525, 539, 583, 652, 686 and pp. 188, 211, 217.

106. Whether, in the arbitration language-game, there is a difference between the "world" and the "field" of arbitration is an open question.

107. What, for instance, is he likely to make of the interjections so typical of arbitration hearings – "Objection!", "Yes or no?", "We reserve all our rights", etc.? This reminds me of a hearing in which a leading member of an indigenous community in Latin American indigenous appeared as a witness. In his cosmology, there was no term comparable to "individual" in our language. He consequently addressed the arbitral tribunal and each of its members as "Mister Tribunal".

108. It is indeed a fascinating exercise to try to understand what a group of people speaking a language one does not know may be saying by interpreting their physical expressions and body language.

the arbitration agreement", "competence-competence", "arbitral legal order" or *"lex mercatoria"*. Nor can he understand the many factual and legal arguments adduced during the proceedings. The Ancient Man might at best be amused by the way in which members of the arbitration community move their lips [109], and even their arms and hands when prone to histrionics. The language of arbitration means nothing to him because he does not understand its *context* [110]. To the Ancient Man, the arbitrator is like Wittgenstein's lion [111]: the arbitrator's language is incomprehensible for want of the necessary contextual knowledge [112].

97. *The misunderstood rule of the autonomy of the arbitration agreement.* Another example, this time from the language of arbitration, may help to advance our argument. The proposition to be tested is this: many legal professionals do not fully understand the purpose of the rule that asserts the autonomy of the arbitration agreement, because they do not fully comprehend its context. It is not that the arbitration agreement is in all circumstances autonomous or separate from the main contract (i.e. the contract which in most instances contains the arbitration clause). The rule applies only when one of the parties in an arbitration alleges that the main contract does not exist or is somehow invalid. In other words, the purpose of the rule is to give the arbitral tribunal the power to determine allegations relating to the existence or validity of the main contract. One of its consequences, therefore, is that there is no need to assign the arbitration clause separately from the main contract, for the rule is not intended to govern the circulation of the arbitration agreement; this is not its purpose.

98. *"Context" and "purpose" are related terms.* The much-used expression "autonomy of the arbitration agreement" is often misleading, however. The rule embodied in this expression is frequently explained as meaning that the arbitration agreement is autonomous and independent of the main contract, period. Yet this overlooks the *purpose*, or *context*, of the rule – an oversight exacerbated in French arbitration case law by adding, as a corollary to this rule, that a different

---

109. See Pink Floyd, "Comfortably Numb": "Your lips move, but I cannot hear what you're saying."
110. The same could be said of some judges in certain countries, and it could even be questioned whether all arbitration practitioners are sufficiently conversant with the context of arbitration.
111. Wittgenstein (note 105), p. 223: "If a lion could talk, we could not understand him."
112. It is worth noting that one is often able to understand what a person is saying, not through the meanings the words have, but through the context in they are uttered.

law from that applicable to the main contract may be applied to the arbitration clause [113]. On this basis, one may be tempted to infer the absolute or logical nature of the rule. However, it would be wrong to draw such a conclusion, for the language of arbitration is not a logical system.

99. *A legal fiction is not a logical proposition.* Like many other propositions in the language of arbitration, the rule, or principle, of the autonomy of the arbitration agreement is a legal fiction. It is a handy ladder, a shortcut in the reasoning underlying the language of arbitration. It acquires meaning, not from a logical correspondence between language, thought and reality, but from the context, purpose or form of life of arbitration. In short, it is a tool dreamt up by the adherents of arbitration to strengthen the credibility of arbitration in its ongoing struggle for survival [114].

100. *A form of life.* What, then, is the *context* of the language of arbitration? Wittgenstein might have responded that the language-game of arbitration reflects arbitration's form of life. That said, form of life is a mysterious concept in Wittgensteinian philosophy. In his *Philosophical Investigations*, Wittgenstein wrote:

> "It is easy to imagine a language consisting only of orders and reports in battle. Or a language consisting only of questions and expressions for answering yes and no. And innumerable others. And to imagine a language means to imagine a form of life." [115]

Applying Wittgenstein's words to arbitration, we can say that when we think of the language of arbitration, we are thinking of arbitration's context – that is to say, its underlying form of life. This, however, begs the question of what we mean by arbitration's form of life.

101. *Evolving forms of life.* What Wittgenstein meant by language-games and form of life becomes clearer from the following passage in *Philosophical Investigations*:

---

113. *Comité populaire de la municipalité de Khoms El Mergeb* v. *Dalico Contractors* (note 43), p. 22:

"en vertu d'une règle matérielle du droit international de l'arbitrage, la clause compromissoire est indépendante juridiquement du contrat principal qui la contient directement ou par référence et que son existence et son efficacité s'apprécient, sous réserve des règles impératives du droit français et de l'ordre public international, d'après la commune volonté des parties, sans qu'il soit nécessaire de se référer à une loi étatique".

114. See Chap. I, Sec. B above.
115. Wittgenstein (note 105), pp. 8, 9. This is one of those mysterious paragraphs which founded Wittgenstein's second philosophy.

"But how many kinds of sentence are there? Say assertion, question, and command? – There are *countless* kinds: countless different kinds of use of what we call 'symbols', 'words', 'sentences'. And this multiplicity is not something fixed, given once for all; but new types of language, new language-games, as we may say, come into existence, and others become obsolete and get forgotten. (We can get a *rough picture* of this from the changes in mathematics.)

Here the term *'language-game'* is meant to bring into prominence the fact that the *speaking* of language is part of an activity, or of a form of life.

Review the multiplicity of language-games in the following examples, and in others:

Giving orders, and obeying them

Describing the appearance of an object, or giving its measurements

Constructing an object from a description (a drawing)

Reporting an event

Speculating about an event.

Imagine a picture representing a boxer in a particular stance. Now, this picture can be used to tell someone how he should stand, should hold himself; or how he should not hold himself; or how a particular man did stand in such-and-such a place; and so on. One might (using the language of chemistry) call this picture a proposition-radical. This will be how Frege thought of the 'assumption'.

Forming and testing a hypothesis

Presenting the results of an experiment in tables and diagrams

Making up a story; and reading it

Play-acting

Singing catches

Guessing riddles

Making a joke; telling it

Solving a problem in practical arithmetic

Translating from one language into another

Asking, thanking, cursing, greeting, praying.

– It is interesting to compare the multiplicity of the tools in language and of the ways they are used, the multiplicity of kinds of word and sentence, with what logicians have said about the structure of language. (Including the author of the *Tractatus Logico-Philosophicus*.)" [116]

Three major conclusions can be drawn from the quotation above.

- First, the use of a language, such as the language of arbitration, is part of an activity or form of life (there remains the question of what activity or form of life underlies the language of arbitration). According to Wittgenstein's later philosophy, language-games acquire meaning from the interpretation of their underlying forms of life. So we cannot understand the arbitration language-game without first interpreting and understanding arbitration's form of life.
- Second, language is not a singularity. There are as many language-games as there are forms of life. According to the idea of language advanced by Wittgenstein in his earlier philosophy (as expressed in his *Tractatus Logico-Philosophicus*), the language of arbitration is but one of many language-games. The fact that in the eyes of some it stands out as having particular importance does not mean that it actually is important. Moreover, there may be several different arbitration language-games. This idea is, in my view, perfectly captured by the term "representations" of arbitration used by Emmanuel Gaillard[117].
- Thirdly, language-games are living phenomena; as such, they cannot be reduced to a single logical (not to say mathematical) model. Language-games may change over time as the forms of life underlying them evolve. The question that then arises is whether, despite these inevitable changes from which arbitration language-games are not exempt, some common threads or trends can be seen to run through the different arbitration language-games.

102. *The two Wittgensteins.* A short parenthesis is necessary at this point. The development in Wittgenstein's own thought provides the perfect key to understanding the nature of language, including arbitration's language. Early Wittgenstein theory, articulated in his book *Tractatus Logico-Philosophicus* [118], attempted to demonstrate that language was the expression of thinking, which in turn was a picture of reality – in other words, that language, thinking and reality should

---

116. *Ibid.*, para. 23, pp. 11, 12.
117. See Gaillard (note 42).
118. L. Wittgenstein, *Tractatus Logico-Philosophicus*, tr. D. F. Pears and F. McGuiness, Routledge, 2001.

match. Hence, only one language – determined by reality – could logically exist. Experience, however, led Wittgenstein to conclude that this was not the case. In his later *Philosophical Investigations* he thus advanced a different theory, arguing that there were multiple language-games reflecting different forms of life. For the later Wittgenstein, the language described in the *Tractatus* was but one language-game among many others [119].

103. *Form of life defined.* Before going any further, it would be helpful to define what is meant by form of life. Several books have been written on the subject [120], and they reveal that there is much disagreement among Wittgenstein specialists over what the concept means. Without wishing to go further into these quarrels, which would be beside the point here, we would simply draw attention to words by Stanley Cavell quoted in Kishik's commentary, according to which our ability to understand language is due to

> "our sharing routes of interest and feeling, modes of response, senses of humor and of significance and of fulfilment, of what is outrageous, of what is similar to what else, what a rebuke, what forgiveness, of when an utterance is an assertion, when an appeal, when an explanation – all the whirl of organism Wittgenstein calls 'form of life'. Human speech and activity, sanity and community, rest upon nothing more, but nothing less, than this. It is a vision as simple as it is (and because it is) terrifying" [121].

It is worth noting that forms of life as described here are made up of, among other things, sentiments and feelings. It follows, therefore, that any account of the nature and contours of arbitration's form of life cannot be an exact science. Hence, in this study, the most precise we can be is to describe as objectively as possible our own beliefs.

104. *Two propositions put briefly to the test.* With this caveat in mind and on the basis of the two extracts from *Philosophical Investigations* quoted and commented upon above, two propositions concerning arbitration's language-games can now be tested. They are *(i)* that each and every arbitration language-game reflects a form of life (Section

---

119. Wittgenstein (note 105), para. 23, pp. 11, 12.
120. See, e.g., O. Hanfling, *Wittgenstein and the Human Form of Life*, Routledge, 2002; D. Kishik, *Wittgenstein's Form of Life*, Continuum International Publishing Group, 2008; C. Martin (ed.), *Language, Form(s) of Life, and Logic (on Wittgenstein)*, De Gruyter, 2020.
121. S. Cavell, quoted in Kishik (note 120), p. 120.

(a)) and *(ii)* that each and every arbitration language-game and its underlying form of life continually evolve (Section *(b)*).

(a) *From arbitration's form of life to its language-game*

105. *The sociology of arbitration.* The various attempts that have been made to develop a sociology of arbitration may in fact be more or less arbitrary descriptions of the essential elements of arbitration's form of life [122]. Whether they are accurate, one cannot know for certain, as descriptions of sentiments and feelings are unfailingly subjective. As Wittgenstein put it, "[w]hat has to be accepted, the given, is – so one could say – forms of life" [123]. The explanation for the language of arbitration, at least at the beginning of arbitration's expansion, would seem rather to lie in some essential features of its underlying form of life. Our own experience (and conviction) has led us to conclude that, of these various features, two in particular go hand in hand as cardinal "givens" in arbitration's form of life.

106. *Some sociological arbitration role models.* Dezalay and Garth describe the profiles of some very distinguished arbitration practitioners to serve as "models" for breaking into the arbitration world. They cite the Derains model as an illustration of "the growing number of individuals who enter the field of arbitration through connections with the major institutions, especially the ICC".

> "One leading example is Yves Derains, a very active Parisian arbitrator with a boutique arbitration law firm. He began his legal career in 1971 in the legal department of the ICC, and through a series of promotions became the secretary-general of the ICC Court of Arbitration and director of the legal department of the ICC in the late 1970s. He has been practicing law as an arbitration specialist since 1982, has published numerous articles and books, and is listed in almost every arbitration panel imaginable around the world ... He also is at the core of the ICC and the world of arbitration, but his base again was expertise in the field of international commercial arbitration." [124]

---

122. See, e.g., Y. Dezalay and B. G. Garth, *Dealing in Virtue*, University of Chicago Press, 1996; E. Gaillard, "Sociology of International Arbitration", *Arbitration International*, Vol. 31 (2015), p. 1 *et seq*.
123. Wittgenstein (note 105), p. 226.
124. Dezalay and Garth (note 122), pp. 24, 25. From the Derains model it could be inferred that it would be a mistake to try to break into the arbitration world through the field of investment arbitration. The Derains model may be compared with the Paulsson

Underlying these models would seem to be the proposition that by analysing the values and beliefs of international arbitration practitioners, one may (to some extent) determine the contours of arbitration's form of life.

107. *Arbitration's struggle for survival, again.* The first of the two cardinal elements is, in our view, the awareness that arbitration has always been and continues to be a very fragile institution. As a constant target of attack, both now and in the past, arbitration has always had to struggle for survival [125]. Only those who are aware of arbitration's tragic fate can really understand the arbitration language to which it has given rise.

108. *I believe in arbitration.* What does the factual premise of the fragility of arbitration tell us about arbitration's form of life? It seems to suggest that there is a need for players in the arbitration field, who practise the arbitration language-game, to believe in and defend arbitration as a means of dispute resolution. Arbitration, in other words, has to be an act of faith [126]. The resulting language will therefore comprise linguistic tools whose purpose is to preserve arbitration and contribute to its survival. Hence, the language of arbitration is of necessity made of legal fictions. In other words, those who share arbitration's form of life must be arbitration "activists". It is our belief that without these activists none of the essential terms of the language of arbitration which ensure its survival would have been adopted, and it is only in the context of arbitration's struggle for survival that they can be fully understood. Let us consider in this light the following expressions typical of the arbitration language-game:

– Arbitration has many advantages as a dispute resolution mechanism [127].
– Arbitration is the natural mechanism for resolving international commercial disputes.
– There is a fundamental right to arbitrate [128].
– This (or that) jurisdiction is (or is not) favourable to arbitration.
– This (or that) jurisdiction is (or has become) hostile to arbitration.
– *In dubio pro arbitration.*

---

model, or the Lalive model, two further practitioners also singled out by Dezalay and Garth.
125. See Chap. I, Sec. B above.
126. See, e.g., Gaillard (note 42), para. 135, p. 209.
127. See, e.g., Racine (note 38), pp. 80-85.
128. See, e.g., G. Born, "The Right to Arbitrate: Historical and Contemporary Perspectives", *Asian Disputes Review*, Vol. 17 (2015).

Legal Fictions in the Language of International Arbitration 355

- The arbitration agreement is a true contract.
- The arbitration agreement is autonomous from the main contract in which it is inserted or to which it is related [129].
- According to the principle of validity, every international arbitration agreement is deemed to be valid [130].
- Any dispute as to the validity of the arbitration agreement must be resolved in accordance with the *in favorem validitatis* principle [131].
- Extension of the arbitration agreement [132].
- The circulation of the arbitration agreement.
- The arbitrator is a judge.
- The inherent powers of the arbitrator.
- According to the competence-competence principle, the arbitral tribunal is competent to decide upon any dispute relating to its own competence.
- According to the principle of freedom, parties and arbitrators may choose the rules of law applicable to the merits of the case, the arbitration agreement and their arbitral proceeding.
- Arbitrator immunity.

Terms such as "advantages", "natural mechanism", "fundamental right", "favourable", "hostile", *"in dubio pro arbitration"*, "true", "autonomous", "principle of validity", "*in favorem validitatis* principle", "extension", "circulation", "judge", "inherent powers", "competence-competence principle", "principle of freedom" and "immunity" are not

---

129. *Comité populaire de la municipalité de Khoms El Mergeb* v. *Dalico Contractors* (note 43), p. 22:

"en vertu d'une règle matérielle du droit international de l'arbitrage, la clause compromissoire est indépendante juridiquement du contrat principal qui la contient directement ou par référence et que son existence et son efficacité s'apprécient, sous réserve des règles impératives du droit français et de l'ordre public international, d'après la commune volonté des parties, sans qu'il soit nécessaire de se référer à une loi étatique".

130. *M. Zanzi ès qualités* v. *M. de Coninck et autres* (note 43), p. 23:

"Vu le principe de validité de la clause d'arbitrage international, sans condition de commercialité, et celui selon lequel il appartient à l'arbitre de statuer sur sa propre compétence; … il en résulte que la juridiction étatique est incompétente pour statuer, à titre principal, sur la validité de la clause d'arbitrage, et que l'article 2061 du Code civil est sans application dans l'ordre international."

131. See Swiss Private International Law Act, 18 December 1987, Art. 178 (2):

"As regards its substance, an arbitration agreement shall be valid if it conforms either to the law chosen by the parties, or the law governing the subject-matter of the dispute, in particular the law governing the main contract, or if it conforms to Swiss law."

132. See, e.g., Hanotiau (note 100).

neutral here; they all reflect an arbitration form of life in which, as a key "given", participants have made the conscious decision to protect the institution in its struggle for survival.

109. *The struggle for law.* When we think of the institution of arbitration, in more general terms we are thinking of all the conquests that humanity has achieved through the rule of law. All legal institutions that matter have been, and still are, the result of an epic struggle; they are truly "conquests" [133]. And it is worth noting that humanity's legal conquests are always victories won by humanity against itself.

110. Societas mercatorum, *again.* The second cardinal element is the commonly held belief among the participants in arbitration's form of life that there exists an international society committed to the rule of law in which the resolution through arbitration of disputes between international merchants or between international investors and states hosting investments must prevail. This is a mere belief because, as demonstrated above [134], there is no empirical evidence of the existence of such a society. It is an *a priori* assumption – a second "given" that is central to arbitration's form of life. The *societas mercatorum*, or "community of States and investors", is in other words to arbitration's form of life what Rousseau's social contract [135] is to the organisation of the state. Let us briefly recall that there are two notable expressions of this belief in the language of arbitration [136].

111. *The French conception of arbitration.* First, as previously explained [137], expressions such as *societas mercatorum, lex mercatoria* and the arbitral legal order are products of French case law and scholarship and in our view are the axioms of the French arbitration language [138]. If there are such things as *lex mercatoria* and an arbitral legal order, it is because there is no legal system without an underlying society whose relations that system is intended to govern. *Ubi jus, ibi societas*. These and other terms created within French arbitration language have been very effective in preserving arbitration as it struggles to survive. (Like the proverbial pudding that proves itself in the eating, a good theory proves itself in practice.)

---

133. See, e.g., R. von Jhering, *La lutte pour le droit*, Dalloz, 2006.
134. See para. 47 above.
135. See J.-J. Rousseau, *Du contrat social*, Flammarion, 2001.
136. See also paras. 47 and 48 above.
137. See para. 35 above.
138. See, e.g., E. Silva Romero, "The Contribution Made by French International Arbitration Case-Law to Scholarly Writing", *Henri Capitant Law Review*, No. 14 (2020), p. 61 *et seq*.

112. *The purpose of consistency in investment arbitration.* Second, some investment awards refer to the existence of a community of investors and host states as a way of insisting on the need for consistency in the decisions of investment tribunals. The tribunal in *Burlington Resources Inc.* v. *Republic of Ecuador*, for instance, remarked as follows in its Decision on Liability:

> "As stated in the Decision on Jurisdiction, the Tribunal considers that it is not bound by previous decisions. Nevertheless, the majority considers that it must pay due regard to earlier decisions of international courts and tribunals. It believes that, subject to compelling contrary grounds, it has a duty to adopt solutions established in a series of consistent cases. It further believes that, subject to the specifics of a given treaty and of the circumstances of the actual case, it has a duty to seek to contribute to the harmonious development of investment law, and thereby to meet the legitimate expectations of the *community of States and investors* towards the certainty of the rule of law. Arbitrator Stern does not analyze the arbitrator's role in the same manner, as she considers it her duty to decide each case on its own merits, independently of any apparent jurisprudential trend." [139]

For present purposes it matters little whether one agrees with the president of that Tribunal, Gabrielle Kaufmann-Kohler, or with Brigitte Stern. What interests us here is not the question of consistency in itself but the reliance placed on the "community of States and investors" as a fundamental, *a priori* premise in addressing that question.

113. *Corollaries of the existence of an international society.* There are at least three corollaries relevant to arbitration's form of life that flow from the belief in a *societas mercatorum* or a community of investors and host states.

114. *Belief in multilateralism.* Firstly, if someone believes in a *societas mercatorum* or a community of investors and host states, then that person also necessarily believes in and defends multilateralism. Given that the power to make positive law lies with states and that the enforceability of positive law is stronger than that of customs and other types of "law", those who participate in arbitration's form of life believe that international treaties are necessary to reinforce the

---

139. *Burlington Resources Inc.* v. *Republic of Ecuador* (note 39), para. 187 (emphasis added.).

legal framework of arbitration at international level. Treaties are more effective aids to arbitration in its struggle for survival than are concepts like the arbitral legal order or the fundamental right to arbitrate created by courts and scholars [140]. Concretely, therefore, arbitration's struggle for survival would be better aided by the arbitral legal order affirmed as positive law in the ICSID Convention than the arbitral legal order proclaimed by the French Court of Cassation [141].

115. *Treaties as tools to bolster arbitration in its struggle for survival.* The existence of a belief in multilateralism held by the participants in arbitration's form of life is borne out by the adoption of several of the treaties that have marked the history of arbitration. When there was doubt over whether an arbitration agreement was a true contract, the 1923 Geneva Protocol was adopted [142]. When it was unclear how arbitral awards could be enforced internationally, the 1927 Geneva Convention with its requirement of a double exequatur was adopted [143]. Then, when the inefficiency of the double exequatur system became apparent, the 1958 New York Convention establishing a single exequatur system and recognising the arbitration agreement as a true contract was adopted [144]. Subsequently, when it became clear that a legal framework was needed for arbitration as a means of resolving disputes between entities from the Soviet Bloc and entities from Western States, the 1961 Geneva Convention was adopted [145]. And lastly, when it became clear that diplomatic protection was not appropriate for foreign investors and that foreign investment would be better protected

---

140. See, e.g., Gaillard (note 42); Born (note 128).
141. *Sté PT Putrabali Adyamula* v. *Sté Rena* (note 41), p. 325:

"la sentence internationale, qui n'est rattachée à aucun ordre juridique étatique, est une décision de justice internationale dont la régularité est examinée au regard des règles applicables dans le pays où sa reconnaissance et son exécution sont demandées; qu'en application de l'article VII de la Convention de New York du 10 janvier 1958, la société Rena Holding était recevable à présenter en France la sentence rendue à Londres le 10 avril 2001 conformément à la convention d'arbitrage et au règlement de l'IGPA, et fondée à se prévaloir des dispositions du droit français de l'arbitrage international, qui ne prévoit pas l'annulation de la sentence dans son pays d'origine comme cause de refus de reconnaissance et d'exécution de la sentence rendue à l'étranger".

142. Protocol on Arbitration Clauses in Commercial Matters, Geneva, 24 September 1923.
143. Convention on the Execution of Foreign Arbitral Awards, Geneva, 26 September 1927.
144. Convention on the Recognition and Enforcement of Foreign Arbitral Awards, New York, 10 June 1958.
145. European Convention on International Commercial Arbitration, Geneva, 21 April 1961.

through arbitration, the 1965 Washington (ICSID) Convention was adopted [146].

116. *Cultural neutrality.* Secondly, a *societas mercatorum* or a community of investors and host states should not be thought of as an amalgamation of the particularities its members bring from their respective nations. As an international society, it must be something else. It is therefore required of arbitration practitioners – that is to say, the participants in arbitration's form of life – that they possess and show cultural neutrality in the arbitration proceedings in which they act. This proposition entails three consequences.

117. *Esprit d'ouverture.* The first consequence is that arbitration practitioners need to be open-minded, and especially open to others. Acting properly in an arbitration implies understanding the limits of one's own legal system and transcending them by thinking internationally [147]. What this actually means is that arbitration practitioners need to be intellectually curious. Indeed, it is quite characteristic of the participants in arbitration's form of life that their interest in the law is not exclusive of other interests. On the contrary, they are open to the world, with many indulging a passion for literature, dance, philosophy, mathematics, music, art, chess, travel, football, gastronomy, wines, religion, sailing, gardening or cycling, for example. We believe such intellectual openness is an essential condition for the participants in arbitration's form of life to be culturally neutral.

118. *A truly international arbitration procedure.* The second consequence is that no arbitrator should try to impose the procedure that is normally followed by the courts, or even by domestic arbitral tribunals, in their own country. International arbitration proceedings should not be characterisable as being of a civil law or a common law stamp. The procedure of international arbitration should likewise be something else [148]. Our experience tends to suggest that this is in fact the case, as the procedure adopted in most international arbitrations is different from the procedures followed by the courts in civil law and common law systems.

---

146. Convention on the Settlement of Investment Disputes between States and Nationals of Other States, Washington DC, 18 March 1965.
147. See, e.g., C. Séraglini, "L'influence de la culture juridique sur la décision de l'arbitre", in *Mélanges en l'honneur du Professeur Pierre Mayer*, quoted in Y. Derains, "Le professionnalisme des arbitres internationaux", *Revue de l'arbitrage*, 2019, p. 669.
148. See, e.g., P. Mayer, "Le pouvoir des arbitres de régler la procédure: Une analyse comparative des systèmes de *civil law* et de *common law*", *Revue de l'arbitrage*, 1995, p. 177, quoted in. Derains (note 147), p. 668.

119. *Humility in the application of the law applicable to the merits.* The third consequence is that, notwithstanding any similarities between their own legal systems and the legal system applicable to the resolution of the dispute before them, arbitration practitioners must have the necessary humility to understand that a law foreign to them may have characteristics beyond their mastery, yet relevant to the outcome of the case [149]. Take the example of French law and Swiss law, which, despite belonging to the same civil law family, are not the same.

120. *Deference towards the rule of law.* A third corollary of the *societas mercatorum* or community of investors and host states is that the participants in arbitration's form of life must respect the rule of law internationally. *Ubi societas, ibi jus.* Legal certainty, *pacta sunt servanda* and good faith are fundamental tenets of the rule of law at international level [150]. No arbitration practitioner, and certainly no arbitrator, can afford to disregard the rule of law when resolving the dispute that has been submitted to them. In our view, any arbitrator who applies their own, subjective notion of justice in preference to the rule of law displays a flagrant misunderstanding of arbitration's form of life. In particular, no arbitrator is permitted to rewrite or modify a contract in order to reach a fairer solution of a dispute. There is nothing fairer than giving to the parties what they could expect from the terms of the contract that they freely entered into. *Pacta sunt servanda* [151]. We believe that deference to the rules of law is of the essence of arbitration.

121. Quid sit arbitratum. What is arbitration? More than one practitioner might remark, "The more I do of it, the less I know what it is". Generally speaking, those who practise a craft rarely philosophise on its ontological purpose. Their attention is usually taken up by the fastidious everyday tasks and technicalities of their profession. Bakers seldom muse on the essence of the flour they knead into their bread. Arbitration artisans would seem to be no exception. Their activity often consists in a succession of tasks, of varying degrees of technicality and

---

149. See Derains (note 147), pp. 668, 669.

150. Yves Derains has written extensively about what is now called transnational law. His writings are of two main kinds: notes commenting upon redacted ICC awards published in the *Journal du droit international* (*Clunet*) and elsewhere; articles synthesizing transnational law trends observed in ICC awards. As an example of the latter, see Y. Derains, "Les normes d'application immédiate dans la jurisprudence arbitrale internationale", in *Le droit des relations économiques internationales: Études offertes à Berthold Goldman*, Litec, 1982, p. 29 *et seq.*

151. See E. Silva Romero, "Dogmatisme et pragmatisme dans l'arbitrage international", in *Mélanges en l'honneur du professeur Pierre Mayer*, LGDJ, 2015, p. 833 *et seq.*

requiring varying degrees of skill. These tasks are imposed upon them by their caseload and rarely leave time for abstract contemplation [152]. There is no time for *ars gratia artis*, as the late arbitrator Robert Briner remarked. It would not require much philosophising, however, to appreciate that, like most words used in different contexts or language-games, each governed by its own rules or grammar, the term "arbitration" has multiple meanings. This, of course, is why dictionary definitions list numerous meanings for individual words.

122. *Arbitration or arbitrations?* It would therefore seem more accurate to conceive of arbitration as multifarious, for there is no unique conception of arbitration, no arbitral Aleph [153], no Arbitration with a capital A. Rather, there are different conceptions of arbitration depending on the language-game, and even within a language-game. Take the "ordinary" language-game, for example – that is to say, the words as used in everyday conversation and the rules governing such use (grammar). In that practised in French-speaking countries the word *arbitre* generally brings to mind football referees. It is not uncommon to hear complaints about an *arbitrage pitoyable* (dismal refereeing), with a team's defeat being attributed to errors by an *arbitre*. In French daily newspapers one also finds the term *arbitrage* used for the efforts made by a government to secure a compromise among different stakeholders in order to resolve a political problem, like the minimum wage.

123. *A plurality of arbitrations.* A glance at any dictionary definition of arbitration in French confirms that *arbitrage* is multifarious. Its meaning varies according to the language-game in question. It can mean the settling of a dispute by arbitrators; the purchase and exchange of goods in two different markets in order to make a profit; the refereeing of a sports match; or a method of achieving a compromise [154].

124. *The risks of general definitions.* Dictionaries rarely capture the nuances between different meanings of the same word within a single language-game, however. Rather than recognise the usages of words, dictionaries tend to prescribe them. It is therefore often necessary to consult specialised texts in the particular language-game in order to

---

152. There have been some notable exceptions, such as Professors Bruno Oppetit, Jan Paulsson and Emmanuel Gaillard. See, e.g., B. Oppetit, *Théorie de l'arbitrage*, PUF, 1998; *id.*, "Philosophie de l'arbitrage commercial international", *Journal du droit international*, 1993, p. 811 *et seq.*; J. Paulsson, *The Idea of Arbitration*, Oxford University Press, 2013; Gaillard (note 42).

153. J. L. Borges, *El aleph*, in J. L. Borges, *Obras Completas*, 20th ed., Emecé, 1994, Vol. I, pp. 623, 627.

154. *Le Petit Robert*, 2015, electronic version.

perfectly understand the plurality of meanings of a single word. Think, for example, of the multitude of meanings of the term "law" within the juridical language-game – subjective law, objective law, positive law, natural law [155]. The same goes for arbitration. In a truly remarkable bid to explain the term *arbitrage* in the juridical language-game, Professor Charles Jarrosson concluded his doctoral dissertation as follows:

> "L'arbitrage est l'institution par laquelle un tiers règle le différend qui oppose deux ou plusieurs parties, en exerçant la mission juridictionnelle qui lui a été confiée par celles-ci." [156]

125. *The thirst for the metaphysical.* The above definition, however, suffers from a flaw common to all ontological ventures. The Aleph is nothing more than a chimaera. The thirst for the absolute, as incarnated in Camus' *Caligula,* is never quenched [157]. The more a definition becomes abstract, the less it captures the differences between the various manifestations of what it refers to. Abstraction has an inevitable tendency to become detached from reality. Consequently, it is logically impossible for an abstract definition of arbitration to capture all the varieties of arbitration that exist in the practice of law. In philosophy, realism will forever be opposed to nominalism. Plato and William of Ockham will never be bedfellows. Hence, Professor Jarrosson's definition of arbitration, by its very nature (and despite having many merits), fails, for example, to capture the differences between *ad hoc* and institutional arbitration, between commercial and investment arbitration and between arbitration based on law and arbitration *ex aequo et bono*. In particular, practice shows that arbitrators understand their jurisdictional mission in different ways. For instance, when performing that mission, international arbitrators would seem to apply the law and the contract between the parties with varying degrees of flexibility. Thus, the expression *tel l'arbitre, tel l'arbitrage* [158], meaning the arbitration takes after the arbitrator, would seem to confirm that the approach adopted by an arbitrator shapes the proceedings and outcome of an arbitration. Must one then conclude that there are as many arbitral

---

155. In the introduction to his well-known work on civil law, Professor François Terré expanded on different meanings of this term in French (*droit*). A Weill and F. Terré, *Droit civil: Introduction générale*, 4th ed., Dalloz, 1979, p. 3 *et seq.*
156. C. Jarrosson, *La notion d'arbitrage*, Paris, LGDJ, 1987, p. 372. (Our translation: arbitration is an institution through which a third party settles a dispute between two or more parties by performing the jurisdictional mission conferred upon it by the latter.)
157. A. Camus, *Caligula*, Gallimard, 1944.
158. T. Clay, *L'arbitre*, Dalloz, 2001, para. 15.

languages as there are arbitrators? Such a possibility [159] seems rather questionable. Be that as it may, there is no denying that arbitrators' differences of approach and their understanding of the nature of their mission are fundamentally connected, and this is not without consequence when it comes to the outcome they would envisage for a dispute. Differences of approach that reflect different conceptions of their mission can lead arbitrators to have different attitudes towards the law and the contract, which may give rise to very different – and perhaps even contradictory – solutions to the same dispute. It is therefore decidedly a pragmatic matter [160].

126. *Quid sit jus.* A brief parenthetical remark is necessary here. The above assertions offer some pointers about the essence of law. What is law? "The more I do of it, the less I know what it is" is an utterance one could expect to hear from any practitioner in the legal world. The reality of international arbitration appears to demonstrate that the law is simply a prediction of what the decision of a third-party adjudicator – judge or arbitrator – could be. Professor Pierre Mayer follows the doctrine of Oliver Wendell Holmes on this point [161]. For Holmes, "[t]he prophecies of what the courts will do in fact, and nothing more pretentious, are what I mean by the law" [162]. In the case of arbitration, the prediction of an international arbitrator's decision will be based on an analysis of what the arbitrator sees as the limits of their jurisdictional mission. From what can be observed in the world of international arbitration, there would appear to be two contrasting ways of understanding both the law and the jurisdictional mission of an arbitrator.

127. *On the duty to apply the contract and the law.* Some, like Pierre Mayer in his Freshfields Lecture [163], consider that, unless the parties have accorded the arbitral tribunal the authority to rule as *amiable compositeur* or *ex aequo et bono*, the arbitrator's mission is to apply the applicable rules of law – including the relevant contract – to resolve the dispute between the parties. For Pierre Mayer, this duty to apply the law becomes more imperative when the legal rules in question can

---

159. On the possibility of the existence of a *private* language, see S. Kripke, *Règles et langage privé: Introduction au paradoxe de Wittgenstein*, Seuil, 1996.
160. For an explanation of the school of thought known as pragmatism, see L. Menand, *Pragmatism*, Vintage Books, 1997.
161. P. Mayer, "Existe-t-il des normes individuelles?", in *Mélanges M. Troper*, Economica, 2006, p. 661 *et seq.*
162. O. W. Holmes, *The Path of the Law*, in Menand (note 160), p. 149.
163. P. Mayer, "Reflections on the International Arbitrator's Duty to Apply the Law", *Arbitration International*, Vol. 17 (2001), pp. 235-47.

be considered mandatory or part of public policy [164]. For most readers, especially law students, this would appear self-evident; in their eyes, it would be considered the dominant position, and they might go a step further by adding that arbitrators should apply the traditional legal syllogism that judges apply on a daily basis.

128. Ceci n'est pas un juge. Pierre Mayer, however, insists that an international arbitrator does not approach the law as rigidly as judges do with their legal syllogism. Judges, he points out, are bound by the legal system of the state to which they belong. Arbitrators, on the other hand, and especially international arbitrators, have no such ties – no "forum" – so are *de facto* not subject to such a limitation [165]. What are the implications of this difference, one might ask? How must one understand the fact that international arbitrators consider the law differently from national judges? Does it mean they apply the law, but without taking into account the case law of national courts? Or does it mean they employ a different method when interpreting a legal rule? Such questions – which in any case veer towards the rhetorical – are difficult to answer and, in the end, serve little purpose. After all, players in international commerce tend to fashion their international contracts in such a way as to ensure they deal exhaustively with everything. Characterised by long lists of definitions, rules for interpretation and the notorious "entire agreement clause", international contracts seek to be autonomous linguistic systems. Consequently, the law chosen by the parties will be applied only in a very exceptional, and often remarkable, manner. The real question therefore is, how do international arbitrators treat the contract between the parties? After all, this is the source of most commercial arbitrations and often, if not always, an underlying element in investment arbitration. In other words, what we need to ask is to what extent does each arbitrator consider themselves bound by the contract? National legislative provisions affirming the principle of *pacta sunt servanda* are understood in widely varying fashions [166].

---

164. P. Mayer, "L'étendue du contrôle, par le juge étatique, de la conformité des sentences arbitrales aux lois de police", in *Vers de nouveaux équilibres entre ordres juridiques: Mélanges en l'honneur de Hélène Gaudemet-Tallon*, Dalloz, 2008, p. 459 *et seq.*; *id.*, "Loi applicable et respect des lois de police", in *Contrats d'intermédiaires et commissions illicites*, ICC Publication 480/2, pp. 49-60; *id.*, "Les lois de police", in *Le cinquantenaire du Comité français de droit international privé*, CNRS, 1988; *id.*, "Les lois de police étrangères", *Journal du droit international*, 1981, pp. 277-345.

165. See Mayer (note 163).

166. An example of such a provision is Art. 1134 of the French Civil Code, which states: "Les conventions légalement formées tiennent lieu de loi à ceux qui les ont faites. … Elles doivent être exécutées de bonne foi." (Our translation: Agreements

129. *The contract as a malleable* fact. This is a challenging question, especially when it comes to public international law, including investment law. Arbitral tribunals called upon to apply public international law, including in investment cases, consider a contract as a mere *fact* in such circumstances. When qualifying a contract as such, however, it is important not to minimise its relevance to the determination of a dispute subject to international law. International investors quite often make investments by concluding a contract with a host state or one of its entities. In our view, it is that contract, and that contract alone, which, for example, should define what rights an investor enjoys *vis-à-vis* the host state under the fair and equitable treatment standard of bilateral investment treaties. There have, however, been numerous decisions in investment matters that have considered international investors to be entitled to protection of the legitimate expectations they have acquired during the realisation of the investment, in accordance with the fair and equitable treatment standard. This, for instance, was the position taken by the tribunal in the *Tecmed* case [167]. The expression "legitimate expectations" as used in these decisions does not correspond to "contractual rights". One can only conclude, then, that it is a linguistic artifice – or, perhaps, a legal fiction – conceived to permit arbitrators in investment matters to protect investors beyond – and even in the face of – the terms of their contract. Yet contracts cannot be treated as malleable facts.

130. *Understanding a contract is achieved through its interpretation.* What place the contract underlying a dispute submitted to international arbitration holds cannot be determined simply by deciding whether it is the common law or the civil law approach to contractual interpretation that should apply. The former would more easily allow reliance on elements outside a contract to establish the true intention of the parties, while the latter tends to put the letter of the contract at the centre of all contractual interpretation and to allow it to be departed from only where a clause is ambiguous. Such a confrontation would, however, nowadays be considered *passé* in international arbitration, which instead tends to apply rules of interpretation that are more or less universal and not necessarily linked to a specific national law or system of national laws. Emmanuel Gaillard has suggested that these rules are of three kinds:

---

lawfully entered into operate as law for those who have made them. ... They must be performed in good faith.)

167. *Técnicas Medioambientales Tecmed, SA* v. *United Mexican States*, ICSID Case No. ARB (AF)/00/2, Award, 29 May 2003, paras. 152-74.

subjective interpretation, objective interpretation and the principle of *effet utile* [168]. Pierre Mayer's position would seem rather to be that international arbitrators have an obligation to apply the contract before them and, in doing so, to follow the rules of interpretation accepted by international arbitrators. There is one exception, however: international arbitrators may depart from the contract if – and only if – in the case in question the application of the law defined as applicable in the contact would make the performance of the contract impossible, notably where that law contains mandatory or public policy provisions at variance with the contract.

131. *The arbitrator as despot.* Not all international arbitrators think like Pierre Mayer, however. Given that national courts do not review the law applied by arbitrators and that ICSID *ad hoc* annulment committees do so only minimally, many international arbitrators do not see themselves as under an obligation to apply the law or the contract, even when departing from the approach followed by national courts. Rather, they take great licence when interpreting and applying the contract. It would indeed seem that a fair number of international arbitrators see their mission as consisting not in applying the legal syllogism or the parties' contract, but rather in resolving a dispute on the basis of a purportedly objective – read subjective – notion of justice. In this case, the parties submit not to the empire of the law but rather to the despotism – enlightened or otherwise – of an international arbitrator. Our civilisation has regressed to charisma worship, and it is a reflection of this trend that so many international arbitrators nowadays reason on the basis of their intuition.

132. *What is arbitral thought?* It seems that, like all other individuals, international arbitrators first perceive the object they analyse, meaning the disputes entrusted to them by the parties, through an intuitive lens – what Husserl referred to as "the observation of things as they are" [169]. From an initial glance at the file every arbitrator takes away a first impression. That preliminary glance at the file allows the arbitrator to determine "who's in the right and who's in the wrong", as the saying goes. Such a binary picture is comforting to the human psyche. Thus, arbitrators' first inclination is to ascertain what happened at a factual

---

168. See Gaillard (note 42).
169. E. Husserl, *Idées directrices pour une phénoménologie pure et une philosophie phénoménologique*, tr. Paul Ricœur, Gallimard, 1950; *id.*, *L'Idée de la phénoménologie*, PUF, 1992; *id.*, *Leçons pour une phénoménologie de la conscience intime du temps*, PUF, 1996.

level. It is indeed quite common for arbitrators and counsel to prioritise facts at this stage, leaving the legal arguments to be analysed at a later stage in their reasoning. When deliberating, the arbitrators will begin by discussing their general perceptions of the case, formed with varying degrees of freedom. It is only once they have acquired a general idea of where justice lies in the case – and, therefore, come to a conclusion on "who's in the right and who's in the wrong", – that, as a second step, they will construct the legal reasoning for their conclusion. They thus embark on a quest for the most convincing reasons possible. These are the draperies hung around the house once it has been built. Two contrasting positions emerge during this operation, depending on the extent to which the arbitrator-despot exercises absolute power, as reflected in their attitudes towards the contract and the applicable law. Here, we may have reached arbitration's *summa divisio*.

133. Durus contractus sed contractus. There are those who, after forming their initial view of where justice lies in the case, will feel duty-bound to modify this view if it goes against the contract or the applicable law. This, in our view, comes close to the position defended by Pierre Mayer described above [170]. (Arbitrators cannot impose on parties their subjective idea of what is just and unjust in defiance of the law or the contract.) Arbitrators who share this position have perfectly understood that their tribunal owes its existence to the contract between the parties. It is, after all, their duty to respect the contract and ensure its implementation. It follows that if the contract contains an *electio juris* clause, they also apply the law chosen by the parties. If their determination of where justice lies in the case is the result of an attentive reading of the contract and the legal arguments raised by the parties, then that justice cannot be contrary to the contract or the law.

134. *Requiescat legal stability*. We would like to believe that this first group of arbitrators, whom we might refer to as dogmatic, form the great majority. If one believes in arbitration, one must hope that arbitrators will not prefer their own subjective idea of justice to that resulting from the application of the contract and the law. A world in which arbitrators cast themselves as the personification of justice, able to aver, using adroitly chosen language, that the parties' contract or the applicable law is unjust, is unacceptable. Such a world nonetheless exists – one in which pragmatism takes priority and legal certainty has

---

170. See para. 127.

no value [171]. By way of illustration, two typical manifestations of such a world are discussed below.

135. *Grafting an implied stabilisation clause into the contract.* Some arbitrators have not hesitated to modify a contract through which an investment had been made, pretexting authority to do so on account of the subject matter. Two tribunals, for example, interpreted the protection afforded by the fair and equitable treatment provision of a bilateral investment treaty as implying stabilisation of the host state's laws [172]. In neither of these cases, however, did the contract provide for the stabilisation or freezing of the applicable law. The tribunal in each case thus clearly considered the contract as a mere fact which it quite simply decided to modify. Yet can an international arbitrator modify a fact? Is the contract underlying a dispute a fact of a special kind, open to modification? The answer surely is no.

136. *The contract lies in the letter of the text.* Can an arbitrator called upon to determine a foreign investment dispute add a stabilisation or a freezing clause to a contract that contains no such clause, arguing that the protection offered by the standard of fair and equitable treatment of investments entitles arbitrators to do such a thing? In reaction to decisions such as those mentioned in the preceding paragraph, other investment tribunals took the opposite position, holding that the fair and equitable treatment standard within a bilateral investment treaty could not justify the insertion of a stabilisation clause which the parties to the dispute had not included in their contract [173]. Allowing a party to obtain in an investment arbitration something that it had failed to achieve when negotiating the contract underlying the dispute would be a perversion of the procedure. Treaties promoting and protecting investments were hardly intended to serve as complements of parties' contracts.

137. *David and Goliath.* On the international stage especially, commercial actors are presumed to be competent professionals. If they did not manage to include a stabilisation clause in their contract, the

---

171. T. Piazzon, *La sécurité juridique*, Defrénois, 2009.
172. *Sempra Energy International* v. *Argentine Republic*, ICSID Case No. ARB/02/16, Award, 28 September 2007, paras. 290-304; *Enron Creditors Recovery Corporation (formerly Enron Corporation) and Ponderosa Assets, LP* v. *Argentine Republic*, ICSID Case No. ARB/01/3, Award, 22 May 2007, paras. 251-68.
173. *Parkerings-Compagniet AS* v. *Republic of Lithuania*, ICSID Case No. ARB/05/8, Award, 11 September 2007, paras. 329-38; *El Paso Energy International Company* v. *Argentine Republic*, ICSID Case No. ARB/03/15, Award, 31 October 2011, paras. 350-79.

investment arbitration tribunal should not accede to a request for the fair and equitable treatment standard contained in a bilateral investment treaty to be (mis)used to obtain the desired stabilising effect. In the current global economic environment, the insinuation that investors (often multinational corporations) need to be protected against all-powerful states seems somewhat *passé*. The State is no longer Goliath.

138. *A principle of* lex mercatoria. According to many treatises on international commercial arbitration, the presumption that international commercial actors are competent professionals is of the nature of a principle (of *lex mercatoria*). It is a rule created by international arbitrators, notably those acting under the auspices of the International Chamber of Commerce (ICC)[174]. There is no doubting that investors can be described as international commercial actors. Yet we are not aware of a single decision that has clearly applied this principle of commercial arbitration in an investment arbitration[175]. The modern tendency towards excessive specialisation has, in our view, caused a fragmentation – if not an explosion – of international law. There is not enough interconnectedness between public international law, the law of investments, human rights law, private international law and international commercial law. This results in a paradox, for one and the same multinational company can be protected by so-called investment law or international commercial law while nonetheless belonging to the *societas mercatorum*.

139. *"Disproportionate" contracts*. Although the decisions in *Parkerings* and *El Paso* did not expressly affirm the principle, enshrined in *lex mercatoria*, that international commercial actors should be deemed competent professionals, it seemed to have put an end to the abusive practice on the part of some arbitrators of disregarding the contract underlying the dispute, or even of modifying it on the

---

174. See, e.g., awards in ICC Cases Nos. 2438 (1975), 3130 (1980) and 3380 (1980), in S. Jarvin and Y. Derains, *Collection of ICC Arbitral Awards 1974-1985*, Kluwer/ICC, 1994, respectively pp. 255-56, 417-22, 413-17.

175. See, however, *David Minnotte & Robert Lewis v. Republic of Poland*, ICSID Case No. ARB (AF)/10/1, Award, 16 May 2014, para. 394:

"In the present case, the specific removal from the draft Fractionation Agreement of the explicit obligation concerning the supply of plasma for testing purposes created a situation in which LFO, that is, international business operator, deemed to be a competent professional – should have taken some step to obtain reassurance that the supply would be made as LFO wished. In the view of the Tribunal, the Claimants' inability to point to any such reassurance weighs heavily against the claim that LFO had a legitimate expectation upon which they could rely concerning the circumstances in which they could require the supply of plasma for testing purposes, prior to completion of the plant."

pretext of guaranteeing the fair and equitable treatment protection contained in a bilateral investment treaty. But this, sadly, was not so. In an astonishing ruling, the tribunal in *Occidental II* decided that a sanction which, in accordance with a contractual provision, a host state had imposed on an investor for illegal conduct and violation of the contract, was disproportionate under international law [176]. It will not escape an attentive reader of the award that the idea of a contract being disproportionate is tantamount to asserting that it is unjust. Injustice, however, is irreconcilable with a world governed by the principles of the autonomy of private parties, their freedom to contract and the presumed professionalism and competence of international commercial actors. What, after all, is an *unjust* contract? Is it a contract that confers more rights on one party than on another? Is it a contract that the tribunal considers to have been poorly drafted or negotiated by one of the parties ("business people, seasoned oilmen, for whom legal niceties were not as important as the business realities of the deal" [177]) and against which, for purely subjective reasons, that party needs to be protected under international law?

140. *Requiescat the distinction between pro-investor and pro-state arbitrators*. If a distinction is to be made between arbitrators' attitudes in investment cases, it should not be between pro-investor and pro-state arbitrators [178] – experience shows that such a distinction has little merit – but between arbitrators who kneel before a contract and those who arrogate the latitude necessary to evade it. It is rather this, we believe, that should be considered arbitration's *summa divisio*.

141. *Abuse of language and contract*. A second example of arbitrators overriding the contract comes from international commercial arbitration. Here, arbitrators can be found interpreting the contract in an unorthodox manner in order to allow their own idea of justice, infused with a greater or lesser degree of subjectivity, to prevail. Instead of examining the text of the contract and interpreting it on the basis of applicable rules of interpretation, they rely on notions of variable content, good faith or what may be referred to as an economic

---

176. *Occidental Petroleum Corporation and Occidental Exploration and Production Company* v. *The Republic of Ecuador*, ICSID Case No. ARB/06/11, Award, 5 October 2012.
177. *Ibid.*, para. 348.
178. G. van Harten, "Pro-Investor or Pro-State Bias in Investment-Treaty Arbitration? Forthcoming Study Gives Cause for Concern", *Investment Treaty News*, 13 April 2012, www.iisd.org/itn/en/2012/04/13/pro-investor-or-pro-state-bias-in-investment-treaty-arbitration-forthcoming-study-gives-cause-for-concern/.

interpretation of the contract [179]. In our view, this is but another instance of considering that the contract between the parties, as written, is unjust. On the international stage, however, commercial actors are deemed to act in an informed manner, fully aware of what they are doing. Should international arbitrators in such cases protect one of the parties on the pretext of interpreting the contract in accordance with good faith or a certain economic paradigm? No, it is not for international arbitrators to rewrite a contract by reading into its terms a meaning that was not intended. Nor should they add words it does not contain or overlook words it does contain.

142. *The meaning of contractual wording in arbitration.* There have been times when international arbitrators wishing to impose their own, subjective notion of justice have made certain contractual terms say what they do not. For instance, international arbitrators acting under the auspices of the ICC have on many occasions held that the word "shall" should be read as if it meant "may". To avoid having to send parties back to negotiations or to prior mediation, they have considered that a dispute resolution clause that includes the wording "the parties shall undertake negotiations or organise a mediation" should be read as meaning that the parties *could* undertake negotiations or organise a mediation, for they believe there is little point in sending parties back to negotiation when their litigious actions clearly demonstrate they are not disposed to settling their dispute amicably. Although this pragmatic reasoning is not without its merits, can it justify modifying the meaning of contractual wording?

143. *On the modification of the contract by arbitrators.* From experience, we know of a case in which the arbitral tribunal took the liberty of adding to the contract a distinction between different subcategories of fees in order to remove one party's liability towards the other in respect of the reimbursement of certain fees. Moreover, this is not an isolated example; it is by no means unknown for international arbitrators to introduce spurious distinctions into a contract in order to carry through their personal idea of justice.

---

179. On law and economics in relation to contract interpretation, see, e.g., R. A. Posner, "The Law and Economics of Contract Interpretation", *Texas Law Review*, Vol. 83 (2004), p. 1581 *et seq.*; A. Wiener Katz, "Form and Substantive in Contract Interpretation", *Columbia Law Review*, Vol. 104 (2004), p. 496 *et seq.*; A. Schwartz et R. E. Scott, "Contract Theory and the Limits of Contract Law", *Yale Law Journal*, Vol. 113 (2003), pp. 568-94; G. M. Cohen, "Implied Terms and Interpretation in Contract Law", in B. Bouckaert and G. De Geest (eds.), *Encyclopedia of Law and Economics*, Edward Elgar, 2003, Vol. 3, p. 78.

144. *On the abuse of the* effet utile *rule*. Lastly, it is not unusual for international arbitrators, fearful of seeing their jurisdiction challenged, to disregard contractual terms that could deprive them of jurisdiction. For example, we can think of arbitral awards in which international arbitrators have asserted their jurisdiction to decide a dispute over the performance of a contract, despite the fact that the dispute resolution clause expressly limited the scope of their jurisdiction to disputes relating to the validity or the interpretation of the contract.

145. *On arbitration as a re-run of the contract*. Arbitrators can add to or modify agreements between parties if, and only if, the parties have foreseen such a possibility. In the absence of a price adjustment clause, a hardship clause or, more generally, a renegotiation clause, an international arbitration should not be a means for a party to obtain rights that it did not have upon the negotiation of the contract. *Durus contractus sed contratus*.

146. *Dogmatism and pragmatism in international arbitration*. What then, in light of all of the above, is arbitration? We would not dare to respond by proposing a new abstract definition. We simply hope that international arbitrators will approach the limits of their jurisdictional mission with more humility, that they will apply the contract and the law more dogmatically and that pragmatism will not lead them to impose their subjective idea of justice. Yet we fear this is wishful thinking. Justice, as Pierre Mayer has often remarked, is at the end of the day something far too big to entrust to human beings. The stark reality is that throughout time we have had, and will have, the justice we deserve – one handed down or held back by flawed human beings, the product of ideas, of prejudice and emotion, of interests and desires and of flesh and bone.

147. *A language-game in response to external attacks*. The arbitration language-game that has grown out of arbitration's form of life described above contains the essential elements that make arbitration possible as a means of resolving disputes internationally. It reflects the efforts made by those interacting in arbitration's form of life to resist the attacks from public powers eager to see the arbitration system vanish altogether. In recent years, however, the attacks against arbitration have come not so much from outside powers but from the inside. As a result of these new attacks, the dynamic has been reversed and the language of arbitration is now being used to modify arbitration's form of life.

(b) *From arbitration's language-game to arbitration's form of life*

148. *From conservatism to interventionism.* If the relationship between the language of arbitration and arbitration's form of life was previously of a conservative nature, with the former developing in the wake of and as a reflection of the latter, that nowadays seems to be the exception. We are under the impression that developments in the language of arbitration are no longer the knock-on effects of developments in arbitration's form of life but are rather brought about intentionally in order to change arbitration's form of life. In other words, it has shed its conservative character and assumed a dogmatic, interventionist role. This mutation is well illustrated by the contrasting approaches taken towards revising the ICC Rules of Arbitration pre and post 2012. Prior to 2012, each of the successive revisions of the ICC Rules of Arbitration took place over a decade of intense debates. The revisions of 2017 and 2021, by contrast, were conducted at lightning, if not burnout, speed [180].

149. *In search of the "user" of arbitration.* The reason that has been given to explain this new accelerated approach is that speed – in all its senses – is what the users of arbitration increasingly demand. That said, although the *desiderata* of a few influential and vocal in-house counsel have been made known, there does not seem to have been a comprehensive, empirical study of what those users really want. We are tempted to think that if we were to go in search of those users, we might, like Diogenes in his legendary search for the HONEST MAN, find ourselves wandering erratically with a torch in a dark city looking for something elusive. The "user" of these modern-day arbitration players, like the *societas mercatorum* or the community of states and investors developed in former times, would seem to be but another fiction, a creation of interventionists seeking to influence arbitration's form of life.

150. *A matter of policy.* Let us look more closely at the way in which the arbitration community is using the language of arbitration to modify arbitration's form of life. It would appear to be doing so by using terms that introduce new essential elements into that form of life, viz. "efficiency", "transparency" and "diversity". The values of transparency and diversity [181] are, we believe, now firmly established in

---

180. E. Silva Romero, "Le règlement d'arbitrage de la Chambre de Commerce Internationale (CCI) de 2021", *Revue de l'arbitrage*, 2020, Issue 4.
181. E. Silva Romero, *Challenging the Premises of Diversity: Opening Speech – PAW 2021*, ICC Dispute Resolution Bulletin, 2021, Issue 3.

arbitration [182]. These two new elements must be adopted by arbitration's form of life for the arbitration language-game to secure or, at the very least, enhance its legitimacy. Given that all three elements have already been extensively written about, we will make just a few remarks on each of them.

151. *The dogma of efficiency in arbitration.* Time and costs have been and still are at the centre of discussions in the arbitration world. We are told that the "user" – whoever this might be – wants speed. It was with a view to addressing this concern that the ICC Commission on Arbitration and ADR issued a report on controlling time and costs in international arbitration [183]. Some of the practices recommended in that report then made their way into the 2012 ICC Rules of Arbitration [184]. It may also be noted that most, if not all, arbitral institutions have incorporated emergency arbitration, accelerated procedures and motions to dismiss manifestly unmeritorious claims into their arbitration systems. Efficiency is no doubt the leitmotif underlying these additions. In sum, the introduction of these new terms in the language of arbitration is aimed at ensuring that arbitration's form of life responds to the imperative need for expedient and cost-effective dispute resolution through arbitration [185].

152. *Keep calm and administer justice.* But is such rush necessarily beneficial? Perhaps it is [186]. Yet what about the quality of arbitral awards? For that, we really do need the time to *think*. In our opinion, calmness and time are essential if arbitrators are to properly adjudicate the disputes with which they are entrusted. Their mission of administering justice is of capital importance – above all to the parties – and, we believe, cannot afford to be compromised. Sadly, like other aspects of modern life, arbitration's form of life may be succumbing to the hegemony of the performance society, which instills in us the importance of being productive. For that, we must be in good health,

---

182. Indeed, the transparency ideology has become so pervasive that we have forgotten the beauties of secrecy – "everyone knows", as the Leonard Cohen ballad goes. As for diversity, one cannot overemphasize the influence of *unconscious bias*.

183. *Techniques for Controlling Times and Costs in Arbitration*, Report from the ICC Commission in Arbitration, ICC Publication No. 843, 2007.

184. See, e.g., P. Mayer and E. Silva Romero, *Le nouveau règlement d'arbitrage de la Chambre de commerce internationale (CCI)*, Revue de l'arbitrage, 2011, pp. 920, 921.

185. One might question whether this was not one of the original purposes of arbitration that had fallen into neglect.

186. See Derains (note 147), pp. 669-73.

we must exercise, we must follow a strict diet. Watch out, however, for the risk of burnout lurking behind the resulting stress [187].

153. *The dogma of transparency.* At what point transparency [188] became an obligation and secrecy a cause of suspicion remains something of a mystery to us. Be that as it may, transparency as a social value seems to be here to stay, including in the field of international arbitration. This, however, has caused some theoretical upset and drawn adverse reactions from some users of the international arbitration system.

154. *Transparency in arbitration is nonsense.* In ordinary language, the word "transparency" refers to a tangible quality in the physical world. In everyday conversation we have no difficulty understanding the meaning of expressions such as "the water is transparent" or "the glass is transparent". With these expressions in mind, the phrase "the arbitration is transparent" may be perplexing. It is not immediately obvious what "transparent" means here. From the perspective of ordinary language, the statement appears to be nonsense. To apprehend and understand transparency in arbitration, we need to analyse the relevant rules applicable in a specific arbitration. In other words, in arbitration, transparency acquires its meaning from the fact that, in a specific proceeding, the parties may have agreed, or the tribunal may have ordered, that information pertaining to the arbitration and the underlying dispute be made available to third parties or to the public at large.

155. *The trend towards broad transparency in investment arbitration.* The transparency phenomenon has particularly marked investment arbitration. There would appear to be an obvious reason for this: investment arbitrations involve the public interest and very often touch on issues of concern to the general public. They may, for instance, relate to public health, the environment or state security. Taxpayers, we are told, need to be apprised of how the state is handling proceedings concerning such issues. Is that really the case, however? We are not so sure that the general public really want to be informed of the fate of international investment arbitrations being conducted against their country. Most people simply do not care.

---

187. See Byung-Chul Han, *The Burnout Society*, tr. Erik Butler, Stanford University Press, 2015.
188. E. Silva Romero, *Confidencialidad y transparencia en el arbitraje internacional*, Lima Arbitration, 2012/2013, Issue 5.

156. *The downsides of transparency.* Transparency has in actual fact become a tool used by political oppositions to censure and pressurise governments. The political opposition may criticise the way in which the government is handling an investment arbitration that has been brought against the state. These critics have on some occasions caused the government to make public statements that have altered the strategy it adopted or intended to adopt. In extreme cases, those government statements have even been relied upon by the claimant investor as relevant and helpful evidence in support of its claims. On account of these potential impacts on the strategy adopted in investment arbitrations, some states have looked unfavourably on the expansion of transparency in international arbitration.

157. *The contamination of commercial arbitration by investment arbitration.* Even more problematic, in our view, is the fact that transparency is making inroads into international commercial arbitration. To mention but one example, the ICC has decided to publish the names of the arbitrators sitting in each case once the tribunal has submitted the terms of reference to the ICC International Court of Arbitration. The ICC is also considering publishing all awards. In our experience, however, most users are opposed to this latter extension of transparency. It would seem that, when agreed upon by the parties or ordered by the tribunal, confidentiality remains an important advantage procured by international commercial arbitration.

158. *The dogma of diversity (pseudo-sociology of international arbitration).* Some preliminary remarks are called for here. It is striking how many topics and issues such as diversity are considered by our modern society (whatever that may mean) as not open to discussion or debate. This contemporary trend, which results in a form of self-censorship, may cause some, if not widespread, astonishment, for it inevitably peripheralises reflection on certain issues.

159. *Self-censorship.* This self-censorship, at least at first sight, also reveals a paradox. We live in an age that is marked by the unprecedented ease of access we have to all kinds of information. We can instantaneously learn almost anything about almost everything through a couple of manipulations of our mobile telephone. "Let me google it/him/her" is now commonplace. The world, and everyone and everything within it, is quite literally at our fingertips. At the same time, however, there are many topics and issues (about which we can learn everything) that our modern society regards as absolute truths and refuses to discuss or debate. Discussions on such topics or issues are

quite simply taboo[189]. Why is this so? Why were those who dared to deny the existence of God burnt at the stake?

160. *The source of self-censorship.* It is not clear to us how this prohibition came about or who decided that some topics or issues could not be discussed or debated socially. The guilt is often placed on the abstraction that we call "society". This, however, is a smokescreen, for we are the ones imposing that censorship on ourselves. We are simply afraid to discuss or debate certain topics or issues, because in doing so we expose ourselves to being judged by modern society or, even worse, excluded from it. There is a fear of being singled out from the herd.

161. *Transparency, again.* A good illustration of this phenomenon in international arbitration is the subject of transparency[190]. We are under the impression that transparency in arbitration has become or is becoming one of those issues that modern society does not want us to discuss or debate. Anyone who opposes transparency is likely to be thought to want to hide something and judged to be someone whose morality is questionable. For secrecy is increasingly considered as immoral. Attacking transparency in arbitration would be tantamount to attacking the legitimacy of the entire system. As a consequence, the confidentiality in arbitration, which was once regarded as one of the assets of arbitration, is now considered morally inconvenient or even suspicious, and inappropriate as a means of defence. But what about all those *real* users of arbitration who still want to keep the proceedings they are involved in confidential? The clash between dogmatism and pragmatism could not be clearer; but is the moralisation of international arbitration through such dogmatism what users seeking a solution to an intractable problem really want?

162. *Diversity as an absolute truth.* Diversity has become yet another absolute truth of our modern society. One may wonder whether, by unreflectingly elevating diversity to the status of an absolute truth, modern society is becoming allergic to analysing the premises that underlie the need for diversity generally, and in particular in the field of international arbitration. This, in our view, is unfortunate, for lack of analysis prevents us all from drawing the full consequences from diversity. Regarding diversity as an absolute truth beyond analysis simply caters to the desires of those who, in silence, are opposed to embracing the full meaning of diversity. Ultimately, therefore, it has

---

189. The way in which topics and issues become taboo within a society could be a wonderful subject for philosophical/sociological exploration.
190. See paras. 148-52 above.

the effect of denying diversity, whereas challenging the premises of diversity can only enhance it.

163. *Challenging the premises of diversity to enhance it.* Let us therefore take the risk of analysing diversity by challenging some of its premises. We need to start by understanding what the word "diversity" means and then to see how that meaning has been transposed into the world of international arbitration. *Black's Law Dictionary* offers the following two meanings: (1) "[t]he fact of including many different types of people or things" and (2) "[e]thnic, socioeconomic, and gender heterogeneity within a group; the combination within a population of people with different background or ideas" [191]. These two meanings call for four series of comments – which we put forward as challenges or contributions to an analysis of the concept.

164. *International arbitration is diverse.* First, diversity seems to be all about inclusion. Hence, a diverse society is an inclusive society. Compared to many other fields, the field of international arbitration is, in our view, certainly inclusive and can be proud of being so. Even if there is still room for more diversity in our field, we should agree that international arbitration sets a wonderful example of diversity to the world. This is, in other words, the first premise that should be challenged: international arbitration is diverse; it is not diverse enough; but it is far more diverse than many other fields.

165. *Diversity is not only about the appointment of international arbitrators.* Second, the definitions in *Black's Law Dictionary* tell us that diversity is a much broader and more serious matter international arbitration would have us believe. In international arbitration, diversity is all too often reduced to the need for more women, and for more women and men from certain regions, to be appointed as international arbitrators. The need for diversity in arbitrator appointments is, of course, uncontested and uncontestable. However, diversity in international arbitration cannot and should not be reduced to those aspects alone. This second premise of diversity needs to be challenged.

– What about the lack of women partners leading the international arbitration teams in international law firms?
– If, as *Black's Law Dictionary* tells us, diversity is "the combination within a population of people with different background or ideas", can it really be said that the lawyers in international arbitration teams have different backgrounds or ideas? It would seem rather that there

---

191. *Black's Law Dictionary*, Tenth Edition, p. 576.

are some model paths that those wishing to break into the field of international arbitration must follow. Is it not the case that such lawyers need to have obtained an LLM from one of a handful of elite institutions in a common law country, generally the United States or the United Kingdom? In requiring a profile such as this, have we not created an ideal of the international arbitration associate, in total disregard of the value of diversity? Diversity, after all, is about heterogeneity and broad-mindedness.

- What about situations where international arbitration associates are not introduced to clients because of their origins or sexual orientation? An incident many years ago comes to mind, in which our team was told that we could not meet a potential client because we were "too exotic". What could we do but laugh away the incident, despite the violence behind the words used, which manifested a brutal rejection of whatever or whomever is different.
- What about the very low number of female economic experts who actively testify in international arbitration?
- And lastly, what about those international arbitrators who have preconceptions about people from some regions?

166. *Diversity has many faces.* Third, the meanings of diversity show us that diversity is multifaceted. There is a tendency to lump together highly diverse discrimination issues and present them all as equal manifestations of a lack of diversity/inclusion. Yet those various manifestations are the result of very different cultural flaws, they each deserve individual attention and each calls for its particular solution. For instance, it seems inappropriate to examine gender parity in arbitrator appointments through the same lens as the inclusion of more African practitioners in international arbitration. Nor does it seem appropriate to associate discrimination against LGBTI (lesbian, gay, bisexual, transgender and intersex).

167. *Diversity is an excessively broad term.* The all-embracing nature of diversity inadequately reflects the very different tragedies that lie behind the various situations of discrimination that the term is used to cover. What is more – and this is the third challenge against the premises of diversity – characterising all these situations as pertaining to diversity can be a subterfuge giving the impression that by doing something to tackle one of those situations, the diversity deficit is being alleviated. One could argue that this happens all the time in all sorts of areas. The point, however, is that only by clearly identifying the

different situations of discrimination can appropriate measures be taken to solve them. Generalisation risks obscuring the individual tragedies caused by discrimination, yet it is these that diversity seeks to address.

168. *Implementing diversity in international arbitration.* Fourth and lastly, definitions of diversity refer to the principle of inclusion but do not suggest how it is implemented. As an absolute truth of our modern society, diversity belongs more to the world of ideas and discourse than to the world of actions and deeds. The problem here is that the discourse of diversity proves to have too little effect, if any at all.

169. *The downside of modern society's absolute truths.* Here, perhaps, lies the real problem with absolute truths in our modern society. Given how fearful we are to analyse and, in so doing, to challenge their premises, we have been unable to properly delineate the problems underlying them and, as a result, are not in a position to plan and undertake the actions required to cure them. It is not by organising conferences and seminars or writing books and papers about the need for diversity that this fourth and arguably strongest challenge against the premises of diversity will be effectively addressed.

170. *Diversity as a goal in institutional arbitration.* In a recent paper on the 2021 ICC Rules of Arbitration [192], we wrote that although the ICC had introduced specific rules to improve the efficiency, transparency and ethics of the ICC arbitration system, it had not done likewise for diversity. The same goes for other institutions. Why is this so? Why, for instance, did the ICC not add to Article 13 of its Rules of Arbitration a new provision stating, "In appointing arbitrators, the Court shall seek to realize the goals of diversity"? That could at least be a good start. Then, as time goes on, more specific rules could be introduced or new practices adopted to induce behavioural changes favourable to diversity.

171. *Partial implementation of diversity.* The words may have changed, but the problem is as old as our world. Diversity is all about discrimination. Diversity is another name for the tragedy consisting in the fact that people on our planet in similar circumstances do not always have the same opportunities. The question, therefore, is this: how can we try to ensure equality of opportunities across the globe in the international arbitration field? There have been a couple of remarkable initiatives which deserve special mention.

– The first is the ICC's decision to require gender parity within the ICC International Court of Arbitration (as well as within other bodies in

---

192. See Silva Romero (note 180), p. 952.

Legal Fictions in the Language of International Arbitration 381

the institution). Given that the composition of the Court now meets that requirement, it is to be expected that the goal of gender parity in arbitrator appointments will be pursued more aggressively and that, more generally, a more diverse range of individuals will come to serve as ICC arbitrators.
- The second is the Equal Representation in Arbitration (ERA) Pledge, thanks to which we all now consider more and more women when nominating arbitrators. It could be argued that this is not enough, however, for what seems to be happening is that the same brilliant women are being repeatedly considered and appointed as international arbitrators. We all have a list of thirty and fifty excellent women arbitrators whom we often consider and regularly appoint to comply with the pledge. However, the door remains somewhat closed to newcomers.

172. *Towards a fuller implementation of diversity.* These two initiatives deal with only the tip of the diversity iceberg, however. Diversity requires new, different people, women or men, to enter the field to act both as counsel and arbitrators in international arbitrations. The challenge lies in knowing what else, apart from the two commendable initiatives described above and the addition of a provision in institutional arbitration rules, we need to do to enhance diversity. Three modest, yet concrete, ideas may be considered.

- If, for better or worse, there is a predominant model of the international arbitration associate, we need to give a more diverse range of people access to the educational opportunities that will allow them to correspond to that model. To start with, universities, arbitral institutions and international law firms should offer scholarships to a diverse range of individuals so that they can follow the studies required to become international arbitration associates. It should be said that some universities and law firms are already doing this, but such goodwill actions need to expand, so that entry into the world of international arbitration is not restricted to elite classes.
- When hiring associates, international arbitration teams should force themselves to consider candidates with atypical profiles. This could well be a new, second pledge. It should not be overlooked that many of the most successful practitioners in the international arbitration field have atypical credentials, and we should above all remember that international arbitration is about administering justice, and for that, knowing the law is never enough.

– When appointing arbitrators, in addition to complying with the ERA Pledge, we should also force ourselves (a possible third pledge) to interview one or two new people with whom we have not worked in the past. Even if we do not appoint any of them in the end, we would at least have made their acquaintance and so there is a stronger possibility that they might be appointed in the future.

173. *The right to select the international arbitrator we trust may clash with the aim of diversity.* We should pause here to ask ourselves what the real obstacle to achieving true diversity arbitrator appointments is. It is perhaps not so much that we have preconceptions, but that we and the real users of the system feel more comfortable appointing as arbitrators people we and they trust. Human beings have a natural tendency to trust what resembles them. It takes great effort and strength of will to trust what is foreign to us. In this respect, one of arbitration's long-touted advantages – the parties' right to appoint arbitrators of their choice – is likely to be counterproductive when it comes to diversity, as parties will be naturally inclined to opt for people they trust on account of their experience, know-how and reputation.

174. *A final pseudo-sociological point.* We live in an age where people are constantly pressured to resemble the social models, embrace sameness and reject alterity [193]. If we can simply regain an interest for others and become tolerant of differences, the defensive discourse on diversity will necessarily disappear. Open-mindedness should be of the essence of international arbitration's form of life and, as such, one of the underlying axioms of the foundational theory of the arbitral legal order.

B. Fictional assimilation between international arbitrators and state judges

175. *International arbitrators are assimilable to state judges.* Arbitrators need to be likened to judges; they need to be perceived as having the same respectability as judges. Troplong's preconceptions need to be strongly countered by insisting that arbitrators have the stature of judges. This is necessary because judicial process is still thought of as the paradigmatic form of administering justice. Moreover, if arbitrators are put on a par with judges, this is also likely to enhance the legitimacy of the international arbitration system.

---

193. B. C. Han, *La fin des choses – Bouleversements de la vie*, Actes Sud, 2021.

176. *Abundance of fictions.* On what legal basis, one may ask, is the idea that the state must have a monopoly on the administration of justice founded? Is it the legal fiction of Rousseau's social contract? Indeed, many of the institutions that form modern society and the rule of law rest on fictions, legal or otherwise – which is testimony to the power of the human mind and its language.

177. *Corollaries of assimilating international arbitrators to state judges.* The assimilation of international arbitrators to state judges has two principal aspects, each with attendant legal consequences. They help to explain why drawing such an analogy is a legal fiction.

178. *International arbitrators must be as good as state judges.* Assimilating international arbitrators to state judges firstly means that international arbitrators must meet the same standards as state judges. In particular, like state judges, they must be independent and impartial. Both independence and impartiality are, to some extent, legal fictions.

179. *Independence and impartiality.* The concept of independence, as understood in international arbitration language, is yet another legal fiction. It is said to be an objective notion, implying an objective test, which, if met by an international arbitrator, signifies that he or she may be deemed to be impartial. Impartiality, on the other hand, is said to be a subjective notion, a state of mind of which only the international arbitrator in question is aware [194].

180. *The legal fiction of independence.* The objective legal test implicit in the notion of independence may be characterised as a legal fiction (although some would prefer to call it a presumption or a legal test). This is because, if the test of independence is met, then the legal effect is that the international arbitrator will be *deemed* to be impartial. In other words, it is not confirmation that the arbitrator actually is impartial, rather, it means that an independent international arbitrator will be treated *as if* he or she were impartial.

181. *The legal fiction of impartiality.* Impartiality, however, may in its turn also be perceived as a legal fiction, at least in relation to a proactive co-arbitrator. Proactivity – that is, the readiness to act in anticipation of future problems, needs or changes – is rightly perceived as a virtue, and arbitral proactivity is in principle no exception. The increase in the duration and cost of arbitration proceedings – "perennially acknowledged as the biggest concerns for arbitration users" [195] –

---

194. See, e.g., Born (note 35), pp. 1474, 1475.
195. Queen Mary University of London, School of International Arbitration and White & Case, *2021 International Arbitration Survey: Adapting Arbitration to*

has led to calls for greater arbitral proactivity as a way of improving the efficiency of proceedings. A new model – the "proactive arbitrator" – has come to the fore, brought into the spotlight by conferences, training programmes, publications and recent rules of conduct [196]. Academics and practitioners alike seem to agree that giving arbitral tribunals a more proactive and robust role could help reduce the ever-increasing duration and cost of arbitral proceedings.

182. *The proactive co-arbitrator.* When this new model of proactivity comes to be associated, not with arbitrators in the abstract, but specifically with party-appointed co-arbitrators, the particular nature of the place occupied by party-appointed co-arbitrators in the arbitral process makes it necessary to ponder some additional considerations. Party-appointed co-arbitrators are often described as "a necessary but somewhat uncomfortable participant in international arbitration" [197]. This is largely due to the delicate balance they need to maintain between the perception that they may be more receptive to the position of the party that appointed them and the general duty of impartiality that they owe to both parties.

183. *Specific proactive co-arbitrators.* When exercised by a party-appointed co-arbitrator, proactivity may well yield benefits purely in terms of efficiency. However, it is also capable of upsetting that delicate

---

a Changing World, p. 13. See also, J. R. Profaizer, "International Arbitration: Now Getting Longer and More Costly" *National Law Journal*, 28 July 2008 (noting an increased awareness among arbitration users that by "replicating the same failings as litigation: excessive cost and duration of proceedings", arbitration is failing to live up to its promise of being faster and more cost effective than litigation); Queen Mary University of London, School of International Arbitration and White & Case LLP, *2018 International Arbitration Survey: The Evolution of International Arbitration*, pp. 8, 37-38 (finding that arbitration users named increased time and cost as the worst characteristics of arbitration and greater efficiency as the main driver for arbitration's evolution).

196. See, e.g., D. Baizeau and F. Spoorenberg, *The Arbitrators' Initiative: When, Why and How Should It Be Used?*, ASA Special Series No. 45 (2016), which contains papers from the 2015 ASA annual conference in which leading arbitrators ponder on the proactive arbitrator as the new "dream arbitrator" and on the reach and limits of arbitrator proactivity; American Arbitration Association, *Optimize Your Arbitration! Understanding the Role of the Proactive Arbitrator*, which was a 2014 webinar on "Techniques for Being Proactive" and included guidance on how "to assure the Parties obtain a 'return on investment' in the arbitration process and you as an arbitrator" and on "[s]pecific wording for proactive orders"; Rules on the Efficient Conduct of Proceedings in International Arbitration (Prague Rules), which aim to "provide a framework and/or guidance for arbitral tribunals and parties on how to increase efficiency of arbitration by encouraging a more active role for arbitral tribunals in managing proceedings".

197. J. Carter "Living with the Party-Appointed Arbitrator: Judicial Confusion, Ethical Codes and Practical Advice", *American Review of International Arbitration*, Vol. 3 (1992), p. 153.

balance, causing unease, or even scepticism, over the co-arbitrator's continuing appearance of impartiality. The phenomenon of the proactive co-arbitrator thus calls for closer and more nuanced scrutiny. It reveals that here are two principal meanings that can be attached to this expression, one positive and the other negative.

184. *Positive meaning of proactive co-arbitrator.* On the one hand, the expression may denote a co-arbitrator who does more than simply fulfil their mission. In this sense, a proactive co-arbitrator might perhaps be the tribunal member *(i)* who first proposes solutions to the various incidents that may arise during the arbitral proceedings, *(ii)* who prepares drafts of procedural orders or *(iii)* who contributes in a substantial way to the drafting of the award(s).

185. *The influence of the proactive co-arbitrator.* Here, therefore, the proactive co-arbitrator is one who constantly and tirelessly attempts to subtly influence the other members of the arbitral tribunal in the decision-making process. Their actions count. They will seek to be the first who lays down the terms of the debate on the various issues arising during the proceedings. Concretely, the proactive co-arbitrator would be the first to send an email providing the other members of the tribunal with an opinion on the most recent procedural incident arising in the arbitration, for example. They act with a shrewd earnestness which can have a considerable impact on, or condition, a tribunal's decision-making process. Even if it is tempting to doubt the purity of the motives underlying the arbitrator's earnestness, there is no question that this proactive co-arbitrator works hard.

186. *The special impartiality peculiar to the co-arbitrator.* With regard to purity of motives, an important observation needs to be made. The term "proactivity" appears to have a particular connotation in the international arbitration field, especially when it applies to party-appointed arbitrators. There appears to be widespread consensus in the world of international arbitration that co-arbitrators are expected to make sure that the arbitral tribunal properly considers the arguments of the party that nominated them[198]. For an outsider, this might create

---

198. See, e.g., H. P. De Vries, "Practical Aspects of International Litigation-Arbitration", *American Journal of International Law*, Vol. 64 (1970), Issue 4, Proceedings of 64th annual meeting of the American Society of International Law (ASIL), p. 253, "The party-appointed arbitrator must be truly impartial yet ensure that in the course of the tribunal's deliberations full understanding is attained by the entire tribunal of the presentation of facts and law advanced by his nominator"; S. Bond, "The International Arbitrator: From the Perspective of the ICC International Court of Arbitration", *Northwestern Journal of International Law and Business*, Vol. 12 (1991),

the impression that a proactive co-arbitrator is likely to be somewhat partisan, even though no one would dispute that the legal and ethical duties applicable to tribunal presidents are equally binding on party-appointed arbitrators. Thus, one must concede that this consensus introduces an important qualification into the notion of impartiality. For this reason, impartiality could be considered to be a legal fiction. It, however, does not deter counsel from nominating such co-arbitrators to arbitral tribunals [199].

187. *The ideal co-arbitrator.* This preference on the part of counsel is understandable. It is quite normal for a party and its counsel to wish to appoint an arbitrator who has

> "some inclination or predisposition to favour that party's side of the case such as by sharing the appointing party's legal or cultural background or by holding doctrinal views that, fortuitously, coincide with a party's case" [200].

On the proviso that "the arbitrator does not allow this shared outlook to override his conscience and professional judgment", such an inclination or predisposition "need carry no suggestion of disqualifying partiality" [201]. Thus, a party's willingness to appoint an arbitrator who

---

p. 7 (noting that the party-appointed arbitrator should be someone who "will endeavor to see that [the appointing] party's position is clearly understood by the arbitral tribunal"); D. Bishop and L. Reed, "Practical Guidelines for Interviewing, Selecting and Challenging Party-Appointed Arbitrators in International Arbitration", *Arbitration International*, Vol. 14 (1998), p. 405:

> "It is also generally recognized that the party-appointed arbitrators may 'serve' the appointing party in the limited sense – consistent with deciding the case impartially – of ensuring that the presiding arbitrator selected will not be inimical to the party's case, ensuring that the party's case is understood and carefully considered by the panel, 'translating' the party's legal and cultural system (and occasionally the language) for the benefit and understanding of the other arbitrators, and ensuring that the procedure adopted by the panel will not unfairly disadvantage the appointing party";

N. Blackaby and C. Partasides, *Redfern and Hunter on International Arbitration*, 6 ed., Oxford University Press, 2015, para. 4.30; A. Gomez-Acebo, "A Special Role of Party-Appointed Arbitrators?", in J. Kalicki and M. A. Raouf (eds.), *Evolution and Adaptation: The Future of International Arbitration*, ICCA Congress Series, Vol. 20 (2019), pp. 391-94.

199. See M. Hunter, "Ethics of the International Arbitrator", *Arbitration*, Vol. 53, (1987), p. 223:

> "when I am representing a client in an arbitration, what I am really looking for in a party-nominated arbitrator is someone with the maximum predisposition towards my client, but with the minimum appearance of bias".

200. Bishop and Reed (note 198), p. 395.
201. *Ibid.*, pp. 395-96.

Legal Fictions in the Language of International Arbitration 387

displays such a predisposition, without this being considered a cause for disqualification, and its readiness to accept that its arbitral counterparty would do the same, constitute "a natural and unexceptional aspect of the party appointment system in international arbitration" [202] and one that continues to predominate to this day.

188. *The freedom to select arbitrators*. It is often said that the freedom to choose one's arbitrator is one of the main advantages of international arbitration, and this is borne out by the responses recorded in surveys of arbitration users [203] because the advantage is said to lie in the parties being able to select as arbitrators people they trust and who are specialists in the subject matter of the dispute [204]. The possibility to nominate at least a co-arbitrator is said to be essential to the party's trust in the arbitration process; to its acceptance of any award, including one against it; and, more generally, to enhancing the legitimacy of the international arbitration system [205]. It is thought that the co-arbitrator's propensity towards the party that appointed them may well be the

---

202. *Ibid.*, p. 396.
203. Queen Mary University of London, School of International Arbitration and White & Case LLP, *2018 International Arbitration Survey: The Evolution of International Arbitration*, p. 7 (noting that 39 per cent of respondents considered the ability of parties to select their own arbitrators as one of the three most valuable characteristics of international arbitration); Berwin Leighton Paisner, *International Arbitration Survey: Party Appointed Arbitrators*, 2017, p. 2 (finding that 79 per cent of respondents felt that party appointments give a party greater confidence in the arbitration process and 66 per cent considered retention of party appointments to be desirable); Queen Mary University of London, School of International Arbitration and White & Case LLP, *2015 International Arbitration Survey: Improvements and Innovations in International Arbitration*, p. 6 (noting that 38 per cent of respondents considered the ability of parties to select their own arbitrators as one of the three most valuable characteristics of international arbitration).
204. See D. E. Mclaren, "Party-Appointed vs List-Appointed Arbitrators: A Comparison", *Journal of International Arbitration*, Vol. 20 (2003), p. 234; Gomez-Acebo (note 198), p. 381.
205. See, e.g., C. N. Brower and C. B. Rosenberg, "The Death of the Two-Headed Nightingale: Why the Paulsson-Van den Berg Presumption that Party-Appointed Arbitrators are Untrustworthy is Wrongheaded", *Arbitration International*, Vol. 29 (2013), p. 19:

"there seems to be a close nexus between the perceived legitimacy of international arbitration and the parties' appointment of the arbitrators. Legitimacy of the proceedings in turn may translate into respect for the arbitral award, regardless of the outcome, as well as for the ultimate enforcement proceedings, if needed at all. In other words, *a losing party may be less likely to challenge die legitimacy of the decision-making process and the ultimate arbitral award if the party played an intimate role in constituting the tribunal*. It therefore would seem that enhanced party confidence in the arbitral process is a significant justification for party-appointed arbitrators" (emphasis added);

W. W. Park, "Arbitrator Integrity: The Transient and the Permanent", *San Diego Law Review*, Vol. 46 (2009), pp. 644-45:

necessary price to pay for the apparently much-valued right to choose one's arbitrator.

189. *The negative meaning of proactive co-arbitrator.* On the other hand, the proactive co-arbitrator phenomenon may also have a more perverse aspect. We refer here to the co-arbitrator who, during case management conferences or arbitral hearings, surreptitiously behaves in a way that is clearly intended to help the party that appointed them. Such proactivity takes the form of comments and questions that give rise to an unsettling impression of bias or partiality towards the party that appointed the co-arbitrator.

190. *Situations of negative proactivity.* To better apprehend this negative aspect and its significance in relation to arbitration's constant struggle for survival, it will be helpful to sketch out the kinds of situations arising in case management conferences and arbitral hearings that can be exploited in this way by the proactive co-arbitrator (1).

191. *Solutions to negative proactivity.* The question, then, is whether there is a solution to this negative manifestation of the proactive co-arbitrator phenomenon – one that could bring co-arbitrators closer to the ideal of a pro-active arbitrator and dispel the dangers of partiality and broader legitimacy concerns. We all know that absolute purity cannot exist in this imperfect world of ours and that there is no such a thing as a pristine co-arbitrator. This, however, is no reason not to ask ourselves whether changes could be made to the system of appointing arbitrators or, failing that, guidelines or practices adopted to help curb the negative effects of co-arbitrator proactivity and enhance the ethics of international arbitration (2).

1. Situations exploited by the perverse strain of proactive co-arbitrators

192. *Latent negative proactivity.* It has been rightly pointed out that "[t]he partisanship of an ostensibly impartial party-appointed arbitrator will often be most evident where it is least visible: in the confidential

---

"To promote confidence in the international arbitral process, party input into the selection of arbitrators has long been common practice . . . In such circumstances, the job of constructing a mutually acceptable arbitral tribunal would normally be facilitated by allowing each side to appoint an arbitrator, and having the two party-nominated arbitrators choose the third member of the tribunal. Such party participation democratizes the process, serving to foster trust that at least one person on the tribunal (the party's nominee) will monitor the procedural integrity of the arbitration";

A. A. de Fina, "The Party Appointed Arbitrator in International Arbitrations: Role and Selection", *Arbitration International*, Vol. 15 (1999), p. 381.

deliberations of the arbitral tribunal"[206]. Such latent proactivity may eventually manifest itself in a dissenting opinion rendered by the proactive co-arbitrator[207]. But so long as it remains hidden, it defies description. Hence, our comments below are necessarily limited to those perverse manifestations of co-arbitrator proactivity that are observable.

193. *Observable negative proactivity.* Given the rule of the secrecy of deliberations and, more generally, private interactions between the members of the arbitral tribunal, the parties and their counsel are in a position to observe arbitrators' behaviour only during the oral phases of the proceedings. These oral phases are the case management conferences (including pre-hearing conferences) and hearings. Below are some salient examples of negative aspects of the proactive co-arbitrator phenomenon taken from oral pleadings by counsel and the examination of witnesses and experts.

194. *Interference in oral pleadings.* With respect to oral pleadings by counsel, the negative side of the proactive co-arbitrator phenomenon often manifests itself through a co-arbitrator who:

– interrupts counsel, with the aim of cutting the flow of the argumentation;
– asks questions during counsel's oral pleadings, with the aim of destabilising counsel; and/or
– asks pointed questions after the oral pleading by the party that is the opponent of the party that appointed them, in an attempt to prompt the party that appointed them to adjust its upcoming oral pleading so that it responds to the other side's arguments or even to points that the tribunal may have already determined to be of particular interest.

195. *Pleading by the proactive co-arbitrator.* It is all the more problematic, from an impartiality perspective, if, when engaging in any of the acts described in the preceding paragraph, the co-arbitrator puts forward an argument in favour of the party that appointed them or against the party that is opposing it and then asks a leading question to which the answer must be yes or no, with the result that the transcript records the co-arbitrator's argument as seemingly being that of the party itself.

---

206. M. J. Goldstein, "Living (or Not) with the Partisan Arbitrator: Are there Limits to Deliberations Secrecy?", *Arbitration International*, Vol. 32 (2016), p. 589.
207. E. Silva Romero, *Brèves observations sur l'opinion dissidente*, in. J. Rosell (ed.), *Les Arbitres internationaux*, Paris, Société de législation comparée, 2005.

196. *Examination by the proactive co-arbitrator.* With respect to the examination of witnesses and experts, the negative side of the proactive co-arbitrator phenomenon often manifests itself through a co-arbitrator who:

- interrupts the flow of a cross-examination being conducted by the party that did not appoint them by asking questions at inappropriate moments;
- puts questions to a witness called by the party that appointed them, as a way of undermining what the other party might have hoped to achieve during cross-examination or of preparing for the impending redirect examination by the party that appointed them; and/or
- during cross-examination asks leading questions of a witness or an expert called by the opponent of the party that appointed them, so as to elicit admissions that may be favourable to the case being made by the party that appointed them.

197. *A pathology?* While some commentators may dismiss such examples as "a handful of 'bad apples' – those, fortunately, rare, if spectacular, cases in which arbitrators are alleged to have acted unethically" [208], the reality is that behaviour such as that described above occurs quite frequently in arbitral hearings, although not always to the same extent.

198. *The search for a solution.* As if recourse to such behaviour to help or handicap a party were not worrying enough, what is of even greater concern is the impact that such practices are capable of having, not only on the legitimacy and efficiency of the proceedings in which they are employed, but also on the wider perception of international arbitration by its users and critics. Clearly, when it comes to negative manifestations of the proactive co-arbitrator phenomenon, impartiality is a reality, not a legal fiction, and a practical problem to which a solution needs to be found.

2. *The need for a solution to the problem of the perverse strain of proactive co-arbitrators*

199. *Far-reaching fallout from negative co-arbitrator proactivity.* As one can readily appreciate, conduct of the kind described in the preceding section as a manifestation of the negative aspect of the

---

208. Brower and Rosenberg (note 205), p. 9.

proactive co-arbitrator phenomenon can have a considerable impact on the proceedings in which it is employed, and can arguably also have much wider repercussions.

200. *Reaction to negative co-arbitrator proactivity.* This conduct of a perverse proactive co-arbitrator is capable of raising serious doubts in the minds of those participating in an arbitration over the co-arbitrator's appearance of impartiality, as well as concerns that the co-arbitrator may be attempting to influence the decision-making process to the benefit of the party that appointed them. The result may be a challenge against the co-arbitrator, which will take time and thus defeat the gains in terms of time- and cost-efficiency that proactivity is meant to secure. And even more importantly, any increase in the appearance of partiality among those involved in the arbitral decision-making process will do a great disservice to a system of justice that is already under attack.

201. *Users' attitudes towards negative co-arbitrator proactivity.* The fact of the matter is that many users of international arbitration, including states and state entities, are understandably concerned when they see such behaviour being used against them. "What can we do?" they ask. "Would a challenge against such a proactive co-arbitrator be successful?" they ask. Although a challenge is of course possible, our feeling is that it would be unsuccessful, so perhaps a solution further upstream should be sought.

202. *Proposed solutions to negative proactivity.* Below, we present two potential ways of addressing negative manifestations of the phenomenon of the proactive co-arbitrator. The first is of a more structural nature and takes aim at the practice of making appointments unilaterally *(a)*. The second takes the system of unilateral appointments as a given and suggests that the conduct of party-appointed co-arbitrators might be improved through the adoption of guidelines and best practices *(b)*.

(a) *Replacing the system of unilaterally appointing arbitrators as an antidote against negative co-arbitrator proactivity*

203. *Removing the right to appoint a co-arbitrator.* One way of dealing with the negative manifestations of the proactive co-arbitrator phenomenon might be to go to the root of the problem and do away with unilateral appointments altogether.

204. *A debated question.* There has been a long-running debate among academics and practitioners over the utility of continuing

to allow arbitrators to be appointed by parties [209]. This debate has intensified in recent years, especially following the publication of Jan Paulsson's famous 2010 lecture "Moral Hazard in International Dispute Resolution" [210], which has since drawn both strong support and fierce criticism from distinguished members of the arbitration community [211].

205. *Paulsson's theory.* The central ideas of Paulsson's thesis are worth recalling, as they resonate with the concerns aroused by negative manifestations of the proactive co-arbitrator phenomenon. Paulsson's central proposition is that party-appointed arbitrators pose "a moral hazard" for international arbitration and undermine the integrity of the arbitral process.

> "Many persons serving as arbitrator seem to have no compunction about quietly assisting 'their' party; they apparently view the modern international consensus that all arbitrators owe a duty to maintain an equal distance to both sides as little more than pretty words, as though sophisticates in reality conduct

---

209. See, e.g., Carter (note 197); A. S. Rau, "On Integrity in Private Judging", *Arbitration International*, Vol. 14 (1998); A. Redfern, "Dissenting Opinions in International Commercial Arbitration: The Good, the Bad and the Ugly", *Arbitration International*, Vol. 20 (2004); C. A. Rogers "Regulating International Arbitrators: A Functional Approach to Developing Standards of Conduct", *Transnational Dispute Management*, Vol. 8, Issue 1 (2011); J. Kirby, "With Arbitrators, Less Can Be More: Why the Conventional Wisdom on the Benefits of Having Three Arbitrators May Be Overrated," *Journal of International Arbitration*, Vol. 26 3 (2009); M. van Leeuwen, "Pride and Prejudice in the Debate on Arbitrator Independence", in C. Müller and A. Rigozzi (eds.), *New Developments in International Commercial Arbitration*, Schulthess, 2013.
210. J. Paulsson "Moral Hazard in International Dispute Resolution", *ICSID Review*, Vol. 25 (2010), pp. 339-55.
211. In support, see, e.g., A. J. van den Berg, "Dissenting Opinions by Party-Appointed Arbitrators in Investment Arbitration", in Mahnoush Arsanjani *et al.* (eds.), *Looking to the Future: Essays on International Law in Honor of W. Michael Reisman*, Brill, 2011; H. Smit, "The Pernicious Institution of the Party-Appointed Arbitrator", *Columbia FDI Perspectives*, Vol. 33 (2010); J. Fernández-Armesto, "Salient Issues of International Arbitration", *American University International Law Review*, Vol. 27 (2012), p. 726; N. Ziadé, "L'éthique et l'arbitrage en matière d'investissement: Grandeur et misère de la fonction d'arbitre", *Revue de l'arbitrage*, 2012, Issue 2. Contra, see, e.g., Brower and Rosenberg (note 205); A. Mourre, "Are Unilateral Appointments Defensible? On Jan Paulsson's Moral Hazard in International Arbitration", in S. M. Kröll *et al.* (eds.), *International Arbitration and International Commercial Law: Synergy, Convergence and Evolution, Liber Amicorum Eric Bergsten*, Kluwer, 2011; G. Sacerdoti, "Is the Party-Appointed Arbitrator a 'Pernicious Institution'? A Reply to Professor Hans Smit", *Columbia FDI Perspectives*, Vol. 35 (2011); M. E. Schneider, "Forbidding Unilateral Appointments of Arbitrators: A Case of Vicarious Hypochondria?", *ASA Bulletin*, Vol. 29 (2011), Issue 2; V. V. Veeder, "The Historical Keystone to International Arbitration: The Party-Appointed Arbitrator – From Miami to Geneva", *Proceedings of the ASIL Annual Meeting*, Vol. 107 (2013).

themselves in accordance with a different *sub rosa* operational code."[212]

He suggested that the legitimacy of international dispute resolution could be strengthened if this moral hazard were removed from the arbitral equation.

206. *War stories.* To illustrate this moral hazard, Paulsson discussed several hypotheticals, but also, more concerningly, real-life examples in which party-appointed arbitrators had attempted to unduly influence a tribunal's decision-making process to the benefit of the parties that had appointed them, or had otherwise displayed behaviour that was at odds with their duty of independence and impartiality towards both disputing parties [213]. In light of these examples and the structural concerns that in his view they highlighted, Paulsson concluded that the "best way to avoid such incidents is clearly to abandon the practice of unilateral appointments"[214]. He suggested three alternatives: *(i)* that all members of the tribunal be appointed by agreement between the parties; *(ii)* that all members of the tribunal be appointed by an arbitral institution; or *(iii)* that all members of the tribunal be selected by the parties from a list of arbitrators provided by an arbitration institution [215].

207. *Impartiality cannot be a fiction.* The core purpose of abandoning unilateral arbitrator appointments is to sever any real or perceived connection between the co-arbitrator and the party that appointed them. Co-arbitrators who have been appointed not by one of the parties to the dispute but by a neutral third party or jointly by both parties would not feel beholden to any one of the parties to the dispute or to defend its views. The perception of co-arbitrators as having a responsibility to ensure that a particular party's case is given full consideration by the tribunal, or as being predisposed towards a line of thought they share with the party that appointed them, or as militating in favour of a particular position in order to repay a debt of gratitude towards the party that appointed them could not apply to neutrally appointed arbitrators [216].

---

212. Paulsson (note 210), p. 344.
213. *Ibid.*, pp. 341-48.
214. *Ibid.*, p. 348.
215. *Ibid.*, p. 352-53.
216. For these perceived or actual tendencies that may factor into the way in which a party-appointed co-arbitrator may exercise her or his functions, see, e.g., Bishop and Reed (note 198), p. 395; Carter (note 197), p. 153-55; Gomez-Acebo (note 198), p. 391.

208. *True impartiality is efficient.* A neutrally appointed proactive co-arbitrator would be free to make the best use of their proactivity, including in the pursuit of time- and cost-efficiency, without any fear that it might be interpreted by the parties or the other tribunal members as a sign of partiality. At the same time, trust among the tribunal members also is likely to increase, as they would all perceive their role as closer to that of a judge, not an advocate of one of the parties. Ultimately, neutrally appointed arbitrators are more likely to

> "come to function as a unit, examining different aspects of the dispute or writing different parts of the award – say, one focusing on the procedural issues, another on the evidence, and the third on the legal issues, according to the particular skills and experience each brings to the process"[217].

209. *Utopist solution.* However desirable such a scenario may be, it is still far from becoming a tangible and workable reality, however. As Paulsson himself admitted, the solution of appointments made solely by institutions was, and doubtless still is, confronted with an enormous challenge – a lack of trust in the ability of arbitration institutions to appoint good arbitrators[218].

210. *Reticence to give arbitral institutions such power.* Critics of Paulsson's proposals have also highlighted that entrusting arbitral institutions with the appointment of all arbitrators (or even with the creation of lists from which arbitrators would be selected) would be "undesirable because it infuses politics into the system and creates an artificial barrier to entry [for new arbitrators]"[219] and that it could also "create a distance between the arbitral community and the users of arbitration"[220]. Besides, users of arbitration appear to find comfort in party appointments and attach great importance to the right to name one's arbitrator[221].

---

217. A. F. Lowenfeld, "The Party-Appointed Arbitrator in International Controversies: Some Reflections", *Texas International Law Journal*, Vol. 30 (1995), p. 60.
218. See Paulsson (note 210), p. 354.
219. Brower and Rosenberg (note 205), pp. 22-23.
220. Mourre (note 211), p. 385.
221. See Queen Mary University of London, School of International Arbitration and White & Case LLP, *2012 International Arbitration Survey: Current and Preferred Practices in the Arbitral Process*, pp. 2, 5 (noting that "the arbitration community generally disapproves of the recent proposal calling for an end to unilateral party appointments", after finding that 76 per cent of the survey's respondents preferred the two co-arbitrators in a three-member tribunal to be selected by each party unilaterally).

211. *The importance of a party's right to appoint a co-arbitrator.* It thus appears that abolishing the system of unilateral arbitral appointments would not only be an untenable solution at the present time but also fly in the face of the preference users continue to show for this method of appointing arbitrators. The adoption of some guidelines or best practices to rein in negative manifestations of the proactive co-arbitrator phenomenon may in present circumstances be more a realistic and, hence, feasible solution.

(b) *Guidelines and best practices to counter negative co-arbitrator proactivity*

212. *A more pragmatic solution.* If the above, rather drastic, solution of dismantling the system of unilateral appointments as a whole is not the way forward, then perhaps a more pragmatic approach would be to consider, *de lege ferenda*, whether the adoption of some guidelines or best practices – or perhaps even rules – as blueprints for acceptable co-arbitrator behaviour would strengthen ethics in international arbitration and, by the same token, its legitimacy.

213. *Guidelines and practices.* To kick-start what we consider to be a much-needed debate, we would like to suggest that consideration be given to adopting the following guidelines and practices to counter negative manifestations of the proactive co-arbitrator phenomenon, given our own experience of its materialisation during oral pleadings and witness and expert examination.

214. *Oral pleadings.* The following practices could be recommended for interventions by co-arbitrators during oral pleadings by counsel.

– Unless there is a pressing need for clarification, arbitrators should not ask the parties any questions until they have finished their oral pleadings.
– Arbitrators should not ask questions during intervals between oral pleadings (e.g. after the oral pleading by claimant and before the oral pleading by respondent).
– To the extent possible, all questions from members of the arbitral tribunal to the parties should be channelled through the president of the arbitral tribunal.

215. *Witness and expert examination.* The following practices could be recommended for interventions by co-arbitrators during the examination of witnesses and experts.

– Unless there is a pressing need for clarification, arbitrators should not ask witnesses and experts any questions until all counsel have finished examining the witness or expert.
– Unless there is a need for specific clarification that would justify asking a leading question, only open questions should be put to witnesses and experts.
– Arbitrators should not cross-examine or re-examine witnesses or experts.
– To the extent possible, all questions from members of the arbitral tribunal to witnesses and experts should be channelled through the president of the arbitral tribunal.

216. *A new perception of impartiality.* The above recommendations should help to ensure that no co-arbitrator is seen as trying to somehow assist the party who appointed them. Tactical interruptions of a party's argumentation would be avoided, as would improper flagging of particular points to be addressed by a party and interventions designed to elicit admissions favourable to a party's case.

217. *A robust president of the tribunal.* In addition, if the president of the tribunal (who will need to have a strong personality for these recommendations to be effective) acts as its voice, this may help to ensure that its deliberations are not delayed, for the arbitrators will be obliged to confer, the effect of which will be to limit questions to those that are necessary and objective. Arbitrators should forget that most, if not all, answers to their questions are already on the record.

218. *Battle between co-arbitrators.* Finally, the above recommendations should considerably reduce the risk of battles between co-arbitrators, which is a most tiresome, not to say damaging, corollary of the perverse side of the proactive co-arbitrator phenomenon. It is a fact that many co-arbitrators become proactive in reaction to the proactivity of their fellow co-arbitrator. Needless to say, battles of this kind put the arbitral system of justice in a bad light.

219. *Towards efficiency.* The quest for increased time- and cost-efficiency in arbitration may, justifiably, have caused arbitrators to consider greater proactivity on their part as the right way forward, given that it is largely up to them to shape more efficient arbitral proceedings. Yet a careful balance needs to be struck between proactivity of a purely beneficial kind and proactivity that raises doubts in users' minds over the continuing impartiality of the arbitrators as well as the very legitimacy of the international arbitration system.

220. *Towards legitimacy.* Users of international arbitration who experience questionable behaviour by a proactive co-arbitrator may well be put off from using arbitration again, so it would seem important to encourage discussions on the proactive co-arbitrator phenomenon and its potential solutions as a way of improving ethics in international arbitration and, thereby, of safeguarding its legitimacy and use. Such discussions may address recommendations of the kind made above or even more drastic, structural solutions that reconceptualise the arbitral system as a whole. One thing is certain: questions to counsel and witnesses should cease being used as marketing tools by proactive co-arbitrators.

221. *The powers of international arbitrators.* The second corollary of assimilating international arbitrators to state judges is that some of the powers exercised by state judges in fulfilling their jurisdictional mission are also held by international arbitrators. What are those powers?

- Firstly, like state judges, international arbitrators have *jurisdictio* – that is, the power to administer justice (by adjudicating a dispute). From this perspective, there can be no doubt that international arbitrators must be, and are, comparable to state judges. Were they not, international arbitration would not be an efficient means of resolving disputes; at best, it would be an alternative dispute resolution method like mediation.
- Secondly, again like state judges, international arbitrators have the power to adopt interim measures of protection at the request of one of the parties. This power, however, is less extensive than the comparable power of state judges, for in most countries international arbitrators cannot adopt interim measures affecting a party's property rights. For instance, they in principle have no authority to seize assets belonging to the parties in dispute, which is something state judges are entitled to do. In legal terms, this difference is expressed by saying that judicial imperium is the preserve of state judges.

222. *The dangers of total assimilation between arbitrators and state judges.* The international arbitrators' powers described above make it clear that international arbitrators (and, in many countries, even domestic arbitrators) are *like* state judges, but *not equal* to them. While the fictional assimilation of international arbitrators to state judges is necessary for international arbitration's survival, it must not go as far as total assimilation, for that might deprive international arbitration of the

flexibility that makes it an attractive alternative to the judicial process. In other words, total assimilation could be the downfall of international arbitration.

223. *Some domestic arbitrators are state judges.* It is interesting to note that in some Latin American countries there is almost total assimilation between domestic (not international) arbitrators and state judges, to the point that domestic arbitrators are entitled to *(a)* seize parties' assets as a means of ensuring compliance with the arbitral award; *(b)* ask directly for assistance from the police to bring recalcitrant witnesses to testify at a hearing; and *(c)* even enforce their own decisions. Colombia's arbitration statute, for instance, provides as follows in the section devoted to domestic arbitration:

"A petición de cualquiera de las partes, el tribunal podrá ordenar las medidas cautelares que serían procedentes de tramitarse el proceso ante la justicia ordinaria o la contencioso administrativo, cuyos decreto, práctica y levantamiento se someterán a las normas del Código de Procedimiento Civil, el Código de Procedimiento Administrativo y de lo Contencioso Administrativo y a las disposiciones especiales pertinentes." [222]

Domestic arbitrators in Colombia thus exercise judicial imperium, as they have the same power as state judges to order provisional and interim measures.

224. *The thinking that underlies total assimilation between domestic arbitrators and state judges.* This extraordinary empowerment of domestic arbitrators in some countries reflects an ideology quite different from that underlying international arbitration. It considers domestic arbitration to be a judicial process and domestic arbitrators to be part of the judiciary for the duration of their mission. According to this ideology, domestic arbitrators are not *like* state judges, but in fact *are* state judges on a temporary basis. Experience shows that this representation of arbitration can possibly have the following negative consequences.

– Those domestic arbitrators are considered state judges for all criminal law purposes (*delito de prevaricato* [223], for instance).

---

222. Ley 1563 de 2012, Diario Oficial No. 48.489, 12 July 2012 (translation of relevant part: "Upon request from any of the parties, the tribuna may order all interim measures which would proceed if the dispute had been brought before the state courts . . .").

223. See, e.g., Colombian Penal Code, Art. 413:

"Prevaricato por acción. El servidor público que profiera resolución, dictamen o concepto manifiestamente contrario a la ley, incurrirá en prisión de cuarenta y

– The domestic arbitral procedure in those countries is as formalistic as proceedings before state judges. Flexibility is not a feature of that kind of domestic arbitration. The notion of due process in those domestic proceedings is far more exacting than that generally applied in international arbitration.
– Those domestic arbitrators render their decisions in the name of the state, as do state judges.

225. *Domestic arbitration as an improved judicial process.* Domestic arbitration in those countries is not really intended to be an alternative to the judicial process, as international arbitration sets out to be, but rather an "improved" judicial process, in which the judges, known as private arbitrators, have more time than a state judge to give to resolving the dispute with which they have been entrusted. In short, this domestic arbitration system is a response to the fact that the judiciary in those countries may not be up to handling certain complex matters, is too busy to deliver justice in sensitive cases with the required speed or maybe lacks the necessary experience. Sadly, domestic arbitration of this kind is sometimes also the only way of avoiding corrupt judges.

226. *The impact on international arbitration of total assimilation between arbitrators and state judges.* The ideology underlying the total assimilation between arbitrators and state judges in domestic arbitration of the kind discussed above strongly influences how many arbitration practitioners and judges in those countries perceive and approach international arbitration. This is well illustrated by the so-called Prague Rules [224], which are not, as is sometimes claimed, a set of rules on the taking of evidence. They are a soft law instrument comprising a series of proposals that would transform international arbitration procedure into a civil law process, in which the arbitrator, like a civil law judge, has inquisitorial powers. They cannot therefore be said to correspond to the ideology underlying international arbitration. By contrast, the IBA Rules on the Taking of Evidence can, for they are procedural rules combining elements of both the civil law and common law traditions and, as such, are specially adapted to international arbitration [225].

---

ocho (48) a ciento cuarenta y cuatro (144) meses, multa de sesenta y seis punto sesenta y seis (66.66) a trescientos (300) salarios mínimos legales mensuales vigentes, e inhabilitación para el ejercicio de derechos y funciones públicas de ochenta (80) a ciento cuarenta y cuatro (144) meses."
(translation of relevant part: "The public servant who issues a resolution, report or opinion which is manifestly contrary to the Law will be penalized by prison . . .").
224. Rules on the Efficient Conduct of Proceedings in International Arbitration, issued 14 December 2018,
225. IBA Rules on the Taking Evidence in International Arbitration, 2020.

227. *The third element essential to the survival of international arbitration.* If international arbitration is to survive, it is not sufficient for it to have a foundational theory and for international arbitrators to be assimilated in certain respects to state judge; it is also necessary to guarantee the autonomy of arbitral justice.

C. Legal fictions asserting the autonomy of international arbitration

228. *The autonomy of arbitral justice.* This third category of legal fictions is based on the following proposition: if international arbitration is to operate efficiently as a means of dispute resolution, it must be as autonomous as possible. This means that it must not be subjected to constant and unwarranted interventions by members of the judiciary in the state where the arbitration is seated. In short, the autonomy of arbitral justice is crucial to its existence.

229. *The two most popular legal fictions in the language of international arbitration.* Perhaps the most important and, in any event, the most popular legal fictions in the language of international arbitration are those that assert the autonomy of international arbitration (notably *vis-à-vis* state judiciaries). These legal fictions are nowadays generally upheld in arbitration legislation and case law the world over. These two legal fictions are the autonomy or separability of the arbitration agreement (hereinafter referred to simply as the autonomy of the arbitration agreement) and the *Kompetenz-Kompetenz* rule.

230. *The autonomy of the arbitration agreement.* In French law, the notion of the autonomy of the arbitration agreement is affirmed in the following provision:

> "La convention d'arbitrage est indépendante du contrat auquel elle se rapporte. Elle n'est pas affectée par l'inefficacité de celui-ci." [226]

The following four observations may be made in relation to this well-established legal fiction.

231. *The functional purpose of the autonomy of the arbitration agreement.* First, the functional purpose this legal fiction serves is to give arbitrators jurisdiction to adjudicate disputes relating to the

---

226. Code de procédure civile (Code of Civil Procedure), Art. 1447. (Our translation: An arbitration agreement is independent of the contract to which it relates. It shall not be affected if such contract is void.)

existence or validity of the main contract. As already noted [227], this is not to say that the arbitration agreement is autonomous and separable in all circumstances; for example, in the event that main contract is assigned, any arbitration agreement it contains will automatically be assigned as part of it.

232. *The strategic purpose of the autonomy of the arbitration agreement.* Second, alongside its functional purpose, the autonomy of the arbitration agreement serves a strategic purpose, which is to prevent the organs of the state system of justice from interfering in an international arbitration when one of the parties to the arbitral proceedings alleges that the main contract does not exist or is invalid. International arbitration's efficiency would be seriously compromised if the filing of a motion in the state courts challenging the existence or validity of the main contract were to stop the arbitration proceedings in its tracks. The autonomy of the arbitration agreement allows those proceedings to continue notwithstanding the challenge brought against the main contract.

233. *Typological classification of the autonomy of the arbitration agreement.* Third, according to one French typology of legal fictions, the autonomy of the arbitration agreement can be classified as a legal fiction created to establish a rule [228]. Legislators and courts implement this rule by conferring upon arbitrators jurisdiction to adjudicate any dispute relating to the existence or validity of the main contract. A legal system that recognises the legal fiction of the autonomy of the arbitration agreement can be considered explicitly or implicitly to be promoting the resolution of disputes through arbitration.

234. *The autonomy of the arbitration agreement is a legal fiction.* Fourth, as we already mentioned [229], it would be a mistake to take the rule affirming the autonomy of the arbitration agreement for a logical proposition. Not only the courts but also scholars in France have insisted that it is not. In his seminal article on scope of the separability of the arbitration clause, Pierre Mayer pointed to the limits of that legal fiction [230]. These limits underscore the fictional nature of the autonomy of the arbitration agreement, for, in our view, those limits are proof, not that the rule is a logical proposition, but that legislators and courts can

---

227. See para. 97 above.
228. See, e.g., Arnaud (note 7), pp. 259-61.
229. See para. 99 above.
230. See P. Mayer, "Les limites de la séparabilité de la clause compromissoire", *Revue de l'arbitrage*, 1998, p. 359.

arbitrarily frame the scope of the rule as they see fit. In other words, the rule is a work of fiction, a fabrication of the human mind, a legal stratagem to allow arbitration to win through in its struggle for survival.

235. *A misleading designation.* From the preceding observations it may be concluded that the wording of the rule may be misleading. Words are never innocent. The term "autonomy" means that an entity issues its own rules, while "separability" means that the arbitration clause is independent of the main contract. Yet, as we know, the autonomy of the arbitration agreement rule is in practice a means of giving arbitrators jurisdiction to adjudicate disputes relating to the existence or validity of the main contract. There is, in our view, no need to resort to code words such as "autonomy" and "separability" to enunciate the rule. The rule of autonomy of the arbitration agreement revolves around international arbitrators' powers, be they inherent or acquired and which include the power to adjudicate disputes relating to the existence or validity of the main contract.

236. Kompetenz-Kompetenz. The so-called (not to say wrongly called) "principle" of *Kompetenz-Kompetenz* complements the rule of the autonomy of the arbitration agreement. The rule of the autonomy of the arbitration agreement is insufficient on its own, because it does not give arbitrators jurisdiction to resolve disputes concerning the existence or validity of the arbitration agreement itself. While the rule of the autonomy of the arbitration agreement bars state courts from intervening in an arbitration when one of the parties alleges that the main contract is non-existent or void, the *Kompetenz-Kompetenz* principle prevents them from intervening when one of the parties argues that the arbitration agreement itself is non-existent or void. In other words, arbitrators are empowered by the autonomy of the arbitration agreement to adjudicate disputes over the existence or validity of the main contract and by *Kompetenz-Kompetenz* to adjudicate disputes relating to the existence or validity of the arbitration agreement itself.

237. *Description of the principle.* In French law, *Kompetenz-Kompetenz* is affirmed in the following provision:

> "Le tribunal arbitral est seul compétent pour statuer sur les conditions relatives à son pouvoir juridictionnel." [231]

---

[231]. Code de procedure civile (Code of Civil Procedure), Art. 1465. (Our translation: The arbitral tribunal has sole jurisdiction to rule on conditions relating to its own jurisdiction.)

238. Kompetenez-Kompetenz *is a legal fiction.* It can be demonstrated in four steps why the principle of *Kompetenz-Kompetenz* is a legal fiction.

– Firstly, *Kompetenz-Kompetenz* empowers arbitrators to rule on their own jurisdiction, which means they are entitled to rule on the existence or validity of the arbitration agreement.
– Secondly, the arbitrators' jurisdiction has its source in the arbitration agreement, however. So, how is it that arbitrators can rule on the existence or validity of the arbitration agreement when it is that very agreement that gives them their jurisdiction?
– Thirdly, the answer to this question is that states have decreed that it should be so by affirming the principle of *Kompetenz-Kompetenz* in their legislation and case law. In other words, it is *as if* the source of arbitral jurisdiction lay beyond the arbitration agreement, in state policy. This is thus one of those legal fictions that derives its fictitious nature from the fact that it belies legal reality.
– Fourthly, and consequently, international arbitration is reliant on state support in its struggle to exist.

239. *Yet another misleading designation.* It is interesting to note that the sophisticated way in which this arbitral power is presented – namely, as a principle and using a German term – tends to suggest that it is a logical principle or at least has historical origins. This, however, is wrong: *Kompetenz-Kompetenz* is neither a principle, for it is not an axiom or theorem from which a logical systemic edifice has been erected, nor is it a peculiarly German phenomenon. How much simpler and clearer it would have been to assert that arbitral jurisdiction results from the arbitration agreement and to add that if the existence or validity of the arbitration agreement is challenged before the arbitrators, it is they who by law have jurisdiction to rule on such challenges and thereby uphold the autonomy, efficiency and, ultimately, the very existence of arbitration as a means of dispute resolution. Linguistic shortcuts often create confusion.

240. *The expansion of the scope of international arbitration.* Once international arbitration has won the latest in its endless battles for survival – for the war is never won and arbitration will continue to struggle for survival, as it always has done throughout human history – attention can then be turned to how legal fictions have been used to ensure access to international arbitration.

CHAPTER III

LEGAL FICTIONS AIMED AT ENSURING ACCESS TO INTERNATIONAL ARBITRATION

241. *Expansion as a means of survival.* Another way in which international arbitration can safeguard its survival is through widening its use and accessibility, for the more numerous its users and the sectors in which it is used are, the better it is likely to be defended. International arbitration has always sought to establish itself as an indispensable method of dispute resolution, seeing this as key to its survival.

242. *Widening the scope of international arbitration has its risks.* A note of caution should be sounded, however. In our view, arbitration is not necessarily appropriate for all disputes. There are still some fields (e.g. family law, consumer law, criminal law) that remain allergic to arbitration, on account of the sensitivity of the issues involved or the fact that they touch on matters of public interest.

243. *Legal fictions created to widen the scope of international arbitration.* Two categories of legal fictions designed to widen the scope of international arbitration can be found in the language of international arbitration: those that create legal rules ensuring access to international arbitration (A) and those that interpret legal rules for the same end (B).

A. Legal fictions that create legal rules ensuring access to international arbitration

244. *Multiplicity of legal fictions giving access to arbitral justice.* The language of international arbitration contains several examples of legal fictions whose purpose is to create legal rules that ensure access to international arbitration. They may be found both in international commercial arbitration and in international investment arbitration.

245. *The fundamental right to arbitrate.* There is, however, one legal fiction of this kind that seems to apply to all types of international arbitration – namely, the fundamental right to arbitrate. This right has been affirmed in several countries' laws (including some constitutional laws) and judicial decisions. In Germany, for instance, the Federal Court of Justice has held that:

"Article 2 (1) of the Basic Law guarantees personal freedom and private autonomy. This fundamental right requires that the arbitrability of the matter and the resulting waiver of the right of access to national courts must be based on the parties' voluntary agreement." [232]

France's constitution of 1793 similarly provided that the right of citizens to have their matters in dispute decided by an arbitrator of their own choice was sacrosanct [233].

246. *Doctrine on the fundamental right to arbitrate.* It is worth noting here that the principal contemporary defender of the existence of a fundamental right to arbitrate is Gary Born. In a paper written in 2015, he concluded:

"In summary, courts and tribunals from around the globe have repeatedly recognized the central importance of the right to arbitrate to the rule of law. That right has properly been founded on constitutionally-protected liberties – freedom of contract, freedom of association and other individual rights. Denials of the right of citizens to arbitrate their disputes is no less a threat to the rule of law and individual liberties than denials of the freedom to contract or associate." [234]

The following observations may be made with respect to the fictional nature of this right and the function it fulfils within the language of international arbitration.

247. *The fundamental right to arbitrate is a legal fiction.* That the fundamental right to arbitrate is a legal fiction may be demonstrated through two series of propositions.

– Firstly, the adjective "fundamental" used in the designation of this right points to its fictional nature. The term "fundamental" is used for rights considered as conquests of humanity, essential to any human being and thus characterisable as human rights. The question, therefore, is whether the right to arbitrate (which arises out of an arbitration agreement) qualifies as a fundamental right? The answer would seem to be no, for this right cannot be considered essential

---

232. Judgment of 3 April 2000, II ZR 373/98, as quoted in Born (note 128), p. 58.
233. Acte constitutionnel du 24 juin 1793, Art. 86: Il ne peut être porté aucune atteinte au droit qu'ont les citoyens de faire prononcer sur leurs différends par des arbitres de leur choix.
234. Born (note 128), p. 60.

for all human beings and, thus, cannot be characterised as a human right. It would be incorrect to put the fundamental right to arbitrate on a par with the right of association or freedom of contract, for example. Treating this right, which is not inherently fundamental, *as if* it were fundamental is what makes it a legal fiction. This conclusion is corroborated by the fact that human, or fundamental, rights are won as a means of protecting human beings, notably *vis-à-vis* public authorities. As a legal fiction, the fundamental right to arbitrate distorts legal reality.
– Secondly, one of the arguments put forward to explain the fundamental nature of the right to arbitrate is that this right is somehow subsumed under the fundamental right of access to justice. However, this argument, too, must be regarded as incorrect, for the fundamental right of access to justice refers to the state system of justice, not to arbitral justice, which is an exception to the state system. Proof of the fact that the right to arbitrate is in actual fact not a fundamental human right is provided by those cases in which arbitration agreements that had been concluded under economic duress were invalidated by state courts precisely because they prevented a party (for instance, an employee on whom the employer imposed an arbitration clause in an employment contract) from exercising their fundamental right of access to justice administered by the state's judicial organs.

248. *The function of the fundamental right to arbitrate.* What, in fact, is the function fulfilled by the legal fiction of the fundamental right to arbitrate? Its main role – at least in those countries where, rightly or wrongly, constitutional remedies are sometimes used to attack arbitral awards – would seem to lie in the fact that it provides state judicial organs with a ground on which to dismiss such actions. In short, placing the right to arbitrate on the same level as the right of access to justice, and more generally due process rights, gives a state court seized with a constitutional challenge against an arbitral award a constitutional, and thus stronger, argument for rejecting it.

249. *Yet another act of faith.* A distinction can be drawn between legal fictions that are universally accepted, such as the rule of the autonomy of the arbitration agreement or the principle of *Kompetenz-Kompetenz*, and legal fictions that have been accepted by only one or a few legal orders and that therefore at best rank as acts of faith on the international plane. The legal fiction of the fundamental right to arbitrate belongs to the second category and is thus of the same nature

as the legal fiction of the arbitral legal order. These, in other words, are legal fictions that require a leap of faith.

250. *International commercial and investment arbitration.* There exist other legal fictions whose purpose is also to ensure access to international arbitration but which can be better explained if, as we will show below, they are analysed within the context of the type of international arbitration in which they appear – namely, international commercial arbitration (1) and international investment arbitration (2).

1. Legal fictions that create rules ensuring access to international commercial arbitration

251. *Multiplicity of legal fictions ensuring access to international commercial arbitration.* There are many legal fictions of this kind. Two, however, call for special comment on account of their significance in the language of international arbitration. They are the extension of the arbitration agreement to non-signatories and the notion of subjective arbitrability.

252. *Similar legal fictions of less significance.* Before discussing those two legal fictions, brief reference should be made to some other legal fictions that fulfil a similar function but may be considered less significant. Such fictions include the following theories: the apparent mandate of representatives of legal entities to enter into arbitration agreements; the arbitration agreement entered into by reference; and the circulation or, more technically, assignment of the arbitration agreement. We explain below why these three theories should be considered legal fictions.

– The theory of the apparent mandate operates as follows. Where the representative of a company, or of a state or a state entity, signs a contract containing an arbitration agreement without having been legally authorised or empowered to bind the company, state or state entity they represent, but occupies within that company, state or state entity a position of sufficient status to give the impression that they may justifiably represent it, the legal fiction of the apparent mandate works in such a way that the representative will be understood to have acted *as if* they held the necessary authority or power and thus the company, state or state entity will be considered bound by the contract containing the arbitration agreement. In other words, the theory of the apparent mandate treats as true and real a situation that is neither true nor real.

- The legal fiction of the arbitration agreement by reference is interesting for two reasons. First, a reference to general conditions for contracting that contain an arbitration agreement will be understood as a reference to that arbitration agreement. In other words, the reference to the general conditions for contracting is treated *as if* it were a reference specifically to the arbitration agreement contained therein. Second, this legal fiction confirms that the legal fiction of the autonomy of the arbitration agreement cannot be taken as a logical proposition, for were it a logical proposition, then a reference to the general conditions for contracting incorporating an arbitration clause could not in itself make the autonomous clause binding on the parties.
- The legal fiction of the circulation or assignment of the arbitration agreement assumes that the arbitration agreement is an accessory to the main contract. This means that there is no need for a specific agreement assigning the arbitration clause when the main contract is assigned; the arbitration clause will be assigned along with the main contract which contains it. This assumption, too, confirms that the rule of the autonomy of the arbitration agreement cannot be taken as a logical proposition.

253. *The legal fiction of the extension of the arbitration agreement to non-signatories.* Returning to the two legal fictions ensuring access to international commercial arbitration that we singled out as having particular significance, the first – the so-called extension of the arbitration agreement to non-signatories – is perhaps as famous as the rule of the autonomy of the arbitration agreement or the *Kompetenz-Kompetenz* principle.

254. *The factual backdrop to the extension of the arbitration agreement.* This legal fiction is relied upon in situations such as the following: Party A and Party B signed a contract, which contains an arbitration clause. B is a special corporate vehicle or an empty shell with minimal capital created by its parent company B-1. B-1 was involved in some way in the negotiation, conclusion or performance of the contract containing the arbitration agreement. B breaches the contract. Given that B's funds are inadequate to compensate A for the alleged breach, A names both B and B-1 as its opponents in the arbitration. This begs the question: can the arbitration agreement be legally extended to B-1, given that it did not sign the contract containing it? The answer to this question becomes particularly relevant if B-1 argues that the arbitral tribunal has no jurisdiction *ratione personae* over it on the

grounds that it did not sign the contract containing the arbitration clause.

255. *The fictional nature of the extension of the arbitration agreement.* The underlying assumption made here is that, because of its behaviour during the negotiation, conclusion or performance of the contract containing the arbitration agreement, B-1, despite being a non-signatory, implicitly consented to that agreement and, as a consequence, to being drawn into any international arbitration arising therefrom. The legal fiction of the extension of the arbitration agreement operates *as if* the non-signatory had signed the contract containing the arbitration agreement and thereby consented to being a party to the ensuing arbitration. On this basis, the arbitral tribunal would reject its jurisdictional objection.

256. *The evolution of the extension of the arbitration agreement.* In French law this legal fiction has undergone some interesting developments. Three key stages may be identified.

– The first stage was marked by the Paris Court of Appeal's decision in the *Dow Chemical* case [235]. According to this judgment, when a non-signatory participates in the negotiation, conclusion or performance of a contract signed by a company belonging to the same group of companies as itself, it is *as if* the non-signatory had signed the contract. For the arbitration agreement to be extended in this way, two conditions had to be satisfied: *(i)* the non-signatory must belong to the same group of companies of one of the signatory parties and *(ii)* the non-signatory must have participated in the negotiation, execution or performance of the contract containing the arbitration agreement. This first theory – the so-called group of companies theory – was based on the idea (perhaps another legal fiction) that companies belonging to the same group are part of the same economic reality.
– The second stage was marked by the Paris Court of Appeal's *Jaguar* decision [236]. According to this second iteration of the fiction, there was no longer any need for the non-signatory to belong to the same group of companies as one of the signatories; participation, especially in the performance of the contract, sufficed for the arbitration agreement to be extended to the non-signatory. Now, by merely participating, it is

---

235. CA Paris, 21 October 1983, *Sté Isover St-Gobain* v. *Stés Dow Chemical France et autres*, in Fadlallah and Hascher (note 27), p. 15 *et seq.*
236. CA Paris, 7 December 1994, *Jaguar, Revue trimestrielle de droit commercial*, 1995, p. 401.

as if the non-signatory had signed such contract. This second theory is known as implicit consent.
- The third stage was marked by the Paris Court of Appeal's *Dallah* decision [237]. This judgment appeared to abandon the theory of implicit consent. Now, the precondition for extending the arbitration agreement became the avoidance of a denial of justice [238]. A brief summary of the facts in *Dallah* may be helpful to understanding the current state of the French theory of the extension of the arbitration agreement to non-signatories.
  - The contract containing the ICC arbitration agreement had been signed by Dallah and a trust, whose beneficiary was the State of Pakistan.
  - Dallah knew from the start of negotiations the contract was to be signed by the trust and not by the state and it also knew that the trust would expire at some point in time.
  - The trust did not fulfil its contractual obligations and expired. As a consequence, Dallah commenced ICC arbitration against the State of Pakistan.
  - The State of Pakistan objected to the *ratione personae* jurisdiction of the ICC tribunal on the grounds that nowhere had it consented to ICC arbitration. Dallah invoked the theory of implicit consent and Pakistan's participation in the dealings relating to the trust in order to seek the extension of the arbitration agreement to the state.
  - The arbitral tribunal – with great hesitation made clear in a partial award – rejected the jurisdictional objection raised by Pakistan and proceeded to examine the merits of the case; in the final award, it found in favour of Dallah.
  - Pakistan did not comply spontaneously with the final award. As a result, Dallah commenced enforcement proceedings against Pakistan in England. The English courts refused to order enforcement on the grounds that the arbitration agreement had been wrongly extended to Pakistan, meaning that the arbitral tribunal did not have jurisdiction over the state.
  - Pakistan also filed a motion in Paris, the seat of the arbitration, to have the final award set aside for the same reason of lack of

---

237. CA Paris, 17 February 2011, *Gouvernement de Pakistan, ministère des Affaires religieuses* v. *Sté Dallah Real Estate and Tourism Holding Company*, Revue de l'arbitrage, 2012, p. 369 *et seq.*
238. See, e.g., Mayer (note 99).

jurisdiction. Applying the denial of justice test, the Paris Court of Appeal dismissed the motion.

In this third and last iteration of the legal fiction of the extension of the arbitration agreement to non-signatories, the Paris Court of Appeal treated Pakistan *as if* it had signed the contract containing the arbitration agreement in order to avoid a denial of justice.

257. *The fiction implicit in the word "extension".* The use of the word "extension" in the expression "extension of the arbitration agreement" reveals the fictional nature of this theory, for a contract cannot be *extended* to a party. Either the party consented to the contract and hence is a party to it, so does not need to have the contract "extended" to it, or the party did not consent to the contract and therefore is not a party to it, so cannot have the contract extended to it. The word "extension" thus points to an *as if* situation: it is as if the non-signatory had signed the contract [239].

258. *The legal fiction of subjective arbitrability.* The second of the two most significant legal fictions created to ensure access to international commercial arbitration is subjective arbitrability. This concept, also created in France [240], is used in international commercial arbitrations involving states and state entities and refers to their capability of entering into international arbitration agreements.

259. *The factual backdrop to subjective arbitrability.* This legal fiction is relied upon in situations such as the following: a dispute arises out of a contract between a private sector company and a state or state entity which contains an international arbitration agreement. When arbitration proceedings are initiated against it, the state or state entity objects that the arbitral tribunal has no jurisdiction over it as it did not have the *capacity* to enter into international arbitration agreements under its own law. That law may, for instance, include a provision stating that the state or a state entity cannot submit disputes arising out of administrative contracts or administrative acts to arbitration. The private sector company thus has no choice but to argue that a law other than that of its counterparty applies to the jurisdictional objection raised by the state or state entity.

---

239. B. Hanotiau, *Complex Arbitrations: Multi-Party, Multi-Contract and Multi-Issue, A Comparative Study*, 2nd ed., Wolters Kluwer, 2020, para. 7.
240. See, e.g., C. Séraglini and J. Ortscheidt, *Droit de l'arbitrage interne et international*, Montchrestien, 2013, p. 530 *et seq.*

260. *The function of the legal fiction of subjective arbitrability.* This legal fiction is founded on the premise that we are faced here, not with a question of a state's or a state entity's *capacity* to enter into an international arbitration agreement, but rather with a question of subjective arbitrability. The rationale behind the change of characterisation has traditionally been that capacity regimes are aimed at protecting physical persons who, for reasons of age or disability, do not have the free and informed will to enter into contracts. States and state entities, however, are not physical persons and there is therefore no point in determining whether their discernment was free and informed when they entered into a contract. On the international plane, this change of characterisation entails a change in the applicable law, for the law applicable to matters of capacity is that of the person alleging that it did not have the capacity to enter into a contract, whereas the law applicable to matters of arbitrability is that applicable to the arbitration agreement. If the former is applied, the arbitral tribunal indeed has no choice but to decline jurisdiction over the state or state entity. If the latter is applied, it may prove to be different from the law of the state or state entity (the law applicable to the arbitration agreement is often that of the seat of the arbitration) and thus allow the arbitral tribunal to reject the jurisdictional objection raised by the state or the state entity.

261. *The fictional nature of subjective arbitrability.* Subjective arbitrability is a legal fiction because it assumes that a matter of capacity is one of arbitrability. In other words, it is *as if* the capability of states and state entities to submit disputes to international arbitration were an arbitrability issue. This is one of those legal fictions that contradicts legal reality. Here, interestingly, the legal fiction operates through an arbitrary change in the legal characterisation of the issue. We can thus conclude that one of the ways in which legal fictions are created is by arbitrarily altering how a matter is characterised in legal terms.

262. *The rule affirming that a state or state entity cannot rely on its own internal law to escape the legal effects of an international arbitration agreement.* The legal fiction of subjective arbitrability is complemented by another rule, which may also be considered a legal fiction. This is the rule according to which a state or state entity cannot rely on its own internal law to escape the legal effects of an international arbitration agreement. It is worth recounting the background to this rule.

– This rule appears to have been first adopted in a legal text in 1961, in the Geneva Convention on International Commercial Arbitration.

Article II.1 of this Convention provided as follows: "In cases referred to in Article I, paragraph 1, of this Convention, legal persons considered by the law which is applicable to them as 'legal persons of public law' have the right to conclude valid arbitration agreements."
- Then followed a period during which arbitrators in ICC cases applied the rule as a corollary of either international public policy or the principle of good faith [241]. This was done notably in cases in which NIOC, the Iranian state-owned oil company, had entered into an international arbitration agreement and then, when a dispute arose, raised a jurisdictional objection on the grounds that it had no authority to enter into that agreement because the Iranian constitution required prior parliamentary approval, which had not been given. It goes against an intuitive understanding of what good faith means for a state or a state entity to sign a contract containing an international arbitration agreement and then to attempt to escape its legal effects. There remains, however, a question which, to our knowledge, is as yet unanswered: what should be the legal consequence in cases where the private sector company is aware that the state or state entity is contravening its own internal law by entering into the international arbitration agreement?
- Now, the rule has become recognised by states in both case law (the *Gatoil* decision of the French Court of Cassation is a good example [242]) and legislation (Switzerland in 1987, Spain in 2003, Colombia in 2013 [243]).

263. *Legal fictions making international commercial arbitration possible against states and state entities.* The rule described above completes the legal fiction of subjective arbitrability in two ways. First, it allows the dispute to be submitted to arbitration notwithstanding an allegation of lack of capacity on the part of the state party when the seat of the arbitration is in the same state and thus its law applies to subjective arbitrability. Second, it can be used in countries that do not recognise the notion of subjective arbitrability. Thus, the combined effect of subjective arbitrability and the rule preventing a state or state

---

241. See, e.g., Silva Romero (note 98), p. 401 *et seq.*
242. *Sté Gatoil* v. *NIOC* (note 97).
243. Art. 177 (2) of the Swiss Private International Law Act provides that, "where a party to the arbitration agreement is a state, or an enterprise held by, or an organisation controlled by, a state, it may not invoke its own law in order to contest the arbitrability of a dispute or its capacity to be a party to an arbitration". Spanish and Colombian legislators have copied this provision into their respective laws.

entity from relying on its own, internal law to escape the legal effects of an international arbitration agreement is to ensure that private sector companies can resort to international commercial arbitration against states or state entities. As we shall see, legal fictions also serve to ensure their access to another type of international arbitration involving states: investment arbitration.

264. *The dialectic of international commercial arbitration involving states and state entities.* Subjective arbitrability and the good faith rule must be looked at from a broader, philosophical perspective. It is indeed relevant to describe, in summary fashion, the dynamics [244] of international commercial arbitration involving states and state entities. What are the salient features of these arbitral proceedings?

- These proceedings are normally brought by the private sector claimant (usually a corporation doing business internationally) against the state or state entity. However, there are times when the state or state entity acts as the claimant in those proceedings, although this configuration remains relatively rare.
- These proceedings are almost always based on an arbitration clause contained in an international commercial contract, which can in some instances be characterised as a state contract [245]. Although they sometimes relate to investment matters, they are no longer characterised as investment arbitrations (nowadays, use of the term "investment arbitration" appears to be confined to proceedings based on a treaty).
- It follows that, no matter how one might define international commercial contract [246], the private sector claimant is usually either a company, or an affiliate of a company, possessing a different nationality from that of the state or state entity involved. Indeed, the private sector party is often referred to as the foreign investor or the foreign contractor.
- In these proceedings, the private sector claimant often adopts a strategy consisting in the internationalisation of the dispute. This strategy has a number of spin-offs. *(i)* The private sector claimant

---

244. See, e.g., E. Silva Romero, "The Dialectic of International Arbitration Involving State Parties", ICC *International Court of Arbitration Bulletin*, Vol. (2004), Issue 2, p. 79 *et seq.*

245. On the notion of state contract, see, e.g., C. Leben, "La théorie du contrat d'Etat et l'évolution du droit international des investissements", *Recueil des cours*, Vol. 302 (2003), p. 197 *et seq.*

246. See, e.g., P. Mayer, "Réflexions sur la notion de contrat international", in *Mélanges en l'honneur de Pierre Tercier*, Schulthess, 2008, p. 873 *et seq.*

assumes and, hence, argues that the state or state entity has become an international merchant by taking the step of entering into an international commercial contract. *(ii)* The private sector claimant also argues that it and the state or state entity should be treated equally by the arbitral tribunal. *(iii)* If necessary, the private sector claimant may argue that the state or state entity cannot rely on its internal law to escape the effects of the international commercial arbitration agreement. *(iv)* The private sector claimant also often maintains that international principles or rules should apply to the resolution of the dispute. *(v)* Again if necessary, the private sector claimant may submit that, by consenting to arbitration, the state has waived any immunity from jurisdiction or enforcement.

– The public sector respondent (state or state entity), for its part, often adopts the opposite strategy consisting in the nationalisation of the dispute. This strategy has the following spin-offs. *(i)* The public sector respondent may argue that the private sector entity came to the state to do business there and that it should therefore be likened to any other citizen of the state (the state or state entity may, for instance, exercise exorbitant prerogatives during the performance of the contract). *(ii)* The public sector respondent may also allege that under its law the arbitration agreement relied upon by the private sector claimant is invalid. *(iii)* The public sector respondent may also go to great lengths to ensure that its own law applies to the merits of the dispute. *(iv)* If necessary, the state may argue that only an explicit waiver of immunity from jurisdiction and enforcement is valid.

265. *The language of international commercial arbitration involving states and state entities.* What does the factual premise of the fragility of international commercial arbitration tell us about arbitration involving states and state entities as described in the preceding paragraph? In such arbitration, it would seem that language is used to express a belief in and to defend arbitration as a means of dispute resolution. Arbitration here is an *act of faith* [247]. The resulting language must protect the right of private sector entities to engage in arbitration against states and state entities on an equal footing and is therefore made up of constructs designed to preserve arbitration as a means of resolving disputes involving states and state entities and, thereby, contributing to its survival. That language is thus perforce one of legal fictions.

---

247. See, e.g., Gaillard (note 42), para. 135, p. 209.

266. *The purpose of equality.* International commercial arbitrations involving a state or state entity will be viable only if both sides are treated equally. It is obvious that if states and state entities have more rights than their private sector counterparties, the latter will be reluctant to use international commercial arbitration to solve disputes with public sector entities. Legal fictions serve to ensure equality between public and private sector parties in international commercial arbitration and, hence, to contribute to its survival.

267. *States and the state entities as international merchants.* The legal fiction of the *societas mercatorum* [248], or society of international merchants, is aimed at creating a space in which private and public sector entities come together and do business on an equal footing. It follows from this first legal fiction that when doing business internationally, states and state entities are part of the society of international merchants and therefore submit to its natural judge (international commercial arbitrators) and its rules of law *(lex mercatoria)* [249]. In other words, when doing business internationally, states and state entities transform to international merchants and, as a result, all transactions and contracts they enter into with other international merchants within the *societas mercatorum* must be considered to be on an arm's-length basis. When it comes to investment arbitration, however, the situation is quite different.

2. *Legal fictions that create rules to ensure access to investment arbitration*

268. *Multiplicity of legal fictions in bilateral investment treaties.* The relatively recent field of investment law is full of legal fictions. Given that it is a field created to favour foreign investment, its policies often clash with logic, or even orthodox legal reasoning. These clashes are normally overcome through the creation of a legal fiction. Three examples may illustrate this.

269. *Legal fictions incorporated in the notion of investment.* First, most bilateral investment treaties depart from ordinary language by including within the notion of investment items that would not normally

---

248. On the existence of an "international society", see *Burlington Resources Inc.* v. *Republic of Ecuador* (note 39), para. 187.
249. See, e.g., Goldman (note 40).

be considered as such. Typical of such treaties is a provision such as the following:

> "'[i]nvestment' means every kind of asset and in particular, though not exclusively, includes: *(i)* movable or immovable property and any other property rights . . .; *(ii)* shares in and stock and debentures of a company . . .; *(iii)* claims to money . . .; *(iv)* industrial and intellectual property rights, technical processes, knowhow and goodwill; *(v)* business concessions . . ."[250].

This definition does not correspond to what the term "investment" is normally taken to mean in ordinary language. In the words of the tribunal in the *Saba Fakes* case:

> "[t]he criteria of *(i)* a contribution, *(ii)* a certain duration, and *(iii)* an element of risk, are both necessary and sufficient to define an investment . . . These three criteria derive from the ordinary meaning of the word "investment," be it in the context of a complex international transaction or that of the education of one's child: in both instances, one is required to contribute a certain amount of funds or know-how, one cannot harvest the benefits of such contribution instantaneously, and one runs the risk that no benefits would be reaped at all, as a project might never be completed or a child might not be up to his parents' hopes or expectations"[251].

For most people, investment refers to the activity of investing in the expectation of obtaining, within a period of time (which implies a risk), a certain return[252]. In the lists of investments in bilateral investment treaties, invested objects such as property rights, shares and claims to money are treated *as if* they were investments. In other words, it is a legal fiction to treat them as such.

270. *A return to the real notion of investment.* The legal fictions in these lists of investments in bilateral investment treaties have encountered some resistance from states and arbitral tribunals. There seems to be a current trend towards recognising the existence of an objective notion of investment beyond the objects listed as investments

---

250. Agreement between the United Kingdom and the Republic of Turkey for the Promotion and Protection of Investments, 15 March 1991, Art. 1 *(a)*.
251. *Saba Fakes* v. *Republic of Turkey* (note 20), para. 110.
252. E. Silva Romero, "Por un regreso al sentido ordinario de la palabra 'inversión'", *Revista Ecuatoriana de Arbitraje*, n° 1, 2009.

in bilateral investment treaties. As some tribunals have pointed out [253], investment covers not only the object invested but also the action of investing, which presupposes a certain contribution, duration and risk [254].

271. *Local may be deemed to be foreign.* Second, bilateral investment treaties often incorporate a legal fiction, centred on the notion of control, whereby a company possessing the nationality of the state hosting the investment is treated as a national of the other, foreign state party to the treaty in order to give it the benefit of that treaty's protections. This, for instance, is the case in the United Kingdom's 2008 Model Bilateral Investment Treaty:

> "A company which is incorporated or constituted under the law in force in the territory of one Contracting Party and in which before such a dispute arises the majority of shares are owned by nationals or companies of the other Contracting Party shall in accordance with Article 25 (2) *(b)* of the Convention be treated for the purposes of the Convention as a company of the other Contracting Party." [255]

Thus, depending on where the control lies, a company of one nationality may be treated *as if* it had a different nationality. This legal fiction is of the same kind as that which, in order to avoid a denial of justice, took Minorca as part of London.

272. *Treaty claims and contract claims.* Third, perhaps the most relevant legal fiction in investment law is the distinction between treaty claims and contract claims. In the landmark *Vivendi* case, in which

---

253. *Quiborax SA, Non Metallic Minerals SA and Allan Fosk Kaplún* v. *Plurinational State of Bolivia*, ICSID Case No. ARB/06/2, Decision on Jurisdiction, 27 September 2012, para. 233: "According to Bolivia, a distinction should be made between the objects of an investment, 'such as shares or concessions . . . and the action of investing'. The Tribunal agrees"; *Clorox Spain SL* v. *Bolivarian Republic of Venezuela*, PCA Case No. 2015-30, Award, 20 May 2019, para. 815: "el Tratado requiere que para constituir una inversión protegida, la tenencia de acciones resulte de un acto de invertir por un inversor de una Parte Contratante"; *Malicorp Limited* v. *Arab Republic of Egypt*, ICSID Case No. ARB/08/18, Award, 7 February 2011, para. 110: "There must be 'active' economic contributions, as is confirmed by the etymology of the word 'invest'."

254. *LESI, SpA and Astaldi, SpA* v. *People's Democratic Republic of Algeria*, ICSID Case No. ARB/05/3, Decision, 12 July 2006, para. 72; *Víctor Pey Casado and President Allende Foundation* v. *Republic of Chile*, ICSID Case No. ARB/98/2, Award, 8 May 2008, para. 233; *Quiborax SA, Non Metallic Minerals SA and Allan Fosk Kaplún* v. *Plurinational State of Bolivia*, ICSID Case No. ARB/06/2, Decision on Jurisdiction, 27 September 2012, para. 227.

255. United Kingdom Model Bilateral Investment Treaty, 2008, Art. 8 (2).

this rule was first formulated, the ICSID *ad hoc* annulment committee stated the following:

> "A treaty cause of action is not the same as a contractual cause of action; it requires a clear showing of conduct which is in the circumstances contrary to the relevant treaty standard. The availability of local courts ready and able to resolve specific issues independently may be a relevant circumstance in determining whether there has been a breach of international law (especially in relation to a standard such as that contained in Art. 3). But it is not dispositive, and it does not preclude an international tribunal from considering the merits of the dispute." [256]

273. *The function of the fictitious distinction between treaty and contract claims.* Much has been written about the distinction between treaty claims and contract claims [257]. For present purposes, suffice to say that its function is to provide investors with access to investment arbitration. Yet it is oftentimes mistaken for a logical proposition, causing investors and host states to argue over whether the dispute is merely contractual or serious enough to breach the relevant treaty. Such discussions are particularly complex when the underlying contract contains a dispute resolution clause referring to a method of dispute resolution other than investment arbitration. Would it not be easier and clearer simply to state either that the investor may choose between the contractual dispute resolution mechanism in the contract and investment arbitration or that the dispute resolution clause in the contract prevents the investor from resorting to investment arbitration? Once again, we see how confusing it may be to treat legal fictions as logical propositions and to use linguistic shortcuts. Similar confusion is caused by legal fictions that interpret legal rules in such a way as to ensure access to investment arbitration for investors.

B. *Legal fictions that interpret rules to ensure access to international arbitration*

274. *Many examples in investment arbitration.* Legal fictions serve also as a means of adapting existing rules to an unforeseen reality in which a strict application of the law might lead to injustice. In this

---

256. *Compañiá de Aguas del Aconquija SA and Vivendi Universal SA* v. *Argentine Republic* (note 22), para. 113.
257. See Crawford (note 22).

respect, legal fictions are akin to the notion of equity. The best examples of legal fictions of this kind are, in our view, to be found in the field of investment arbitration. Two of these are discussed below.

275. *The triple identity test for interpreting fork-in-the-road provisions.* The first example is the legal test [258] established in investment case law for the purpose of interpreting and applying fork-in-the-road provisions in bilateral investment treaties. Such provisions typically read as follows:

> "Once an investor has submitted the dispute either to the jurisdiction of the Contracting Party involved or to international arbitration, the choice of one or the other of these procedures shall be final." [259]

Fork-in-the-road provisions thus preclude a party from submitting a dispute to another forum once a different forum has already been chosen. For such provisions to take effect, it is necessary to ascertain that the two procedures contemplated relate to the same parties, the same subject matter and the same cause of action – hence the "triple identity".

276. *Importation from other legal language.* Imported from the language of civil procedure, the triple identity test treats the fork-in-the-road rule *as if* it belonged to the same family of legal institutions as *res judicata* and *lis pendens*. That assumption, however, would make it almost impossible for the fork-in-the-road rule to apply.

277. *The fork-in-the-road facts.* Typical of the circumstances in which the fork-in-the-road rule is used are situations such as the following. The corporate group to which the investor belongs commences at least two different procedures against the host state or an agency of the host state. It is rare for the two procedures to be between the same parties and to result from the same cause of action. Often, one is a lawsuit commenced before the courts of the host state and the other an investment arbitration. The host state relies on the fork-in-the-road rule to object to the arbitration procedure. The triple identity test would allow the tribunal to determine whether this objection is justified. That said, more recent case law has used the *effet utile* principle developed

---

258. *Victor Pey Casado and President Allende Foundation* v. *Republic of Chile* (note 254), para. 482 *et seq.*: "les demandes portées respectivement devant les juridictions nationales et devant le Tribunal arbitral doivent avoir à la fois le même objet et le même fondement et être présentées par les mêmes parties".

259. Agreement between the French Republic and the Argentine Republic for the Reciprocal Encouragement and Promotion of Investments, 3 July 1991, Art. 8 (2).

Legal Fictions in the Language of International Arbitration 421

for the interpretation of treaties to replace or at least temper the triple identity test. In *Pantechniki*, for instance, the sole arbitrator stated as follows:

"[T]he relevant test is . . . whether or not 'the fundamental basis of a claim' sought to be brought before the international forum is autonomous of claims to be heard elsewhere." [260]

278. *The legal fiction of the umbrella clause.* Our second example is the legal fiction that has been used to interpret the so-called umbrella clause in investment arbitration. Umbrella clauses typically read as follows:

"Each Contracting Party shall observe any obligation it may have entered into with regard to investments of nationals or companies of the other Contracting Party." [261]

279. *A fictional elevation.* When interpreting such provisions, some arbitral tribunals and scholars [262] have stated that the umbrella clause "elevates" the municipal or contractual dispute to treaty level. It is the use of the verb elevate that implies this is a legal fiction, for bilateral investment treaties cannot elevate anything. The word elevation gives the impression that the municipal or contractual dispute changes in nature by operation of the umbrella clause. But this is wrong. The main effect of the umbrella clause is to provide the investor with a cause of action under the relevant treaty so as to be able to bring a contractual dispute to an investment tribunal. The use of elevation in relation to umbrella clauses, like autonomy in relation to the arbitration agreement, is a linguistic shortcut that risks causing confusion.

---

260. *Pantechniki SA Contractors & Engineers (Greece)* v. *Republic of Albania*, ICSID Case No. ARB/07/21, Award, 30 July 2009, para. 61.
261. United Kingdom Model Bilateral Investment Treaty, 2008, Art. 2 (2).
262. *Ioan Micula and others* v. *Romania*, ICSID Case No. ARB/05/20, Award, 11 December 2013, para. 417: "The purpose of the umbrella clause is to cover or 'elevate' to the protection of the BIT an obligation of the state that is separate from, and additional to, the treaty obligations that it has assumed under the BIT"; R. Dolzer and C. Schreuer, *Principles of Investment Law*, Oxford University Press, 2008, p. 155: "the purpose of the clause as a means to elevate violations of investment contracts to the level of international law".

CHAPTER IV

CONCLUSIONS

280. *A new typology of legal fictions.* From the analysis conducted above we believe a new typology of legal fictions in the language of international arbitration can be inferred. It is submitted that these legal fictions fall into two broad categories.

281. *Legal fictions aimed at ensuring the survival of international arbitration.* The first category consists of legal fictions whose purpose is to ensure the survival of international arbitration. They include: the arbitral legal order; the assimilation of arbitrators to judges; the autonomy of the arbitration agreement; the *Kompetenz-Kompetenz* principle; the fundamental right to arbitrate; the extension of the arbitration agreement to non-signatories; and subjective arbitrability. These are all intended to make the international arbitration system more robust.

282. *Effective legal fictions are based on belief.* For the theories of the arbitral legal order and the fundamental right to arbitrate to be effective we must *believe* in them (this is the *acte de foi* evoked by Emmanuel Gaillard). Whether we believe in them or not, these two theories clearly seek to reinforce the international arbitration system and, as a result, ensure its survival.

283. *Effective legal fictions become legal rules.* It is worth noting that all legal fictions that are aimed at ensuring the survival of international arbitration have over time become legal rules.

284. *Not to be confused with logical propositions.* There is a danger in those legal fictions, however. They can produce undesirable legal effects if they are taken to be logical propositions. This, they are not, and we should guard against being misled by the terms used. Think back to "autonomy" in the expression "autonomy of the arbitration agreement" or the characterisation of *Kompetenz-Kompetenz* as a legal principle. If they are understood for what they are – legal fictions – then there should be no need to rely on counter-legal fictions such as that embodied in the expression "the accessory follows the fate of the principal".

285. *Legal fictions that put the survival of international arbitration at risk.* The second category of legal fictions in the language of

Legal Fictions in the Language of International Arbitration 423

international arbitration consists of those that risk undermining the survival of the international arbitration system. They include: the advantages of international arbitration, affirmed without demonstration; the total, unwarranted, assimilation of arbitrators to state judges; the rule stating that states and state entities cannot rely on their own internal law to escape the legal effects of an international arbitration agreement, formulated as a corollary of international public policy or good faith; the inclusion of invested objects under investments listed in bilateral investment treaties; the drawing of a distinction between treaty claims and contract claims; the importation of the triple identity test to interpret fork-in-the-road provisions; and the elevating effect of umbrella clauses.

286. *The crisis in investment arbitration.* Although many of the legal fictions belonging to this second category were intended as aids to interpreting legal rules, they in the end actually distort those rules. Most of these legal fictions are to be found in the language of investment arbitration. The fact that investment arbitration is in crisis may be explained, at least in part, by the distortions those legal fictions cause by altering the way in which the relevant treaties are read.

287. *Postscript: a ladder to be thrown away.* Let us close by returning to Ludwig Wittgenstein and, in particular, his recommendation on how readers should approach his work [263]. We encourage readers to treat the propositions advanced in this course in the way Wittgenstein urged his readers to use his propositions: regard them as a ladder, one built in the hopes of opening up a clearer perspective on the world of international arbitration, to be thrown away once climbed.

---

263. See Wittgenstein (note 118), proposition 6.54, p. 74:
"My propositions serve as elucidations in the following way: anyone who understands me eventually recognizes them as nonsensical, when he has used them – as steps – to climb up beyond them. (He must, so to speak, throw away the ladder after he has climbed up it.) He must transcend these propositions, and then he will see the world alright."

PUBLICATIONS DE L'ACADÉMIE
DE DROIT INTERNATIONAL
DE LA HAYE

PUBLICATIONS OF THE
HAGUE ACADEMY OF INTERNATIONAL
LAW

RECUEIL DES COURS Depuis 1923, les plus grands noms du droit international ont professé à l'Académie de droit international de La Haye. Tous les tomes du *Recueil* qui ont été publiés depuis cette date sont disponibles, chaque tome étant, depuis les tout premiers, régulièrement réimprimé sous sa forme originale.
Depuis 2008, certains cours font l'objet d'une édition en livres de poche.
En outre, toute la collection existe en version électronique. Tous les ouvrages parus à ce jour ont été mis en ligne et peuvent être consultés moyennant un des abonnements proposés, qui offrent un éventail de tarifs et de possibilités.

INDEX A ce jour, il a paru sept index généraux. Ils couvrent les tomes suivants :

1 à 101	(1923-1960)	379 pages	ISBN 978-90-218-9948-0
102 à 125	(1961-1968)	204 pages	ISBN 978-90-286-0643-2
126 à 151	(1969-1976)	280 pages	ISBN 978-90-286-0630-2
152 à 178	(1976-1982)	416 pages	ISBN 978-0-7923-2955-8
179 à 200	(1983-1986)	260 pages	ISBN 978-90-411-0110-5
201 à 250	(1987-1994)	448 pages	ISBN 978-90-04-13700-4
251 à 300	(1995-2002)	580 pages	ISBN 978-90-04-15387-7

A partir du tome 210 il a été décidé de publier un index complet qui couvrira chaque fois dix tomes du *Recueil des cours*. Le dernier index paru couvre les tomes suivants :
311 à 320   (2004-2006)   392 pages   Tome 320A   ISBN 978-90-04-19695-7

COLLOQUES L'Académie organise également des colloques dont les débats sont publiés. Les derniers volumes parus de ces colloques portent les titres suivants : *Le règlement pacifique des différends internationaux en Europe : perspectives d'avenir* (1990) ; *Le développement du rôle du Conseil de sécurité* (1992) ; *La Convention sur l'interdiction et l'élimination des armes chimiques : une percée dans l'entreprise multilatérale du désarmement* (1994) ; *Actualité de la Conférence de La Haye de 1907, Deuxième Conférence de la Paix* (2007).

CENTRE D'ÉTUDE ET DE RECHERCHE Les travaux scientifiques du Centre d'étude et de recherche de droit international et de relations internationales de l'Académie de droit international de La Haye, dont les sujets sont choisis par le Curatorium de l'Académie, faisaient l'objet, depuis la session de 1985, d'une publication dans laquelle les directeurs d'études dressaient le bilan des recherches du Centre qu'ils avaient dirigé. Cette série a été arrêtée et la dernière brochure parue porte le titre suivant : *Les règles et les institutions du droit international humanitaire à l'épreuve des conflits armés récents*. Néanmoins, lorsque les travaux du Centre se révèlent particulièrement intéressants et originaux, les rapports des directeurs et les articles rédigés par les chercheurs font l'objet d'un ouvrage collectif.

Les demandes de renseignements ou de catalogues et les commandes doivent être adressées à

MARTINUS NIJHOFF PUBLISHERS

B.P. 9000, 2300 PA Leyde   Pays-Bas   **http://www.brill.nl**

COLLECTED COURSES Since 1923 the top names in international law have taught at The Hague Academy of International Law. All the volumes of the *Collected Courses* which have been published since 1923 are available, as, since the very first volume, they are reprinted regularly in their original format.
Since 2008, certain courses have been the subject of a pocketbook edition.
In addition, the total collection now exists in electronic form. All works already published have been put "on line" and can be consulted under one of the proposed subscription methods, which offer a range of tariffs and possibilities.

INDEXES Up till now seven General Indexes have been published. They cover the following volumes:

1 to 101	(1923-1960)	379 pages	ISBN 978-90-218-9948-0
102 to 125	(1961-1968)	204 pages	ISBN 978-90-286-0643-2
126 to 151	(1969-1976)	280 pages	ISBN 978-90-286-0630-2
152 to 178	(1976-1982)	416 pages	ISBN 978-0-7923-2955-8
179 to 200	(1983-1986)	260 pages	ISBN 978-90-411-0110-5
201 to 250	(1987-1994)	448 pages	ISBN 978-90-04-13700-4
251 to 300	(1995-2002)	580 pages	ISBN 978-90-04-15387-7

From Volume 210 onwards it has been decided to publish a full index covering, each time, ten volumes of the *Collected Courses*. The latest Index published covers the following volumes:
311 to 320   (2004-2006)   392 pages   Volume 320A   ISBN 978-90-04-19695-7

WORKSHOPS The Academy publishes the discussions from the Workshops which it organises.
The latest titles of the Workshops already published are as follows: *The Peaceful Settlement of International Disputes in Europe: Future Prospects* (1990); *The Development of the Role of the Security Council* (1992); *The Convention on the Prohibition and Elimination of Chemical Weapons: A Breakthrough in Multilateral Disarmament* (1994); *Topicality of the 1907 Hague Conference, the Second Peace Conference* (2007).

CENTRE FOR STUDIES AND RESEARCH The scientific works of the Centre for Studies and Research in International Law and International Relations of The Hague Academy of International Law, the subjects of which are chosen by the Curatorium of the Academy, have been published, since the Centre's 1985 session, in a publication in which the Directors of Studies reported on the state of research of the Centre under their direction. This series has been discontinued and the title of the latest booklet published is as follows: *Rules and Institutions of International Humanitarian Law Put to the Test of Recent Armed Conflicts*. Nevertheless, when the work of the Centre has been of particular interest and originality, the reports of the Directors of Studies together with the articles by the researchers form the subject of a collection published by the Academy.

Requests for information, catalogues and orders for publications must be addressed to

MARTINUS NIJHOFF PUBLISHERS

P.O. Box 9000, 2300 PA Leiden   The Netherlands   **http://www.brill.nl**

TABLE PAR TOME DES COURS PUBLIÉS CES DERNIÈRES ANNÉES

INDEX BY VOLUME OF THE COURSES PUBLISHED THESE LAST YEARS

Tome/Volume 385 (2016)

Berman, Sir F.: Why Do we Need a Law of Treaties?, 9-31.
Marrella, F.: Protection internationale des droits de l'homme et activités des sociétés transnationales, 33-435.
(ISBN 978-90-04-35132-5)

Tome/Volume 386 (2016)

Murphy, S. D.: International Law relating to Islands, 9-266.
Cataldi, G.: La mise en œuvre des décisions des tribunaux internationaux dans l'ordre interne, 267-428. (ISBN 978-90-04-35133-2)

Tome/Volume 387 (2016)

Lequette, Y.: Les mutations du droit international privé: vers un changement de paradigme?, 9-644. (ISBN 978-90-04-36118-8)

Tome/Volume 388 (2016)

Bonell, M. J.: The Law Governing International Commercial Contracts: Hard Law versus Soft Law, 9-48.
Hess, B.: The Private-Public Divide in International Dispute Resolution, 49-266. (ISBN 978-90-04-36120-1)

Tome/Volume 389 (2017)

Muir Watt, H.: Discours sur les méthodes du droit international privé (des formes juridiques de l'inter-altérité). Cours général de droit international privé, 9-410. (ISBN 978-90-04-36122-5)

Tome/Volume 390 (2017)

Rau, A. S.: The Allocation of Power between Arbitral Tribunals and State Courts, 9-396. (ISBN 978-90-04-36475-2)

Tome/Volume 391 (2017)

Cançado Trindade, A. A.: Les tribunaux internationaux et leur mission commune de réalisation de la justice : développements, état actuel et perspectives, Conférence spéciale (2017), 9-101.
Mariño Menéndez, F. M. : The Prohibition of Torture in Public International Law, 103-185.
Swinarski, C.: Effets pour l'individu des régimes de protection de droit international, 187-369.
Cot, J.-P.: L'éthique du procès international (leçon inaugurale), 371-384.
(ISBN 978-90-04-37781-3)

Tome/Volume 392 (2017)

Novak, F.: The System of Reparations in the Jurisprudence of the Inter-American Court of Human Rights, 9-203.
Nolte, G.: Treaties and their Practice – Symptoms of their Rise or Decline, 205-397. (ISBN 978-90-04-39273-1)

Tome/Volume 393 (2017)

Tiburcio, C.: The Current Practice of International Co-Operation in Civil Matters, 9-310.
Ruiz De Santiago, J.: Aspects juridiques des mouvements forcés de personnes, 311-468. (ISBN 978-90-04-39274-8)

Tome/Volume 394 (2017)

Kostin, A. A.: International Commercial Arbitration, with Special Focus on Russia, 9-86.
Cuniberti, G.: Le fondement de l'effet des jugements étrangers, 87-283.
(ISBN 978-90-04-39275-5)

Tome/Volume 395 (2018)

Salerno, F.: The Identity and Continuity of Personal Status in Contemporary Private International Law, 9-198.
Chinkin, C. M.: United Nations Accountability for Violations of International Human Rights Law, 199-320. (ISBN 978-90-04-40710-7)

Tome/Volume 396 (2018)

Jacquet, J.-M.: Droit international privé et arbitrage commercial international, 9-36.
Brown Weiss, E.: Establishing Norms in a Kaleidoscopic World. General Course on Public International Law, 37-415. (ISBN 978-90-04-41002-2)

Tome/Volume 397 (2018)

D'Avout, L.: L'entreprise et les conflits internationaux de lois, 9-612.
(ISBN 978-90-04-41221-7)

Tome/Volume 398 (2018)

Treves, T.: The Expansion of International Law, General Course on Public International Law (2015), 9-398. (ISBN 978-90-04-41224-8)

Tome/Volume 399 (2018)

Kanehara, A.: Reassessment of the Acts of the State in the Law of State Responsibility, 9-266.
Buxbaum, H. L.: Public Regulation and Private Enforcement in a Global Economy: Strategies for Managing Conflict, 267-442.
(ISBN 978-90-04-41670-3)

Tome/Volume 400 (2018)

Chedly, L.: L'efficacité de l'arbitrage commercial international, 9-624.
(ISBN 978-90-04-42388-6)

Tome/Volume 401 (2019)

Wood, P.: Extraterritorial Enforcement of Regulatory Laws, 9-126.
Nishitani, Yuko: Identité culturelle en droit international privé de la famille, 127-450.

(ISBN 978-90-04-42389-3)

Tome/Volume 402 (2019)

Kinsch, P.: Le rôle du politique en droit international privé. Cours général de droit international privé, 9-384.
Dasser, F.: "Soft Law" in International Commercial Arbitration, 385-596.

(ISBN 978-90-04-42392-3)

Tome/Volume 403 (2019)

Daudet, Y.: 1919-2019, le flux du multilatéralisme, 9-48.
Kessedjian, C.: Le tiers impartial et indépendant en droit international, juge, arbitre, médiateur, conciliateur, 49-643.

(ISBN 978-90-04-42468-5)

Tome/Volume 404 (2019)

Rajamani, L.: Innovation and Experimentation in the International Climate Change Regime, 9-234.
Sorel, J.-M.: Quelle normativité pour le droit des relations monétaires et financières internationales?, 235-403.

(ISBN 978-90-04-43142-3)

Tome/Volume 405 (2019)

Paulsson, J.: Issues arising from Findings of Denial of Justice, 9-74.
Brunée, J.: Procedure and Substance in International Environmental Law, 75-240.

(ISBN 978-90-04-43300-7)

Tome/Volume 406 (2019)

Bundy, R.: The Practice of International Law, Inaugural Lecture, 9-26.
Gama, L.: Les principes d'UNIDROIT et la loi régissant les contrats de commerce, 27-343.

(ISBN 978-90-04-43611-4)

Tome/Volume 407 (2020)

Wouters, J.: Le statut juridique des standards publics et privés dans les relations économiques internationales, 9-122.
Maljean-Dubois, S.: Le droit international de la biodiversité, 123-538.

(ISBN 978-90-04-43643-5)

Tome/Volume 408 (2020)

Cançado Trindade, A. A.: Reflections on the Realization of Justice in the Era of Contemporary International Tribunals, 9-88.
González, C.: Party Autonomy in International Family Law, 89-361.

(ISBN 978-90-04-44504-8)

Tome/Volume 409 (2020)

Shany, Y: The Extraterritorial Application of International Human Rights Law, 9-152.
Besson, S.: La *due diligence* en droit international, 153-398.
(ISBN 978-90-04-44505-5)

Tome/Volume 410 (2020)

Koh, H. H.: American Schools of International Law, 9-93.
Peters, A.: Animals in International Law, 95-544.
(ISBN 978-90-04-44897-1)

Tome/Volume 411 (2020)

Cahin, G: Reconstrution et construction de l'Etat en droit international, 9-573.
(ISBN 978-90-04-44898-8)

Tome/Volume 412 (2020)

Momtaz, D: La hiérarchisation de l'ordre juridique international, cours général de droit international public, 9-252.
Grammaticaki-Alexiou, A.: Best Interests of the Child in Private International Law, 253-434.
(ISBN 978-90-04-44899-5)

Tome/Volume 413 (2021)

Ferrari, F.: Forum Shopping Despite Unification of Law, 9-290.
(ISBN 978-90-04-46100-0)

Tome/Volume 414 (2021)

Pellet, A.: Le droit international à la lumière de la pratique: l'introuvable théorie de la réalité. Cours général de droit international public, 9-547.
(ISBN 978-90-04-46547-3)

Tome/Volume 415 (2021)

Trooboff, P. D.: Globalization, Personal Jurisdiction and the Internet. Responding to the Challenge of adapting settled Principles and Precedents. General Course of Private International Law, 9-321.
(ISBN 978-90-04-46730-9)

Tome/Volume 416 (2021)

Wolfrum, R: Solidarity and Community Interests: Driving Forces for the Interpretation and Development of International Law. General Course on Public International Law, 9-479. (ISBN 978-90-04-46827-6)

Tome/Volume 417 (2021)

d'Argent, P.: Les obligations internationales, 9-210.
Schabas, W. A.: Relationships Between International Criminal Law and Other Branches of International Law, 211-392.
(ISBN 978-90-04-47239-6)

Tome/Volume 418 (2021)

Bollée, S.: Les pouvoirs inhérents des arbitres internationaux, 9-224.
Tladi, D.: The Extraterritorial Use of Force against Non-State Actors, 225-360.

(ISBN 978-90-04-50380-9)

Tome/Volume 419 (2021)

Kolb, R.: Le droit international comme corps de «droit privé» et de «droit public». Cours général de droit international public, 9-668.

(ISBN 978-90-04-50381-6)

Tome/Volume 420 (2021)

Perrakis, S.: La protection internationale au profit des personnes vulnérables en droit international des droits de l'homme, 9-497.

(ISBN 978-90-04-50382-3)

Tome/Volume 421 (2021)

Estrella Faria, J. A.: La protection des biens culturels d'intérêt religieux en droit international public et en droit international privé, 9-333.

(ISBN 978-90-04-50829-3)

Tome/Volume 422 (2021)

Karayanni, M.: The Private International Law of Class Actions: A Functional approach, 9-248.
Mahmoudi, S.: Self-Defence and "Unwilling or Unable" States, 249-399.

(ISBN 978-90-04-50830-9)

Tome/Volume 423 (2022)

Kinnear, M.: The Growth, Challenges and Future Prospects for Investment Dispute Settlement, 9-36.
Weller, M.: "Mutual Trust": A Suitable Foundation for Private International Law in Regional Integration Communities and Beyond?, 37-378.

(ISBN 978-90-04-51411-9)

Tome/Volume 424 (2022)

Asada, M.: International Law of Nuclear Non-proliferation and Disarmament, 9-726.

(ISBN 978-90-04-51769-1)